ACEC
Standard For Korean Certified Educational Consultants
DIPLOMATE

한국교육컨설턴트협의회 소속
진로진학상담사1급 회원들의
2022학년도
대입 전형 합격자 전격 분석 리포트

28명 수시 합격생들의 생생한 합격비결!

- 인문 · 사회 · 상경계열, 의 · 치 · 한계열,
  교육 · 사범계열, 이학 · 공학계열, 무학 · 융합계열
- 합격자 스펙분석
- 자기소개서, 면접질문 및 답변 대공개
- 합격자의 합격비결
- 전문위원의 합격 노하우 분석

결정적 코치 11
대입실전편

ACEC® Associate Certified Educational Consultant

한국교육컨설턴트협의회 소속
진로진학상담사1급 회원들의
2022학년도
대입 전형 합격자 전격 분석 리포트

28명 수시 합격생들의 생생한 합격비결!

· 인문 · 사회 · 상경계열, 의 · 치 · 한계열,
  교육 · 사범계열, 이학 · 공학계열, 무학 · 융합계열
· 합격자 스펙분석
· 자기소개서, 면접질문 및 답변 대공개
· 합격자의 합격비결
· 전문위원의 합격 노하우 분석

결정적 코치 11
대입실전 편

ACEC® Associate Certified Educational Consultant

추천사

정 남 환
교육학박사

우리나라의 현행 대학입시는 수시와 정시로 크게 나누고 수시에는 학생부위주전형과 논술위주전형 그리고 실기(특기)위주전형이 있다. 학생부위주전형에는 교과를 전형요소로 평가하는 학생부교과전형과 교과, 비교과, 면접 등을 전형요소로 평가하는 학생부종합전형으로 나누어 볼 수 있다. 2023학년도 4년제 대학 모집인원은 총 34만9124명으로 수시전형이 78% 정시전형이 22%이다. 2022학년도부터 수도권 대학은 30% 이상, 2023학년도부터 서울16개 대학의 정시 선발 비중은 40% 이상으로 권고되어있다. 전형유형으로 보면 학생부교과전형이 15만4464명 학생부종합전형이 8만1390명을 차지한다. 숫자로 보면 학생부교과전형의 비율이 높지만 학생부종합전형 선발을 관심 있게 보아야하는 이유는 상위권 주요대학의 경우 학생부종합전형의 선발 비율이 여전히 높기 때문이다. 고교 3년간의 생활을 종합적으로 평가하는 학생부종합전형은 단기간에 준비하기 어려운 전형이다. 특히 학생부종합전형의 평가가 이전에 비해 비교과보다 교과 영역에 더 무게를 두면서 내신의 중요성을 인식해야한다. 독서의 중요성이 강조되는 한편 자기소개서는 올해를 마지막으로 평가를 종료한다. 2024학년도 대학입시는 비교과영역이 축소되는 등 변화가 있게 된다. 2025학년도 부터는 새로운 정부의 출범에 따라 대학입시의 변화가 예상된다.

학생부종합전형이란 고등학교 교육과정, 대입전형 전문가인 입학사정관이 학교생활기록부를 중심으로 교과발달사항, 비교과활동사항, 자기소개서, 면접 등을 통해 대학 및 모집단위 특성에 맞게 종합적으로 평가하는 전형이다. 학생부종합전형을 준비하는 수험생의 입장에서는 평가기준을 알고 준비하는 것이 합격의 가능성을 높일 수 있다. 여러 가지 사례를 수집하여 한국교육컨설턴트협의회 소속 진로진학상담사 1급 회원들이 준비과정과정과 결과를 세밀하게 분석하였다

1. 학생부에서 학생의 학년별, 교과별 성적의 추이를 분석하였다.

2. 학생부에서 주요활동과 수상경력, 전공적합성 및 인성, 발전가능성을 중심으로 분석하였다.

3. 학생이 최종합격한 대학의 전형을 분석하였으며, 다음 학년도의 전형을 안내하였다.

4. 학생이 합격한 대학에 제출했던 자기소개서를 소개하였고 전문가의 강평을 제시하였다.

5. 학생의 합격수기를 밝히고 다음 입시를 준비하는 후배들에게 진심어린 당부를 하였다.

6. 학생의 진학을 상담했던 진학전문위원들이 서류심사위원이 되어 자료·심도있게 분석하고 합격비결을 정리하였다.

대학입시를 준비하는 학생, 학부모, 진로진학상담관계자들이 의미있는 준비 사례로 활용하기를 바란다. 합격의 기쁨과 함께 선뜻 자료를 공유해준 학생들이 고맙다. 고운 마음처럼 대학생활에서 멋지게 성장하길 기대한다. 바쁘고 어려운 상황에서도 시간을 내어서 자료를 발굴하고 정리하여 한권의 책을 만들기까지 수고한 진로진학상담사 1급회원들에게 감사드린다. 작은 것을 쌓아서 커다란 것을 민들어가는 적소성대(積小成大)의 가치는 미리미리 준비한 자들의 몫이다.

정남환 (교육학박사, 한국진로진학연구원장. 전국입학담당관협의회 초대회장)

CONTENTS

Part 1. 문과 계열

part 2. 이과계열

CONTENTS

Part 01
문과 계열

경영학과 빅데이터의 접목을 통한
융합형 경영학 인재

한양대학교 학생부종합 경영학과 합격
충청북도 청주외국어고등학교 구본상

○　　많은 학생들이 경영학에 대해 관심을 가지고 학교 내외에서 다양한 활동들을 진행하지만 학생 본인의 장점을 활용하여 무엇을 향해 공부를 해야 하는지 목적을 가지는 경우는 흔치 않으나 이 학생의 경우는 다르다고 할 수 있다. 또한 이 학생의 사례를 통해 진로 및 자율 시간을 활용하여 접할 수 있는 빅데이터, 4차 산업혁명 관련 키워드가 어떤 식으로 활용될 수 있는지 좋은 선례로 접할 수 있다고 보인다. 입시에서 남들과 다른 본인만의 유니크한 소재가 필요하다는 얘기가 학생들을 힘들게 하는데, 다른 학생들과 차별점을 가져와야 하는 부분이 관심을 가지는 키워드가 아닌 관심을 가진 후 어디까지 알게 되었는가에 대해 탐구한 과정이라 할 수 있다. 경영학을 지원하는 학생 중 빅데이터와 경영학의 융합 과정에서 진로에 대한 확신을 가진 학생의 학교생활을 많은 입학사정관 분들이 흐뭇하게 봐주셨을 거라 믿어 의심치 않는다.

전체적인 성적 추이가 좋으며 특히 수학이 돋보인다. 이를 정보 과목 및 빅데이터 관련 클러스터 및 주문형강좌와 연계하며 좋은 시너지를 낸 케이스라 할 수 있다.

스펙 분석

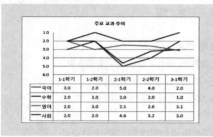

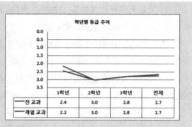

주요 교과 추이

	1-1학기	1-2학기	2-1학기	2-2학기	3-1학기
국어	3.0	2.0	5.0	4.0	2.0
수학	2.0	1.0	2.0	2.0	1.0
영어	2.0	3.0	2.5	2.6	3.1
사회	2.0	2.0	4.6	3.2	3.0

학년별 등급 추이

	1학년	2학년	3학년	전체
전 교과	2.4	3.0	2.8	2.7
계열 교과	2.2	3.0	2.8	2.7

※전공학업 우선순위 : 수학 〉영어 〉사회 〉국어

▶ 자율활동

1학년   모의유엔 참여, 스페인 문화 관련 축제 참여

2학년   세계시민교육 이수, 글로벌 컬처활동 참여(스페인어 문화)

3학년   홍보부 부장, 학술 저널 탐구 활동

▶ 동아리활동

1학년   모의유엔 동아리 : 경제 및 인권 관심을 통한 고용창출과 경제 활성화 도모

2학년   모의유엔 동아리 : 동아리 차장, 멕시코 정부 의료 계획과 국가 경영 및 안정성 토론

3학년   경영경제 동아리 : OCAI 조직문화 진단툴 변형을 통한 관계지향문화 유형 도출

▶ 봉사활동

1학년   171시간

2학년   71시간

3학년 1학기 47시간

▶ 진로 활동

1학년   세계시민교육에 참여하여 진로 탐색

중남미 A to Z 초청 강연회 참가

라틴 인물 톡 앤 톡 (Talk & Talk)에 참여

진로체험학습 및 진로의 날 행사를 통해 경영과 정치 외교 등 관심 분야에 대한 탐색과 고민을 폭넓게 함.

영화로 알아보는 라틴아메리카에 참여하여 영화를 감상하고 라틴 아메리카 문화에 대한 관심을 더욱 갖게 되면서 관련 영화를 스스로 찾아보는 등 관심을 확장함.

2학년 진로 소모임 활동
　　　　코로나 바로알기 프로젝트: 코로나가 경제와 마케팅에 미친 영향 분석
　　　　DMZ 자연환경 보호 및 홍보하는 공정트레킹 여행 기획
　　　　온라인 전공체험캠프 활동 참여
　　　　빅데이터 마케팅에 관한 주제로 비경쟁 토론 참여
　　　　1인 1국가 문화홍보대사 프로젝트 참여 : 필리핀의 특성에 대한 탐구 및 필리핀의
　　　　지형적 특성을 일본의 쇼나이 지역의 지진피해와 비교분석 후 발표활동
3학년 심화협력탐구 – 월간 경영 : 리더로서 매트릭스 경영의 성공 및 실패 사례와
　　　　SWOT 분석을 조사함.
　　　　빅데이터 경영 방법론 탐색 : 멀티 카테고리 상품 추천 방법론에 대한 논문 고찰
　　　　인문학 콘서트 – 나만의 인생철학 세우기에서 매킨타이어의 공동체주의 탐구
　　　　'덕의 상실(알래스데어 매킨타이어)'을 토대로 해당 철학에 대한 UCC 제작
　　　　공동체주의 관점에서 바라본 올바른 조직문화에 관한 토론 참여

▶ 수상경력
1학년 교과 우수상(정보)
　　　　주제별 독후감 발표 대회 (장려 3위)
　　　　2020학년도 학과개편 홍보를 위한 글로벌 문화유산 홍보대사 대회(공동수상 2인, 장려 3위)
　　　　그림동화 원어구연대회(공동수상 3인, 우수 2위)
　　　　방과후수업 우수 활동상(강좌명:유창 스페인어 완성)
　　　　교과우수상(수학, 스페인어 회화 I)
　　　　방학과제물 우수학생(에세이 라이팅, 우수 2위)
2학년 교과우수상(스페인어 회화 II)
　　　　글러벌 인재상(유네스코 이념 실천, 봉사활동, 전공어 능력)
　　　　여름방학과제물 우수학생(라틴아메리카 이슈분석, 우수 2위)
　　　　지역사회 나눔 실천사례 공모전 (우수 2위)
　　　　인사상
　　　　다독상
　　　　자기주도학습 체험수기(교과) 공모전 (장려 3위)
　　　　방학과제물 우수학생(라틴문학 동향분석) (최우수 1위)
3학년 나도 환경기업가 PPT대회 (최우수 1위)
　　　　교과 우수상 (확률과 통계)

◯ **최종합격 대학분석**

● **한양대학교 경영학부 학생부종합 전형(일반) (2022학년도 대입 기준)**

▶ 전형방법 및 최저학력기준

전형방법	일괄합산 학부 종합평가 100			
제출서류	학교생활기록부			
서류평가	· 고교 교육과정의 충실한 이수, 종합 성취도, 핵심 역량 등을 종합적으로 평가 · 다수의 교사가 다년간 작성한 생활기록부의 내용에서 공통적으로 보여주고 있는 학생의 역량을 다수의 입학사정관들이 공정하고 투명한 '횡단평가'의 방법을 통해 다단계로 평가			

	평가항목		주요 평가 영역	평가내용
	종합성취도		수상경력	학생부에 드러난 학업관련 기록을 통하여 종합적인 성취를 평가
			창의적 체험활동	
			세부능력 및 특기사항	· 학생부교과등급을 정량적으로 평가하는 것이 아님 · 학생의 교육여건과 교육과정을 고려하여 종합적인 성취를 정성평가
			행동특성 및 종합의견	
4 대 핵 심 역 량	학업 영역	비판적 사고 역량	수상경력	학업 노력에 대한 결과평가
				관심분야에 참여한 교내활동평가
			창의적 체험활동	학업노력에 대한 교과목교사의 의견확인
		창의적 사고 역량	세부능력 및 특기사항	학업 · 관심분야에 대한 담임교사의 의견확인
			행동특성 및 종합의견	
	인성 및 잠재성 영역	자기주도 역량	수상경력	다양한 인성 · 잠재역량에 대한 고교인정사실 확인
			창의적 체험활동	교내활동 속에서 확인되는 인성 · 잠재력 평가
		소통·협업 역량	세부능력 및 특기사항	수업태도 · 생활모습에 대한 교과목교사의 의견확인
			행동특성 및 종합의견	학교생활에 대한 담임교사 의견확인
	종합평가		수상경력	※ 내부/외부 위촉사정관의 "학문적 지식과 가르침의 경험" 을 바탕으로 종합평가 실시 - 대학수학을 위한 기본소양 및 열정 · 관심에 대한 준비정도 평가 - 대학생으로서 갖추어야 할 인성과 기본역량에 대한 평가
			창의적 체험활동	
			세부능력 및 특기사항	
			행동특성 및 종합의견	

면접평가	없음
수능최저 학력기준	수능 최저학력기준 적용하지 않음

● **한양대학교 경영학부 학생부종합(일반) (2023학년도 대입 기준)**

▶ 전형방법 및 최저학력기준

전형방법	변동없음
제출서류	변동없음
서류평가	변동없음
면접평가	변동없음
수능최저 학력기준	수능 최저학력기준 적용하지 않음

※위의 내용은 2023학년도 전형계획 기준이며, 정확한 내용은 대학에서 발표하는 수시모집요강을 확인하시기 바랍니다.

▶ 수시지원 합격/불합격 여부

대학명	지원모집단위(학과)	전형명	최종 합불
고려대학교	경영대학	학생부종합 계열적합형	불합격
서강대학교	경영학과	학생부종합	불합격
한양대학교	경영학부	학생부종합	합격
중앙대학교	경영학부(경영학)	학생부종합탐구형	합격
경희대학교	경영학과	네오르네상스	불합격
한국외국어대학교	경영학과	학생부종합 면접형	합격

◯ 자기 소개서

1. 고등학교 재학 기간* 중 자신의 진로와 관련하여 어떤 노력을 해왔는지 본인에게 의미 있는 학습 경험과 교내 활동을 중심으로 기술해 주시기 바랍니다(띄어쓰기 포함 1,500자 이내).

　'트렌드 노트' 시리즈를 읽으며 '생활변화관측소는 어떻게 유행을 이렇게나 빨리 알 수 있었을까?'라는 의문을 가졌습니다. 그 근간엔 방대한 데이터 속에서 유의미한 상관관계를 발견하는 데이터마이닝 엔진 인사이트가 있다는 걸 알게 되었고, 작은 단어들이 모여 트렌드라는 유의미한 정보가 된다는 점에서 빅데이터에 흥미를 느꼈습니다.

빅데이터의 경영적 활용성에 대해 고민하던 저는 정보 시간에 데이터가 마케팅에도 활용될 수 있음을 배우고 실례를 조사했습니다. 당시 고객의 얼굴과 인상착의, 동선을 이용하는 한 대형마트의 오프라인 고객분석 사례를 탐구하며 개인정보와 마케팅 간의 정보윤리적 딜레마가 발생할 수 있음을 느꼈습니다. 이를 고찰하고자 비경쟁토론에 참가하여 더 안전하게 고객의 데이터를 수집하고 효율적으로 사용할 수 있는 온라인 빅데이터 마케팅에 주목했습니다. 이후 온라인상의 데이터 처리와 다양한 빅데이터의 활용성을 체험해보고자 '빅데이터로 바라본 우리나라의 취업난 현상'을 주제로 입력 연월별 취업률 변화를 도표화하는 프로그램을 제작했습니다. 이 과정에서 취업률 공공데이터 전처리 분석, 시각화를 진행하며 전체적인 개발과정을 이해할 수 있었습니다. 관련 지식을 얻기 위해 읽은 '세상을 읽는 새로운 언어, 빅데이터'라는 책에서도 여러 활용 사례를 접할 수 있었습니다. 그중 구매율과 선호도를 통해 실시간으로 가격을 측정하는 다이나믹 프라이싱을 통해 소비자 개인의 선택 가치를 알게 되어, 주요 구매패턴에 따라 소비자를 분류하고 적합한 마케팅 전략을 수립하는 고객관계관리에 관한 학술 저널 탐구를 진행했습니다. 나아가 확률과 통계 시간에는 빅데이터의 한계점을 분석하고, 대응 기술로 연합학습 인공지능과 CRM에 사용되는 RFM 모형을 제시하며 다양한 분야에서의 빅데이터 기반 접근방식의 필수성을 느꼈습니다.

마스크 품귀현상에 관한 기사를 읽은 것을 계기로 수학1시간에 기간별 위생용품 판매량을 조사해 수요공급 그래프를 제작했습니다. 이때 접한 기간별 마스크 가격 그래프가 미분을 통한 가격 측정 방식을 사용했다는 점에서 수학2의 미적분 단원과의 연관성을 발견했고, 이론적 이해를 바탕으로 실전학습을 진행하기 위해 자유탐구를 계획했습니다. 반 학생들을 소비자로 설정하고 특정 물건의 가격 상승폭에 따른 수요를 조사하는 과정에서 움직임을 시각화하는 미분그래프의 특성을 활용한 가격 결정 과정을 체험할 수 있었습니다. 이를 통해 수요와 가격의 상관관계를 확인하며 이윤, 한계비용 등 경제 개념에 관심을 갖고 수요와 공급을 바탕으로 자원이 효율적으로 분배되는 시장경제의 특성을 배웠습니다. 이는 제가 공동교육과정 국제경제 과목을 이수하는 계기가 되어 무역 발생 원리를 파악하는 데 도움을 주었고, 이를 기반으로 3학년 독서 완전경쟁시장 지문을 공부하며 교과 이해도를 높였습니다.

3년간의 경험을 통해 미래 경영인에겐 수학적 통계로 데이터에 명확하게 접근하는 능력이 필요함을 깨달았습니다. 또, 새로운 학문을 접하며 지식을 확장하는 과정에서 탐구의 즐거움 역시 느낄 수 있었습니다.

☞ 강평

지원자의 경영에 대한 관심이 일관성 있게 잘 드러나 있다. 특히 빅데이터에 관심을 갖게 된 계기와 그에 대한 관심을 어떻게 심도 있게 탐구하고 확장해 나갔는지 잘 보여주고 있다. 또한 과목들 간의 연계를 통한 폭넓은 호기심과 그 호기심을 해결하기 위한 노력, 그리고 그를 통해 발전하고 성장한 과정을 잘 나타내 주고 있다. 관심분야와 관련한 프로그램을 직접 제작하고, 토론을 통해 지식을 공유하며, 다양한 학술 저널 탐구를 진행하는 등 적극적인 모습과 뛰어난 잠재력을 엿볼 수 있게 잘 기술하고 있다. 그리고 독서를 통한 자기주도 학습역량과 학교생활에 대한 충실도도 놓치지 않고 잘 보여주고 있다. 본인의 수학적 역량을 경영인의 자질과 잘 연결해 보여줌으로써 발전가능성과 잠재력을 충분히 어필하고 있다. 더불어 지원자는 학교에 개설되지 않은 과목을 공동교육과정을 잘 활용하여 관심분야에 대한 지적 욕구를 해결하려는 노력을 하였다. 이러한 학문에 대한 열정과 도전정신에 높은 점수를 주고 싶다.

2. 고등학교 재학 기간* 중 타인과 공동체를 위해 노력한 경험과 이를 통해 배운 점을 기술해 주시기 바랍니다(띄어쓰기 포함 800자 이내).

'학교의 얼굴'이라 불리는 홍보부에서 활동하며 그 이면에는 불합리한 부서문화가 이어져 왔음을 깨달았습니다. 타 부서보다 유난히 권력 세습적이고 강압적인 체계 속 문제의식을 제기하며 부장이 된 저는 이 악습을 끊기로 다짐했습니다. 조직과 인사에 관심이 많기에 이 점을 활용하여 건강한 조직문화를 적용하고자 했고, 부원으로서의 책임감과 공동체 의식을 갖춘 학생들을 선발했습니다. 동아리와 소모임 등 다양한 조직을 이끌며 교류의 중요성을 체감하였기에, 홍보부가 소통하는 부서가 될 수 있도록 직접 온라인 소통함을 제작하여 부원들과 수시로 부서 및 행사에 대한 의견을 나눴습니다. 그 밖에도 부장만이 일정을 파악하여 역할을 배정하고 지시하던 기존 방식에서 벗어나 '홍보부 스터디'라는 정기 행사를 통해 아이디어와 피드백을 교류했으며, 온라인 등교 상황을 고려한 온·오프라인 진행 방식을 모두 구상한 뒤 부원들의 의견을 반영하여 탄력적으로 운영했습니다. 이와 같은 노력을 통해 제가 부장을 맡은 1년간 진행된 10회 이상의 행사를 단 한 번의 실수 없이 성공적으로 치를 수 있었고 팬데믹을 반영한 효과적인 SNS 홍보 또한 진행할 수 있었습니다. 부장이자 선배로서 저를 의지하고 고민을 털어놓는 후배들을 보며, 그저 부원이었던 제가 기존의 체계를 깨고 실질적인 변화를 끌어낸 것이 너무나 뿌듯했습니다.

홍보부 부장으로서의 경험을 통해 선후배와 선생님, 내빈들까지 여러 사람과 교류하며 소통하는 방법을 익힐 수 있었습니다. 동시에 개인이 조직 속에서 존중받는 것과 조직자가 아닌 조력자로서의 리더의 역할 수행이 지닌 가치를 배웠습니다.

☞ 강평
끊임없이 변화에 맞춰 도전하고 소통해야 하는 리더로서의 역할을 잘 보여주고 있다.

건강한 조직문화를 위해 리더로서 소통하고 협업하는 자세를 잘 보여주었고 그를 통해 긍정적인 변화를 이끌어 낸 점을 잘 드러내 주고 있다. 다양한 조직에서의 리더로서의 모습을 통해 공동체에서 얼마나 역할을 잘 수행했는지 그 역량을 증명해 주고 있다. 또한 경영인에게 필요한 홍보와 마케팅에 대한 지원자의 역량도 인성과 잘 엮어서 표현한 점이 인상적이다.

3. 중앙대학교/추가적으로 학교생활기록부 기재 내용 중 지원자의 우수성을 보여줄 수 있는 사례를 들어 기술하시오(띄어쓰기 포함 800자 이내).

생활과 윤리를 공부하며 접한 '윤리적 소비'라는 책에서 '소비자가 스스로 수호하고자 하는 가치를 지키기 위해 소비의 행태를 바꾸었고 이것이 기업을 바꾸는 결과를 낳았다'는 문장을 읽고 공정무역의 영향력에 주목했습니다. 개인들의 경제관이 사회의 변화로 이어지는 것에 큰 울림을 느꼈고, 저도 학생들이 건강한 가치에 주목하는 계기가 되고 싶었습니다. 이를 실천으로 옮기고자 직접 공정무역을 경험해볼 수 있는 홍보사업을 기획하였습니다. 간단한 온라인 수요조사를 바탕으로 공정무역 코코아와 커피를 판매하기로 한 뒤 활동을 구체화하던 중, 과거 학생회가 유사한 카페 행사를 진행한 경험이 있다는 것을 발견했습니다. 당시 지나치게 많은 일회용품이 사용됐다는 한계를 파악했고, 이를 극복하는 동시에 '지속가능한 발전'이라는 공정무역 활동의 목적과 동기를 강조하고자 개인 컵을 미리 걷어 음료를 제조한 후 다시 전달하는 진행방식을 떠올렸습니다. 다소 번거로운 과정이라 걱정했지만 많은 학생들의 관심과 협조 덕분에 완판이라는 좋은 결과를 기록하였고, 얻은 수익금은 커피 생산국에 식수를 제공하는 단체에 기부하며 유종의 미를 거둘 수 있었습니다. 제가 직접 관심 분야에 대한 사업을 떠올리고 이를 실현하여 마무리까지 이끄니 책임감은 물론, 학교라는 공동체의 구성원으로서 사회를 위해 노력한 스스로에게 보람을 느꼈습니다. 또한 제가 떠올린 아이디어이기에 남들보다 더 무리하고 책임져야 한다고 생각했는데, 오히려 함께 활동을 진행한 팀원들이 제 부담을 덜어주고 자기 몫 이상으로 노력하는 모습을 보여주어 팀워크의 중요성을 실감할 수 있었습니다.

☞ 강평

본인의 관심분야에 대한 열정과 탐구정신을 잘 보여주고 있다. 직접 공정무역을 경험하고자 홍보사업을 기획하고 실천하는 등의 모습을 통해 실험적인 실천력과 도전정신을 엿볼 수 있다. 또한 건강한 사회와 공동체를 위한 고민을 통해 책임감과 타인을 배려하는 역량을 잘 드러내 주고 있으며, 앞으로 훌륭한 인재로서 성장해 나갈 것이라는 확신을 주고 있다.

○ 합격 수기

1. 한양대학교 경영학과 학생부종합전형을 선택하게 된 결정적 요인은 무엇인가요?

일반고에 비해 인원이 적고 활동이 월등하게 많은 학교 특성상 교과전형과 정시는 승산이 적다고 판단하고 1학년 때부터 각종 활동으로 생기부를 채우며 학생부종합전형을 준비했습니다. 1학년 당시엔 성적이 우수하였으나 2학년 첫 시험에서 성적이 급하락하여 상위권 대학 선택의 폭이 좁아지게 되었습니다. 따라서, 타 대학에 비해 학생의 잠재력과 노력에 더 비중을 두는 한양대학교의 평가방식에 매력을 느꼈습니다. 그때부터 사실상 마음속 1지망은 한양대학교였습니다. 따라서 상향 지원한 학교에서 불합격했어도 기쁜 마음으로 한양대학교를 선택할 수 있었습니다.

2. 학교생활기록부 관리에 대한 나름의 노하우를 알려주세요.

생기부에 대해 철저히 분석해서 완전히 내 것으로 숙지하려는 노력을 참 많이 했습니다. 동시에 경영에 대해 넓고 얕았던 지식을 시간이 지날수록 나의 관심분야로 좁혀가면서 깊이 탐색하였습니다. 생기부에 있는 모든 활동에 대해 사후보고서를 작성하여 활동한 증거와 기억을 남겼습니다. 총 백여 권이 되는 독서활동과 이백여 시간이 넘는 봉사활동 전부 과장하거나 허투루 한 것 없이 진심으로 임했습니다. 그러다 보니 누구보다 노력에 대한 뿌듯함과 자부심이 있었고, 생활기록부에 대해서도 자신감을 가질 수 있었습니다. 이는 추후에 한국외국어대학교 면접과 대학교 동아리 지원 등을 준비하는 데도 많은 도움이 되었습니다. 또한 무조건 경영에 관련해서만 탐구하기보다 환경, 정책 등 다양한 분야에도 관심영역을 확장해 가면서 학업에 열정적인 모습과 함께 다방면에 깨어 있는 모습을 보여 주었습니다.

앞서 말했듯, 생활기록부의 작성을 위해 했던 모든 활동의 증거를 남겨놓으세요. 활동 계기, 내용, 배운 점 이렇게 세 줄로만 적어놓아도 미래의 자신에게 엄청난 도움이 될 것입니다.

중요한 것은 수박 겉핥기식으로 작성한 생활기록부는 아무 가치 없다는 것입니다.

'경영에 대해 발표했고 지식을 얻었다'라는 내용은 내가 아닌 그 누구라도 적을 수 있지만, '과거의 특정 프로젝트를 바탕으로 주제를 선정해 경영 발표를 했고, 어떤 후속 활동을 진행하여 어떤 깨달음을 얻었다'라는 내용은 이 세상에서 나만 경험할 수 있는 거니까요. 입시를 하는 내내 좋은 결과를 위해서는 거짓된 과장보다 진솔한 노력이 더 중요하다고 느꼈습니다.

3. 자기소개서의 작성과정을 설명해 주세요. 자기소개서를 작성할 때에 가장 정성을 기울인 문항은 몇 번이고 이유는 무엇인가요?

무엇보다 1번 문항입니다. 가장 많은 시간을 할애했고, 가장 많은 피드백을 받았으며, 원서 제출 직전까지도 손보던 애증의 결과물입니다. 저는 경영만큼 환경에도 관심이 많았기에 사회적기업과 친환경사업에 대해 작성하고자 했으나, 내용이 너무 식상하고 연쇄적인 활동이 보이지 않아 힘들었습니다. 그러나 여러 고민 끝에 처음에 생각지도 못했던 '빅데이터'라는 요소를 발견했고, 심지어 생활기록부에 꽤 자세한 활동 내용이 적혀있었습니다. 그 후 추가적으로 심도 있는 활동을 진행하며 '나만의' 1번 문항 줄거리를 만들었습니다. 확고한 컨셉을 얻기 전에는 1,500자라는 양이 꽤 많다고 생각했었는데, '빅데이터 경영', '수학도 잘하는 문과'라는 키워드를 주제로 지난 3년을 최대한 어필하고자 노력했습니다. 고민 끝에, 방향성을 확실히 깨닫고 분량도 조절하며 무사히 작성을 마무리할 수 있었습니다.

4. 면접에서 어떤 질문을 받았고 어떻게 응답했는지 기억나는 대로 말씀해주세요(한국외대).

[질문1] 생활기록부를 보니 인사관리에 관심이 많은 것 같은데, 특별한 이유가 있습니까?

[질문2] 제일 이상적인 조직문화를 가진 기업은 어디라고 생각합니까?

[질문3] 진로와 관련하여 가장 인상 깊게 읽은 책이 무엇인가요?

[질문4] 경제경영 동아리 부장을 했다고 했습니다. 구체적으로 무슨 역할을 했습니까?

[질문5] 한국외대 경영학과에 와서 무엇을 배우고 싶은가요?

[질문6] 봉사시간이 정말 많은데, 자신의 진로에 영향을 준 봉사는 무엇인가요?

5. 한양대를 지원하려고 준비하는 후배학생들에 도움이 되는 이야기를 부탁드립니다.

한양대학교의 학생부종합전형 합격사례를 조금만 살펴보아도 학교가 성적보다 중시하는 '무언가'가 있다고 분명히 느낄 수 있을 겁니다. 저는 2학년 때 큰 슬럼프를 겪어 1학년때 1점 중반, 2학년때 3점 중반, 그리고 3학년 때 2점 극 초반이라는 나이키 형태의 성적 곡선을 가지고 있습니다. 그럼에도 한양대학교에 최초 합격을 할 수 있었던 이유는 무엇보다 '남들과 다른 나'를 어필했기 때문이라고 생각합니다. 예를 들어, 경영의 수많은 분야 속 특히 '조직문화와 인사관리'에 몰두하게 된 계기를 생활기록부에 구체적이면서도 독특하게 그려냈고, 문과생들은 거의 선택하지 않는 코딩 수업에 과감하게 참여해 경영과의 연관성을 발견하며 다양한 관점에서 전공 탐색을 진행했습니다. 하지만 무엇보다 중요한 것은 내 의지를 보여주는 것이었다고 생각합니다. 열심히 공부해서 성적을 올렸고, 수많은 분야 중 경영을 선택해 집중했으며, 한양대학교의 인재상에 맞는 모습을 보여주기 위해 꾸준히 생활기록부에 녹여내기 위해 노력했습니다.

한창 우울했던 2학년 때, 담임선생님께서 제게 이런 말씀을 하셨습니다. '1학년의 생기부가 부실해서, 그리고 성적이 떨어져서 우울한가? 그럼 노력해라. 뭐라도 해서 생기부를 채우고, 공부해서 성적을 올려라. 여기서 포기하면 그냥 너는 그런 학생인 것이고, 극복한다면 힘들었던 시간은 잠깐의 슬럼프가 되며 너는 그걸 이겨낸 굳센 학생이 된다.'

입시가 시작되면 정말 암울하고 절망적인 기분을 하루에 수도 없이 느낄 테고, 공부에 대한 압박이 너무 힘겨울 수도 있습니다. 그렇지만 좌절하지 말고 조금만 더 힘내세요. 여러분이 대체 불가능한 인재라는 것을 충분히 나타낸다면 한양대학교는 이를 분명 알아볼 것이고 그러면 여러분도 쉽게 합격할 수 있을 겁니다. 하루빨리 한양대학교에서 보게 될 날이 왔으면 좋겠습니다.

전문위원이 바라보는 합격의 비결

1) 학업역량

대부분 외고를 입학하는 학생들이 학교에서 운영하는 제2외국어 (중국어, 일본어, 스페인어, 독일어, 등) 전공을 통해 입학한 후 자신의 진로에 대해서 다시 한번 고민하게 되는 시점을 맞이하게 되는데 이 학생은 정보 과목과 수학 과목을 본인의 강점으로 인식하고 해당 과목의 성적을 유지하려 노력한 부분이 눈에 띈다. 보통 중학교 때 접하기 어려운 제2외국어 과목을 따로 공부하지 않고 외고 등을 진학한 후 본인의 진로와 연관성이 떨어진다고 느낄 수 있으나 강점 과목을 바탕으로 원하는 진학 결과를 낸 이 학생의 사례를 보며 현재 본인의 포지션이 어디에 있는지 생각해 보는 계기가 되었으면 한다.

일반 과목뿐만 아니라 클러스터와 주문형 강좌를 적극적으로 활용하고 이를 통해 자소서와 생기부의 초석으로 삼은 학생에게 박수를 보내는 바이다.

2) 전공 적합성

현대에서 경영학은 국제화, 시장다변화, 정보화 시대에 따라 다양한 변화로 뻗어나가고 있는 학문이다. 따라서 경영학을 전공하는 학도에게 경영학에 대한 관심뿐 아니라 폭넓게 상황을 바라볼 수 있는 유연한 사고력 또한 필요하다. 지원학생은 이러한 능력들을 생활기록부 전반에 걸쳐 잘 드러내고 있다. 환경이나 정책 등 사회 전반에 걸친 다양한 관심의 영역들을 쉽게 찾아 볼 수 있다.

하지만, 무엇보다 지원자의 경영과 경제에 대한 선택과 집중의 모습에 큰 점수를 주고 싶다. 모의유엔활동이나 국제마케팅 동아리, 그리고 진로 활동을 통해 꾸준히 관심 분야에 대해 지식을 확장해 나갔다. 이러한 과정에서 비판적 사고 능력과 문제 해결능력을 다양한 활동을 통해 잘 보여주고 있다. 또한, 경영과 경제라는 키워드를 중심으로 과목 간의 연계성을 통해 본인의 호기심과 관심을 다양한 관점에서 보여주고 있으며, 이를 통해 융합적인 사고를 지닌 학생임을 잘 드러내고 있다. 그리고 지식 습득을 위한 꾸준한 독서가 눈에 띄며, 독서를 통해 갖게 된 호기심과 그 호기심을 해결하기 위한 노력들도 생활기록부에 잘 녹여내고 있다.

빅데이터에 대한 관심을 일관성 있게 유지하고 그것을 심도 있게 확장해 나간 점도 입학사정관이 눈여겨보았을 것으로 보인다. 수학에 대한 우수한 학업적 역량은 경영학도에게 필요한 전공 적합성을 잘 보여주고 있다. 그리고 마케팅, 인사 등 경영의 다양한 분야를 고등학교 생활을 통해 간접적으로나마 체험하려는 꾸준한 노력을 했으며, 이는 앞으로 경영학을 전공하는 대학생으로서의 기본역량을 잘 갖추고 있음을 충분히 증명해 주고 있다.

3) 인성

지원자는 동아리 부장과 다양한 조직의 임원으로 활동하며 공동체의 리더로서의 역할을 충실히 해왔다. 그리고 기존의 관습적인 역할에서 벗어나서 건전하고 합리적인 공동체 문화를 위해 노력한 모습이 생활기록부 곳곳에서 드러나고 있다. 자신이 맡은 일은 묵묵히 하면서도 적극성을 갖춘 학생으로의 면모를 여러 가지 학교 행사를 책임감 있게 성공적으로 이끌며 보여주고 있다. 구성원들 간의 소통을 무엇보다 중요하게 여기며 공동체의 발전을 위해 자발적으로 협력하는 태도를 잘 드러내고 있다. 학생회 홍보부 활동에서는 스터디를 구성하여 구성원들의 동기부여와 자발적 참여를 유도하는 따뜻한 리더십을 보여주었다. 부원들에게 긍정적 피드백을 받으며 훌륭한 리더로서의 자질을 인정받았다는 것이 생활기록부 곳곳에 잘 나타나고 있다. 적극적이면서도 공동체 전체의 윤리적이고 건강한 발전을 도모할 줄 아는 경영인으로서, 또 더 나아가 앞으로 우리나라 발전을 위해 긍정적 영향력을 끼칠 훌륭한 인재로서의 역량을 잘 보여주고 있다.

4) 발전 가능성

지원자는 미래 경영학도로서 충분히 그 발전 가능성을 증명해 주고 있다. 생활기록부에 경영과 경제에 대한 관련한 관심이 아주 잘 드러나고 있으며 그 관심이 학년이 거듭할수록 더 심화되고 확장되고 있다. 또한 방대한 양의 독서와 다양한 활동을 통해 폭넓은 시각과 비판적인 문제 해결능력을 잘 보여주고 있다. 무엇보다 관심분야에 대한 끊임없는 탐구와 도전정신은 특히 높이 평가해 주고 싶다. 외고학생이지만 코딩수업에 참여해 경영과의 연관성을 찾으려 노력하였고 본인의 학교에서 개설하지 않았어도 공동교육과정을 통해 자신의 지적인 호기심을 해결하기 위해 노력하였다. 이러한 노력이야말로 앞으로의 발전 가능성을 가늠해 보기에 충분하지 않나 싶다. 또한 영어뿐 아니라 스페인어에 대한 학업 역량을 갖추고 있기에 국제무대에서 활동할 경영인으로서 발전도 기대해 볼 수 있겠다.

중앙대학교

"학생과 소통하는 교사가 되기 위해, 자기 주도적 실천의지를 가진 학생."

중앙대학교 다빈치전형 체육교육과 합격
울산 학성고등학교 김대재

O   학성 고등학교는 울산시 남구 소재의 일반계 공립 고등학교이다. 부설 방송통신 중고등학교와 관련된 활동을 하면 봉사활동으로 인정된다. 울산광역시의 경우 4년제 대학으로 울산대학교와 울산과학기술원(UNIST)가 있으며, 울산과학대학교, 춘해보건대학교, 한국폴리텍Ⅶ대학 등이 있다. 고등학생 졸업생 수보다 대학에 입학할 수 있는 학생 수가 현저히 적어 대부분 타 지역으로 지원해야 하는 상황이다.

김대재 학생은 1학년 때부터 중앙대학교 체육교육학과를 목표로 정하고 그에 맞추어 노력하였다. 성적이 합격의 결정적인 요소라는 것을 깨닫고 성적 향상에 많은 노력을 했다. 1학년 1학기 2.76, 1학년 2학기 2.2, 2학년 1학기 2.2, 2학년 2학기 1.8, 3학년 1학기 1.5의 평균 내신 등급의 향상된 성적을 통해 대학교 교육과정을 충실히 이뤄낼 수 있다는 발전가능성에서 높은 평가를 받았음을 알 수 있다. 다양한 과목의 교과 우수상 뿐만 아니라 영어 에세이 쓰기, 수학 UCC 제작대회, 독서 프리젠테이션 비문학, 인문 글쓰기 대회, 정책제안 대회 등 다양한 수상을 통해 다양한 분야의 도전과 글쓰기 능력, 인성 등을 겸비한 학생임을 알 수 있다. 더 중요한 것은 소통하는 선생님이 되고자 목표를 정하고 매사에 적극적인 자세로 임하며 성장 발전하고 있는 모습을 보여주고 있어 앞으로 더욱 기대되는 학생이다.

김대재 학생의 학생부를 살펴보면 다빈치전형의 특징인 교과와 비교과의 밸런스를 이루고 있다. 고교 교육과정 내 학업과 교내 다양한 활동을 통해 균형적으로 성장한 학생을 인재상으로 하는 중앙대학교 다빈치 인재 펜타곤에 들어맞는다. 다양한 학교활동에 주도적으로 참여하며 교과와 비교과영역 전반에 걸쳐 균형 잡힌 학생, 도전정신과 융합적인 사고를 가진 학생이라면 좋은 평가를 받았다. 또한 면접에서 본인의 학업역량과 소신을 밝히며 자신감을 보여준 모습이 합격의 비결로 보인다. 특히, 교내 협력활동, 공동체 활동 등을 통해 나누고 배우고 성장한 내용을 통해 김대재 학생의 인성, 학교생활 태도 등을 중앙대학교에서 확인하고 합격시켰음을 알 수 있다.

진로 설정을 구체화하고 3년간 활동으로 다양하게 보여주는 모습이 탁월하다. 학급 부반장, 학생부 홍보부장, 학급 게시판 관리 담당 봉사 등을 꾸준히 하면서 봉사와 함께 자신의 스펙도 충실히 쌓았다.
영어발표대회 금상 1위를 비롯하여 디베이트 대회, 각종 글짓기대회 수상을 수없이 하였고, 꾸준한 노력으로 학업역량을 키운 결과, 3학년 1학기 내신을 1.6등급으로 상승시켜 준비한 모든 과정에 힘을 실었다. 활동과 학업의 균형을 잘 이룬 모범적인 사례이다.

스펙 분석

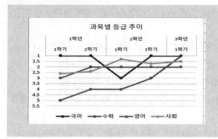

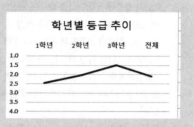

▶ 자율활동

1학년   학급반장으로 갈등 상황 시 급우들의 의견을 존중하며 민주적 화합을 이끌어냄

리더십아카데미 청소년정치학교"정치야! 놀자"에 참여하여 학생자치활동 역량 함양

정치 이론 교육 후 자유토론을 통해 '만 18세 청소년 참정권 부여'라는 안건도출

학급음악회 주최 및 체육대회 종합우승 기여 등 리더십과 스포츠맨십 발휘

축제에서 반별 무대를 위한 아이디어회의부터 연습까지 모두의 참여 도모

2학년   전교 학생회 부회장으로 탁월한 리더십과 봉사 정신을 발휘

스승의 날 반별 사진액자와 음료를 패러디한 '존경500'기획 및 '유통기한 :저희들의 사랑이

식을 때까지'라는 창의적 안건 제시 등 제작 총괄

학생회 임원들과 역할 분담하여 수능 응원 떡 가방 만들기 행사 참여

수능 기원제를 위한 응원 영상 아이디어 제안 및 선생님 인터뷰 영상 촬영

3학년   전교 학생회 회장으로 전 부서 활동 자발적 참여, 원활한 학생회 활동 진행에 기여

코로나19 상황에 맞게 학생회 SNS 활성화하여 온라인 버스킹 행사 진행

매주 3회 아침 선도활동에서 등굣길 발열 검사와 질서유지에 힘씀

학교 폭력 방지를 위해 주변인의 지속적 관심을 강조하고 학교폭력예방캠페인 실시

사이버 중독 예방교육으로 청소년 전자기기 과다 사용 심각성 파악함

청소년 인터넷 과다 사용 실태 파악과 교사 입장에서 제시할 수 있는 해결책이라는 학술연구

결과를 탐구하여 해결방안 제시

청소년 통계' 연도별 추이를 대조한 분석에서 통찰력이 돋보임

▶ 동아리활동

1학년   (책그늘1반)(30시간) 세계 책의 날, 아트프린트 전시 등 독서관련 행사 및 축제 부스에서 동아리의

일원으로서 책임감 있는 역할 수행

세월호 추모 행사 참여를 통해 희생자들의 아픔을 공감하고 일상에 감사한 마음을 지님

책쓰기 활동에서 진로에 대한 깊이 있는 고민을 바탕으로'교사'에 대한 글을 씀

팀활동에서 도서관 신간도서의 주제를 한눈에 알 수 있는 포스터를 제작하여 신간 도서에 대한

관심을 도모함

(스포츠영상분석 : 자율동아리) 주요 경기 분석, 토론

2학년 (책그늘2반)(14시간) 코로나19로 개학이 연기된 상황에서도 신입 동아리 부원 모집을 위한 원격
　　　　　　　　면접 진행
　　　　책쓰기 활동에서 어머니를 대하던 자신의 행동을 반성하고 어머니에 대한 감사의 마음을 '가장
　　　　가깝고도 먼 사람'이라는 글로 완성함
　　　　글쓰기에 참고할 관련도서 탐색부터 주제 선정, 마무리 활동까지 거듭 다듬으면서 완성도를 높임
　　　　단편영화'콩나물'감상 후 자신의 어려운 상황 극복 및 진로고민이 담긴 감상문 작성
　　　　영화감독에게 던지는 질문과 영화감독이 되어 답변하기 등의 모듬 활동 적극적 참여
　　　　동아리 활동 마무리와 새해에 대한 희망 메시지를 담은 플립북 영상을 제작하여 동아리 부원들과
　　　　공유
3학년 (인문및문학탐구)(14시간) '뉴스포츠를 활용한 체육수업(고문수)'책을 읽고 추가적인 학술자료
　　　　　　　　검토 후 '뉴스포츠를 활용한 체육수업이 학생들에게 끼치는 영향'을
　　　　　　　　주제로 한 보고서를 작성하여 발표함
　　　　발표 중 뉴스포츠 교구를 직접 들고 와 학생들의 흥미를 높임
　　　　이후 자신이 어떠한 수업을 해볼 수 있을지에 대한 심도 있는 고민을 바탕으로 자신만의 체육
　　　　수업 커리큘럼을 제작함
　　　　체육교사는 단순히 콘텐츠 제공자 역할에 머무르는 게 아니라 뉴스포츠 수업 개발을 통해
　　　　학생들의 전인적 성장을 이끌어내는 노력을 해야 한다고 발표하여 큰 호응을 얻음
　　　　(교육시사토론 : 자율동아리)(12시간)

▶ 봉사활동
1학년 (188시간)　학교폭력예방 도우미로서 자발적인 정기모임을 통한 역할분담으로 교내순찰, 또래상담,
　　　　　　　　각종 캠페인 실시 등 교내 행사에서 폭력사각지대까지 고려한 학교폭력예방 활동
2학년 (82시간)　자율 캠페인을 통한 본교 학생 자율정화 및 학생 금연 활동, 학교폭력 예방 및 흡연
　　　　　　　　예방을 위한 정기적 학생회 회의를 통한 학습 환경 등에 관한 건의
　　　　　　　　멘토링 활동을 통해서 멘티들의 학습을 도와주고 자기주도적 학습법을 익히게 하는데
　　　　　　　　도움을 줌
3학년 (27시간)　교내 생활지도 도우미 활동, 또래 멘토 활동에서 멘토 역할

▶ 진로활동
1학년　학과계열 선정검사 결과, 안정적인 직업 환경과 업무 일정을 선호하는 타입에 속하는 관료형으로
　　　　교육학/예체능계열학이 도움이 될 것으로 판단됨
　　　　학과체험에서 지역대학 탐방으로 화학교육과에 대해 알게 됨
　　　　진로의 날 행사 때 청소년 지도사의 강의를 들음
　　　　"학교에 왜 다니니?" 질문에 선뜻 답하지 못했던 것을 반성하고 이유를 모르고 학교를 다니면
　　　　아무것도 얻지 못한다는 강사의 말을 인상 깊게 새김
　　　　추계체험학습에서 헬스장을 방문하여 트레이너라는 직업을 체험하고 신체 운동을 배우며 체육
　　　　교사라는 꿈에 더 가깝게 다가감

대학진학박람회에 참가하여 대학의 전형에 대한 이해를 넓히고 대학별 상담부스에서 입학담당 관과의 개별상담을 통해 진학에 대한 구체적 계획수립

작가와의 만남에 참가하여 소외된 이웃에 관심을 가지고 인문학적 소양 함양

'구글 신은 아직도 모든 것을 알고 있다'라는 명사강연 후 멘토와의 대화를 통해 과학기술에 흥미를 가짐

'레이저 조각가' 특강 후 레이저 조각기를 이용한 자신이 설계한 작품과정에서 4차 산업혁명에 대한 이해를 넓힘

2학년 　대학전공탐색검사결과 체육전공, 교육학 전공, 경찰 전공, 정치외교학 전공, 법학 전공순으로 나타남

진로멘토링행사에서 직업의 변화를 살펴보는 시간을 가짐

정책 조사 보고서를 통해 세계의 교권침해 현황을 살펴봄

일본, 미국, 영국의 교권침해 현황에 대해 조사하여 소개하며 우리나라의 교권 보호정 책도 강화할 필요가 있음을 주장함

나의 미래 글쓰기 행사에서 본교에 재직 중이신 선생님을 직접 인터뷰하여 관련 직업에 대해 알아봄

교사가 되기 위해 학업 역량을 향상시키고 학생들과 소통을 잘하고 학생들의 운동능력 향상에 기여하고 싶다는 포부를 밝힘

3학년 　진로 특강에서 바람직한 학교생활기록부 작성에 대한 내용을 들으며 추상적 내용이 아니라 개별적 내용에 대한 활동과 특징이 중요함을 알고 남은 기간 학교생활에서도 최선을 다할 것을 다짐함

학급 내 모든 친구들과 좋은 관계를 형성하고 있으며 수업이나 학급 활동에 적극적으로 참여하여 좋은 본보기가 됨

교사로서의 역량인 강의 능력 향상을 위해 수업에 어려움을 겪는 친구에게 자발적으로 자신이 알고 있는 내용을 설명하고 위로하며 북돋아줌

점심시간, 자습시간 틈틈이 친구와 함께 공부하면서 친구의 성적 향상에 함께 기뻐함

효과적인 교과전달방법을 고민하며 전날 모의수업을 준비하고 모의수업을 통해 교사로서의 책임의식을 배움

친구가 하는 말과 행동을 유심히 관찰하면서 자신감이 매우 떨어져 있다는 판단을 하여 지속적으로 친구의 긍정적인 면을 언급하며 꿈을 위해 노력할 수 있도록 격려함

교사가 되면 학생상담에 어떤 방식으로 접근해야 좋을지 깊게 생각하고 다른 사람의 입장에서 생각하고 공감하는 능력을 갖추고 싶다고 다짐함

▶ 수상경력

1학년 　표창장(봉사활동)

교과우수상(국어)

또래 멘토링 활동 우수팀(공동수상, 2인)

영어 에세이 쓰기(금상, 2위)

수련활동 체험 소감문 쓰기(우수상, 2위)

진로의 날 소감문 쓰기 대회(최우수상, 1위)

수학 ucc 제작대회(공동수상, 5인)

독서 프리젠테이션-비문학(공동수상, 3인)

교과우수상(국어)

2학년   과제연구대회(인문 · 예술)(최우수상, 1위)

교과우수상(정치와 법, 중국어 I)

영어에세이 쓰기 대회(동상, 4위)

인문 글쓰기(독서감상문)(우수상, 2위)

표창장(봉사부문)

창의 인재상

교과우수상(독서, 한국지리, 중국어 I)

3학년   표창장(봉사부문)

과제연구대회(인문 · 사회 분야)(우수상, 2위)

정책 제안 대회(우수상, 2위)

영어 에세이 쓰기 대회(금상, 2위)

교과우수상(언어와 매체, 심화 국어, 경제 수학, 사회 · 문화)

최종합격 대학분석

● **중앙대학교 학생부종합전형(다빈치 전형) (2022학년도 대입 기준)**

▶ 전형방법 및 최저학력기준

전형방법	1단계 : 서류평가 100% (3.5배수), 2단계 : 서류 70% + 면접 30%
제출서류	학생부, 자기소개서
서류평가	학교생활 기록부, 자기소개서 등을 근거로 지원자의 학업 및 교내 다양한 활동을 통한 성장 가능성을 학업역량, 전공적합성, 인성, 발전가능성 평가기준으로 종합적 평가
서류평가	1단계 합격자 대상으로 개인별 면접고사 실시 학업 준비도, 인성 및 의사소통능력, 서류의 신뢰도 등을 종합적으로 평가하는 개인별 심층 면접 블라인드 평가로 진행되면 면접시 평가위원에게 수험번호, 성명, 학교, 부모 직업 등의 개인정보를 직접 언급 또는 유추할 수 있는 내용을 제공한 경우 평가에 불이익을 받을 수 있음.
수능최저 학력기준	없음

● 중앙대학교 학생부종합전형(다빈치 전형) (2023학년도 대입 기준)

▶ 전형방법 및 최저학력기준

모집인원	526명
전형방법	학생부위주
제출서류	학교생활기록부, 자기소개서
서류평가	1단계 : 100 % (3.5배수 선발)
면접평가	1단계성적 70% + 면접 30%
수능최저 학력기준	없음

※ 위의 내용은 2023학년도 전형계획 기준이며, 정확한 내용은 대학에서 발표하는 수시모집요강을 확인하시기 바랍니다.

▶ 수시지원 합격/불합격 여부

대학명	지원모집단위(학과)	전형명	최종 합불
중앙대학교	체육교육학과	다빈치전형	최초합
성균관대학교	스포츠과학	학과모집	최초합
경희대학교	체육학과	고교연계전형	최초합
경북대학교	체육교육학과	학생부종합	최초합
한국교원대학교	체육교육학과	학생부종합우수자	불합
한양대학교	스포츠사이언스	학생부종합	불합

( ) 자기 소개서

1. 고등학교 재학 기간 중 자신의 진로와 관련하여 어떤 노력을 해왔는지 본인에게 의미 있는 학습 경험과 교내 활동을 중심으로 기술해 주시기 바랍니다(1,500자 이내).

　　1학년 영어시간에 '꼬꼬무 교육'이 학생의 앎의 성장을 이루는 교육이라고 영어 스피치를 진행하였습니다. 교사의 역할은 학생 스스로 꼬리에 꼬리를 무는 질문을 할 수 있도록 돕는 것이라는 내용입니다. 질의 응답시간에 한 친구가 '교사가 되면 어떻게 학생들에게 꼬꼬무를 끌어낼 것인가?'라고 물었을 때 자신 있게 대답할 수 없었습니다. 친구의 질문 덕분에 교사가 되고 싶은 것은 분명하지만, 어떤 교사가 되고 싶은지 고민이 적었다는 것을 깨달았습니다. 교사로서 가져야 할 교육관을 탐색하기 위해 교육학 공통교육과정을 수강했습니다. 교육학 수업 시간에 인터뷰를 통해 여러 선생님의 교육관을 들었습니다. 학생 수업 참여도가 높은 선생님의 공통된 교육관은 공감을 통한 학생과 지속적인 상호작용이었습니다. 제가 생각하는 꼬꼬무 역시 학생과 지속적인 문답을 통한 학생의 사고 폭을 넓히는 것임을 깨달았습니다. 이 깨달음을 멘토멘티 수업에 적용해 보았습니다. 멘티 질문에 바로 답을 알려주지 않고 생각할 수 있는 질문을 통해 스스로 답을 찾도록 유도했습니다. 일방적인 전달보다 멘티의 이해가 빠른 것을 보고 꼬꼬무를 확신했습니다. 이에 학생들과 정서적 공감을 토대로 한 원활한 상호작용을 통해 학생들의 꼬꼬무를 효과적으로 이끌어주는 교사가 되겠다고 다짐했습니다.

1학년 때 청소년 지도사 강연에서 교사의 사소한 행동이 학생의 가치관 형성에 영향을 주기 때문에, 교사의 역할은 학생의 전인적 성장을 촉진해 주는 것이라는 사실을 알게 되었습니다. 이 강연은 교사 역할이 단지 교과 수업을 제공하는 것과 교내 질서를 유지하는 것이라는 제 생각이 바뀐 계기였습니다. 영어1 수업에서 학생 성장을 위한 학교와 교사의 역할을 조사하면서 'Do school kill creativity?' TED 강연을 시청했습니다. 성장기 학생들의 창의력의 무한한 가능성이 언급됐는데, 이에 공감하여 학생 창의력 향상을 위한 체육 수업을 조사했습니다. 도서 '뉴스포츠를 활용한 체육 수업'을 읽고 이와 관련된 뉴스포츠의 장점을 알게 되었습니다. 실제 수업에 책의 내용을 적용해 보고 싶어 체육 선생님께 뉴스포츠 수업을 건의하였습니다. 그러나 선생님께서 교구 미충족, 학기 초 확정된 교육과정을 이유로 실행이 어렵다고 말씀하셨습니다. 여러 제약에도 불구하고 친구들과 뉴스포츠를 함께 즐기고 싶어 동아리 활동 시간에 얼티미트를 제안했습니다. 낯선 종목이라 활동에 어려움을 겪을 것이라는 걱정과 달리 친구들이 룰을 빠르게 숙지해 활동을 즐기고, 활동 후 긍정적 반응을 보여서 굉장히 기뻤습니다. 이 경험을 바탕으로 3학년 동아리 시간에 '뉴스포츠를 활용한 체육 수업이 학생에게 미치는 영향' 보고서를 작성했습니다. 보고서 작성을 위해 여러 자료를 찾아 읽으며 스포츠 활동에서 과정과 참여의 중요성을 깨달았습니다. 대학 진학 후 학생의 창의력을 높일 수 있는 스포츠 활동의 심층적 탐구를 진행하여 이를 직접 체육 수업에 적용해 보고 싶습니다.

☞ 강평

영어 시간에 접한 꼬꼬무 교육을 탐구 실행하는 과정과 청소년 지도사 강연 후 뉴스포츠를 활용한 체육수업을 탐구하는 과정에서 교사상을 정립해 가고 있다. 이는 중앙대학교 평가 요소인 탐구활동 우수성과 학업태도와 지적 호기심을 평가하는 탐구역량에서 높은 평가를 받았다. 또한 영어수업과 TED동영상을 활용하는 모습과 수상경력에서 영어에세이 쓰기 대회 3회 수상으로 학업역량과 발전가능성에서 높은 평가를 받았다.

2. 고등학교 재학 기간 중 타인과 공동체를 위해 노력한 경험과 이를 통해 배운 점을 기술해 주시기 바랍니다(띄어쓰기 포함 800자 이내).

코로나 19로 교내 체육 행사가 모두 취소되어 아쉬웠습니다. 한동안 지역 내 전염병 확진자가 나오지 않아 스포츠 활동을 친구들과 즐기고 싶었습니다. 학년 부장 선생님께 직접 체육활동을 기획하여 건의하였습니다. 반대하실 것이란 예상과 달리, 선생님께서 흔쾌히 2학년 전일제 행사 일정을 잡아 주셨습니다. 2학년 전교생이 최소 한 경기는 참여하도록 하자는 기획 의도를 갖고 축구, 농구, 풋살을 채택하여 12반을 3개 조로 나누었습니다. 선생님께 성공할 것이라 호언장담했지만, 주어진 3시간 동안 12경기를 겹치지 않게 일정 짜는 것이 어려웠습니다. 몇 번의 수정 끝에 일정을 공지했음에도 친구들의 불만이 계속되었을 때 포기할까 생각이 들었습니다. 그때마다 친구와 스포츠 활동을 즐기는 장면을 생각하며 마음을 다잡았습니다. 일정에 대해 친구 이야기를 먼저 듣고 공지된 일정이 합리적인 이유를 설명했습니다. 행사 당일, 방역수칙을 준수하며 즐기는 친구들이 고마웠습니다. 또한 학업 스트레스로 무표정했던 친구들이 밝게 웃고, 승패와 상관없이 스포츠를 즐기는 모습을 보면서 포기하지 않고 노력하길 잘했다는 생각이 들었습니다. 전일제 이후 제가 먼저 온라인 조례 시작 전 단체 톡방에 모두가 출석 체크 할 수 있게 연락해 주었습니다. 그러자 자발적으로 연락을 도와주는 다른 친구들이 생겼으며, 원격 수업 과제를 스스로 채팅 정리해 주는 친구도 나타났습니다. 전일제 활동의 영향이라고 단언할 수 없지만, 스포츠 활동을 함께 즐기며 공동체 의식이 생기고, 서로를 챙겨주기 시작했다는 것이 뿌듯했습니다.

☞ 강평

스스로 목표를 설정하고 계획 수립·실행하는 역량과 공동체 목표를 달성하기 위해 구성원의 화합과 단결을 이끌어 가는 역량을 보여줌으로써 자기주도성과 리더십에서 좋은 평가를 받았다. 또한 상대방을 존중하고 이해하여 원만한 관계를 형성하고 공통체의 목표를 달성하기 위해 함께 협력하는 태도와 행동을 보여주며, 공동체의 기본윤리와 원칙을 준수하고 책임감을 바탕으로 자신의 의무를 다하는 태도와 행동을 보여줌으로써 인성평가요소에서 높게 평가되었다.

3. 추가적으로 학교생활기록부 기재 내용 중 지원자의 우수성을 보여줄 수 있는 사례에 대해서 기술해 주시기 바랍니다(800자 이내, 중앙대).

방송통신고등학교 시험 도우미 봉사에서 정기고사를 위해 최선을 다하시는 어르신들의 모습을 보았습니다. 어르신들의 모습 속에서 저희가 당연하게 여겼던 공부 환경의 소중함을 깨달았습니다. 그 후 방송통신고등학교와 대조적으로 수업

시간에 자고 있는 친구들을 보았습니다. 친구들이 졸지 않고 학습하길 바라는 마음에서 스탠딩 책상 구매와 각 반 배부를 학생회 회의에 제안하여 채택되었습니다. 책상이 배부된 초기에는 친구들이 졸릴 때 스탠딩 책상에 가서 수업을 들었지만, 시간이 지나면서 원래대로 돌아왔습니다. 어떻게 하면 친구들이 수업 시간에 자지 않고 수업을 할 수 있을지 고민했습니다. 여러 자료를 찾아보던 중, 효과적인 학습을 위해 시청각 매체를 사용하는 교육공학에 흥미를 느꼈습니다. 대학 온라인 공개 강의 KOCW에서 켈러의 ARCS이론을 학습하며 학생들 수업 동기적 흥미 향상의 중요성을 깨달았습니다. 교육공학에 관한 조사 내용을 참고로 시청각 자료를 만들어 심화국어 시간에 직접 수업을 진행했습니다. 학생들의 집중을 위해 강의 초반과 중반에 시청각 매체를 활용하고 질문하면서 학생들이 지루함을 느끼지 않도록 수업을 구성했습니다. 제가 만든 자료에 친구들이 호의적인 반응을 보이며 이해가 잘 된다는 의견을 주었습니다. 활동 이후, 수업에 더 효과적으로 적용할 수 있는 교수법을 확립하고 싶다고 생각하여 교육공학에 대한 깊이 있는 탐구를 진행하고 싶었습니다. 중앙대학교 체육교육과에 진학하여 '교육방법 및 교육공학' 과목을 수강하면서 효과적인 교수법을 만들 수 있는 능력을 신장시키고 싶습니다.

☞ 강평

학교 교육의 다양한 영역에서 직접 겪거나 활동하면서 얻은 성장과정이 잘 드러나 있다. 현상에 대한 관찰에 그치지 않고 스스로 목표를 설정하고 계획을 수립 실행하는 역량을 드러내고 있다. 시청각 매체에서 시작해서 교육공학, 켈러의 ARCS 이론까지 어떤 대상에 대해 호기심을 가지고 깊고 폭넓게 탐구하는 능력을 보여줌으로써 탐구역량을 보여주고 있다.

합격 수기

1. 중앙대학교 체육교육과를 선택하게 된 결정적 요인은 무엇인가요?

솔직하게 말하자면 저는 고등학교 1학년 때부터 체육교육과 진학을 희망했습니다. 대부분의 상위권 대학 체육교육과는 정시와 실기 위주의 입시 전형을 가지고 있기 때문에 수능 공부와 입시 운동을 병행해야하는 어려움이 있습니다. 저는 그래서 수시전형으로 실기 시험 없이 입학할 수 있는 대학교들의 체육교육과를 찾아보았습니다. 그 중에서 중앙대학교가 가장 최상위의 위치에 있는 대학교였으며, 학교체육연구소와 같이 실무 경험을 쌓을 수 있는 인프라도 잘 마련되어 있기 때문에 중앙대학교 체육교육과 진학을 희망하게 되었습니다.

2. 학교생활기록부 관리에 대한 나름의 노하우를 알려주세요.

저는 저만이 어필할 수 있는 무기들을 생기부에 잘 녹여내려고 했습니다. 저는 1학년 때는 학급 반장, 2학년 때는 전교 부회장, 3학년 때는 전교 회장직을 역임하였기 때문에 제 리더십을 잘 드러낼 수 있는 활동을 생기부에 잘 드러나도록 쓰려고 노력했으며, 1학년 때부터 3학년 때까지 체육과 교육에 관련해서 다양한 보고서를 작성하여 학과에서 배우는 학문에 대한 제 호기심과 열정을 생기부에 담으려고 노력했습니다.

3. 자기소개서의 작성과정을 설명해 주세요. 자기소개서를 작성할 때에 가장 정성을 기울인 문항은 몇 번이고 이유는 무엇인가요?

우선 제 생기부를 보면서 저를 어필할 수 있는 활동들은 어떤 것들이 있을지 찾아보았습니다. 대략적으로 소재들을 잡은 다음에 글자 수에 상관없이 초고를 작성한 후에 선생님께 조언을 구하면서 글을 다듬어 나갔습니다.

자기소개서를 작성할 때에 가장 정성을 기울인 문항은 3번 문항이었습니다.

중앙대학교의 자기소개서 3번은 지원동기 같은 것이 아니라 생기부 활동 중에서 자신을 더 어필할 수 있는 것에 대해 쓰는 것이었습니다. 3번에서 나의 강점을 보일 수 있는 활동을 한 가지 정도 더 소개할 수 있었기 때문에 가장 교수님들이 흥미를 느끼시고, 교육에 대한 관심이 많다는 것을 어필할 수 있도록 공들였던 것 같습니다.

4. 면접을 준비를 위해 무엇을 했으며, 어떤 것을 중심에 두고 했나요?

제 생기부와 자소서를 끊임없이 보면서 저 스스로 예상 문제를 만들고, 그에 따른 답변을 작성하였습니다. 그 후 선생님께 제가 준비한 내용에 대한 피드백을 받고, 끊임없이 연습했습니다. 사범대학이기 때문에 체육에만 치중된 것이 아니라 교육 쪽으로도 저만의 가치관을 가지고 있고, 관심이 많다는 것을 어필하려고 노력했던 것 같습니다.

5. 면접에서 어떤 질문을 받았고 어떻게 응답했는지 기억나는 대로 말씀해주세요.

성적이 전체적으로 상승곡선이면서 좋네요. 그런데 수학이 다른 과목보다 성적이 좀 낮은 편인데 혹시 자기 객관화하는 시간을 가져봤나요?

네, 우선 저는 처음에는 단순히 수학 문제지들을 많이 양치기로 푸는 것이 수학성적 향상에 도움이 될 줄 알아서 수학 문제지들을 많이 풀고 시험을 응시했는데, 좋은 성적이 나오지 않아서 많이 실망했습니다. 그래서 어떻게 하면 수학 성적을 올릴 수 있을지 수학선생님들과 수학을 잘 하는 학생들에게 물어본 결과, 너무 문제지들을 푸는 데에만 집착하여 수학적 원리에 대한 이해가 부족했다는 것을 알게 되었습니다. 그래서 되도록 수학적 원리를 이해하고, 수학이라는 과목 자체를 즐기려고 노력했고, 문제지도 많이 푸는 것이 아니라 한 권의 문제지를 여러 번 푸는 방식을 택하여 학년을 거듭할수록 예전보다는 나은 성적을 받을 수 있었던 것 같습니다.

책을 거의 50권이나 읽었는데, 이렇게 많이 읽은 이유가 있나요?

네, 만약 제가 교사가 된다면 정말 다양한 관심사를 가진 학생들을 만날 것이고, 그러한 아이들과 원활하게 의사소통하기 위해서는 교사로서 관련 교과지식 이외에 다양한 배경지식을 쌓는 것이 중요하다고 생각했습니다. 그렇기에 상대적으로 시간이 날 때마다 다양한 책들을 읽으면서 배경지식을 쌓으려고 노력했습니다.

1학년 때 반장도 하고, 전교회장도 하고 대표직을 많이 했네요. 공부하기도 바빴을 텐데 굳이 이렇게 많이 한 이유가 있습니까?

저는 교사로서 학생들을 잘 이끌고, 북돋을 수 있는 리더십이 굉장히 중요하다고 생각했습니다. 그렇기에 고등학교를 다니면서 이러한 리더십을 키우려고 노력했습니다. 1학년 때 반장, 2학년 때는 전교부회장, 3학년 때는 전교회장직을 역임하면서 학급이나 학교와 같은 단체의 리더를 맡으면서 리더십을 발휘하고, 키우려고 노력해왔습니다. 때로는 앞에서 친구들을 이끌어주고, 때로는 뒤처지는 친구가 없게 함께 갈 수 있도록 북돋아주는 방식의 리더십을 발휘하였습니다. 이 경험은 제가 체육교사가 되었을 때 스포츠의 효과를 학생들에게 전파하는 과정에서 긍정적으로 작용할 것이라고 생각합니다.

사피엔스도 읽었네요. 사피엔스의 내용은 다 이해했습니까?

다 읽긴 했는데, 완벽하게 이해하지는 못한 것 같습니다 (웃음)

노장사상에 관련한 책도 읽었네요.. 이것을 읽게 된 이유가 있나요?

윤리와 사상 시간에 도가사상에 대해 배우면서 노자와 장자의 사상에 관심을 갖게 되었습니다. 그래서 그 사상에 대해서 깊이 있게 탐구해보고 싶어서 이 책을 읽게 되었습니다.

자소서에 '꼬꼬무' 교육법에 대해서 쓰여 있는데, 이 교육법이 다른 교육법보다 효율적이라고 생각한 이유가 뭡니까?

제가 멘토-멘티 활동을 진행하면서 학생들을 가르쳐줄 때 단순히 답을 바로 알려주는 것이 지금 당장은 학생들의 빠른 이해를 도울 수 있지만, 기억의 지속력은 떨어진다는 것을 깨달았습니다. 그래서 어떻게 하면 학생들의 답에 대한 기억의 지속력을 늘릴 수 있을지 생각하다가 바로 답을 제시하는 것이 아니라 답에 대한 실마리를 제공하여 학생들이 직접 답을 도출해 내는 '꼬꼬무' 교육법이 가장 효율적이라고 생각했습니다. 실제로 멘티학생에게 적용해보았을 때도 이해가 오래 지속되는 것을 확인하였기에 가장 효율적인 교육법이라고 생각했습니다.

꼬꼬무 교육을 하기 위해서 교사가 준비해야 할 것이 무엇이라고 생각합니까?

교사들은 학생들이 답을 잘 찾아낼 수 있는 실마리들을 미리 선별해놓고, (한 두 가지 정도 말 더 했던 것 같은데 기억이 잘 안 남.)

그럼 학생들은 무엇을 준비해야 하나요?

학생들은 배우고자 하는 열정과 과목과 관련된 배경지식을 조금 함양하고 있으면 좋을 것 같습니다.

교육학 거점수업을 들었네요. 교육학 수업을 진행하면서 가장 인상 깊게 배운 것이 있나요?

저는 루소의 에밀을 읽고 루소의 교육사상에 대해서 공부한 것이 가장 기억에 남습니다. 그 중에서도 루소가 "혼란스러운 상황에서 온실 속의 화초처럼 아이를 키운다면, 그 아이는 환경이 바뀌는 순간 곧 파멸에 이르고 말 것이다." 라고 말한 부분이 인상 깊었습니다. 혼란스러운 사회상을 가르치는 것이 아니라 상황변화에 휩쓸리지 않는 자존감 있는 인간을 만들어내야 한다는 루소의 교육철학이 빠르게 변화하는 현대사회에서 학생들을 교육할 때 교사로서 가지고 있어야 할 중요한 마음가짐이라고 생각했기에 인상 깊었습니다.

루소처럼 아이들을 가만히 놔두는 식으로 교육을 하면은 알아서 잘하는 애들은 잘할 텐데, 안 하는 애들은 더 안 좋아질 것 같은데, 그러면 어떡하죠?

교육학을 가르쳐주셨던 선생님도 루소의 교육사상이 상당히 급진적이라 현대사회의 교육현장에 바로 투입하는 데에는 무리가 있다고 말씀하셨으며, 저도 그렇다고 생각했습니다. 하지만 루소의 교육사상이 현대사회에도 시사하는 바가 있다고 생각하기에 저는 그러한 긍정적인 점들을 참고하여서 학생들을 가르치게 된다면 더 좋은 방향으로 교육할 수 있다고 생각했기에 괜찮았다고 생각했습니다.

이제 면접시간이 거의 끝났는데요. 마지막으로 할 말이 있나요?

중앙대학교만 바라보면서 3년을 달려왔는데 이렇게 1차에 합격시켜 주시고 면접관님들과 진솔한 이야기를 나눌 수 있어서 정말 영광이었습니다. 제가 만약 중앙대학교 체육교육과에 입학하게 된다면 중앙대학교와 학교체육에 역사적인 발자취를 남길 수 있도록 정말 노력하겠습니다. 감사합니다.

5. 중앙대학교를 지원하려고 준비하는 후배학생들에 도움이 되는 이야기를 부탁드립니다.

중앙대학교 다빈치형 인재 전형은 학과와 관련된 활동'만'한 사람을 원하지 않습니다. 학교에서 진행하는 활동들에 적극적으로 참여하세요. 진로와 관련이 없다고요? 그냥 저를 믿고 참여하세요. 그렇게 경험한 다양한 활동들은 여러분이 중앙대학교에 입학하는 데 큰 무기가 될 수 있을 것입니다. 후배님들이 들어오셔서 연락 주신다면 밥 사드리겠습니다 ~ 파이팅!

김대재 학생이 지원한 중앙대학교는 자율적 교양인, 실용적 전문인, 실험적 창조인, 실천적 전문인, 개방적인 문화인의 인재상을 갖고 있다. 학생부 종합 다빈치인재전형에 따르면 고교 교육과정 내 학업과 교내 다양한 활동을 통해 균형적으로 성장한 학생을 인재상으로 표명하고 있다. 김대재 학생은 다양한 학교 활동에 주도적으로 참여하여 교과와 비교과영역 전반에 걸쳐 균형 잡힌 학생, 도전정신과 융합적인 사고를 가진 학생으로 좋은 평가를 받았음을 알 수 있다. 학교생활기록부, 자기소개서에서 지원자의 학업 및 교내 다양한 활동 등을 근거로 통합역량 20%, 탐구역량 20%, 학업역량 20%, 발전가능성 20%, 인성 20%를 종합적으로 평가받았다.

진로선택과목의 경우, 석차등급과 표준편차가 산출되지 않으며 성취도 점수와 성취도별 분포 비율만 대학에 제공된다. 중앙대학교의 경우 지원자별로 제공되는 학교교육과정 편제표를 통해 지원자가 어떤 교과목을 선택할 수 있는지 확인하고 있다. 김대재 학생의 경우 거점교육과정으로 진행되는 교육학을 선택함으로써 학교생활기록부에 타기관이 기록되어 있다. 이는 본인의 희망 진로에 적합한 진로선택과목을 선택했음을 알 수 있다. 교육학 수업에서 존경하는 선생님 인터뷰를 통해 소통하는 교사상을 정립하고 있음이 보인다. 또한 루소의 에밀을 읽고 교육사상에 대해 탐구하는 모습을 보여주고 있다. 일반 선택과목의 성적 향상 추이를 통해 교과별 기본적인 이해를 충분히 다지고 있는 모습을 통해 학업역량과 발전가능성에서 합격에 가까운 점수를 평가받았다고 보인다.

라틴아메리카 덕후, 중남미와 사랑에 빠져 세계를 이어주는 다리가 되다.

한국외국어대학교 학생부종합(면접형)전형 서양어대학부 포르투갈어학과 합격
경기도 진접고등학교 김민혁

김민혁 학생은 어문계열에 적합성뿐 아니라 소수어과에 대한 진정성이 전달된다. 1학년 동아리에서 스페인과 포르투갈의 문화에 관한 영어 기사 번역 활동을 시작으로 2학년 때 유럽 및 라틴 아메리카 지역의 문화권 조사 그리고 3학년 스페인어 기사 작성까지 동아리 활동에서 전공적합성의 노력이 있다. 이 학생의 교과목 선택과 독서활동도 주목된다. 2학년 세계지리 시간에 스페인의 카탈루냐 지역을 학습한 계기로 이후 2학년 동아리에서 '카탈루냐의 독립 운동'을 작성한다. 또한, 「브라질 경제 발전사」, 「브라질의 역사」, 「드로잉 인 포르투갈」등 관심 지역과 나라에 대한 탐색을 다양한 방법으로 시도한다.

스포츠 분야에 대한 개인적인 관심도 이 학생의 특징이다. 1학년 교과 심화 학습 프로그램으로 '글로벌 스포츠 학문의 이해'를 수강하고 이후 학과특강 및 진로 박람회에서도 스포츠 교양을 쌓고자 노력한다. 3학년 영어 독해와 작문 시간에 지문에서 학습한 다중언어 현실과 연관을 지어 본토 스페인어와 라틴아메리카의 스페인어, 본토 포르투

갈어와 브라질 포르투갈어를 비교하면서 유명 스포츠 선수들의 이름을 읽을 때의 발음 차이 등을 알려줄 수 있는 만큼 해당 언어에 대한 주도적인 학습 태도가 돋보인다.

스펙 분석

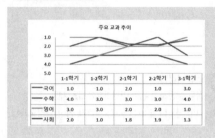

주요 교과 추이

	1-1학기	1-2학기	2-1학기	2-2학기	3-1학기
국어	1.0	1.0	2.0	1.0	3.0
수학	4.0	3.0	3.0	3.0	4.0
영어	3.0	3.0	2.0	2.0	1.0
사회	2.0	1.0	1.8	1.9	1.3

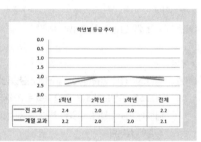

학년별 등급 추이

	1학년	2학년	3학년	전체
전 교과	2.4	2.0	2.0	2.2
계열 교과	2.2	2.0	2.0	2.1

▶ 자율활동

1학년   교과 심화 프로그램(S&T) 1, 2학기 참여
          스포츠와 영향을 주고받는 정치, 경제, 과학 등 여러 학문적 스포츠 영역에 대해 이해
2학년   인문학 특강 '혐오와 표현의 자유'
          교과 심화 프로그램 '정치와 법'
          교과 심화 프로그램(영어 II) '관광 브로슈어 만들기' 참여
          학급자치회 회장, 부회장 선거관리위원
          2020년 흡연예방 실천학교 체력증진활동 티볼 경기 준비 및 정리
3학년   실천하는 기후 행동 활동지 작성
          학교 인권교육에서 자신만의 인권선언문을 작성
          교과 심화 프로그램 진로 영어 과목의 '나의 진로 World Report'참여

▶ 동아리활동

1학년   S.E.E.C(영어탐구) : 'EDM Fever Rocks the World'라는 영자 신문 기사 작성
          국제방송센터 탐방 후 영어 활용 방안을 연구하여 영어 지식을 실생활에 적용.
          돈스파이크: 배구의 이론과 실기를 다지는 동아리
          생활체육: 방과 후 학교 스포츠클럽
2학년   문학나래: 비평하기 활동을 통해 남미 여행에 대한 책에 대해 비평하고 글을 깊이 있게 접해
          보며 경험.
          대학 탐방하기 활동: 스페인어과, 포르투갈어과에 대해 탐색 정보 수집과 정리 후 고등학교
          생활 계획.
          책 만들기 프로젝트: 유럽 및 아틴 아메리카 지역의 문화권에 대해 조사 후 '카탈루냐의 독립
          운동' 이라는 제목의 글을 완성 후 동아리에서 제작한 책 문학나래에 수록.

3학년   국화 : 스페인에 관한 내용을 조사하여 홍보지 제작 후 스페인어의 지위, 모국어 화자 수 등에
          대해 조사 후 발표.
          한국의 배달문화에 관해 스페인어로 기사 작성.
          코로나가 심한 지역을 봉쇄하는 것이 옳은가에 대한 찬반토론.
          금융위기 다룬 영화를 본 후 미국의 경제에 대해 흥미를 느낌.

▶ 봉사활동
1학년 57시간, 2학년 10시간, 3학년 11시간

▶ 진로활동
1학년   직업흥미검사 예술형(A), 탐구형(I), 관습형(S)으로 나타남.
          스포츠팀 프런트가 되는 것을 목표로 8가지 덕목을 실천하기 위한 만다라트계획을 세움.
          대학학과탐색 활동, 직업인 특강 및 체험활동, 나의꿈, 나의 비전 발표, 기업가 정신 함양교육 및
          특강에 참여함.
2학년   꿈보물공 활동을 통해 미래에 대해 계획해보는 시간을 가짐.
          학과 특강을 통해 스포츠학과 특강을 수강후 탐색 보고서 작성.
          직업인 체험에 참여 하여 시의원에 대한 특강을 듣고 라틴아메리카 지역 전문가로서 필요한
          정보와 방법을 깨달음.
          EBS 한국형진로탐색검사 참여.
          프로젝트 활동 '청소년의 올바른 언어생활 교양'을 통해 학생들의 언어에 대한 무관심이 심각함을
          파악함. 이를 개선하기 위해 '도전! 한글 황금종' 행사를 직접 기획하고 진행함.
          '우리말 다듬기 작은 사전'을 책자로 만들어 홍보하고 청소년의 우리말 사용 인식 개선을 위해 힘씀.
3학년   학과탐색 진로 활동으로 코스메틱과의 강의 참가. 평소 관심 있었던 분야로 제조에서 관리에
          이르는 관련 자격증 취득 과정에 정보를 얻음.
          특히 진출하고 싶은 이베리아 반도 및 라틴아메리카 지역의 언어를 습득하고 K뷰티 산업 확장에
          기여할 수 있을 것 같다는 생각 제시.
          진로 박람회에 참여하여 스포츠 마케터와 스포츠 캐스터를 선택 후 자격 조건, 교육 과정, 업무
          특성에 대한 정보를 필기하며 경청.
          빛깔 있는 학급 만들기에서 라틴아메리카의 커피에 대해 심화 탐구하고 활동지 작성.
          향후 라틴아메리카 지역 전문가로 활동 시 많은 도움이 될 것이라고 포부.

▶ 수상경력
1학년   1학기 교과우수상(국어)
          2학기 교과우수상(국어, 한국사, 통합사회)
2학년   1학기 교과우수상(세계지리, 중국어I)
          2학기 교과우수상(독서, 세계지리)
3학년   1학기 교과우수상(영어 독해와 작문, 한국지리, 사회 · 문화, 여행지리)

○ 최종합격 대학분석

● 한국외국어대학교 학생부종합(면접형)전형 스페인어학과 (2022학년도 대입 기준)

▶ 전형방법 및 최저학력기준

전형방법	1단계 : 서류평가 100% (모집인원의 3배수) 2단계 : 1단계 70% + 면접30%
제출서류	학생부, 자기소개서 폐지
서류평가	1. 전형자료 : 학생부 2. 평가방법 : 3인의 평가자가 블라인드 처리된 지원자의 제출서류를 바탕으로 학업역량(탐구역량), 계열적합성, 인성, 발전가능성의 측면에서 정성적·종합적으로 평가 3. 평가요소 및 평가항목

평가 요소	비율 (%)	평가항목	
학업 역량 (탐구 역량)	20	학업 성취도	교과목의 석차등급 또는 원점수(평균/표준편차)를 활용해 산정한 학업능력 지표와 교과목 이수 현황, 노력 등을 기반으로 평가한 교과의 성취수준이나 학업적 발전의 정도
		학업태도와 학업의지	학업을 수행하고 학습을 해 나가는 자발적인 의지와 태도, 학습자가 스스로 학습목표를 설정하고 적절한 학습 전략을 선택하여 계획을 수립·실행하는 과정
		탐구활동	어떤 대상에 대해 호기심을 가지고 깊고 폭넓게 탐구할 수 있는 능력
계열 적합성	40	계열 관련 교과목 이수 및 성취도	고교 교육과정에서 지원 계열에 필요한 과목을 수강하고 취득한 학업성취의 수준
		계열에 대한 관심과 이해	지원 계열에 대한 궁금증을 해결하기 위해 주의를 기울인 태도와 알고 있는 정도
		계열 관련 활동과 경험	지원 계열에 대한 관심을 충족시키기 위해 노력한 과정과 배운 점
인성	20	협업능력	공동체의 목표를 달성하기 위하여 상호 신뢰를 바탕으로 함께 돕고 함께 생활할 수 있는 역량
		나눔과 배려	상대방을 존중하고 이해하여 원만한 관계를 형성하며, 타인을 위하여 기꺼이 나누어 주고자 하는 태도와 행동
		소통능력	상대방의 의견을 경청하고 공감할 수 있으며, 자신의 정보와 생각을 효과적으로 전달할 수 있는 역량
		도덕성	공동체의 기본윤리와 원칙에 따라 행동하고, 부정 또는 부당한 행동을 하지 않는 태도
		성실성	책임감을 바탕으로 꾸준히 노력하여 자신의 의무를 다하는 태도와 행동
발전 가능성	20	자기주도성	스스로 목표를 설정하고 적절한 전략을 선택하여 계획을 수립하고 실행하는 성향
		경험이 다양성	학교교육의 다양한 영역에서 직접 겪거나 활동하면서 얻은 성장 과정과 결과
		리더십	공동체의 목표 달성을 위해 구성원의 화합과 단결을 이끌어가는 역량
		창의적 문제 해결력	창조적이고 논리적인 사고로 문제를 해결하는 능력

45

평가요소	비율(%)		평가항목
면접평가			1. 전형자료 : 학생부 2. 면접방법 : 2인의 면접관이 블라인드 처리된 지원자의 제출서류를 바탕으로 계열적합성, 논리적사고력, 인성의 측면에서 종합적으로 평가합니다.
계열적합성	40	계열에 대한 관심과 이해	지원 계열과 관심 분야에 대한 이해 수준 및 관련 소양
논리적 사고력	40	종합적 판단력	다양한 관점을 이해하고, 고려하여 논리적으로 적절한 의사결정을 내릴 수 있는 능력
		문제해결 능력	문제 해결을 위한 다양한 방법들을 생각해내고, 우선 순위를 결정할 수 있는 능력
인성	20	공동체 의식	더불어 살아가는 인간다운 성품
		올바른 가치관	민주사회 시민으로서 갖추어야 할 바람직한 가치관 및 지도자로서의 성품

3. 블라인드 면접 유의사항
• 성명, 수험번호, 출신고교명을 블라인드 처리하고 면접을 진행합니다. (면접 대기실에서 신원 확인!)
• 수험번호가 아닌 가번호에 따른 임의의 순서대로 면접을 진행합니다.
• 면접고사 당일 교복 착용을 금지합니다.
• 면접고사실 입장 시 수험표 소지 및 패용을 금지합니다. (면접대기실에서는 소지 허용)

수능최저 학력기준	없음

● 한국외국어대학교 학생부종합(면접형)전형 스페인어학과 (2023학년도 대입 기준)

▶ 전형방법 및 최저학력기준

전형방법	1단계 : 서류평가 100% (모집인원의 3배수) 2단계 : 1단계 60% + 면접 40%
제출서류	학생부

서류평가			1. 전형자료 : 학생부 2. 평가방법 : 3인의 평가자가 블라인드 처리된 지원자의 제출서류를 계열적합성, 탐구역량, 인성, 발전가능성을 정성적·종합적으로 평가 3. 평가요소 및 평가항목 (2022학년도 기준)
평가요소	비율(%)		평가항목
학업역량 (탐구역량)	20	학업성취도	교과목의 석차등급 또는 원점수(평균/표준편차)를 활용해 산정한 학업능력 지표와 교과목 이수 현황, 노력 등을 기반으로 평가한 교과의 성취수준이나 학업적 발전의 정도
		학업태도와 학업의지	학업을 수행하고 학습을 해 나가는 자발적인 의지와 태도, 학습자가 스스로 학습목표를 설정하고 적절한 학습 전략을 선택하여 계획을 수립·실행하는 과정
		탐구활동	어떤 대상에 대해 호기심을 가지고 깊고 폭넓게 탐구할 수 있는 능력

평가 요소	비율 (%)		평가항목
		서류평가	
계열 적합성	40	계열 관련 교과목 이수 및 성취도	고교 교육과정에서 지원 계열에 필요한 과목을 수강하고 취득한 학업성취의 수준
		계열에 대한 관심과 이해	지원 계열에 대한 궁금증을 해결하기 위해 주의를 기울인 태도와 알고 있는 정도
		계열 관련 활동과 경험	지원 계열에 대한 관심을 충족시키기 위해 노력한 과정과 배운 점
인성	20	협업능력	공동체의 목표를 달성하기 위하여 상호 신뢰를 바탕으로 함께 돕고 함께 생활할 수 있는 역량
		나눔과 배려	상대방을 존중하고 이해하여 원만한 관계를 형성하며, 타인을 위하여 기꺼이 나누어 주고자 하는 태도와 행동
		소통능력	상대방의 의견을 경청하고 공감할 수 있으며, 자신의 정보 와 생각을 효과적으로 전달할 수 있는 역량
		도덕성	공동체의 기본윤리와 원칙에 따라 행동하고, 부정 또는 부당한 행동을 하지 않는 태도
		성실성	책임감을 바탕으로 꾸준히 노력하여 자신의 의무를 다하는 태도와 행동
발전 가능성	20	자기주도성	스스로 목표를 설정하고 적절한 전략을 선택하여 계획을 수립하고 실행하는 성향
		경험이 다양성	학교교육의 다양한 영역에서 직접 겪거나 활동하면 서 얻은 성장 과정과 결과
		리더십	공동체의 목표 달성을 위해 구성원의 화합과 단결을 이끌어가는 역량
		창의적 문제 해결력	창조적이고 논리적인 사고로 문제를 해결하는 능력

면접평가

1. 전형자료 : 학생부
2. 면접방법 : 2인의 면접관이 블라인드 처리된 지원자의 제출서류를 바탕으로
계열적합성, 논리적사고력, 인성의 측면에서 종합적으로 평가합니다.
3. 평가요소 및 평가항목 (2022학년도 기준)

평가 요소	비율 (%)		평가항목
계열적 합성	40	계열에 대한 관심과 이해	지원 계열과 관심 분야에 대한 이해 수준 및 관련 소양
논리적 사고력	40	종합적 판단력	다양한 관점을 이해하고, 고려하여 논리적으로 적절한 의사결정을 내릴 수 있는 능력
		문제해결 능력	문제 해결을 위한 다양한 방법들을 생각해내고, 우선 순위 를 결정할 수 있는 능력
인성	20	공동체 의식	더불어 살아가는 인간다운 성품
		올바른 가치관	민주사회 시민으로서 갖추어야 할 바람직한 가치관 및 지도자로서의 성품

4. 블라인드 면접 유의사항
  • 성명, 수험번호, 출신고교명을 블라인드 처리하고 면접을 진행합니다. (면접
대기실에서 신원 확인)
  • 수험번호가 아닌 가번호에 따른 임의의 순서대로 면접을 진행합니다.
  • 면접고사 당일 교복 착용을 금지합니다.
  • 면접고사실 입장 시 수험표 소지 및 패용을 금지합니다. (면접대기실에서는
소지 허용)

수능최저 학력기준 | 없음

▶ 수시지원 합격/불합격 여부

지원대학	지원모집단위(학과)	지원전형	1단계 합불	최종 합불
고려대학교	서어서문학과	고른기회1(농어촌)	불합격	불합격
한국외국어대학교	스페인어과(서울)	고른기회1(농어촌)		불합격
한국외국어대학교	포르투갈어과(서울)	학생부종합(면접형)	합격	합격
경희대학교	스페인어학과(국제)	고른기회1(농어촌)		합격
한국외국어대학교	아프리카학부	학교장추천		합격
한국외국어대학교	브라질학과	학생부종합(서류형)		합격

자기 소개서

(한국외국어대학교는 자기소개서가 없는 관계로 경희대 제출자료를 예시로 활용)

1. 고등학교 재학기간 중 자신의 진로와 관련하여 어떤 노력과 준비를 해왔는지 본인 에게 의미가 있는 학습경험과 교내활동을 중심으로 기술해주시기 바랍니다(1,500자 이내).

　세계 지리 교과 시간에 세계의 분리독립 운동 지역과 관련하여 스페인의 카탈루냐 지역을 배우게 되었습니다. 평소 관심이 있는 국가의 분쟁 관련 이슈였던 만큼, 흥미 가 생겨 깊게 탐구해보고 싶다는 생각이 들었습니다. 이후 동아리 활동에서 저의 관 심 지역인 이베리아 반도와 라틴아메리카 지역의 문화를 조사하였습니다. 다른 부원 들에게는 생소하게 느껴지는 해당 지역을 소개하고, 여러 질문을 주고받았습니다. 이 런 관심을 바탕으로 동아리 활동으로 진행한 책 만들기 프로젝트 활동에서 카탈루냐 의 상황에 관한 내용으로 글을 작성하였습니다. 학교 친구들에게 카탈루냐의 상황을 알리면 좋을 것 같다고 생각했습니다. 〈카탈루냐의 독립운동〉이라는 제목의 글을 작 성하였습니다. 이때, 카탈루냐 지역의 정확한 상황을 알고 글을 작성하고자 〈분쟁의 세계 지리〉라는 대학 강의를 수강하기도 하고, 스페인어로 이루어진 현지 기사 또한 참고하여 글을 작성했습니다. 스페인어 기사의 내용을 파악하기는 절대 쉽지 않았지만, 모르는 단어를 찾아가며 내용을 정리하고, 강의로만 접했던 스페인어의 문법적 특징도 직접 눈으로 확인할 수 있었기에 더없이 좋은 경험이 되었다고 생각합니다. 또한, 과거 스페인 내전 당시 상황을 생생하게 묘사한 〈카탈루냐 찬가〉를 읽으며, 스페인의 역사를 상당히 흥미롭게 느껴 향후 더 배워보고 싶다고 생각했습니다. 꾸준히 카탈루냐 지역을 탐구한 결과, 카탈루냐 지역이 카스티야 지역과는 확연히 다른 정체성을 가지고 있다는 것을 알 수 있었습니다. 경제적인 이유 또한 분리 독립을 열망하는 큰 요인 중 하나임을 알게 되었습니다. 독서와 강의 수강으로 카탈루냐를 탐구하는 과정은 카탈루냐의 언어, 경제, 지리 등의 세부적인 지식 또한 쌓을 수 있었다는 점에서 뜻깊은 시간이었습니다. 이후 사회문화 교과 시간에 문화 융합의 사례로 언급된 중남미의 메스티소 문화에 관심과 호기심을 가지게 되었습니다. 평소에는 메스티소를 단지 중남미의 혼혈 민족으로만 알고 있었습니다. 그러나, 메스티소가 중남미 인구의 큰 부분을 차지하여 큰 영향력을 지닌다는 것을 알게 된 후, 중남미를 이해하기 위해서는 메스티소에 대한 이해가 필수적이라는 생각이 들었습니다. 이에 따라 사회문화 교과 시간에 메스티소를 주제로 신문 기사를 작성하였습니다. 메스티소의 의미 정의와 발생 배경을 사례로 들었습니다. 메스티소 안에서도 세부적인 분류가 있다는 것을 알리고, 중남미 국가별로 메스티소의 구성 비율을 나누어서 체계적으로 설명하였습니다. 파라과이와 엘살바도르에서는 메스티소 인구의 비율이 90%가 넘는다는 것을 알게 되어 놀라웠습니다. 메스티소의 영향력이 중남미에서 실로 엄청나다는 것을 느낄 수 있었습니다. 이후 메스티소에 대해 더 자세히 알아보고 싶다는 생각에 〈메스티소의 나라들〉 도서를 읽은 후 메스티소와 중남미 문화에 대한 이해를 높일 수 있었습니다. 고전 읽기 교과 시간에 읽은 〈라틴아메리카의 역사〉를 통해서도 메스티소의 형성과 발전 과정 등을 알게 되어 중남미에 한 발짝 더 다가갈 수 있었다고 생각합니다.

☞ 강평

김민혁 학생은 자신이 관심을 갖고 있는 국가를 더욱 알고 싶어 하여 적극적으로 탐구하는 모습을 보여주었다. 그리하여 동아리 활동과 각종 조사를 통해 자신만의 노력의 결과물을 책 만들기 프로젝트를 통해 〈카탈루냐의 독립운동〉이라는 글을 작성하였다. 또한 지속적으로 관련된 강의와 서적을 통해서 자신의 흥미를 공부하고 즐기면서 지식을 쌓아가는 재미를 찾았다. 김민혁 학생은 학교 교과 시간을 활용하여 메스티소를 주제로 한 신문 기사를 작성하고 이에 대해 체계적이고 구체적인 내용을 설명하였고 고스란히 자신만의 것으로 만들 수 있었다. 김민혁 학생은 단순한 관심과 호기심을 넘어 실행력과 적극적인 추진력을 가진 학생이다. 또한 이러한 결과물을 통해 얻게 된 연구 및 탐구적인 모습과 문화에 대한 이해와 인식을 가진 자세는 한국외국어대학교에서 찾고 있는 인재상에 적합하다. 학교생활기록부를 통해 알 수 있는 것은 1학년 때부터 3학년까지 꾸준히 중남미와 스페인에 관한 공부와 그에 따른 좋은 성과들을 거두었음을 알 수 있고 관련 과목들인 사회과목과 진로과목인 사회문제 탐구에서도 좋은 성적과 성취도를 얻은 것을 확인 할 수 있다. 이를 통해 3년의 과정 속에서 꾸준히 자신의 관심사를 탐구하고 활동하였기에 결국엔 글을 써낼 정도의 연계 활동과 한국외국어대학교에 적합한 인재상을 가질 수 있었으며 학업 성적에도 그 관심이 높이 반영 된 점을 통해 좋은 평가를 받았음을 확인 할 수 있다.

2. 고등학교 재학기간 중 타인과 공동체를 위해 노력한 경험과 이를 통해 배운 점을 기술해 주시기 바랍니다(띄어쓰기 포함 800자 이내).

2020~2021년 전 세계를 뜨겁게 만들었던 이슈는 누가 뭐라고 하더라도 단연코 코로나19 팬데믹일 것입니다. 우리나라 역시 코로나19로 인해 어려움을 겪었지만, 세계 확진자 수 최상위권에 있는 브라질, 아르헨티나, 멕시코 등 라틴아메리카 지역은 현재까지도 하루에 수만 명의 국민이 코로나19에 감염되고 있습니다. 이런 라틴아메리카의 심각한 상황에 조금이나마 보탬이 되는 방법을 고민하게 되었습니다. 2학년 독서 교과 시간 창의적 읽기 활동으로 코로나19 관련 자료

를 보고 라틴아메리카 지역의 감염병 예방에 대한 해결 방안을 제시해 보는 등 꾸준히 라틴아메리카의 코로나19 현황에 관심을 가지려 했습니다. 먼 지구 반대편에서라도 어려움에 빠진 라틴아메리카 공동체를 도와야겠다는 생각이 들었습니다. 그렇게 시간이 지나고 좋은 계기가 있어 SNS 해외 특파원 봉사활동에 참여하게 되었습니다. 어떠한 방법으로 어려움에 빠진 라틴아메리카를 알리고 도울 수 있을지 고민하였습니다. 고민 끝에 라틴아메리카의 코로나19 현황과 응원의 메시지를 담은 카드 뉴스를 한국어와 스페인어로 직접 만들어 SNS에 게시하였습니다. SNS 해외 특파원 봉사활동으로 제가 애착을 두고 향후 활동할 라틴아메리카 지역의 사람들을 멀리서나마 응원할 수 있어서 뿌듯했습니다. 카드 뉴스를 본 브라질, 멕시코, 페루 등 라틴아메리카 사람들이 머나먼 한국에서 관심을 가져줘 고맙다며 메시지를 보내주기도 했습니다. 부족한 영향력이지만 라틴아메리카 공동체를 돕고 응원할 수 있어서 보람을 느낀 시간이었습니다.

☞ 강평

코로나19로 인해 큰 피해를 입은 라틴아메리카지역에 도움이 되고자 카드뉴스를 통해 지역 주민들을 응원하고 격려하였다. 이를 통해 코로나19의 예방방법 및 해결방안을 적극적으로 제시하였다. 김민혁 학생의 공동체를 위하며 협력하는 모습은 어느 대학에서든 환영하는 인재상이다. 이로 인해 한국인으로부터 도움을 받은 라틴아메리카 지역의 사람들은 감사함을 표하며 국제적으로 좋은 영향을 주었다고 판단된다. 학생기록부에 기록된 국제적인 문제들에 대해 조사하고 공부했던 기록들은 국제적 단합과 협동심을 키울 만한 좋은 역량이다. 또한 어문계열 학과에서는 상대방과 의사소통하고 즐거움을 느끼는 능력이 중요한데 김민혁 학생은 이에대해서 적극적이다. 타인을 넘어 타국을 생각하는 배려심이 남다르며 그렇기에 더욱 애정을 가지고 SNS해외 특파원 봉사활동에 임했을 것이다. 이 때문에 자소서를 작성하고 면접을 통한 사실 확인을 할 때 남들보다 좋은 평가를 받았음을 알 수 있다.

3. 대학별 문항(한국외국대학교의 경우 자기소개서가 미제출이어서 경희대 자소서를 참고)
(경희대) 해당 모집단위에 지원하게 된 동기와 관련하여 본인의 노력을 구체적으로
기술해 주시기 바랍니다(띄어쓰기 포함 800자 이내).

저는 세계 각국의 문화와 여러 인문환경을 알아가는 것에 관심이 많은 속칭 '지
리 덕후' 입니다. 그런 저에게 스페인과 중남미의 수많은 나라가 사용하는 스페인
어는 제 호기심이 향할 수밖에 없는 대상이었습니다. 스페인과 중남미인들이 뿜
어내는 '흥'에 매료되었고, 어느새 스페인과 라틴아메리카의 국가들에 흠뻑 빠지
게 되었습니다. 비록 학교에 교과 과목이 개설되지 않아 스페인어를 배울 수 없었
지만, 많은 교내 활동에서 스페인어와 스페인어권 국가들을 탐구하려고 노력했습
니다. 3학년 동아리 시간에 진행한 스페인 국가 홍보지 제작 활동에서는 스페인
의 언어 파트를 맡았습니다. 표준 스페인어(카스티야어) 뿐 아니라, 카탈루냐어,
바스크어, 갈리시아어 등 지방 자치주의 언어를 소개하는 데에도 열정을 쏟았습
니다. 또, 영어 교과 시간에서는 학습한 지문에 대한 심화 발표로 라틴아메리카의
식민 지배에 따른 언어문화를 발표했습니다. 발표 중 본토 스페인어와 중남미 스
페인어의 차이를 강조하였습니다. z, ll 발음 차이와 '타다' 라는 뜻의 단어로 스페
인에서는 coger가 많이 쓰이고 중남미에서는 tomar가 주로 쓰인다는 등의 예시
를 들어 발표했습니다. 부족한 실력이었지만, 발표하면서 몇몇 스페인어 단어를
발음하여 친구들의 호응을 얻을 수 있었습니다. 여러 탐구 활동을 통해 스페인어
와 스페인어권 국가에 애정을 쌓으며 흥미롭게 공부할 수 있었습니다. 경희대학
교 스페인어 학과에서는 스페인어와 스페인어권 국가에 대해 더욱 체계적으로 배
우고 해당 분야 깊이 이해하여 대한민국과 스페인어권 국가를 잇는 문화인, 창조
인, 세계인으로 성장하고 싶습니다.

☞ 강평

김민혁 학생은 스페인과 라틴아메리카의 매력에 매료되어서 자연스럽게 많은

관심을 3년의 시간 동안 꾸준히 보여주고 공부하였다. 때문에 동아리 활동과 교과목 활동에서 주로 많이 다른 주제들이 스페인과 중남미에 관한 것들이었다. 그들의 문화, 사회, 경제, 언어적인 면에서 적극적으로 다가갔으며 스스로의 공부가되어 가시적으로 다른 사람들에게도 자신이 탐구하고 연구한 자료들을 보여줄 수있었다. 특히 본토 스페인어와 중남미 스페인어의 차이를 파악하여 친구들에게발표하고 호응을 얻을 수 있었던 경험을 통해 더욱 많은 관심과 애정이 쌓였다.

김민혁 학생은 자신의 관심사에 대해서 누구보다 적극적으로 탐구하는 자세와스스로 공부한 것을 습득하며 높은 성취감을 얻는 학생인 것으로 판단된다. 마지막 포부의 말은 자신이 얼마만큼 스페인어와 라틴아메리카에 관심이 많은지 어떤사람이 되어 무슨 일을 하고 싶은지 명확한 의지를 보여준다.

이러한 모습들은 경희대학교에서 글로벌 인재로 양성하고자 하는 언어, 문학,문화 영역 등의 교육과정과 구사능력 습득, 스페인과 라틴아메리카에 대한 심오한 이해를 바탕으로 한 경희대학교 스페인어 학과의 사명을 고교 시절부터 준비하고 있었다는 점에서 자기소개서의 전체적인 부분이 높은 평가를 받았을 것이라는 판단이다.

합격 수기

1. 합격한 전형을 선택하게 된(결정적) 이유는 무엇인가요?

저는 꾸준히 어문계열로의 진학을 희망하여 한국외대에 진학하는 것이 목표였고 외대 양 캠퍼스를 통틀어 4장의 카드를 외대에 사용했습니다. 성적 또한 2점대 초반으로 특출나지 않아서 원래는 농어촌 전형 지원만 생각했었는데 한 학교에 한 전형으로는 여러 장 지원이 불가능해서 스페인어과를 농어촌으로 지원하고포르투갈어과를 학종 면접형으로 지원했습니다. 물론 정원이 30명밖에 되지 않는소수어과라 면접형 선발 인원이 3명에 불과했지만 고등학교 1학년 때부터 포르투

갈어과 진학을 목표로 하면서 생기부에 공을 들였기 때문에 전공적합성에는 자신
이 있었고 특히 소수어과인 포르투갈어과는 준비하는 사람들이 더욱 적기 때문에
성적보다 전공적합성을 더 중점적으로 보는 면접형으로 지원했습니다.

2. 학교생활기록부 관리에 대한 나름의 노하우를 알려주세요.

저는 1학년 때부터 진학하고 싶은 전공을 정했고 그 전공이 흔한 전공이 아니
었기 때문에 오히려 생기부 관리는 어렵지 않았습니다.

독서목록은 대부분 전공어 사용 국가에 관한 도서와 그 대륙에 대한 도서가 대
부분을 차지했습니다. 전공과 크게 관련이 없는 도서는 거의 넣지 않았습니다. 소
수어과의 특성상 일반 고등학생이 해당 국가와 언어에 대해 수준 높은 이해를 하
는 경우는 거의 없다고 봐도 무방하기 때문에 전공어 사용 국가의 문화, 역사, 언
어, 정치, 경제 등 여러 분야에 관한 독서를 하시는 것을 추천드립니다.

저는 세특, 동아리, 자율활동에 정말 많은 신경을 기울였는데 특히 3학년 때에
는 1~2과목을 제외한 대부분의 과목 세특에 전공어 국가에 관한 내용이 들어갔
습니다. 어문계열, 특히 소수어과의 경우에는 이 국가에 대한 관심이 오래됐고 정
말 진심이라는 것이 느껴지도록 해야 한다고 생각합니다. 동아리와 자율활동에도
최대한 해당 전공어 국가의 언어와 문화에 대한 활동으로 도배를 해서 정말 이 국
가를 좋아한다는 것이 생기부에 한눈에 드러나도록 만든다면 어문계열, 특히 소
수어과 합격 확률은 높아진다고 확신합니다. 저는 수상경력이 없는 것이 생기부
의 가장 큰 오점이어서 이 부분에 대해 많은 걱정을 했었는데 세특, 동아리, 자율
활동이 이 부분을 상쇄했다고 생각합니다. 실제 면접 당시에도 전공과 관련된 활
동에 관한 질문이 나오기도 했습니다. 요약하자면, 해당 언어권 국가들과 해당 언
어에 관련한 내용으로 생기부를 도배하시면 됩니다. 역사, 문화, 정치, 경제, 지리
등 어떤 내용이든 해당 언어권 국가에 관련된 이야기면 됩니다. 면접 때 본인이
해당 활동에 대해 설명할 수 있을 정도로만 이해하면 충분합니다.

3. 자기소개서의 작성과정을 설명해 주세요. 자기소개서를 작성할 때에 가장 정성을
   기울인 (문항/내용)은 몇 번이고 이유는 무엇인가요?

제가 진학한 한국외대는 자기소개서가 폐지되어서 작성할 필요가 없었지만 경희대학교는 자기소개서가 필요하여 자소서를 작성했었습니다. 처음에는 자소서 작성이 익숙하지 않아 어려움을 겪었지만 자소서에 넣을 소재를 확실히 정하고 스토리를 덧붙이면 자소서는 완성된다고 생각합니다. 가장 정성을 기울인 문항은 단연코 1번입니다. 전공적합성을 제대로 드러낼 수 있는 문항이기에 사실상 자소서의 80%는 1번 문항이라고 생각합니다. 저는 학교 수업시간에 알게 된 해당 국가와 문화권에 사실에 대해 호기심을 확장시키는 스토리를 만들었는데 관련 내용에 관한 대학 강의 수강과 독서, 동아리에서 진행한 관련 활동, 세특까지 연관 지어서 자소서 1번을 완성했습니다. 저는 2번 문항 또한 전공적합성과 인성을 동시에 어필할 수 있는 소재로 작성했습니다. 2번 문항은 인성에 관한 문항이지만 전공적합성 또한 드러낼 수 있는 좋은 소재와 스토리를 구상한다면 훨씬 도움이 될 것이라고 생각합니다. 경희대학교의 3번 문항 또한 1번 문항과 유사한 느낌으로 작성하였습니다. 스페인어에 매력을 느끼게 된 이유, 학교 교과 과목으로는 배울 수 없었지만 동아리, 세특에 언급된 스페인어 관련 활동을 언급하며 스페인어에 대한 애정과 혼자서라도 열심히 학습했다는 것을 드러냈습니다.

4. 어떻게 면접을 준비했는지와 면접에서 어떤 질문을 받았는지 궁금합니다.

저는 성격상 면접에 자신이 있었고 모든 독서 목록과 생기부에 적혀 있는 전공 관련 활동에 대한 답변을 전부 준비해서 면접장에 갔었습니다. 본인의 생기부를 계속 보면서 질문이 나올 만한 내용들에 대해서는 모두 철저하게 준비를 해가야 합니다. 제가 실제 면접장에서 받은 질문은 지리 성적이 좋고 관심이 많은 것 같은데 맞는지에 대한 질문을 받았고 여기에 추가 질문으로 지도를 디지털화한 구글 맵이나 구글 어스를 쓰는지에 대한 질문을 받았습니다. 이후에는 포르투갈어

뿐만 아니라 다른 분야에도 관심이 있어 보이는데 왜 포르투갈어과에 지원했는지를 물어보셨습니다. 그 다음으로는 제가 출결에 무단지각과 무단결과가 1회씩 있어서 이 부분에 대한 질문을 받았고 독서목록에 왜 미래에 대한 책을 읽지 않았냐는 질문을 받았는데 전혀 예상치 못한 질문이라 너무 당황해서 답변도 이상하게 했었습니다. 마지막으로는 브라질과 관련된 자율활동에 대한 질문을 받았고 준비했던 대로 답변했습니다. 개인적으로는 준비했던 것들을 많이 말하지 못하기도 했고 답변도 이상하게 한 것이 있어서 많이 아쉬웠는데 합격해서 참 다행이라고 느껴집니다.

5. 후배들에게 도움이 되는 조언을 해 준다면... (학습관리 – 시간관리 – 멘탈관리 등등)

제가 학종으로 입시를 치르면서 느끼는 것은 전공을 1학년 때부터 확실하게 정해두고 생기부를 채워나간다면 정말 편하고 도움이 된다는 것입니다. 그리고 되도록 전공은 틀지 않는 것이 좋다고 느껴집니다. 특히 3학년 때 전공을 갑자기 바꾸는 것은 정말 지양하셨으면 좋겠습니다. 전공적합성에서 상당히 불리하게 작용할 확률이 높고 주변에 전공을 갑자기 틀거나 3학년 되어서야 뒤늦게 정한 분들이 성적에 비해 아쉬운 대학교에 가는 경우를 정말 많이 봤습니다. 이전부터 준비해온 전공을 바꿀까 말까 고민하신다면 바꾸지 말라고 말씀드리고 싶습니다. 1학년 때는 확실하게 전공을 정하지 못해도 괜찮습니다. 다만 2학년 때에는 확실하게 전공을 정하고 생기부를 채워나가야 유리하다는 것을 알려드리고 싶습니다. 확실하게 방향성이 정해지지 않은 모호한 생기부로는 학생부 종합으로의 입시 성공을 기대하기 쉽지 않다고 생각합니다. 1학년 때부터 방향을 잡아서 내용을 알차게 채운 생기부를 가지고 계시다면 교과 성적에 비해 더 좋은 학교에 진학할 수 있을 것이라고 100% 확신합니다.

인성

동아리 활동과 자율활동을 살펴보면 자신과 함께 속한 구성원들에 대한 의견을 물어보고 그 의견들을 반영하기도 하며 주변을 둘러보면서 자신의 도움이 필요한 곳에 선뜻 나설 수 있는 모습을 볼 수 있다. 공동체를 위한 협력심과 타인을 위한 봉사정신이 깃들어져 있는 김민혁 학생은 자신과 주변 사람들과 더불어 성장 할 수 있는 역량을 지닌 것으로 판단된다.

코로나19 상황으로 심각한 재난을 겪고 있는 라틴아메리카 지역의 사람들을 돕고자 하는 마음에 코로나19 질병 예방과 관련된 자료들을 조사 하며 어떻게 하면 자신이 사랑하는 라틴아메리카 지역의 사람들을 도와 줄 수 있을지에 대한 고민들을 하였다. 결과적으로 SNS해외 특파원 봉사활동을 통해 그들에게 위로의 말과 응원의 메시지를 전달 할 수 있었고 뿌듯함과 라틴아메리카에 대한 관심이 더욱 높아졌다. 이러한 인성은 지구촌에 선한 영향을 기여할 수 있고 더 나아가 지역 사회의 문제와 경제에 큰 이바지를 할 수 있는 기본적인 소양을 갖추었다고 말할 수 있다.

전공적합성

1학년부터 3학년까지의 공통점은 전공과 관련되어 있는 교과목들을 꾸준히 공부했다는 점이다. 이에 따른 교과목 모두 성적이 좋은 편이며 성취도 또한 높다. 문화에 대한 이해와 국제적인 사회문제들을 탐구하고 해결하는 것에 있어 많은 관심이 있는 학생이다. 이를 위해 꾸준한 동아리 활동과 관련도서를 공부해 가면서 얻는 성취감과 궁금증을 해소해 가는 과정들을 모두 즐기면서 하는 것들을 살펴 볼 수 있다. 이러한 김민혁 학생의 역량은 라틴아메리카와 스페인 등을 알아가면서 점점 더 흥미를 느끼고 관심을 가지는 모습을 학생부에서도 한눈에 확인 할 수 있으며 자신의 전공과 관련하여 매우 적합성하다는 판단이다.

발전가능성

국가홍보지를 제작하는 활동을 통해 스페인 파트를 맡아 스페인어 뿐만 아니라 지방 자치주의 언어를 추가하여 조사하고 발표하였다. 또한 영어 교과 수업에서 라틴아메리카의 식민 지배에 따른 언어문화를 발표하였으며 본토 스페인어와 중남미 스페인어의 차이를 친구들 앞에서 발표하였다. 이를 통해 더욱 한국과 스페인, 중남미를 함께 연결하고자 하는 세계인이 되고자 하는 포부를 밝혔다. 이를 통해 김민혁 학생은 끈기력과 노력이 있는 학생임을 알 수 있으며, 자신만의 공부법으로 재구조화 하여 이해하는 습득력 또한 갖춘 것을 확인 할 수 있다. 이를 통한 김민혁 학생의 역량은 국제적인 사회문제를 해결하고 문화를 알림에 있어 무한한 발전가능성이 있다.

학업역량(탐구역량)

전체적인 성적의 평균은 상위권은 아니지만 학업성취도와 학업태도가 우수한 편이다. 특히 자신이 좋아하고 관심 있어 하는 과목들은 상위권을 유지했으며 교과우수상을 여러 번 수상하였다. 대부분의 동아리와 자율활동은 스페인, 라틴아메리카와 연관지어 활동하였고 호기심과 궁금증을 풀어내가면서 자신만의 공부를 했을뿐더러 좋은 성과들을 거두었다.

이는 자신이 관심 있어 하는 국가에 대한 호기심으로 끝난 것이 아닌 진정한 자신만의 공부를 하게 되었고 이러한 자기주도적인 성과들로 스페인과 라틴아메리카에 대한 이해도를 대폭 높였을 것이다. 때문에 전체 평균 성적이 높은 수준이 아니더라도 자신만이 쌓은 경험들이 앞으로 꾸준히 김민혁 학생을 성장 시킬 것이라는 역량을 고려할 수 있었다.

우리 사회의 모습을 객관적으로 분석하고
더 나은 사회 방향을 제시하는 사회심리학자를 꿈꾸다.

이화여자대학교 학생부 종합 전형 심리학과 합격
대전시 동방고등학교 김지민

김지민 학생은 한 번의 고배를 마시고 성숙한 태도로 이번 입시를 시작했다. 3학년 2학기까지 최종 27장의 학생부 분량을 만들어낸 주인공답게 교과와 비교과 모두 충실함은 물론 심리, 사회문제, 고전, 과학 교양 등 다양한 관심을 독서로 보여준다. 3년 내내 학급 반장을 맡아 누구보다도 적극적인 학교생활을 하였다. 또래 상담 동아리 부장을 하면서 진로가 유사한 친구들을 이끌고 의미 있는 활동을 기획하고 주도하며 리더십을 발휘했다.

프로이트의 정신분석학에 관한 조사 후 토론에 참여했다. 우울증이 생기는 원인과 신경전달 물질에 관한 발표, '조현병 환자들의 범죄 감형은 옳은가'라는 주제토론 등 상당히 심화한 탐구활동을 점진적으로 이어갔다. 일반적으로 3학년이 되면 수능 공부 등으로 인해 교과에 집중하며 비교과는 형식적인 활동으로 그치기 쉬운데, 지민 학생은 3학년 동아리 활동(사회 이슈 탐구)에서 전교생을 대상으로 '건강한 자아 찾기 프로젝트:감정 통'을 기획하고 진행하여 자신이 속한 공동체의 정신건강 운동을 주도하였다. 또한 '우리 사회의 은둔형 외톨이'에 대해 연구하여 발표함으로써 사회문제를 공유하고 사회·심리로 확장된 진로 관심을 적극적으로 표현했다. 더불어 심리학을 공동 교육과정으로 이수하면서 '융의 페르소나'에 대한 개념을 배우고 사회적 인격인 페르소나를 한국 지리 시간에 적용하여 저출산 현상과 종주 도시화 현상을 해석해 보는 등 이론을 적절히 응용하는 모습이 매우 훌륭하다. 또한 뇌 과학, 아동심리학, 인지부조화 등 자신의 진로 방향에 맞춰 구체적인 분야를 섭렵하며 탐구해가는 과정이 진지하고 유기적이다.

한편 '소외되는 친구 없이 모두 함께 어우러지는 반을 만들겠습니다.'라는 학급 반장 공약을 성실하게 실천하는 리더의 모습이 곳곳에서 나타났다. 교과우수상은 물론, 동아리 활동 성과 보고회, 백일장, 사회 교과 탐구 대회, 학예 대회, 모범상 등 다양한 수상 기록을 통해 융합적 역량과 훌륭한 인성마저 감지할 수 있다.

심리학이 과학적이고 수학적인 학문이라는 점을 발견하고 더 매력을 느낀 후, 단순히 인간에 대한 호기심과 애정을 갖는 것만으로는 대학에서의 심도 있는 학습을 이어감에 있어 한계가 있을 것 같아 다방면에 걸쳐 탐구하고, 더불어 과학적 탐구 방식과 통계학도 열심히 공부했다. 지금까지의 모든 노력이, 사회심리학자로서 우리 사회의 모습을 객관적으로 분석하고 더 나은 사회 방향을 제시하는 전문가의 날개를 달고 비상하길 바란다.

1학년-심리학자, 2학년-전문상담교사, 3학년-정부 산하 정책 연구원으로 진로 목표가 확장-융합하면서 그에 걸맞게 교과, 비교과 활동을 연계하고 유기적으로 만들어간 모습이 매우 훌륭하다.

1학년 초, 다소 힘들어했던 수학 교과도 자신에게 맞는 학습법을 찾아가며 스스로 극복하였고 주요 교과의 성적이 골고루 좋은 편이다. 특히, 경제, 가정과학, 사회탐구방법, 독일어 I, Ⅱ 등 과목을 이수하며 다양성과 특이성을 추구하는 탐구과정과 주제가 남다르다. 어렵다고만 생각했던 경제학을 배우던 중, 인간의 행동을 관찰하고 관찰한 내용을 통해서 보다 현실적인 경제학 이론을 도출해내는 학문, 행동경제학을 이해하면서 또 다른 매력을 느낄 줄 알고 결국 인간의 행동과 그에 따른 결과를 탐구한다는 점에서 심리학과 공통점을 발견할 줄 아는 인재다.

심리학과(이화여대), 사회 · 심리학과(숙명여대), 응용통계학과(건국대) 3개의 학과에 '3종 콤보'로 합격할 만큼 충분히 훌륭한 사례이다.

스펙 분석

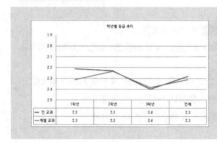
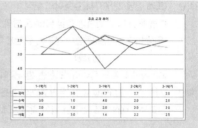

▶ 자율활동

1학년　학급 반장

1학년 특성화 DREAM 프로그램의 활동에 참여

심리학자 프로이트에 대해 조사

해외 취업특강 참여(조직심리, 산업 심리, 소비자 심리)

캐럴 복음송 페스티벌에서 지휘를 맡음

독서 토론 활동 참여

다문화 교육 참여

2학년　학급 반장

생명 존중 자살 예방 교육 참여

바칼로레아 주제 탐구 프로젝트에서 탐구활동

프로이트의 정신분석학에 대한 토의 참여

학생 생활 규정 제반 논의를 위해 대의원회 참여

3학년　학급 반장

학급을 이끄는 탁월한 리더십

학급 신문 제작 참여

학급 자율 활동 참여

학급 협의회에서 좋은 습관 만들기 제작 담당

▶ 동아리활동

1학년 (GEN)(37시간) 마케팅활동의 심리적인 요소를 조사하고 개인 보고서로 탐구함

찰스 스펜스의 '왜 맛있을까?'라는 책을 읽고 선택의 패러독스를 이해하며 마케팅에 활용할 수 있는 심리학을 발표함

(또래 상담 1반)(37시간) 동아리 부장으로서 상담 기본 교육을 성실히 이수함.

'지역연계 마중물' 프로그램에서 멘토 활동

'학교폭력 없는 학교 만들기' 보고서 작성

학교폭력 예방 및 생명 존중 캠페인 활동, 친구 사랑 3운동 관한 보고서 작성

1학기 우수동아리로 선정됨

2학년 (또래 상담 2반)(37시간) 동아리 부장

수능 응원 UCC 연출과 편집 담당 등 창의 융합적 역량 돋보임

(우심방)(37시간) 우울증이 생기는 원인에 대해 호기심을 갖고 신경전달 물질에 대해 조사하고 발표함

(OO 싸이코: 자율 동아리) '조현병 환자들의 범죄 감형은 옳은가'라는 주제로 토론에 참여함

3학년 (사회 이슈 탐구)(14시간) '우리 사회의 은둔형 외톨이'에 대해 연구하여 발표함

전교생을 대상으로 '건강한 자아 찾기 프로젝트:감정 통'을 기획하여 진행함

▶ 봉사활동

1학년 19시간, 2학년 48시간, 3학년 4시간

▶ 진로활동

1학년 진로 활동 시간에 심리학에 대해 조사하고 발표함

홀랜드 흥미검사 결과 진취형(E)과 예술형(A) 코드가 높아 사회과학계열이 적합함

뇌과학자 초청 강연을 통해 뇌 과학자뿐만 아니라 심리학자로부터 비롯되었다는 사실 알게 됨

뇌 과학에 관심을 가지고 관련 도서를 찾아보는 등의 노력을 함

2학년 적합한 학과 이해하기에서 심리학과가 개설되어있는 학교 조사하고 알아봄

커리어넷, 워크넷 검사에서 직업 적성 검사 결과 음악 능력, 대인관계 능력, 언어능력이 높게 나옴

직업 가치관 검사 결과 흥미와 적성이 진로 희망과 적합함을 확인함

진로 체험의 날에 통계학과를 체험하며 심리학에 통계학이 필수임을 확인함

미리 수강하는 전공 교실1 아동심리학을 수강함.

3학년 온라인 교육 콘텐츠를 활용한 진로 심화 활동함.

페미니즘의 정의와 역사를 소개함.

진로 심화 연구 과제 발표회에서 인지부조화 이론에 대해 조사함

▶ 수상경력

1학년 00 백일장 (우수, 2위)

바른 00인상 (창조인 부문)

교과우수상 (통합과학)

학교생활 모범상

교과우수상(수학, 영어)

2학년 동아리 활동 성과 보고회 (우수상 2위)

00 백일장 (우수 2위)

청렴 학예 행사 (장려 3위)

더불어 라온 00 문화의 날 – 가족ο친구 DAY보고 한마당 (우수상 2위)

교과우수상 (고전 읽기, 사회문제 탐구)

양성평등 문예 행사 산문 (장려 3위)

착한 댓글 한마당 (최우수 1위)

독일어 낭송대회(동상 3위)

학교생활 모범상 (봉사)

교과우수상 (한국사, 사회문제 탐구)

사랑의 오누이 우수 봉사상

우수 또래 상담자

정치와 법 바르게 알기 행사 (장려상 3위)

한국사 바르게 알기 행사 (장려상 3위)

3학년 글로벌 경제·경영·금융 역량 강화 한마당 (동상 4위)

3년 개근상

공로상

최종합격 대학분석

● 이화여대 학생부종합전형 미래인재 전형 심리학과 (2022학년도 대입 기준)

▶ 전형방법 및 최저학력기준

전형방법	일괄합산 (서류 100%) : 최고 1,000점, 최하 0점
제출서류	학생부, 자기소개서

서류평가	블라인드 처리된 제출서류를 기반으로 고등학교 재학 기간 동안 학업 역량, 학교 활동의 우수성, 발전 가능성을 종합평가함			
	학업 역량	기초 학업 역량	교과목 석차 등급 또는 원점수 (평균/표준편차), 성취도, 수강자 수, 성취도별 학생 비율 등을 활용하여 도출한 학업능력 지표와 교과목 이수 현황, 노력 등을 기반으로 평가한 교과의 성취 수준이나 학업적 발전의 정도	* 교과 학습 발달 상황(교과, 세부능력 및 특기사항) * 수상 경력 * 행동 특성 및 종합의견 등
		심화 학업 역량	고교교육과정에서 지원 전공(계열) 의 수학에 기초가 되는 과목 수강 및 해당 과목에 대한 학업성취 수준	
	학교 활동의 우수성	지식 탐구 역량	어떤 대상에 대해 호기심을 가지고 깊고 폭넓게 탐구할 수 있는 능력	* 교과 학습 발달 상황(교과, 세부능력 및 특기사항) * 수상 경력 * 창의적 체험활동 * 행동 특성 및 종합의견 등
		창의 융합 역량	새롭고 독창적이며 논리적인 사고로 문제를 해결하는 능력	
		공존 공감 역량	스스로 목표를 설정하고 적절한 전략을 선택하여 계획을 수립하고, 주도적으로 실행하며, 구성원의 화합과 단결을 이끌어 가는 역량	
	발전 가능성	성실성	책임감을 바탕으로 꾸준히 노력하여 자신의 의무를 다하는 태도와 행동	* 교과 학습 발달 상황(교과, 세부능력 및 특기사항) * 수상 경력 * 창의적 체험활동 * 독서 활동 상황 * 행동 특성 및 종합의견 등
		성장 잠재력	현재까지의 행동 성향과 경험으로 미루어 보아 향후 더 큰 폭의 성장과 발전이 기대되는 상태	

수능최저 학력기준	국어, 수학, 영어, 탐구(사회/과학) 4개 영역 중 3개 영역 등급 합 6 이내 (탐구영역 : 응시한 2개 과목 중 상위 1개 과목의 등급으로 반영)
면접 평가	없음

● 이화여대 학생부종합전형 미래인재 전형 심리학과 (2023학년도 대입기준)

▶ 전형방법 및 최저학력기준

전형방법	일괄합산 (서류 100%) : 최고 1,000점, 최하 0점			
제출서류	학생부, 자기소개서(폐지)			
서류평가	블라인드 처리된 제출서류를 기반으로 고등학교 재학 기간 동안 학업 역량, 학교 활동의 우수성, 발전 가능성을 종합평가함			
	학업 역량	기초 학업 역량	교과목 석차 등급 또는 원점수(평균/ 표준편차), 성취도, 수강자 수, 성취도별 학생 비율 등을 활용하여 도출한 학업능력 지표와 교과목 이수 현황, 노력 등을 기반으로 평가한 교과의 성취 수준이나 학업적 발전의 정도	* 교과 학습 발달 상황(교과, 세부능력 및 특기사항) * 수상 경력 * 행동 특성 및 종합의견 등
		심화 학업 역량	고교교육과정에서 지원 전공(계열)의 수학에 기초가 되는 과목 수강 및 해당 과목에 대한 학업성취 수준	
	학교 활동의 우수성	지식 탐구 역량	어떤 대상에 대해 호기심을 가지고 깊고 폭넓게 탐구할 수 있는 능력	* 교과 학습 발달 상황(교과, 세부능력 및 특기사항) * 수상 경력 * 창의적 체험활동 * 행동 특성 및 종합의견 등
		창의 융합 역량	새롭고 독창적이며 논리적인 사고로 문제를 해결하는 능력	
		공존 공감 역량	스스로 목표를 설정하고 적절한 전략을 선택하여 계획을 수립하고, 주도적으로 실행하며, 구성원의 화합과 단결을 이끌어 가는 역량	
	발전 가능성	성실성	책임감을 바탕으로 꾸준히 노력하여 자신의 의무를 다하는 태도와 행동	* 교과 학습 발달 상황(교과, 세부능력 및 특기사항) * 수상 경력 * 창의적 체험활동 * 독서 활동 상황 * 행동 특성 및 종합의견 등
		성장 잠재력	현재까지의 행동 성향과 경험으로 미루어 보아 향후 더 큰 폭의 성장과 발전이 기대되는 상태	
수능최저 학력기준	국어, 수학, 영어, 탐구(사회/과학) 4개 영역 중 3개 영역 등급 합 6 이내 (탐구영역 : 응시한 2개 과목 중 상위 1개 과목의 등급으로 반영)			
면접 평가	없음			

▶ 수시지원 합격/불합격 여부

지원대학	지원 모집 단위(학과)	전형명	1단계 합불	최종 합불
이화여자대학교	심리학과	미래인재 전형	1단계 없음	합격
건국대학교	응용통계학과	KU 자기 추천 전형	합격	합격
숙명여자대학교	사회심리학과	서류형	1단계 없음	합격
중앙대학교	심리학과	탐구형 인재	1단계 없음	불합격
경희대학교	사회학과	네오 르네상스 전형	불합격	불합격
성균관대학교	사회과학계열	학생부종합전형	1단계 없음	불합격

자기 소개서

1. 고등학교 재학 기간 중 자신의 진로와 관련하여 어떤 노력을 해왔는지 본인에게 의미가 있는 학습 경험과 교내활동을 중심으로 기술해 주시기 바랍니다(띄어쓰기 포함 1,500자 이내).

우리 사회의 모습을 심리학적으로 해석하고 타인을 편견 없는 시각에서 바라보는 사회 구현을 하고 싶습니다.

예측하기 어려운 인간의 행동을 과학적, 수학적으로 분석하여 보편화 가능한 이론을 도출한다는 점에 흥미를 느끼고 심리학에 지속적인 관심을 가져왔습니다. 심리학은 눈에 보이는 인간의 행동 너머에 존재하는 다양한 원인에 관해 연구하는 학문이라고 생각합니다.

2학년 때 조현병 환자의 감형에 대한 논란이 있었습니다. 저의 첫 판단은, 정치와 법 시간에 배운 형벌의 응보적 효과에 동감하고 감형을 반대하였습니다. 그러나 정신질환 관련 법률을 조사하면서 조현병의 발생 원인과 증상을 알아보고 정신질환자가 마주한 사회적 편견으로 인해 그들 역시 사회적인, 제도적인 차원에서의 피해자일 수 있다는 생각이 들었습니다. 겉으로 보이는 폭력적인 행동을 단편적인 시각에서 부정적 판단을 내리는 것이 아니라 발병 원인을 고려하고 정신질환자들이 범죄행위로부터 보호받고 치료를 통해 건강한 사회구성원이 될 수 있는 사회 안전장치의 필요성을 느꼈습니다.

심리학 공동교육과정 수업을 통해 융의 페르소나에 대한 개념을 배웠습니다. 사회적 인격인 페르소나가 양적으로 확대되면 개성화 과정을 통해 본연의 자아를 지키려고 한다는 것을 알 수 있었습니다. 저는 이 페르소나로 한국 지리 시간에 배운 저출산 현상과 종주 도시화 현상을 해석해 보았습니다. 현대인들은 이미 수많은 페르소나를 가지고 살고 있어 결혼이나 출산을 통해 또 다른 페르소나를 만드는 것을 꺼린다는 생각이 들었습니다. 결국 '있는 그대로의 나'로 살고자 하는 개인 욕구가 강해지면서 개성화 과정의 일면으로 나타난 저출산 현상이 심화할 수밖에 없다고 생각했습니다. 또한, 본연의 자아를 찾고 더 많은 기회를 통해 개인 욕구를 발현시킬 수 있는 대도시로 쏠림 현상이 나타나 수위 도시의 인구 규모가 제2 도시의 인구 규모보다 두 배 이상 나타나는 종주 도시화 현상을 촉진한다고 생각했습니다.

또래 상담반에서 어려움을 겪는 친구를 위한 프로그램을 기획했습니다. '눈에서 보이지 않으면 마음도 멀어진다.'라는 속담이 있습니다. 아침 일찍 등교해 야간자율학습까지 마치고 귀가하면 부모님과 대화할 시간도, 제대로 눈을 마주칠 시간도 없는 일상은 '한 지붕 여러 가족'을 구성하였습니다. 소통의 부재로 서로의 마음을 살펴볼 통로를 상실하고 부모님과의 갈등으로 힘들어하는 친구들이 많았습니다. '부모 자녀산행'을 통해 묵혀둔 일상의 대화를 할 수 있는 시간을 마련하였습니다. 스태프로 참가하여 부모님들보다 두 세배 빠른 걸음으로 산을 오르며 편안하게 활동하실 수 있도록 도왔습니다. 행사를 마치고 어머니와 함께 참가하였던 친구로부터 메시지를 받았습니다. 어머니께서 편찮으셔서 함께 보낼 기회가 적었는데 어머니와의 추억이 하나 더 늘었다고 했습니다. 또래의 시각에서 공감할 수 있는 어려움을 발견하고 해결할 기회를 마련하여 저는 도우미 역할만 하였습니다. 관심과 노력으로 타인의 삶에 의미 있는 시간을 선물할 수 있었습니다.

☞ 강평

심리학을 과학적, 수학적으로 분석하는 부분에 흥미를 느끼고 정치와 법 과목에서 배운 형벌의 응보적 효과가 조현병을 앓고 있는 정신질환자들이 받을 수 있는 사회적, 제도적 차원에서 오히려 피해자가 될 수 있다. 이들이 범죄행위로부터 건강한 사회구성원이 될 수 있는 '사회 안전장치'의 필요성을 제시할 만큼, 어떤 대상에 대해 진정성 있는 관심으로 깊고 폭넓게 탐구하는 지식 탐구역량을 보여주고 있다. 심리학 수업(공동교육과정)을 통해 배운 융의 페르소나를 활용하여 한국 지리 단원 중, 저출산 현상과 종주 도시화 현상을 해석하는 등 자신의 관심 분야인 심리학을 사회문제에 적용하고 문제 해결을 위해, 보다 새롭고 창의적으로 접근하는 창의 융합 능력을 탁월하게 보여주고 있다. 자신의 관심을 진로 방향으로, 나아가 전공 적합성을 학제 간 통섭을 통해 융합적으로 연계해 나가는 모습은 고등학생으로서 보기 드문 사례이며, 향후 심리학도로서 많은 성장잠재력을 보여주고 있다.

2. 고등학교 재학 기간 중 타인과 공동체를 위해 노력한 경험과 이를 통해 배운 점을 기술해 주시기 바랍니다(띄어쓰기 포함 800자 이내).

'소외되는 친구 없이 모두 함께 어우러지는 반'을 만들겠습니다, 학급 반장 공약이었습니다.

또래 상담부장으로 무관심 속에 외로움을 느끼며 힘들어하는 학우들을 만날 기회가 많았습니다. 신체적, 언어적인 폭력에 비해 소위 '은따'라고 불리는 조용한 폭력은 쉽게 드러나지도, 적합한 해결책도 없다는 걸 알았습니다. 자연스러운 연결고리 안에서 마음을 나누면 좋겠다고 생각하였습니다. '친구야 놀자', 상담 선생님의 도움으로 캠프를 주최하고 또래 상담자 교육을 통해 배웠던 협력 활동과 게임을 구성하였습니다. 상담원이 초대한 친구와 졸업생 선배님을 멘토로 한 조를 구성, 100명이 넘는 친구들이 학년과 반을 구분하지 않고 모여 한 데 어울릴 수 있었습니다. 활동을 통해 소극적인 줄만 알았던 친구의 밝고 적극적인 모습을 볼 수 있었고, 친구들의 새로운 모습을 발견할 수 있었습니다. 캠프에서 보았던 친구들의 밝은 에너지가 교실까지 이어지는 것을 지켜보며, 활동의 지속적인 긍정 효과를 확인할 수 있었습니다. 이후 '트라이앵글의 심리'를 읽고 무관심 속에 방치된 친구가 있다는 것을 알면서도 못 본 척, 모른 척 지나가는 친구들의 심리에 대해 이해할 수 있었습니다. 나는 어울릴 수 있는 친구가 있다는 안도감과 소외된 친구를 도우려다가 같은 처지가 될지도 모른다는 두려움에 먼저 나서는 것을 꺼린다는 생각이 들었습니다. 캠프는 그 두려움을 학교 차원에서 깨주는 틀이 되었고 긍정과 가능성을 경험할 수 있었다고 생각합니다. 또래 문제에 주목하여 활동을 기획하고 해결의 터전을 마련하는 과정에서 연대와 협동의 가치를 배우게 되었습니다.

☞ 강평

본인의 전공과 관련된 다양한 활동을 통해, 본인의 공약을 실천하는 책임감과 캠프를 주최하여 또래 친구들을 더 깊이 이해함과 동시에 더 나아가 긍정의 에너지와 문화를 교실 현장에 전파하고자 했다. 그 후 이어진 독서 활동을 통해 대상에 대한 단순 이해를 넘어 문제 해결을 위한 연대와 협동의 가치를 배우고 나누며 학교라는 공동체 속 구성원, 학생들의 공존 공감 능력을 매력적으로 제시하고 있는 점이 좋게 평가받을 것으로 보인다.

합격 수기

1. 이화여대 심리학과 미래인재 전형을 선택하게 된 결정적 요인은 무엇인가요?

수능 최저가 있는 학생부 종합 전형이라는 것이 해당 전형을 선택하게 된 결정적 요인이 되었습니다. 저는 고등학교 3년 내내 학생부 종합 전형을 준비했습니다. 현역일 때에는 수능 공부는 등한시하고 내신 성적과 생기부에만 집중해서 원서를 쓸 때 최저가 있는 학교에는 지원할 수 없었던 기억이 있습니다. 재수하게 되었을 때에는 더이상 내신과 생기부를 챙기지 않아도 됐기에 수능 공부에 전념할 수 있었습니다. 재수생이라는 패널티를 안고 가는 대신에 수능 공부를 더 많이 할 수 있다는 어드밴티지를 가지고 수능 최저가 높은 학교에 원서를 넣을 생각을 했습니다. 수능 수학이 선택과목제로 바뀌면서 기존 가형, 나형으로 나누어 볼 때보다 훨씬 어렵게 느껴졌고, 모의고사를 볼 때마다 낮은 점수를 받았습니다. 수능은 표준점수와 백분위가 당락을 좌우하므로 정시로 승부를 겨루기에는 어려움이 있겠다는 생각이 들었고 평소 자신 있던 다른 과목들이기에 안정적으로 최저를 맞출 수 있었습니다.

2. 학교생활기록부 관리에 대한 나름의 노하우를 알려주세요(학교생활에서 특별히 관심을 두고 했던 활동도 좋음).

3년간 학생부 종합 전형을 함께 준비해주셨던 선생님으로부터 생활기록부에 기재된 활동 간의 유기성이 중요하다는 이야기를 들었습니다. 이에 각각의 활동들이 파편화되지 않고 서로 유기적으로 연결되도록 하는 것에 집중했습니다. 매 학기가 시작되기 전에 '생기부를 통해 어필하고 싶은 나의 모습'을 설정했습니다. 배우게 될 모든 교과 과목의 단원을 살피어 앞서 설정한 모습과 연결 지을 수 있는 모든 내용과 활동을 추렸고 이를 바탕으로 자율, 동아리, 봉사, 진로 활동을 계획했습니다. 더불어 모든 활동마다 독서 활동까지 함께 채워 진정성 있는 생기부가 될 수 있도록 했습니다. 매 순간 눈앞에 닥친 과제를 수행하는 것에 초점을 맞추면 이후 전체적인 생기부가 나왔을 때 핵심이 보이지 않는 지저분한 생기부가 되기 쉽습니다. 이에 학년, 교과 과목, 활동 간 수직·수평적인 유기성을 가장 중요하게 생각하며 계획적으로 준비했던 것이 합격으로 이끌었다고 생각합니다.

3. 자기소개서의 작성 과정을 설명해 주세요. 자기소개서를 작성할 때 가장 정성을 기울인 문항은 몇 번이고 이유는 무엇인가요?

저는 1번 문항에 가장 정성을 기울였습니다. 학생부에 명확히 드러나지 않는 활동이나 숨어 있는 이야기를 풀어냄으로써 전공 적합성 및 적극성을 드러낼 수 있다고 생각했기 때문입니다. 얼마나 내가 이 학과의 특성을 잘 이해하고 있는지, 또 얼마나 이 학과에 오기 위해 노력했는지를 드러낼 수 있는 항목이기에 가장 심혈을 기울인 기억이 있습니다. 자기소개서의 작성 과정을 설명하자면 우선 자기소개서를 작성하기에 앞서 반복해서 학생부를 읽으며 어필하고 싶은 활동을 추렸습니다. 이후에는 학교별 인재상이나 학과 적 특성에 걸맞은 활동을 선정했습니다. 컨설팅 선생님으로부터 자기소개서는 각각의 항목이 따로 놀아서는 안 되고 1번부터 마지막 문항까지 전체적으로 연결되는 하나의 글이 되어야 한다는 말씀을 들었습니다. 이에 자기소개서를 통해 비추고 싶은 나의 모습을 설정하여 각 항목이 유기적으로 연결되도록 작성하는 것에 집중했습니다.

4. 수능 최저가 있어서 부담되었을 텐데 어떻게 준비했는지 궁금합니다. 후배들에게 도움이 되도록 구체적으로 부탁드립니다(멘탈 관리도^^).

수능 최저가 3 합 6으로 꽤 높은 편이었기에 부담이 되지 않았다고 하면 거짓말입니다. 그러나 반대로 수능 최저만 맞추면 합격으로 가는 길이 단축될 수도 있다고 생각했습니다. 이에 합격 가능성을 높이자는 생각으로 열심히 공부했습니다. 저는 사설 인터넷 강의를 잘 이용했습니다. 가격 면에서 부담이 되기도 하였지만 환급형 패스가 잘 나오고 있기에 어떻게든 할애한 돈과 시간이 아깝지 않도록 공부하자고 생각했습니다. 인터넷 강의를 진행하는 유명한 강사들은 오랜 시간을 들여 합격으로 가는 가장 빠른 길을 만들어내는 사람들이라고 생각합니다. 그들로부터 각종 노하우를 얻은 뒤에 반드시 스스로 체화하는 시간을 가졌습니다. 넋 놓고 강의만 시청하는 것이 아니라 적극적으로 적용해보고 가장 효과적인 방법을 찾았습니다. 강의, 자료 모두 좋은 도구가 될 뿐 결국 자신의 적극성이 없으면 모든 게 무용지물입니다. 보고 배우는 모든 것을 흡수하겠다는 생각으로 평가원의 패턴을 파악하고 적용하면 좋은 성적을 얻을 수 있습니다.

(멘탈 관리) 저는 재수를 하며 처음 3개월은 많이 힘들었던 기억이 있습니다. 고등학교 3년 내내 절대 대충 살지 않았고, 누구보다 체계적으로 준비했다고 생각하는데 왜 나에게 이런 결과가 따르는 것인지 이해가 잘되지 않았습니다. 지난 모든 노력이 부정당하는 기분이었습니다. 하지만 공부를 하면서 생각을 달리하기 시작했습니다. '나는 입시에서의 실패자가 아니라 또 다른 기회를 얻은 사람이구나.', '작년엔 꿈꾸지 못했던 새로운 꿈을 꿀 수도 있겠다.'. 내게 주어진 상황은 모두 생각하기 나름이라는 것을 깨달았습니다. 저는 절대 실패자가 아니고 재수를 했던 1년은 더 큰 성공을 위해 자신을 살필 수 있었던 시간이었다고 생각합니다. 제게 좋은 삶을 주고 싶어서, 더 나은 환경을 주고 싶어서 아침 일찍부터 밤늦게까지 공부하는 것이라는 생각을 한 뒤로는 수험생활이 오히려 재밌게 느껴졌습니다. 열심히 살고자 하는 마음이 자기 자신으로부터 비롯된다면 시간이 얼마가 걸리든 좋은 결과로 이어질 수 있다고 생각합니다. 지금 당장 힘들어도 주어진 상황을 너무 비관적으로만 바라보지 말고 그 안에서 의미를 찾아낼 수 있었으면 좋겠습니다.

　김지민 학생이 합격한 이화여자대학교의 학생부종합전형 미래인재 전형은 학생부와 자기소개서를 종합적으로 정성 평가하고 면접이 없는 일괄전형이다. 또한 4개 영역(국어, 수학, 영어, 탐구 1개) 중 3개 합 6 이내의 수능 최저 기준을 충족해야 최종 합격할 수 있다. 이화여대 학생부종합전형은 면접이 없으므로 서류(학생부, 자소서) 준비가 훨씬 더 중요할 수 있다. 내신 2.3등급의 다소 넉넉하지 않아 보이는 내신 등급에 비해 27장(3학년 2학기까지)의 학생부 기록 중, 세부 특기사항을 통해 누구보다 뛰어난 학업 역량을 보여주었다. 재수를 시작하면서 수능 최저 관리에 가장 큰 비중을 두어 고3 때 보다 훨씬 안정적인 등급을 유지할 수 있었다. 학업능력, 자기 주도적 학업태도, 전공 분야(심리학)에 관한 관심과 지적 호기심을 '통계' 기반의 탐구과정과 다양한 분야의 독서에서 진지한 태도로 전문적인 역량을 키우고자 노력하는 차별성을 드러내 창의적 인재로 발전할 가능성을 종합적으로 평가하는 학생부종합전형에 적합한 모습을 보여주었기 때문에 합격할 수 있었다고 생각한다.

　첫째, 학업 역량은 학업 능력지표와 교과목 이수 현황, 노력 등을 기반으로 평가하고 교과의 성취 기준이나 학업적 발전 정도를 살펴본다. 또한 고교교육과정에서 지원 전공(계열)의 수학에 기초가 되는 과목 수강 및 해당 과목에 대한 학업성취 수준을 평가한다. 지원자는 심리학과 사회학에 관한 관심과 열정을 나타내는 다양한 노력을 하였고 1학년 때부터 세계사, 고전과 윤리 과목을 선택하여 역사, 사회에 관한 학업 역량을 기르고 시작하고 독일어 선택 후, '독일의 심리학'을 테마로 탐구하는 등 교과의 선택과 세부적인 탐구활동이 아주 훌륭하다. 공동교육과정으로 심리학을 수강하고
　융의 심리학 이론을 공부하며 '페르소나', '개성화'의 사례로 은둔형 외톨이를 제시하며 전공 적합성과 학업 역량을 고루 발현해 내었다. 50 여권의 독서는 양적인 탐구심은 물론, 폭넓은 관심 분야의 활동 역량을 드러내기에 충분하고 지방 일반고가 가진 활동의 부족함을 스스로 극복하는 최선의 노력을 다해 당당히 합격할 수 있었다고 생각한다.

둘째, 개인 역량은 어떤 대상에 대해 호기심을 가지고 깊고 폭넓게 탐구할 수 있는 능력과 새롭고 독창적이며 논리적인 사고로 문제를 해결하는 능력을 평가한다. 또한 스스로 목표를 설정, 계획하고 구성원의 화합과 단결을 이끌며 주도적으로 이끌어가는 역량을 평가한다. 진로와 연계한 동아리 (또래 상담반) 부장으로서 '지역인재 마중물' 프로그램 등을 기획하고 책임 있게 진행하는 등 공동체 속에서 협력하는 역량과 리더십을 나타내었다. 3년간 학급 반장을 맡아 급우들과의 소통에 적극적이었고 공감하고 따뜻하게 품어주는 성품은 학급 운영을 원활하게 하면서 카리스마를 갖추었다는 담임선생님의 평가처럼 서번트 리더십의 모범적인 사례로 나타난다. '사람을 이해하고 배려하는 심리학 전문가'를 꿈꾸는 자신의 진로 목표는 3년간 이어진 모든 활동에서 나타났고 이점이 두 번째 합격 비결이라고 볼 수 있다.

셋째, 잠재 역량은 책임감을 바탕으로 꾸준히 노력하여 자신의 의무를 다하는 태도와 행동을 관찰하고 현재까지의 행동 성향과 경험으로 미루어 보아 향후 더 큰 폭의 성장과 발전의 기대 가능성을 평가한다. 지역 봉사활동(사랑의 오누이)을 통해 초등학생을 학습 지도하고 아동의 자존감을 높이기 위해 고민하고 대화를 통해 심리적 안정감을 가질 수 있도록 최선을 다했다. '소외되는 친구 없이 모두 함께 어우러지는 반'을 만들겠다는 학급 반장 공약을 이행하고 해결을 위한 연대와 협동의 가치를 배우고 나누며 학교라는 공동체 속 구성원, 학생들의 공존 공감 능력을 기르기 위해 캠프(친구야 놀자)를 주최하는 등 진정성 있는 활동이 사회학과 심리학을 통섭하여 '심리학을 전공한 사회정책연구원'을 꿈꾸는 진로 목표에 몰입한 태도를 나타내었고 이점이 우리 학생의 세 번째 합격 비결이라고 할 수 있다.

김지민 학생은 27장(3학년 2학기까지)의 학생부 분량이 말해 주듯 진정으로 삶을 열심히 살아낸 모범생이다. 차분하고 진지하며 겸손함도 함께 지녀 입시를 함께 하는 동안 어른인 전문가가 배울 점이 많았다. "선생님, 작년에 경희대 1차 붙었을 때 면접 코칭을 받고 갔으면 최종 합격했을까요? 올해 한 번 더 입시를 치러보니 제가 얼마나 교만했었나 깨닫게 되었어요."

어쩌면 고3이었던 작년 입시에서 면접 코칭으로 만날 수도 있었는데, 혼자 해도 된다고 의지가 분명하여 보지 못했었다. 지역이 달라 아직 대면으로 만나지 못했지만, 6개 수시 원서를 고민하고 4가지 버전의 자소서(심리학과, 사회학과, 사회 심리 학과, 응용통계학과)를 각각 작성하고 파이널 면접까지 수도 없이 소통하며 우리는 꽤 많이 정이 들었고 서로를 신뢰하며 자주 연락하는 인연이 되었다. 전혀 계획하지 않았던 재수 생활을 시작하면서 초반에 힘들었던 기간이 오히려 큰 공부가 되었다고 말하는 모습이 참 기특하고 미덥다.

재수생에게 불리한? 수시 전형에만 집중하는 것은 옳지 않다고 판단하여 수능 공부에 집중하였고 무더운 여름까지 잘 해내어 안정적인 모의고사 등급 컷을 유지하여 수능 최저가 쉽지 않은 전형(이화여대 미래인재 전형- 3 합 6)까지 공격적으로 도전할 수 있었다. 심리학으로 출발하여 사회문제에 깊은 관심을 가지게 되었고 통계까지 섭렵하며 융합적인 역량을 드러내 사회과학 기반의 건국대 응용통계학과에도 당당히 합격하는 쾌거를 이루었다. 첫 학교 합격(건국대 응용통계학과) 소식을 전해주는 통화를 하며 함께 울었고 정말 형언하기 힘든 감사를 느끼게 해 준 친구 덕분에 직업적인 성과를 넘어 참된 사명감을 느낄 수 있었다. "우리 지민이가 선생님을 작년부터 만났으면 얼마나 좋았을까요? 올해는 입시를 치르는 동안 많이 의지하고 힘들어하지 않아서 정말 다행이고 감사합니다." 면접 코칭을 진행 중이었고 아직 최종합격이 전혀 발표되지 않았을 때 어머니께서 하신 말씀이다.

참으로 고맙고 귀한 인연이며 재수를 거쳐 다시 도전한 친구의 결과 또한 대박이라 한결 마음이 좋다. 마무리 글을 쓰고 있는 지금, 멋진 입시 결과와 올해 최고 감동을 만들어낸 친구와 출간된 책을 챙겨 만날 날을 상상하면 벌써 설렌다. 누구보다 최선을 다한 친구가 사회 공동체 속에서 자신의 꿈을 펼쳐나가는 모습을 기대하며 응원한다.

한양대학교

"해외 빈민 및 난민 문제와
초고령사회 노인 문제를 다루는 경제 전문가를 꿈꾸다"
"불평등과 팬데믹 등의 아젠다를
경제학적 관점에서 해결하는 글로벌 창의융합 인재"

한양대학교 경제학부 합격
경북외국어고등학교 김채은

아직도 기억이 생생하다. 상담을 받으면서 고등학교 선배들의 대입 실적이 일반고보다 못해 울먹이던, 앳되어 보이지만 당찬 여학생. 장 지글러의 '왜 세계의 절반은 굶주리는가'를 읽고 기아에 허덕이는 해외 빈민과 사회적 약자에 관심을 가지며 UN 산하 기구에서 근무하는 외교관이 되거나 소외계층들을 위한 제품 플랫폼 사업을 주도하는 글로벌 경영인이 되기를 희망했던 고1에서부터, 장 지글러의 후속작품이라 할 수 있는 '왜 세계의 가난은 사라지지 않는가'를 읽은 후, 세계 시민으로서 부당하고 불평등한 현실에 개탄하며 아프리카와 동남아시아의 오지마을 등 열악한 환경에 처한 세계 빈민국들을 돕겠다는 포부를 밝힌 고3까지, 채은 학생의 히스토리를 지켜볼 수 있어서 오히려 영광이었다. 그렇다. 진로활동 등의 각종 창체활동과 과목별 세부특기사항의 스토리를 엮어 쌓아올린 학생들의 스토리에 감응하면 몸속에서 전율의 피가 흘러 다시금 심장이 뜨거워진다. 학력고사와 수능 초창기 시대를 거쳐온 부모 세대들도 이러한 경험이 있었을까? 우리 세대도 이러한 활동들을 통해 열정과 노력으로 꿈의 히스토리를 탄탄히 구축할 수 있었다면 지금쯤 뭐가 되어 있을까? 잘은 모르겠지만, 지금보다는 더 행복했을 것 같다.

김채은 학생의 꿈의 지도는 1학년 때부터 구체적이었다. '경제학자는 차가운 머리와 따뜻한 가슴을 가져야 한다'는 마샬의 명언을 가장 잘 실천한 방글라데시의 경제학 교수인 무함마드 유누스에 깊이 감동하여 그를 본받고자 중학교 때부터 디젤루나티조라는 아이를 후원하면서 빈곤, 질병 등 인류가 처한 문제에 관심을 가졌다고 한다. 고등학교에서 기아체험을 통해 지구촌 이웃들의 삶에 공감하면서 UNESCAP 경제외교 조정관이 되어 빈곤과 불평등의 경제문제를 해결하겠다고 다짐하였는데, 수업을 통해 공정무역이 빈곤의 악순환을 끊어낼 수 있는 빈곤퇴치 운동임을 깨달은 후, 관련 내용을 다룬 책 '공정무역, 세상을 바꾸는 아름다운 거래'를 읽고 불공정 무역이 인류 공동의 문제임을 깨달으며 'World Fairtrade Day' 캠페인을 주도했다. 또한 "지구상의 인류는 한 가족이다."라는 슬로건을 내세워 SNS 및 등굣길 캠페인을 주관하여 빈곤층의 아동 착취와 빈곤 문제를 알리는 데 이바지하였다.

이러한 활동들을 하면서 채은 학생은 비록 인류의 문제가 단번에 해결될 수는 없지만, 우공이산과 수적천석처럼 작은 노력이 쌓인다면 지구촌 양극화에 대한 바람직한 관심을 불러일으킬 수 있다.

이후 모의 유엔 영어위원회에서 '기술과 혁신을 활용한 세계 기아 문제의 해결책 모색'이라는 의제로 카메룬 대사로 활동하며 스마트농업 기술을 가진 선진국들이 기아 문제를 겪는 국가에 해당 기술을 전파해야 하고 이 기술을 사용하여 척박한 땅을 개척할 수 있도록 원조의 중요성을 강조하였다. 이 과정에서 '세계 각국의 원조에도 불구하고 왜 아직 기아로 허덕이는 사람들이 많을까'에 관해 사고한 결과, 원조에 대한 모니터링의 필요성을 체감하였다. 이후 투명한 원조를 위해 블록체인 시스템을 도입함은 물론, 원조를 받은 후 기아 문제가 일정 퍼센트까지 감소하고 스마트농업에 관한 긍정적 경제 효과가 발생한다면 원조를 해준 선진국에 원조액의 특정 퍼센트를 되돌려주자는 구체적인 방안도 제시했다. 카메룬 대사의 입장에서 스마트농업 기술과 그를 이용한 아프리카의 기아 문제의 해결방안을 구상하는 과정에서 식량난은 식량의 양 문제가 아니라 빈곤국에 대한 분배의 문제라는 것을 알게 되었고, 이러한 불평등과 그로 인한 기아 문제를 경제학적으로 해결할 수 있는 전문가가 되겠다고 다짐하였다.

채은 학생은 무려 200권이 넘는 책을 읽고, 친구들과 토론하고, 해결방안을 마련하여 영어로 에세이를 써서 발표하였다. 위에서 언급한 것처럼 교과목과 다양한 활동에서 접했던 글로벌 아젠다나 부의 불평등 문제 등에 주목하여 치열하게 고민하였고, 꾸준한 번역 봉사활동을 통해 해외 빈민 아동들이 배움의 즐거움을 느끼기를 바랐다.

하루가 다르게 급변하는 4차 산업혁명 시대와 코로나 바이러스로 얼룩진 팬데믹 상황에 봉착하여 시대의 아픔에 감응할 줄 아는 학생이다. 아시아태평양 경제사회위원회(ESCAP)의 거시경제 정책 및 개발금융 분야를 담당하는 등 인류의 경제문제를 해결하는 경제외교조정관이 되고자 한양대에서 파이낸스 경영학까지 복수전공하겠다는 일념으로 다시 한번 입시에 도전하여 합격한 사례는 이 시대를 짊어지고 있는 기성세대에게도 큰 반향을 일으키며 도전과 열정의 표지로 기억될 것이다.

스펙 분석

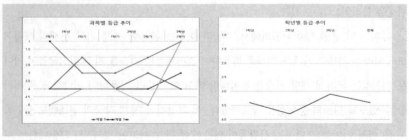

▶ 자율활동

1학년   등반체험학습에 참여하여 등산에 힘들어하는 교우들을 독려하며 정상까지 도달할 수 있도록 알 뜰하게 챙겨주는 등 배려와 서번트 리더십을 발휘함.

문과계열임에도 불구하고 '이중나선구조 DNA'라는 부스를 주체적으로 운영하며 DNA 속에 담 긴 수학적 원리를 학우들에게 설명해줌. DNA팔찌를 직접 만들어 봄으로써 수학적 원리가 실생 활에서 다양하게 적용되고 있음을 알게 됨.

'독도 바로알기' 행사를 통해 전 세계의 영토 조정분쟁 해결에 큰 흥미를 가짐.

'인문학의 날' 행사에서 '기후변화에 따른 악영향이 아프리카에 가장 심각한 피해를 줬지만, 정 작 아프리카는 기후변화를 일으킬만한 일을 거의 하지 않았다.'라고 말하며 아프리카에 수십 조 를 기부한 빌 게이츠에 감명받음. 이를 계기로 훗날 재능 기부와 나눔을 실천할 수 있는 사람이 되겠다고 다짐함.

2학년   학급경제부 기자로서 국내외 경제 이슈들을 수합하여 월 1회 뉴스 브리핑을 진행함.

고령화 아젠다를 다루는 패널에 참여하여 노동부 노인고용정책 프로그램과 보건 복지 가족부 노인 일자리사업을 소개함으로써 초고령화사회에 대해 최우수 패널로 선정됨.

DREAM BOOK 프로젝트에 참여하여 영어동화 'Wash oneself clean'을 창작함.

독서백편활동에서 '과학혁명의 구조(토마스쿤)'를 읽고 과학은 '완결'이 아니라 '변화'임을 깨달음.

3학년   국제 심포지엄 활동에서 〈국제개발협력개론〉을 읽고, 아프리카 대륙에 위치한 최빈국 국가들의 빈부격차와 사회경제적 불평등에 관심을 가진 후, 사하라 이남 아프리카 지역의 빈곤과 불평등 의 원인을 다룬 자료를 참고하여 Essay를 작성함. 지니계수를 이용하여 아프리카의 불평등을 측정하였고, 높은 수준의 지니계수가 아프리카 경제와 빈곤에 악영향을 미칠 수 있음을 주장한 후, 이를 기반으로 하는 토론활동을 주도함으로써 세계의 불평등에 대한 경각심을 제고시킴.

국제이해탐구 활동에서 〈센코노믹스〉를 읽고 '센 지수'에 대해 탐구하여 칼럼을 작성함.

'코로나19 이후 드러난 불평등·양극화'라는 제목의 칼럼에서 고용안전망을 확대해 포용사회를 만듦으로써 위기를 기회로 전환시켜야 한다는 주장을 펼침.

▶ 동아리활동

1학년   교지편집반 동아리에서 '연금술사(파울로 코엘료)'를 읽고 자신의 꿈인 ESCAP 국제공무원을 이 루기 위해서는 용기가 가장 필요하다는 것을 깨닫고, 학생들에게도 희망과 용기를 심어주기 위 해 솔숲지에 이 책을 소개함.

자율동아리에서 경제경영 신문을 스크랩하고 주요 아젠다에 대해 토론한 후, 논술 활동을 함. 특히 'FAIR TRADE'이 빈곤의 악순환을 끊는 지구촌 빈곤 퇴치 운동이며, 국제 사회의 시민운동 임을 인지하고, 캠페인 등 후속활동을 함.

2학년   교지편집반) 교지제작을 위해 원고 수합과 교정 작업을 함. 교지를 4개의 섹션으로 나누어 시간, 공간, 인물, 이야기로 분류할 것을 제안하는 등 혁신적인 아이디어를 제공함.

자율동아리에서 '마크롱 경제개혁'을 심층적으로 분석한 후, '번번이 실패한 노동개혁, 마크롱 대통령이 해낼 수 있었던 이유는?'이라는 주제로 발표하면서 노동개혁을 성공할 수 있었던 이 유로 지도자의 강력한 의지와 함께 국민대토론 등을 통해 국민적 공감대를 이끌어내는 과정이 중요했다는 의견을 피력함.

3학년   교지편집반 동아리에서 'Kicking Away the Ladder'를 읽고 보호주의로 성장한 선진국들이 개
발도상국에게 자유무역을 요구한다는 문제점이 양극화 현상의 심화라는 결론을 도출해냄. 이를
해결하기 위해 제 3세계 정부 주도의 자급자족 경제 개발의 필요성을 강조하는 논설문을 작성
하여 학우들의 관심도를 제고함.

국제문화 자율동아리에서 온라인 강연 동영상 시청을 계기로 세습자본주의에 관심을 갖고 관련
독서활동을 통해 '글로벌 자본세'에 대해 보고서를 작성하고 '글로벌 자본세 도입'이라는 논제로
토론활동을 함. 빈곤으로 고통받는 지구촌 이웃들의 삶을 간접체험함.

▶ 봉사활동

1학년   학교 환경도우미, 수학학습도우미 활동을 함.

월 1회 정기적으로 인근 관광지역에 방문하여 거리 청소, 외국인들에게 길 알려주기 등의 봉사
활동에 꾸준히 참여함. 외국인 관광객들이 많아지면서 의사소통에 불편함을 겪는 상인들에게
통역가가 되어 도움을 주고, 외국 상인들의 자녀들에게는 한글을 가르쳐 주는 봉사를 하면서 소
통에 어려움을 겪는 사람들에 대해 공감함.

2학년   월 2회 관광지역 문화재 지킴이 활동을 함.

무료급식 봉사활동을 실천하면서 초고령 사회를 맞이한 우리 사회의 노인 저소득층에 관심을
갖게 됨.

번역봉사활동을 통해 재능을 이웃을 위해 나누는 보람을 느끼고 우리 문화가 담긴 언어를 다른
나라 언어로 바꾸면서 서로 다른 문화에 대한 이해의 폭을 넓힘.

3학년   번역 봉사활동을 통해 빈곤층 아이들에게 보내는 재능기부에 동참하고 난민 문제에 관심을 가
지고 난민 유입이 경제에 미치는 영향에 대해 심층분석함.

▶ 진로활동

1학년   모의 유엔 영어 위원회 활동에서 4차 산업혁명 시대의 기술과 혁신을 활용하여 세계 기아 문제
의 해결방안을 구체적으로 제시함. 이를 계기로 유엔에서 세계 기아 문제를 해결하 외교관이 되
겠다는 마스터플랜, 구체적으로는 아시아 태평양 경제사회위원회(ESCAP) 등에서 국제통상 파
트를 담당해 각 국가와의 무역을 통해 생필품과 식량을 조달하겠다는 세부 목표를 수립함.

인문학의 날에서 "미국의 보호무역"을 경청하고, 미중 무역과 관련된 토론활동을 하는 과정에서
한국이 취해야할 방향과 해결방안 등에 대해 주장함.

학술 정책 보고서 발표활동에서 '신뢰하라, 대한민국'이라는 제목으로 투명한 한국 사회의 신뢰
성을 높이고, 경제 성장을 더욱더 발전시키기 위해 개개인, 사회단체, 정부 세 가지 측면에서 정
책들을 제시함.

'문명의 충돌(새뮤얼 헌팅턴)', '서희의 외교담판(장철균)' 등 국제공무원과 관련된 도서들을 읽은
후, 국제관계가 점점 복잡해지면서 세계무대에서 활약하는 국제공무원 또는 국제통상 전문가의
역할이 중요해지고 있음을 깨닫고, 국익과 세계 평화를 위해 이바지하겠다고 다짐함.

2학년   MY SPECIAL LIFE 활동의 나의 꿈 발표하기, 미래 이력서 쓰기 활동에 참여해 진로를 확정하고
진로 로드맵을 설정함.

정부의 소득주도성장의 경제정책이 오히려 소득 불평등이 심화되고 있다는 기사를 스크랩하고, 금융위기를 다시 맞지 않도록 조심해야 할 필요성이 있음을 주장하는 논설문을 작성함.

'세상에서 가장 쉬운 통계학입문(고지마 히로유키)'을 읽고 통계학에 대한 흥미를 느껴 각종 통계자료들을 분석하여 유의미성을 찾아내는 활동을 함.

Friends of MOFA의 주 Vietnam 대사 역할을 맡아 베트남의 경제, 교역 현황을 소개하는 대형 게시물을 작성함. 또한 인도가 베트남의 수출 5위국으로 부상하면서 아세안-인도FTA 활용 효과를 크게 나타내고 있음을 표로 작성해 게시함.

'Finding measures to preserve the human rights to the refugee'라는 의제의 모의 유엔에서 프랑스 대사로 활동하면서 블록체인을 활용한 난민들의 물리적 지원 방법과 신원확인 방안을 제시함. 프랑스의 난민 수용 문제에 공감하면서 난민 문제를 해결하는 데 일조하고 싶다는 진로소감문을 작성함.

아시아 태평양 경제 사회위원회(ESCAP)에서 통계 분야를 담당해 빈곤과 불평등을 줄이는 정책을 수립하는 데 필요한 자료를 제공하는 역할을 하겠다는 구체적 진로 계획을 수립함.

3학년   학급특색사업 夢key에서 완벽한 경기 호황에도 실업률 0%를 달성하지 못하는 원인에 호기심을 가지고 탐구 및 발표활동을 함.

이 활동을 계기로 경제학에 더욱 관심을 가지고 K-MOOC '경제학 들어가기'를 청강하여 마찰적 실업의 개념과 사례를 학습함. 후속으로 Essay를 작성하여 수요와 공급의 데이터베이스를 구축한다면 실업률 감소에 기여할 수 있으며, 더 나아가서는 사회 전체의 경제적 효율성을 높일 수 있음을 주장함.

학급특색사업 용기에서 '경제학원론: 미시경제학'의 게임과 전략을 듣고 경제학적 관점의 사고력과 이해력을 함양하였으며, 영화 '뷰티풀 마인드'를 내쉬 균형이론과 연관지은 칼럼을 작성하고 발표활동을 함.

▶ 수상경력

1학년   교과우수상(수학)

수학 독후대회 은상(2위)

학술정책보고서 발표대회(공동수상 3인) 은상(2위)

소규모 테마형 체험학습 감상문 쓰기 대회 금상(1위)

나의 가치를 높이는 전략특강 소감문 쓰기 대회 금상(1위)

한글날기념 글짓기 동상(3위)

2학년   원서 독서능력 포트폴리오 경진대회 동상(3위)

보건의 날 행사 공모전(약물오남용 글짓기) 동상(3위)

교내 백일장(산문부분) 금상(1위)

다독상 은상

영어토론대회(공동수상4인) 동상(3위)

수리논술대회 금상(1위)

원서 독서능력 포트폴리오 경진대회 동상(3위)

3학년   영어 에세이 쓰기 대회 은상(2위)

영어 말하기 대회 금상(1위)

지리GEO 페스티벌 '지리올림피아드' 은상(2위)

인문사회논술대회 동상(3위)

수학과제탐구대회 은상(2위)

교과우수상(확률과 통계, 한국지리)

원서 독서능력 포트폴리오 경진대회 은상(2위)

지리GEO 페스티벌 '국제이해 탐구대회' 은상(2위)

상담 분석

▶ 특목고 학생인 만큼 수시전형 중 학생부 종합전형에 맞춰 생기부를 디자인하다.

김채은 학생의 경우, 특목고 학생일지라도 지방공립 외고 학생이라 선배들의 대입 실적에 비추어볼 때 인서울 상위 10위권 대학에 합격할 가능성이 매우 낮았다. 그러나 수학 교과에서 1등급을 받는 등 타 과목에 비해 특장점이 있고, 경제학에 관심이 많아 경제와 관련된 외교관이라는 구체적인 진로를 설정하도록 조언하였다. 또한 내신 비중이 적은 한양대 수시 종합전형에 포커스를 맞추어 콘셉트를 설정하고 생기부를 관리할 수 있도록 진로, 자율, 동아리 등의 창체활동은 물론, 과목별, 개인별 세부특기 사항에도 김채은 학생만의 스토리가 보이는 다양한 활동들을 추천하였다.

▶ 부족한 내신으로 인한 학업 역량 보완은 물론, 진로 역량 강화를 위해 체계적인 과목 별, 진로 관련 독서활동에 주력하다

김채은 학생은 중학생 때부터 지도하던 학생인데, '왜 세계의 절반은 굶주리는 가?(장 지글러)'를 읽고 신선한 충격에 빠지며 외교관이 되겠다고 다짐하던 모습이 떠오른다. 워낙 독서량이 방대하고, 다방면의 독서를 통해 일찌감치 통섭적, 융합적 사고를 갖추었기 때문에 고등학교 3년 동안 200권이 넘는 독서를 하는 데 걸림돌이 없었다. 상술한 바와 같이, 특목 · 자사고라고 할지라도 지방공립 외고라는 태생적 한계 때문에 채은 학생의 내신으로는 상위권 대학에 합격하기가 쉽지 않다고 판단했다. 그

래서 과목별로 부족한 학업 역량을 독서로 보완하여 탐구, 토론, 발표, 논술 활동과 연계할 수 있도록 관련 도서를 추천하는 데 체계성과 정밀성을 가하였다. 또한 인문계열 학생이므로 진로활동을 비롯하여 자율과 동아리 활동 등에도 독서를 중심으로 활동의 가지를 뻗어갈 수 있도록 설계함으로써 책을 통해 진로에 대한 확신을 얻고, 실천적 지성을 갖추는 데 기여하였다.

최종합격 대학분석

● 한양대학교 경제학부 (2022년)

▶ 전형방법 및 최저학력기준

전형방법	학생부종합전형 학생부종합평가 100%(최고점 1000/ 최저점 0)
제출서류	학교생활기록부

서류평가	# 다수의 교사간 다년간 작성한 학교생활기록부와 내용에서 공통적으로 보여주고 있는 학생의 역량을 다수의 입학사정관들이 공정하고 투명한 '횡단평가'의 방법을 통해 다단계로 평가하고 있습니다.
	1. 종합성취도−수상경력/창의적 체험활동/세부능력 및 특기사항/행동특성 및 종합의견
	  학생부에 드러난 학업관련 기록을 통하여 종합적인 성취를 평가
	  *학생부 교과등급을 정량적으로 평가하는 것이 아님
	  *학생의 교육여건과 교육과정을 고려하여 종합적인 성취를 정성평가
	2. 4대 핵심역량
	 1) 학업 영역
	 ①비판적 사고 역량/창의적 사고 역량
	  − 수상경력: 학업노력에 대한 결과평가
	  − 창의적 체험활동: 관심분야에 참여한 교내활동평가
	  − 세부능력 및 특기사항: 학업노력에 대한 교과목 교사의 의견확인
	  − 행동특성 및 종합의견: 학업, 관심분야에 대한 담임교사의 의견 확인
	 2) 인성 및 잠재성 영역
	 ② 자기주도 역량/소통,협업역량
	  − 수상경력: 다양한 인성, 잠재역량에 대한 고교인정사실확인
	  − 창의적 체험활동: 교내활동 속에서 확인되는 인성, 잠재력 평가
	  − 세부능력 및 특기사항: 수업태도, 생활모습에 대한 교과목교사의 의견확인
	  − 행동특성 및 종합의견: 학교생활에 대한 담임교사 의견확인
	3. 종합평가
	  *내부/외부 위촉사정관의 "학문적 지식과 가르침의 경험"을 바탕으로 종합평가 실시
	  − 대학수학을 위한 기본소양 및 열정, 관심에 대한 준비정도 평가
	  − 대학생으로서 갖추어야 할 인성과 기본역량에 대한 평가

수능최저 학력기준	대학수학능력시험 최저학력 기준을 적용하지 않음

▶ 수시지원 합격/불합격 여부

대학명	지원모집단위(학과)	전형명	최종 합불
고려대학교(2021년도)	불어불문학과	학생부종합 학업우수 전형	1차합격
고려대학교(2021년도)	경제학과	학생부종합 계열적합 전형	불합격
중앙대학교(2021년도)	경제학과	학생부종합 탐구형	합격
경희대학교(2021년도)	경제학과	학생부종합 네오르네상스 전형	합격
UNIST(2021년도)		학생부 종합	합격
한국외국어대학교(2021년도)	경제학과	학생부종합 면접형	합격
건국대학교(2021년도)	경제학과	학생부종합	합격
한양대학교(2022년도)	경제학과	학생부 종합	합격
서강대학교(2022년도)	경제학과	학생부 종합	불합격
성균관대학교(2022년도)	경제학과	학생부 종합	불합격

합격 수기

1. 한양대학교 경제학과의 학생부종합전형을 선택하게 된 결정적 요인은 무엇인가요?

저는 내신등급은 부족하지만, 1학년 때부터 해외 빈민국들을 돕는 경제외교관이 되겠다는 마스터플랜을 수립한 후, 독서와 다양한 활동 등을 병행함으로써 2순위 대학인 중앙대를 비롯하여 4군데 대학을 합격하고 유니스트까지 충원합격하는 기쁨을 누릴 수 있었습니다. 그러나 최저에서 한 문제 차이로 고려대에 진학하지 못한 아쉬움과 블라인드로 인해 지방 외고가 수도권 외고에 비해 낮게 평가받는 것이 아니라는 판단으로 수시에 다시 재도전해보겠다고 마음먹었습니다. 대학을 탐색하던 중 내신과 최저 및 면접을 보지 않고, 오직 생기부 활동만으로 학생들을 선발하는 한양대학교가 눈에 들어왔습니다. 비록 상경계열에서는 중앙대와 큰 차이가 나지 않았지만, 다이아7에 해당하는 파이낸스 경영 등 흥미 있는 학과를 복수전공할 수 있는 한양대학교에 매료되어 2022년도 수시전형에 지원하였습니다.

2. 학교생활기록부 관리에 대한 나름의 노하우를 알려주세요.

외고라는 특목고에 진학하다 보니 문과 계열의 과목들은 좋은 성적을 거두기가 힘들었습니다. 그렇지만 중학교 때 이과 계열을 고민할 정도로 수학에 대한 흥미와 재능이 높은 편이었고, 경제학과에 대한 관심과 열정이 커지면서 전략적으로 수학 과목을 더 열심히 다른 과목으로 확실한 비교 우위를 획득할 수 있었습니다. 그리고 저는 진로와 자율 등 창체활동뿐만 아니라 전 교과 과목에서 독서와 발표 등의 다양한 활동을 하며 진로와 자연스럽게 연계함으로써 교과 선생님들께 칭찬을 들을 정도로 경쟁력 있는 생기부를 구축할 수 있었습니다. 특히 1학년 때 장기적인 독서계획을 세워 200권이 되는 책들을 체계적으로 읽으며 학업 및 진로 역량을 키워나간 것이 제 생기부의 매력적인 포인트라고 생각합니다.

3. 면접에서 어떤 질문을 받았고 어떻게 응답했는지 기억나는 대로 말씀해주세요.

유니스트 면접 후기를 대신 올립니다.

[제시문]

학생 본인이 2021년 UNIST 앱 개발 팀 프로젝트의 조장으로서 앱 개발 공모전에 참여하고자 한다. 팀원은 본인 포함 총 3명이어야한다. 선택할 수 있는 팀원 후보들은 다음과 같다.

A. 새로운 아이디어를 잘 내지만, 일을 제 때 끝내지 않는다.

B. 아이디어를 내진 않지만, 성실히 과제를 수행한다.

C. 조모임에 잘 참여하지 않지만, 앱 개발 능력이 뛰어나다.

D. 다수의 공모전 입상 경험이 있지만, 친화력이 매우 부족하다.

[질문]

(1) 팀원들 중 두 명을 선택해야 한다면 어떤 팀원을 선택하여 앱 개발을 해야 공모전에서 입상을 할 것인가?

BD를 선택하겠습니다.

(2) 그렇게 선택할 경우 발생할 문제점을 기술하고, 본인의 장점을 활용하여 조장으로서 어떻게 앱 개발 프로젝트를 이끌어 나갈 것인지 설명하시오.

BD를 선택하게 될 경우, 아이디어가 부족하거나 팀 내의 분위기가 조화를 이루지 못할 문제점이 발생할 수 있습니다. 저는 다수의 모의유엔 영어위원회 활동에서 4차 산업혁명 시대에 발맞춘 해결방안을 참신하게 제시한 경험을 바탕으로 앱 개발 공모전에서 직접 창의력을 발휘하거나 참신한 아이디어를 이끌어내는 퍼실리테이터 역할을 한 후, 공모전 입상경험이 있는 팀원의 노하우와 과제를 성실히 수행하는 팀원의 장점을 잘 살려 입상할 것입니다. 또한 지속적인 봉사활동과 기아 체험 등 다양한 활동을 통해 다른 사람을 배려하고 공감해주는 능력을 갖출 수 있었던 저는, 매사 긍정적이고 추진력이 강한 제 성격을 활용하여 소통과 조화를 중심으로 팀을 주도하며 앱 개발 프로젝트를 이끌어 나갈 것입니다.

[생기부 관련 질문]

독서활동을 보면 국제 구호 활동 및 부의 재분배에 관심이 많은데, 특별히 인상 깊었던 사건과 그것이 본인의 진로 결정에 어떠한 영향을 주었는지 설명하시오.

"왜 세계의 절반은 굶주리는가"라는 책을 읽고 아프리카 토고의 야마디마을 빈민들의 슬픈 눈빛이 연상되어 책을 읽는 내내 가슴을 짓눌렀습니다. 또한 기아는 인간이 저지르는 대량학살이라는 저자의 말에 깊이 공감하여 기아 및 난민과 같은 빈곤의 사각지대에 사는 사람들을 해결할 수 있는 방법을 강구해 보았습니다.

이 과정에서 빈부격차를 해소하기 위해 모든 국가들이 노력하고 있지만, 무하마드 유누스처럼 인간의 신뢰를 바탕으로 한 해결책을 찾기가 쉽지 않다는 것을 깨달았습니다. 대부분의 국가들은 분배정책의 일환으로 빈민에 대한 각종 대책을 내놓고 있는데, 대부분의 경우 무상지원책이었습니다. 이것은 마치 국가가 크나큰 은혜를 펼치는 것 같지만 스스로 자립하려는 빈민의 의지를 꺾어 빈곤의 악순환 속에 방치하는 정책이라고 생각합니다. 그래서 저는 신뢰를 바탕으로 하는 경제학을 공부하여 전 세계 빈민들이 자립할 수 있는 경제정책을 펼치겠다는 꿈을 가지게 되었습니다.

4. 경제학과를 지원하려고 준비하는 후배 학생들에게 도움이 되는 이야기를 부탁드립니다.

경제학과는 문과, 정확히 말하면 상경계열이지만 수학을 잘해야 하므로 이과적 성향이 강한 학생들에게 유리한 것 같습니다. 저 또한 외고를 나왔지만 수학을 월등히 잘하다 보니 친구들에게 학교를 잘못 오지 않았냐는 얘기를 종종 들었습니다. (웃음) 하지만 경제학과는 엄연히 문과 계열이기 때문에 생기부에 수학만 강조해서는 합격하기 어려울 뿐만 아니라 대학에 들어가서도 적응하기 어렵다는 조언을 해 드리고 싶습니다. 균형 잡힌 시각으로 다양한 경제학자들의 이론을 접하며, 자신만의 경제학 이론을 정립하는 것도 필요합니다. 저는 활동 대부분을 책에서 출발했습니다. 물론 1일 1독서는 어렵겠지만, 매일 잠들기 전이나 등교 전 30분을 활용하여 일주일에 한 권이라도 체계적으로 책을 읽는다면 경제학은 물론 인문학, 과학 등의 다양한 분야의 지식이 쌓여 그것이 삶의 지혜로 연결될 것이라 확신합니다.

전문위원이 바라보는 합격의 비결

1. 다양한 독서와 관련 토론 및 에세이 작성 활동을 통해 통섭적, 창의적 사고 및 전문적인 학업 역량을 갖춘 인재

2015 개정 교육과정은 창의융합형 인재 양성을 목표로 한다. 문 · 이과 통합교육과 간학문적 연계활동에서 정밀한 독서활동을 오히려 클리셰로 간주하는 전문가들도 있지만, 주지하다시피 김채은 학생은 특목고 출신이라 독서 환경이 우수하고 수학 등의 교과목이 위계가 있는 것처럼 독서 또한 위계적, 심층적 지식 구축을 바탕으로 3년 동안 꾸준히 실천함으로써 200권이 넘는 독서활동이 인정받은 사례라고 생각한다. 특히 김채은 학생의 독서는 예를 들어 왜 부자만 더 부자가 되는지에 의문을 가지고 Thomas Piketty의 'New thoughts on capital in the twenty-first century' 온라인 강연을 시청한 뒤, 'Capital in the Twenty-First Century'를 읽고 글로벌 자본세에 대한 보고서를 작성한 후, 동아리 부원들과 '글로벌 자본세 도입은 가능할까'의 논제로 토론하는 등 독서에서 그치는 것이 아니라, 토론과 에세이 활동으로 확대시키는 탁월한 능력을 갖고 있다. 그리고 이를 통해 얻은 깨달음을 학생들과 공유하고 그 해결방안을 제시하는 모습에서 통섭적, 창의융합적 자질이 돋보였기에 한양대뿐만 아니라 각 대학의 인재상과도 부합되어 높은 점수를 받았을 것으로 추측할 수 있다.

전통적으로 경제학과 문과형 통계학과는 수학 성적에 큰 비중을 두므로, 수학 과목들의 등급이 매우 우수하다는 것도 전공에 대한 전문성과 학업 역량에서 높이 평가될 수 있는 요소였을 것이다. 물론, 독서활동의 중요성이 점점 줄어들고, 한양대의 경우 내신을 보지 않는다고 하더라도 후술할 수학 과목들의 세부특기사항이 진로와 자연스럽게 연결되어 있어 학업 및 진로 역량이 더욱 돋보였을 것이다.

2. 창의적 체험활동 및 대부분의 교과와 연계된 자연스러운 진로역량(전공적합성)

해가 거듭될수록 진로희망사유, 자율동아리, 봉사활동 등이 미반영되거나 글자 수가 줄어들고 있는 상황이라 과목별 세부특기에 대한 중요성과 반영도가 더욱 커지고 있는 추세이다. 사실 과목별 세부특기사항은 일반고에 비해 등급이 상대적으로 낮은 특목·자사고 학생들의 과목별 활동들을 점검하기 위한 전유물에 가까웠다. 하지만 현재는 일반고 또한 과목별 세부특기사항에서 학업 역량, 진로 역량, 공동체 역량 등 다양하게 평가되고 있으므로 더욱 비중 있게 다뤄야 할 것이다.

김채은 학생은 1학년 때부터 진로 및 동아리 활동 등의 창체 활동을 통해 UNESCAP(아시아 태평향 경제사회위원회)에서 근무하고 싶다는 포부를 지속적으로 밝혔다. 그냥 포부만 밝힌 것이 아니라 앞서 언급했듯이 독서, 토론, 발표, 에세이 작성 등 다양한 활동을 통해 자신의 깨달음을 공유하며 해외 빈민 및 부의 불평등 아젠다를 학생들과 같이 해결하기 위해 힘썼다. 즉 전공적합성에서 가산점을 받을 수 있는 포인트가 전 학년에 걸쳐 포진되어 있다고 해도 과언이 아니다. 여기에 과목별 세부특기사항과 진로의 연계도 전혀 억지스럽지 않다. 즉 과잉 연계가 아니면서 거의 대부분 교과에서 학업 역량뿐만 아니라 진로 역량을 보이고 있다. 단적인 예로 1등급을 받은 3학년 확률과 통계 과목에서 Mark Liddell의 'How statistics can be misleading' 온라인 동영상 강연을 듣고 다른 가중치를 적용함에 따라 부분과 전체에 대한 분석결과가 일치하지 않는 현상인 '심슨의 역설'에 대해 조사하였는데, 진로와 연계하여 '한국은행에서 발표한 우리나라의 2010년 초반 경제성장률'의 물가성장률을 심슨의 역설을 바탕으로 분석한 후, 보고서를 작성하여 급우들과 공유하였다. 이어 '벌거벗은 통계학(찰스 월런)'을 읽고 '몬티홀의 역설'을 카드뉴스로 제작한 후, 인간은 합리적인 존재이며 자신의 이익을 위해 행동한다고 가정하는 '전통 경제학'을 맹신할 것이 아니라 인간의 비합리적인 현상을 설명하는 '행동 경제학'에도 관심을 가져야 할 것을 피력하는 모습이 인상적이다. 이렇듯 다양한 과목에서 학업과 진로 역량을 자연스럽게 발휘함으로써 좋은 평가를 받았을 것으로 예상된다.

3. 리더십 및 나눔과 배려 등 공동체 역량이 돋보이는 글로벌 인재

김채은 학생은 외고 학생이기 때문에 모의유엔과 가상 외교관 등의 활동을 통해 글로벌 리더가 갖춰야 할 자질과 가치관을 정립하였다. 그리고 원서 독해 포트폴리오 경진대회 등에서 수상하는 모습을 통해 외고 학생들이라면 갖춰야할 외국어 능력에도 특장점이 있는 것으로 사료된다. 뿐만 아니라 친구들과 소통하고 배움을 나누고 지식을 공유하는 모습에서 서번트 리더십은 물론, 배려와 나눔의 리더십이 돋보였고, 번역 봉사활동과 무료급식 봉사활동 등을 통해 해외 빈민과 독거 노인 등에 관심을 보이는 등 지속가능한 인류와 미래사회의 발전을 위해 반드시 해결해야 할 난제들을 개척할 수 있는 미래형 인재의 자질 또한 엿볼 수 있다.

뇌과학과 심리학을 융합한
메타인지적 사고 확장 관련 연구를 희망하다

중앙대학교 다빈치인재전형 심리학과 합격
경기도 진접고등학교 나세연

나세연 학생은 학생부종합전형의 정성평가에 대한 이해가 높다. 자신의 전공 영역과 최근 이슈를 연계한 심화탐구과정의 노력이 탁월하다. 우선, 3학년 동아리 '인지심리융합연구소'는 인공지능과 심리학의 연계 활동이 돋보인다. 「로봇윤리:로봇의 윤리적 문제들」,「이토록 뜻밖의 뇌과학: 뇌가 당신에 관해 말할 수 있는 7과 1/2가지 진실」등 관심 영역 관련 도서 선정이 주목된다. 이후 의료용 인공지능 도입의 윤리적 문제, 군사용 로봇의 유용함 등 독서 및 토론 활동 후 디지털치료제의 연구 동향으로 탐구주제가 확장된다. 이런 탐구력은 세부능력 및 특기사항 중 전공 관련 교과목 선택에서도 볼 수 있다. 3학년 생명과학 Ⅱ '뇌과학과 인간의 행동'을 주제로 사이코패스와 같은 반사회적 인격 장애가 MAOA(모노아민산화효소A) 유전자 활성이 낮아져 공감 회로 작동이 작동되지 않는 점, 전전두엽 피질 손상으로 인한 윤리적 판단 능력이 결핍되는 점 등 교과 수업에서도 적극적으로 지적 호기심을 해소하는 자세를 보인다.

2학년 '자연어 처리기술을 활용한 인공지능 심리 상담의 효과' 프로젝트 이후 3학년 때 심화 활동을 진행한다. AI 기반의 디지털 치료제를 정신 질환 치료에 효과적일 것이라는 논리적 사고의 확장과 더불어 '스마트폰을 활용한 디지털 치료제 플랫폼' 개발을 제안하고 '메타버스를 기반으로 한 가상현실 치료제의 효과성과 대안'을 주제로 심리학적 임상실험의 중요성을 깨닫는다.

스펙 분석

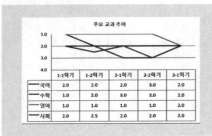

주요 교과 추이

	1-1학기	1-2학기	2-1학기	2-2학기	3-1학기
국어	2.0	2.0	2.0	3.0	2.0
수학	1.0	2.0	3.0	3.0	2.0
영어	1.0	1.0	1.0	1.0	2.0
사회	2.0	2.5	2.0	2.0	2.0

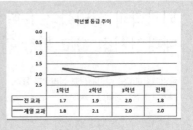

학년별 등급 추이

	1학년	2학년	3학년	전체
전 교과	1.7	1.9	2.0	1.8
계열 교과	1.8	2.1	2.0	2.0

▶ 자율활동

1학년   교과 심화 프로그램(S&T) – '논리로 깨우는 비판적 사고'를 통해 논리만 강조할 것이 아니라 상황 파악과 인지능력이 뒷받침되어야 하고 논리적 사고를 위한 기술과 인성의 함양이라는 활동 취지를 도출해냄.
         인문학 특강 참여 – 공동체의 일원으로 삶에서 요구되는 덕목에 대해 질문 및 토의함.

2학년   교과 심화 프로그램 – '꿈이 있는 사설 읽기'에 참여하여 성 인지 감수성에 대한 사설을 통해 관련된 심리학적 용어를 검색하여 능동적으로 독서를 함.
         인문학 특강 참여 – '혐오 표현의 자유'에서 타인에 대한 정의에 초점을 맞추어 분석하고 혐오 표현이 심리적 불안을 유발한다는 전문의의 연구 결과를 토대로 표현의 자유를 보장받을 이유가 없음을 심리학적 관점에서 전개함.

3학년   학급 특색 활동 – 인권을 주제로 진로 탐색 활동을 통해 AI의 편향성에 대한 대중의 인식 제고와 알고리즘의 투명성 확보를 위한 대책 마련을 촉구함.
         교과 심화 프로그램 – 묻지마 폭행의 범죄 사례를 조사하고 법률적인 대책 및 문화 조성의 해결 방안 제시.
         학급 멘토링 활동–확률과 통계 과목 멘토로서 봉사함.

▶ 동아리활동

1학년   (영감) 스타트업 캠퍼스 체험, 퀵드로우 앱 실습, 브랜드마케팅을 위한 전략 수립과정 ppt   제작,
        최저임금 인상에 대한 주제토론
2학년   (영감 – 동아리 부장) 소상공인 판매촉진 프로젝트 기획 추진, '진·소·모' 무료 홈페이지 제작
        및 홍보, 워킹스루 방역 행사를 통해 k-방역 마스크 제작 배부.
3학년   (인지심리융합연구소 – 동아리 부장) 협력적 리더십과 유연한 추진 능력 돋보임.
        인공지능과 심리학의 접점을 찾고 활용방안을 모색하는 활동 제안하고 추진함.
        의료용 인공지능 로봇 도입에 관한 토론 활동을 통해 디지털 치료제 플랫폼의 개념을 구상 하여
        제시함.
        심리치료 분야에서 메타버스를 기반으로 한 가상현실 치료제의 한계와 감성디자인을 통한 보완을
        제시함.

▶ 봉사활동

1학년 14시간, 2학년 18시간, 3학년 4시간

▶ 진로활동

1학년   대학 학과탐색을 통해 심리학과의 교육과정과 진출 분야를 탐색함.
        직업인 특강에서 프로파일러의 강의 수강.
        '나의 비전 발표식'에서 심리학 교수로서 필요한 적성과 자신의 노력을 소개
        기업가 정신 함양 교육에서 모둠장으로 활동하면서 공정거래법의 개념과 문제점 등을 조사해 봄.
2학년   프로젝트 활동에서 '인공지능 심리상담의 효과'를 주제로 탐구 활동함. 관련 논문을 이해 분석
        하고 팀의 리더로서 협력과 소통을 통해 탐구 방향을 제시하여 프로젝트를 성공적으로 이끎. 통
        찰력 있는 설문 문항 분석을 토대로 완성된 보고서가 우수작으로 선정됨. 이후 인공지능에 대한
        강의를 찾아 듣고 자료를 수집하여 진로 맞춤형 심화 탐구 보고서를 작성함. 인간과 인공지능의
        차이점과 미래 전망에 대한 보고서를 작성하여 발표함.
        학과 체험 및 특강에서 심리학과를 선택하여 강의에서 언급된 '맥거크 효과'에 지적호기심을 가
        지고 추가자료를 조사하여 보고서를 제출함.
3학년   임상심리학과 관련해 디지털 치료제라는 개념에 큰 관심을 보이며 온택트 시대의 심리학과
        심리치료에 대해 학습하고 적극적으로 진로 탐색함.
        빅터 프랭클의 '죽음의 수용소에서'에서 낙관 편향이 좋은 결과만을 낳지 않음을 깨닫고 학습에
        연계하여 독서 결과를 내면화하여 진로 탐색의 밑거름으로 활용함.

▶ 수상경력

1학년	EssayWritingContest 우수상(2위)

1학년 EssayWritingContest 우수상(2위)
   교과우수상(수학. 영어. 통합사회. 기술·가정)
   프로젝트발표대회 (공동수상. 3인) 장려상(3위)
   포트폴리오경진대회 장려상(3위)
   교과우수상(영어, 통합과학, 기술·가정)
2학년 교과우수상(영어 Ⅰ, 생명 과학 Ⅰ, 한문 Ⅰ, 영미 문학 읽기)
   모범청소년표창(봉사부문)
   팬타곤독서신문대회 장려상(3위)
   영어말하기대회 우수상(2위)
   교과우수상(영어 Ⅱ, 지구 과학 Ⅰ, 한문 Ⅰ)
3학년 교과우수상(진로 영어. 생명 과학 Ⅱ, 한문 Ⅱ)

최종합격 대학분석

● **중앙대학교 학생부종합(다빈치형인재 / 탐구형인재)전형 심리학과 (2022학년도 대입 기준)**

 ※ **2023학년도 입학전형시행계획 기준 전년도 대비 변화없음**

▶ 전형방법 및 최저학력기준

전형방법	1단계 : 서류 100% (3.5배수 선발) 2단계 : 서류 70% + 면접 30%
제출서류	학생부, 자기소개서 제출

	구분	다빈치인재/사회통합/고른기회	탐구형인재/SW인재
다빈치인재 vs 탐구형인재	인재상	학교생활에서 학업과 교내의 다양한 활동을 통하여 균형적으로 성장한 학생	고교 교육과정을 바탕으로 해당 전공(계열) 분야에서 탐구능력을 보인 경험이 있으며 학교생활에 충실한 학생
	평가 모형 및 평가 비율	[평가요소별 균형적 평가]	[탐구역량, 전공적합성 중심 평가]

	가) 평가내용

다빈치인재
vs
탐구형인재
 	
서류평가
공통
	• 학업역량 (20%)
	- 교과 성취수준 / 계열 교과 이수와 성취
	  ☞ 교과목의 석차등급 또는 원점수(평균/표준편차) 등의 학업 능력 지표
	  ☞ 교과목 이수 현황, 노력 등을 기반으로 한 교과 성취 수준 및 학업의 발전 정도
	
	• 탐구역량 (20%)
	- 탐구활동 우수성 / 학업 태도와 지적 호기심
	  ☞ 어떤 대상에 대해 호기심을 가지고 깊고 폭넓게 탐구할 수 있는 능력
	  ☞ 스스로 학습 목표를 설정하고 계획을 수립·실행해 나가는 과정
	  ☞ 학업을 수행하고 학습을 해나가는 자발적인 의지와 태도
	
	• 발전가능성 역량 (20%)
	- 자기주도성 / 리더십
	  ☞ 스스로 목표를 설정하고 계획을 수립·실행하는 역량
	  ☞ 공동체의 목표를 달성하기 위해 구성원의 화합과 단결을 이끌어가는 역량
	  ☞ 창조적이고, 논리적인 사고로 공동체의 문제를 해결하는 능력
	
	• 인성역량 (20%)
	- 봉사활동 경험과 질적 우수성 / 협력활동 및 팀워크 / 성실성 및 책임감
	  ☞ 타인에 대한 배려와 나눔을 실천하는 태도와 행동
	  ☞ 상대를 존중하고 이해하여 원만한 관계를 형성하고 공동체의 목표를 달성하기
	    위해 함께 협력하는 태도와 행동
	  ☞ 공동체의 기본윤리와 원칙을 준수하고 책임감을 바탕으로 자신의 의무를 다하는
	    태도와 행동
	
	• 통합역량 (20%)
	- 경험의 다양성 및 깊이
	  ☞ 학교 교육의 다양한 영역에서 직접 겪거나 활동하면서 얻은 성장 과정 및 결과
	  ☞ 교내 예술, 문화, 체육 활동 등을 통해 쌓은 기본 소양

다빈치인재
vs
탐구형인재
 	
전형별
반영요소
	〈다빈치인재〉
	• 통합역량 (20%)
	• 경험의 다양성 및 깊이
	  ☞ 학교 교육의 다양한 영역에서 직접 겪거나 활동하면서 얻은 성장 과정 및 결과
	  ☞ 교내 예술, 문화, 체육 활동 등을 통해 쌓은 기본 소양
	
	〈다빈치인재〉
	• 전공적합성 (30%)
	• 전공(계열) 관련 활동과 이해 수준
	• 전공(계열) 관련 교과목 이수 및 성취
	  ☞ 지원 전공(계열)에 대한 관심과 이해의 수준을 높이기 위해 활동한 과정과 배운 점
	  ☞ 고교 교육과정에서 지원 전공(계열)에 필요한 과목을 수강하고 취득한 학업성취의
	    수준

▶ 학생부종합전형의 면접평가 (다빈치형인재)

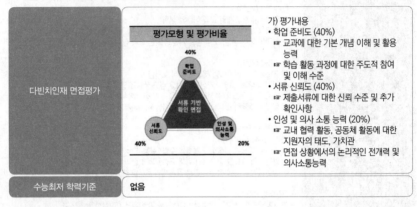

다빈치인재 면접평가	가) 평가내용 • 학업 준비도 (40%) 　☞ 교과에 대한 기본 개념 이해 및 활용 　　능력 　☞ 학습 활동 과정에 대한 주도적 참여 　　및 이해 수준 • 서류 신뢰도 (40%) 　☞ 제출서류에 대한 신뢰 수준 및 추가 　　확인사항 • 인성 및 의사 소통 능력 (20%) 　☞ 교내 협력 활동, 공동체 활동에 대한 　　지원자의 태도, 가치관 　☞ 면접 상황에서의 논리적인 전개력 및 　　의사소통능력
수능최저 학력기준	없음

▶ 수시지원 합격/불합격 여부

대학명	지원모집단위(학과)	지원전형	1단계 합불	최종 합불	최종 합불
성균관대학교	심리학	학과모집	–	불합격	
중앙대학교	심리학과	탐구형인재	–	합격	예비4번
중앙대학교	심리학과	다빈치형인재	합격	합격	예비9번
이화여자대학교	심리학과	고교추천	–	합격	예비4번
아주대학교	심리학과	다산인재	–	합격	
광운대	산업심리학과	광운참빛인재	합격	합격	

◯ 자기 소개서

1. 고등학교 재학기간 중 자신의 진로와 관련하여 어떤 노력과 준비를 해왔는지 본인에게 의미가 있는 학습경험과 교내활동을 중심으로 기술해주시기 바랍니다(띄어쓰기 포함 1,500자 이내).

'구매 결정은 감정적으로 내려진다.' 이는 제가 '뇌, 욕망의 비밀을 풀다'라는 책에서 가장 인상 깊게 느꼈던 구절입니다. 1학년 경영 동아리의 브랜드 마케팅 발표를 준비하며 기업이 하나의 제품을 판매하기까지 다양한 소비자의 심리와 요구를 분석해 판매 전략을 수립한다는 점 을 알게 된 후, 이 책을 읽고 사람들의 소비 패턴은 주로 '감정적 대응'이라는 소비자 뇌의 주요 기능에 의해 결정된다는 사실을 알 수 있었습니다. 인간의 마음은 뇌가 다스리는 것이라고 알게 된 저는 뇌과학을 융합한 심리학을 공부하고 싶다고 생각하게 되었습니다.

특히 오늘날 인공지능의 발전에 뇌과학이 이바지하는 바가 크다는 점을 접하고 '자연어 처리기술을 활용한 인공지능 심리 상담의 효과'를 주제로 2학년 프로젝트를 진행했습니다. 저는 군대 내에서의 정신적 피해 수치와 직장 내 자살이 증가하는 사례를 보고, 더 많은 사람을 대상으로 한 심리 상담이 필요하다고 생각했습니다. 이에 현재 사용하는 심리 상담 인공지능을 조사하며 실생활에 인공지능 심리 상담을 도입해도 되는가에 대한 윤리적 의문을 품었습니다. 하지만 전반적 연령대의 사람들을 대상으로 한 설문조사를 통해 솔직한 속마음을 털어놓기 불편하다는 대면 상담의 한계를 파악하고 인공지능 작동의 근간인 자연어 처리와 인터페이스 기술을 포함한 체계적인 챗봇 시스템의 구조를 분석하며 미래의 심리 상담 체계는 인공지능을 바탕으로 구축될 필요가 있다고 생각했습니다.

이후 심리적 치료를 목적으로 한 '디지털 치료제' 연구가 진행 중이라는 기사문을 접하고 심리학과 디지털 기술의 접목에 큰 흥미를 느꼈습니다. 이에 3학년 때는 2학년 프로젝트를 심화해 AI 기반의 디지털 치료제에 대해 분석했습니다. 그 결과 디지털 치료제는 불면증 등의 신경계 질환을 치료하는 약물의 의존도를 감소시키고 치료의 중도 포기율을 낮추는 효과가 있음을 알았습니다. 이 과정에서 저는 미래의 정신 질환 치료에 디지털 치료제를 도입하면 효과적일 것이라는 결론을 내렸습니다.

이를 이론적 배경으로 삼아 3학년 동아리에서 '로봇 윤리' 책을 읽고 의료용 AI 도입에 대한 윤리적 고찰을 담은 토론을 진행했습니다. 저는 이런 AI의 기술이 일부 선진국에 국한되어 발전한다면 의료 기술이 낙후된 국가에서는 확산되기 어렵다고 판단했습니다. 이후 이러한 상 황을 방지하기 위해 '스마트폰을 활용한 디지털 치료제 플랫폼' 개발을 제안하며, 이 기술이 상용화되면 전 세계인이 PTSD와 같은 정신 질환을 저렴하게 치료받을 수 있다고 기대했습니다. 이에 저는 '메타버스를 기반으로 한 가상현실 치료제의 효과성과 대안'을 주제로 메타버스의 윤리적인 한계와 이를 보완하기 위한 실명제 도입을 제기하며, 가상현실에서 정신적 치료의 안전성 강화를 주장했습니다. 이 과정에서 앞으로 심리학적 임상 실험이 중요해지리라 판단했습니다. 저는 이러한 경험을 토대로 중앙대학교 심리학과에 꼭 입학하여 소모임 '사 색'에서 임상 심리와 관련해 뇌과학과 심리학을 융합한 메타 인지적 사고 확장 관련 연구를 진행해보고 싶습니다.

☞ 강평

독서와 동아리 활동을 통해 생긴 호기심이 자연스럽게 뇌과학을 융합한 심리학이라는 진로로 연결되어 보인다. 이후 '자연어 처리기술을 활용한 인공지능 심리 상담의 효과'에 대한 프로젝트와 군대 및 직장 내 문제 등 다양한 사례를 조사함으로써 관심을 확장해 나가는 적극성을 볼 수 있다. 학습뿐만 아니라 최근 사회적 현상에도 끊임없이 관심을 보인다. 이를 프로젝트 활동과 동아리 활동으로 연계해서 더욱 깊이 있는 탐색과 탐구가 이루어졌음을 보여준다. 단순한 조사와 탐구에 그치지 않고 더 나아가 문제점과 그 해결 방안까지 제시하는 적극성이 엿보인다.

2. 고등학교 재학 기간 중 타인과 공동체를 위해 노력한 경험과 이를 통해 배운 점을 기술해 주시기 바랍니다(띄어쓰기 포함 800자 이내).

2학년 경제 수업은 제게 코로나19 시대 속 글로벌 인류사회에 기여할 수 있는 소통과 협력의 힘을 길러주었습니다. 저는 실업의 4가지 유 형과 원인을 배우며, 코로나19로 폐업한 소상공인의 실질적 실업 유형을 알아보고 싶었습니다. 이후

2학년 동아리에서 지역 내 폐업하신 소상공인을 인터뷰하며 경제적 손실과 정신적 피해를 본질적으로 파악했습니다. 이를 통해 저와 부원들 모두 소상공인의 심각한 상황을 인지할 수 있었습니다. 저는 코로나 상황이 빨리 해결되기를 바란다는 한 분의 말씀이 특히 마음에 걸렸습니다. 결국 저는 침체된 경기 회복에 보탬이 되고자 '지역 내 홈페이지'를 개설해 비대면 상에서 소상공인과 소비자를 연결하기로 계획했습니다.

홈페이지에는 무료 '가게 홍보 공간'을 설치해 맘카페 및 쇼핑몰에 지출하는 광고비를 줄여 경제적 부담을 완화하고자 했습니다. 또한 인터뷰 후, 빠르게 변하는 정책들로 혼란을 겪는 소상공인이 많다는 것을 알고 '소상공인들을 위한 정보 모음집' 코너를 개설해 정보의 사실 여부를 쉽고 빠르게 파악할 수 있도록 추진했습니다. 이렇게 만든 홈페이지는 동아리 부원들과 가상 운영을 거쳐 실제로 운영했고, 한 달의 시간이 흘렀을 무렵, 홈페이지에 가입하신 소상공인 한 분께서 보내주신 쪽지를 보며 깊은 깨달음을 얻었습니다. 바로 학교라는 작은 사회 도 더 큰 공동 사회에 이바지할 수 있다는 것이었습니다. 홈페이지에 업로드된 정보가 많은 도움이 되었다는 한마디를 통해 결국 넓은 사회를 돕는 힘은 단순히 크고 작은 사회의 규모가 아니라, 상대의 처지에서 진심으로 고민하는 마음임을 배울 수 있었습니다.

☞ 강평

경제 수업에서 접한 실업의 유형을 코로나19로 폐업한 소상공인의 실질적 실업 유형에 대입해 보는 등 지식의 확장이라는 학업 역량이 우수한 학생임을 알 수 있다. 이후 동아리 활동을 통해 지역 내 어려움에 처해있는 소상공인들을 도울 방법을 찾는다. 광고비 부담과 빠르게 변하는 정책들로 혼란을 겪고 있음을 파악하고 홈페이지를 개설하여 무료 홍보 코너와 정보모음 코너를 통하여 실질적 도움을 제공한다. 이러한 모습에서 단순히 학교 수업과 활동에 그치지 않고 주변에 관심을 갖고 어려움에 처해있는 상황을 보면 적극적으로 나서서 함께 문제를 해결해 나가는 훌륭한 인성과 공동체 의식을 함양한 학생임을 확인할 수 있다.

3. 대학별 문항 (해당 내용이 있는 학생만 작성)

추가적으로 학교생활기록부 기재 내용* 중 지원자의 우수성을 보여줄 수 있는 사례에 대해서 기술해 주시기 바랍니다(띄어쓰기 포함 800자 이내).

1학년 경영 동아리에서 소비자 심리를 분석해보고 싶다는 생각을 시작으로 심리학과를 희망했지만 심리와 뇌과학은 불가분 관계에 있음을 알고 뇌과학을 융합한 심리학을 공부하고 싶다고 느꼈습니다. 이에 이공계열 지원자가 아님에도 불구하고 인간을 한층 더 깊이 이해하고 자 주변의 만류에도 생명과학1과 생명과학2 모두 수강하며 생물학적 기본기를 닦았습니다.

저는 생명과학1 수업 때 '거울 세포와 신경학적 공감 능력'을 주제로 발표한 경험이 있습니다. 타인의 행동을 보기만 해도 자신이 그 행동을 하는 것처럼 뇌를 인식하게 만드는 거울 세포가 공감 능력에 대해 중요한 뇌과학적 단서가 된다는 사실은 제게 큰 학문적 호기심을 불러일으켰습니다. 이후 지오코모 리촐라티의 원숭이 실험 결과와 자폐증을 앓고 있는 사람의 거울 뉴런 기능 장애를 조사해보며 거울 세포를 활용해 자폐증을 치료하는 방법이 연구되고 있다는 사례를 접했습니다. 이 경험을 통해 뇌와 심리적 장애의 연관성에 대한 탐구를 진행하고 싶다는 포부가 구체화 되었습니다.

이를 바탕으로 생명과학2 수업 때 '사이코패스의 행동과 뇌과학'을 주제로 발표를 진행했습니다. 특히, 사이코패스의 반사회성 인격장애 면모는 MAOA라는 유전자의 활동이 감소하면 공감 회로를 형성하기 어려워 인격장애가 일어나는 것임을 알고, 사이코패스의 선천성과 후 천성을 구별하는 것도 가능할지 알고 싶어졌습니다.

이로써 뇌와 심리의 상관관계를 파악해 인간에게 도움이 되는 가치를 일궈내고 싶다고 느꼈습니다. 이에 저는 중앙대학교에서 수학하며 추후 심리학과 실험실에서 임상 심리에 대한 다양한 연구를 진행해보고 싶습니다.

☞ 강평

경영 동아리에서 소비자 심리 분석을 통해 심리학에 대한 지적 호기심이 생겼다. 좀 더 깊이 이해하고자 문과 계열 학생임에도 불구하고 생명과학1과 생명과학2를 수강한다. 이를 통해 지적 성취 욕구와 학업 역량, 자기 주도력 등이 돋보인다. 또한 수업 시간에 심리학과 뇌과학에 대한 주제 발표 경험을 통해 더 깊이 조사하고 탐구하는 자세가 우수하고 또 다른 지적 호기심으로 확장해 나가는 모습에서 발전 가능성을 찾아볼 수 있다. 자유롭게 원하는 과목을 수강할 수 있는 대학 생활에서 더욱 성장할 모습이 기대된다.

○ 합격 수기

1. 합격한 전형을 선택하게 된 결정적 요인은 무엇인가요?

심리학과는 최근 많은 학생들이 선호하는 학과로 문과계열 중에서 가장 입결이 높다고 알고 있습니다. 심지어 심리학이라는 학문의 특성이 점차 이과적인 성향을 내재하게 되면서 문과대학 내의 심리학과가 아니라 심리학부로 편성하는 등의 움직임도 있었습니다. 이렇듯 저는 문·이과가 통합된 사고를 요구한다는 점에서 심리학과가 마음에 와닿았고 심리학과로 유명한 학교에 대해 찾아보게 되었습니다. 물론 전반적으로 9명~10명 정도만 선발하는 소수 전형에 지원하는 상황이 걱정되었고 특히 3년동안 가능한 줄로 알았던 농어촌전형이 지원 전에 대상에 해당되지 못한다는 점을 알게 되어 많은 부분에서 염려가 되었습니다. 하지만 고민 끝에 3년간의 노력을 믿고 계획대로 국내에서 심리학과로 명성있는 중앙대학교

를 목표로 삼게 되었고 실제로 6개의 수시지원 카드에서도 중앙대학교를 다빈치
인재전형과 탐구형인재전형에 복수 지원하여 모두 합격하는 쾌거를 이룰 수 있었
습니다.

2. 학교생활기록부 관리에 대한 나름의 노하우를 알려주세요.

저는 학생부에 들어가는 10가지 항목을 모두 집중해서 관리했지만 그 중에서
도 내신, 세특, 동아리 및 진로활동 순으로 중요도를 두고 활동에 임했습니다. 또
한 고학년이 될수록 세특이나 동아리 활동의 경우 양보다 질에 초점을 맞추었습
니다. 저는 내신 성적이 매우 우수한 편은 아니었기에 교과전형으로 지원하기보
다는 종합전형으로 지원할 생각이 컸었고 이러한 저의 내신을 보완해줄 수 있는
탐구활동을 끊임없이 수행했습니다. 따라서 제가 고교시절 준비한 교과세특 관리
방법과 동아리 관리방법에 대해 알려드리겠습니다.

▶ 교과세특 : 앞서 언급했듯이 심리학과는 문이과 통합의 성격을 지닙니다.
이에 생명과학1과 생명과학2 모두 수강하며 남들과 다른 저만의 특별함을 부여하
고자 했습니다. 이 과목은 저의 전공적합성에 적합한 과목이라고 생각했기 때문
에 성적을 우수하게 유지하고자 노력했습니다. 교과세특의 경우 최근 이슈를 반
영하는 주제를 정해 논문을 탐독하며 연구했고 발표를 함께 곁들여 활동을 진행
했습니다. 많은 학생들은 이러한 연구 주제나 발표 주제 정하는 것에 어려움을 느
끼는 편입니다. 저 또한 쉽지 않았습니다. 하지만 관련학과와 교과의 연관성을 생
각해보고 구글링해보면 관련 기사문을 접할 수 있습니다. 이런 방식으로 최근 이
슈나 생각해보면 좋을 만한 주제를 잡고 논문을 통해 지식을 심화했습니다. 따라
서 교과세특은 자신의 희망 학과와 전공이 관련되어 있는 과목을 위주로 준비하
시는 것이 좋고 학년이 올라가기 전 선택 과목 또한 전공 연계과목을 선정하는 것
이 중요합니다.

▶ 동아리 : 동아리 또한 학년이 올라갈 수록 전공에 대한 심화적인 탐구를 진행하시는 것이 좋습니다. 저의 경우 3학년에 심리학 동아리를 만들어 활동하였고 주체적인 활동이 중요하므로 직접 부장을 맡아 활동했습니다. 부장이나 차장을 하게되면 자신이 원하는 방향성을 만들기 쉽다는 장점이 있어 이런 점을 참고하시어 전공적합성에 부합한 동아리를 선정하시는게 좋습니다. 이후 학생이 생각할 수 있을만한 선에서의 주제를 선정해 탐구를 진행하거나 사회에 공헌할 수 있는 포인트를 생각해가며 활동을 진행하면 단순한 동아리 활동을 넘어 생각의 깊이를 심화했다는 느낌을 부여할 수 있습니다.

저의 경우 봉사활동은 타 학생들에 비해 거의 하지 않았습니다. 물론 중요한 요소이지만 저의 경우 코로나 상황 속에서 봉사보다 다른 요소들에 집중하는 것이 더 중요할 것이라고 생각했습니다. 그렇기에 모든 요소를 다 준비해야 한다는 생각도 좋지만 때로는 우선순위를 정해두고 활동하시는 것을 추천합니다.

3. 자기소개서의 작성 과정을 설명해 주세요. 자기소개서를 작성할 때 가장 정성을 기울인 문항은 몇 번이고 이유는 무엇인가요?

자기소개서는 작성방법이 따로 있다고 생각하지는 않습니다. 하지만 입학사정관들이 읽었을 때 자신이 작성한 글과 지원한 학과의 연관성이 뚜렷하게 나타나야 그들을 설득할 수 있습니다. 이를 염두해 두고 작성하는 것이 가장 중요합니다. 따라서 1번 문항을 가장 신경써서 준비했습니다. 1번 문항은 타 문항과 달리 전공적합성을 두드러지게 나타낼 수 있는 항목입니다. 따라서 1번 문항에서 자신이 준비한 활동과 지원 학과의 연관성 및 심화적인 생각들이 어필되지 않는다면 자기소개서 작성의 큰 의미가 없다고 생각합니다. 반면 저는 1번 문항 작성에 큰 시간이 들어가지 않았습니다. 2학년과 3학년 활동을 진행하며 미리 자소서에 써야 할 핵심적인 내용에 대해 고찰했기 때문입니다. 그렇기에 1번 문항을 가장 신경써서 준비하셔야 하고 작성 시기에 큰 부담을 갖지 않으시려면 자신이 진행한 활동 중에서 중요한 것이 무엇인지 추출하는 능력을 키우실 필요가 있습니다. 중요한 활동이라 하면 주로 진로와 연관된 활동이며 3년동안 큰 흐름성을 두고 연관된 활동이면 더욱 좋습니다.

여러 활동을 기술하는 것도 좋지만 전체적인 맥락에서 학년별로 꾸준히 심화되는 활동이라면 생활기록부의 내용을 더 잘 드러낼 수 있다고 생각합니다

4. 어떻게 면접을 준비했는지와 면접에서 어떤 질문을 받았는지 궁금합니다.

저는 제시문 면접이 없었고 모두 서류기반 면접이었기에 생기부를 여러 번 읽어보며 모든 활동들을 복기하는 방식으로 준비했습니다. 그렇다고 모든 내용을 다 외우는 것이 아니라 활동에 대한 기본적인 내용, 과정, 제 생각 정도를 정리하며 이해하는 방식으로 준비했습니다. 많은 학생들은 자신이 진행한 활동과 관련해 기억이 나지 않는 것에 대한 걱정이 많은 것으로 알고 있는데 그런 점에 대한 부담을 가지게 되면 심도 있는 면접에 대처하기 어렵습니다. 또한 면접 시간은 10분 정도로 짧기 때문에 핵심적인 활동들에 대한 깊은 생각을 해보시는 걸 추천드립니다. 저의 경우 메타버스에 관한 3학년 활동을 보시고 메타버스의 단점에 대한 저만의 고찰에 대해 물어보셨습니다. 뿐만 아니라 인공지능 윤리성 문제에 대해 생각해 봤다는 자료를 보시고 어떠한 문제가 일어날 수 있는지 말해보라고도 하셨습니다. 그렇기에 수험생분들도 자기 활동에 대한 확신을 가지고 과정을 순차적으로 정리해 보면서 면접에 나올만한 문항을 생각해 보시길 추천드립니다.

5. 후배들에게 도움이 되는 조언을 해 준다면... (학습관리 - 시간 관리 - 멘탈 관리 등등)

가장 중요한 것은 자신에게 맞는 전형을 찾는 것입니다. 그 전형에 따라 내신에 더 힘을 쏟아야 하는지, 또는 내신은 적당히 챙기되 활동에 집중해야 하는지 등 우선순위를 정할 수 있습니다. 1학년은 보통 자신의 진로 파악에 힘을 쏟으며 시간을 보냅니다. 따라서 1학년 겨울방학 즈음부터 자신의 주전형을 생각해 보며

앞으로의 방향성에 대해 고찰해 보시길 권유합니다. 지금 생각해 보면 수험생활이 꼭 힘들지만은 않았던 것 같습니다. 물론 과정 과정마다 지치고 힘들기도 했지만 분명한 것은 그 과정 속에서 얻는 것이 있었습니다. 저의 경우 면접 준비를 하며 상대방을 설득하는 방식이 아닌 저를 어필하는 방식에 대해 깨달을 수 있었습니다. 이렇듯 입시에서 경험하는 것들에 대한 긍정적인 면에 집중하면 의미 있는 수험생활을 보낼 수 있을 것입니다. 수험생분들이 원하는 결과를 얻을 수 있기를 기원하겠습니다!

◯ 전문위원이 바라보는 합격의 비결

나세연 학생이 합격한 중앙대학교 다빈치 인재 전형은 1단계 서류 100%를 반영하여 모집 단위별 3.5배수를 선발하고 2단계 전형에서는 서류 70%와 면접 30%를 반영하여 최종 선발한다. 서류평가는 학교생활기록부, 자기소개서 등을 근거로 지원자의 학업 및 교내 다양한 활동을 통한 성장 가능성을 종합적으로 평가하고, 면접 평가는 학업 준비도, 인성 및 의사소통 능력, 서류의 신뢰도 등을 종합적으로 평가하는 개인별 심층 면접으로 진행된다. 특히 중앙대학교는 5가지 인재상(자율적 교양인, 실용적 전문인, 실험적 창조인, 실천적 봉사인, 개방적 문화인)과 고교 교육과정을 연계하여 개발한 펜타곤 평가모형을 활용하여 평가한다.

첫 번째 학업 역량의 측면에서 교과 성취 수준과 계열 교과 이수와 성취도를 살펴보면 3년 동안 주요 과목의 성취 등급을 보면 대체로 1~2등급을 유지하여 우수한 학업 역량을 보여준다. 뿐만 아니라 문과 계열 학생임에도 진로 선택 과목으로 생명과학을 수강하고 성취도 또한 우수하다.

두 번째 탐구 역량에서는 탐구활동 우수성과 학업태도와 지적 호기심 부분을 평가하는데 과목별 세부능력 및 특기사항을 보면 전 과목에 걸쳐 적극적이고 성실하며 책임감과 겸손함을 가지고 매 수업에 임하는 우수한 학업태도를 볼 수 있다. 수업 시간에 알게 된 내용을 토대로 좀 더 깊이 있는 조사와 탐구가 진행되어 지적 호기심과 탐구력이 뛰어나다고 할 수 있다.

세 번째 발전 가능성에서는 자기 주도성과 리더십을 보는데 문과 계열 학생임에도 다소 어려울 수 있는 생명 과학 1, 2를 수강하는 등 진로와 관련된 지적 호기심을 해결하기 위해 어려운 부분도 과감히 도전하는 자기 주도적 학업 역량을 보여준다. 또한 동아리장이나 과목 부장 등의 역할을 맡아 구성원들과 상호 협력하고 소통하는 모습에서 합리적인 리더십을 볼 수 있다.

네 번째 인성 영역에서는 봉사활동 경험과 질적 우수성, 협력 활동 및 팀워크, 성실성 및 책임감 등을 살펴보는데 봉사활동의 경우 시간이 부족해 보이나 팬데믹 상황을 고려하여 참작할 수 있겠고 학생부 전반에 걸쳐 학업과 동아리 활동을 통해 성실성과 책임감, 협력 활동이 잘 드러났다고 볼 수 있다.

다섯 번째는 통합 역량으로 경험의 다양성과 깊이에 대해 평가하는데 나세연 학생은 주요 과목 뿐만 아니라 기타 과목 수강에서도 진로와 연관된 내용이 나오면 더 조사하고 탐구하는 지적 확장성을 보여주며 부족한 부분은 독서를 통하여 보완하고 있다. 또한 사회문제와 개선에 관심이 많아 문제 해결에 적극적으로 나서는 훌륭한 공동체 의식을 볼 수 있고 활동에 그치지 않고 다시 지적 호기심에 연결시켜 심화된 학습을 하는 탐구력이 우수하다고 할 수 있다.

중앙대학교 학생부 종합 전형인 다빈치 인재 전형은 위에서 언급한 다섯 개의 영역을 20%씩 고르게 반영한다. 전반적으로 안정된 교과 성적과 계열을 가리지 않는 자기 주도적 탐구 능력 등이 좋은 평가를 받았으리라 보인다. 또한 학교 생활 뿐만 아니라 지역 내 문제에 관심이 많고 어려움에 처한 소상공인을 돕는 공동체 의식을 보임으로써 훌륭한 인성을 갖춘 학생이라 하겠다. 따라서 전 영역에 있어서 고르게 좋은 평가를 받았을 것이라 짐작된다. 고등학교 생활이 모범적이고 훌륭한 만큼 앞으로 대학 생활에서 더욱 멋지게 성장하리라 기대된다.

Chapter 07

미래교육을 대비해 AI인공지능과 결합된 수업을
연구하여 아이들에게 답을 줄 수 있는 준비된교사

경인교육대학교 학생부종합 농어촌전형 초등교육학과 합격
경기도 오남고등학교 민해빈

○ 민해빈 학생은 최근 초등 공교육에 도입된 IB(국제 바칼로레아 교육과정)부터 에듀테크까지 미래교육 트렌드에 관심이 확실하다. 3학년 신문 주제탐구에서 '국제 바칼로레아 교육과정' 기사를 시작으로 확률과 통계 'IB교육에서의 확률과 통계' 자율주제 활동까지 IB교육의 목표 및 구성, 초등 및 중등과정의 확률과 통계의 내용을 우리나라와 비교 분석하는 등 교육 관련 이슈를 조사하고 분석하는 능력이 우수하다. 수업에서도 교육 관련 탐구력은 쉽게 찾을 수 있다. 코로나19로 인한 학습격차 문제를 3학년 언어와 매체 수업에서 해결 방안에 관해 신문기사, 관련 잡지, 인터넷 동영상 등에서 자료를 찾아 완성도 높은 보고서를 작성한다. AI기반의 학습 러닝과 하이터치 교육을 예시로 발표하며 미래 초등교사로서 갖추어야 하는 역량에 대해 이해를 하고자 노력한다.

「AI교육혁명」, 「4차산업혁명 시대의 미래교육 에듀테크」, 「포스트 코로나 시대, 학교가 디자인하는 미래교육」등 도서 선정에서도 지속적인 관심과 노력을 보인다. 더 나아가, 3학년 진로탐색프로젝트으로 '교육박람회'를 직접 참여하여 AR, VR, 전자칠판 등의 기술과 교육이 합해진 분야들을 체험하고 학급 창의주제활동으로 '뉴노멀 시대의 특수 아동을 위한 통합교육의 방향'을 발표하며 코로나 이전과 이후의 초등 특수 교육의 비교와 앞으로의 통합교육의 방향을 이해하고자 노력하는 자세를 가진 미래교사이다.

스펙 분석

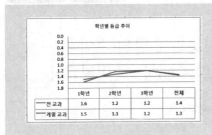

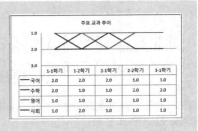

	1-1학기	1-2학기	2-1학기	2-2학기	3-1학기
국어	2.0	2.0	2.0	1.0	1.0
수학	2.0	1.0	1.0	2.0	2.0
영어	1.0	1.0	2.0	1.0	1.0
사회	1.0	2.0	1.0	1.0	1.0

	1학년	2학년	3학년	전체
전 교과	1.6	1.2	1.2	1.4
계열 교과	1.5	1.3	1.2	1.3

▶ 자율활동

1학년 학생 모두의 참여회의(오모참회) – 매점이용의 불편함을 해소하기 위한 질서 유지 방법에 대한 의견제시.
장애 이해 교육 참여 – 장애인에 대한 인식개선 계기.
심폐소생술 교육 참여 – 실제상황 사용하는 기술 배움.
성폭력 예방 교육 참여, 사회적 경제 기초 교육특강 참여.

2학년 또래 재능 나눔 활동 자기주도적 학습을 위해 멘토 참여.
과학 명사 특강참여 – '뇌과학을 통해 바라보는 자유의지'
사회 · 과학의 날 – '세계 시민의식을 바탕으로 난민 문제해결' 주제로 생각 논리적으로 작성.

3학년 신문활동 주제탐구 – '국제바칼로레아 교육과정' 탐구함.
사회과학의 날 – '탄소중립사회로! 보드게임 만들기'에 참여, 탄소 중립 실천행동 리스트 만듦.
초등학생들에게 환경 지키는 것의 중요성을 재미있고 쉽게 알수 있게 설계하는 보고서 작성.

▶ 동아리활동

1학년 (꿈드림) – 대학교 탐방 활동– 자신의 진로를 고민하고 탐색하는 계기가 됨.
동물원 직업탐방 – 사육사 업무에 관한 이론교육받고, 사육사에 대한 정확한 정보를 얻고 간접 경험을 함.
동아리발표회 – 입욕제만들기 활동으로 교실배치, 체험 안내, 포장 및 뒷정리까지 활동함.
바리스타체험 – 커피 재배, 수확, 가공과정에 대한 이론을 배우고 여러 가지 커피를 만들어 바리스타 간접 경험함.

2학년　LTE(교육동아리) – 교실 딜레마 상황 대처 활동으로 토의, 역할극 수행. 다른모듬 딜레마상황
　　　　　해결방안으로 소통이 큰 도움주는 걸 알게 됨.
　　　　하브루타학습에 탐구 – 학습사례, 효과 조사하면서 질문과 토론의 힘이 생겨 시험기간에 친구
　　　　　와 했던 학습방법이 연관되었다는 소감문 작성. 동아리 발표회 기획.
　　　　　세계 시민 교육안내 자료제작 및 코딩 프로그램을 통한 문제해결과정 부
　　　　　스 체험 진행.
3학년　LTE(교육동아리) – 비대면 수업상황으로 인한 학습 격차 발생과 교육적 대처 방안 조사함. 초등학생
　　　　　의 비대면 수업의 학습격차는 가정환경에 따라 심해짐에 따라 교사의 전문성 강조
　　　　　내용의 보고서 작성. 에듀테크 역량의 필요성과 활용 방안에 대해 탐구해 초등 수
　　　　　학 교과의 분수와 소수 단원과 연계해 교수학습지도안 작성. '존듀이와 한국 교육
　　　　　제도의 연관성'에 탐구와 존듀이의 교육적 관점과 2015교육 과정의 공통점과 차이
　　　　　점 비교하고 학교공동체에 대한 듀이의 해석을 바탕으로 올바른 교육원리를 제시

▶ 봉사활동
1학년 3시간, 2학년 13시간, 3학년 21시간

▶ 진로활동
1학년　진로진학컨설팅 프로그램 – 학생부종합전형에 대한 이해가 증진 학업에 목표의식이 강화되어
　　　　　진로설계에 도움이 됨.
　　　　스쿨멘토링 적성검사 – 전공적성검사 및 유형별 학습법 진단검사 실시.
　　　　스쿨멘토링 검사결과 해석 및 진로상담 & 진로계획 수립.
　　　　기업가 정신교육 – 심리상담사 특강을 듣고 교사가 되어 학생들의 고민을 들어주겠다는 계기가 됨.
2학년　자기주도진로탐구활동 – 미래교육에 관심가지고 주제설정 계기, 미래사회 변화요인, 한국교육의
　　　　　변화, 이상적인 교육과 역량에 관해 발표.
　　　　PISA자료 – 미래사회의 변화요인, 하이컨셉, 하드스킬, 소프트 스킬, 디지털 교과서 및 핵심역량
　　　　　을 이해하고 미래 시대에 맞는 교육과 인재 양성 더 관심 가짐.
　　　　창의 주제 발표 – 'SW교육'을 주제로 선정하여 SW교육의 정의와 필요성, 학교에서 활용하는
　　　　　우수 사례를 설명함.
　　　　명사특강 참여 – '행복지구 1위 덴마크에서 새로운 길을 찾다, 우리도 행복할 수 있을까?' 를 성
　　　　　실히 참여 우수활동자로 선정.
　　　　학생 전체 대의원회 참여 – 코로나상황에서 안전하게 축제개최방안 창의적인 의견 제안하고,
　　　　　학교생활환경 및 시설에 대해 개선요청 토론함.
3학년　교육박람회 참가 – 교육트렌드와 그에 맞는 기술 AR, VR, 전자칠판 등의 기술과 교육이 합해진
　　　　　분야 직접 체험한 뒤 기술과 연계된 교육에 더 관심을 가짐.
　　　　'4차 산업혁명시대의 미래교육 에듀테크' 독서로 끊임없이 도전하는 자세를 지녀야겠다고 다짐.
　　　　직업인 특강 진로탐색 보고서 – '교수'라는 직업을 선택해 지식 전달을 넘어 양면성을 지닌 스
　　　　　마트폰, 인터넷을 활용하여 방대한 지식 속에서 자료를 검색하
　　　　　여 활용하는 방법을 알려주는 역할 또는 교사의 역할임을 깨달음.

▶ 수상경력

1학년   인성글짓기대회(장려상3위), 사회주제활동개선아이디어대회(장려상3위)

        교과우수상(한국사, 영어, 통합사회, 체육, 미술, 기술, 가정)

        학교스포츠클럽대회, 배드민턴(우수상2위), 독서신문만들기대회(공동수상3위)

        학습플래너활용대회(우수상2위), 영어독서포트폴리오대회(장려상3위)

        교과우수상(수학, 영어, 과학탐구실험, 미술, 기술, 가정), 표창장(봉사부문)

2학년   인성글짓기대회(장려상3위), 표창장(모범부분)

        교과우수상(수학 I , 실용영어, 정치와법, 생활과윤리, 지구과학 I ,중국어 I ,한문 I)

        니하오어휘활용대회(우수상2위)

        교과우수상(독서, 영어 II , 실용영어, 정치와법, 생활과윤리, 지구과학 I , 중국어 I , 한문 I)

3학년   시사논술능력평가대회(장려상3위)

        교과우수상(화법과작문, 언어와매체, 영어독해와작문, 영어권문화, 사회·문화, 윤리와사상, 생활과과학 스포츠생활, 음악감상과비평), 표창장(모범부분)

최종합격 대학분석

● 경인교육대학교 학생부종합(농어촌학생)전형 초등교육과 (2022학년도 대입 기준)
※ 2023학년도 입학전형시행계획 기준 전년도 대비 변화없음

▶ 전형방법 및 최저학력기준

지원자격	1)「지방자치법」제3조에 따른 농·어촌지역(읍·면 지역) 또는「도서·벽지 교육진흥법」제2조에 따른 도서·벽지에 소재하는 중·고등학교에서 중학교 입학 시부터 고등학교 졸업 시까지 전 교육과정을 이수한 자 2)「지방자치법」제3조에 따른 농·어촌지역(읍·면 지역) 또는「도서·벽지 교육진흥법」제2조에 따른 도서·벽지에서 중·고등학교 중학교 입학 시부터 고등학교 졸업 시까지 지원자와 부·모가 모두 거주한 자
전형방법	1단계 : 서류 100% (모집정원의 2배수 선발) 2단계 : 1단계 성적 70% + 면접 30%
제출서류	학교생활기록부 농어촌 자격 관련 증빙서류
서류평가기준	〈서류평가 평가방법〉 지원자가 제출한 서류(학교생활기록부 등)를 기반으로 학업역량, 교직 적합성 및 잠재력, 교직인성 등을 정성적이고 종합적으로 평가 〈평가항목 및 평가기준〉

평가요소	평가항목	평가기준
학업역량	학업역량	전 과목을 고르게 성취(학습, 이수)하였는가? 학기별/학년별/교과별 성적의 변화 추이는 어떠한가? 수업에 집중력을 갖고 적극적으로 참여하려는 태도를 보였는가?

평가요소	평가항목	평가기준
교직 적합성 및 잠재력	교직 적합성	교직에 대한 흥미와 관심이 있는가?
		자신의 경험과 적성이 교직과 연관성이 있는가?
		교직에 관련된 다양한 활동(창의적 체험활동, 독서활동 등)을 하였는가?
	리더십 및 자기주도성	다양한 활동에서 협력하며, 책임감있게 역할을 수행한 경험이 있는가?
		공동체 활동에 주도적·적극적으로 참여하고 조직을 긍정적으로 변화시킨 경험이 있는가?
교직인성	나눔과 배려	나눔을 지속적으로 실천한 경험이 있는가?
		타인에 대한 배려를 보여준 사례가 있는가?
	공감 및 소통능력	타인의 의견을 경청하고 공감적 이해를 바탕으로 문제해결 방안 등을 제시한 경험이 있는가?
		수업 및 활동 등에서 자신의 의견을 효과적으로 표현하고 있는가?

〈평가항목별 반영비율〉
지원자가 제출한 서류(학교생활기록부 등)를 기반으로 학업역량, 교직 적합성 및 잠재력, 교직인성 등을 정성적이고 종합적으로 평가

전형	평가항목변 반영비율				
	학업역량	교직 적합성	리더십 및 자기 주도성	나눔과 배려	공감 및 소통능력
학생부종합(학교장추천 전형)을 제외한 모든 전형	25%	25%	15%	25%	10%
vs					
학생부종합 (학교장추천전형)	40%	25%	10%	20%	5%

〈평가자료 및 요소〉

구분		평가요소
학교생활 기록부	교과 영역	• 대상: 전 과목(예체능 포함), 전 학년 교과영역 전체
		• 석차등급이 있는 과목: 교과목 이수현황, 단위수, 원점수, 과목평균, 표준편차, 수강자수, 석차등급, 학년별 성적 추이
		• 진로 선택 과목: 교과목 이수현황, 단위수, 원점수, 과목평균, 성취도(A,B,C), 수강자수, 성취도별 분포비율
		• 석차등급이 없는 과목: 교과목 이수현황, 이수 및 미이수
		• 체육·예술 과목: 교과목 이수현황, 성취도(A,B,C)
		• 과목별 세부능력 및 특기사항
		• 이상의 내용을 정성적으로 평가함
	비교과 영역	• 대상: 전 학년 비교과영역 활동사항
		• 출결상황, 수상경력, 창의적 체험활동, 봉사활동실적, 독서활동상황, 행동특성 및 종합의견
		• 이상의 내용을 정성적으로 평가함
기타서류 (검정고시 성적증명서, 자기활동 보고서, 활동 증빙서류)		학교생활기록부가 없는 자(고등학교 졸업학력 검정고시 출신자, 국외 고등학교 졸업(예정)자 등)에 한하며, 제출한 서류를 바탕으로 상기의 평가 항목과 동일하게 평가함

면접평가

| 서류평가기준 | 〈평가 영역별 참고자료〉 |

〈평가 영역별 참고자료〉

참고자료		학업역량	평가영역			
			교직 적합성 및 잠재력		교직인성	
			교직적합성	리더십 및 자기주도성	나눔과 배려	공감 및 소통능력
학교생활기록부	출결상황	○				
	수상경력	○	○			
	창의적체험활동		○	○	○	○
	봉사활동실적				○	○
	교과학습발달상황	○	○			○
	독서활동상황	○				
	행동특성 및 종합의견	○	○		○	○

※ 학생부종합전형의 서류평가는 정성적으로 진행되며, 상기의 평가 영역별 참고자료는 절대적 기준이 아닌 참고사항으로 제시

면접평가기준

• 평가방법 : 대학 자체 개발 면접문항을 활용하여 예비초등교사로서의 교직인성 및 교직적성을 종합적으로 평가 (개인별 15분 이내)

〈평가항목 및 평가기준〉

평가항목		평가기준	반영비율
교직인성	교직관	• 교육 및 교직에 대한 태도와 이해, 인간관 및 아동관 등이 교사로서 적절하다.	100%
교직적성	문제해결능력	• 문제의 핵심을 정확히 파악하고 대응한다. • 참신성, 현실성, 응용성이 높은 해결방안을 제시한다.	
	잠재능력	• 기본적인 학문 소양과 교직에 대한 열정이 있어 교사로서의 발전 가능성이 엿보인다.	

수능최저 학력기준 | 없음

▶ 수시지원 합격/불합격 여부

대학명	지원모집단위(학과)	전형명	최종 합격
서울교육대학교	초등교육과	사향인재	
경인교육대학교	초등교육과	농어촌학생	합격
한국교원대학교	초등교육과	학생부종합우수자	
공주교육대학교	초등교육과	농어촌학생	
광주교육대학교	초등교육과	농어촌학생	
청주교육대학교	초등교육과	농어촌학생	

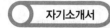

자기소개서

2022학년도 전국 교육대학 자기소개서 미제출

면접 문항

▶ 〔문항카드1〕 수시모집
학생부종합전형(교직적성, 국가보훈대상자, 저소득층학생, 농어촌학생, 장애인학생, 서해5도학생전형)

1. 일반 정보

유형	☐ 논술고사 ■ 면접 및 구술고사 ☐ 선다형고사	
전형명	학생부종합전형	
해당 대학의 계열(과목) /문항번호	인문사회계열 / A형	
출제 범위	교육과정 과목명	국어
	핵심개념 및 용어	논제, 논증, 토론
예상 소요 시간	2분	

2. 문항 및 제시문

학교 교육 정책은 공통성과 개별성의 균형을 추구한다. 모든 학생은 학교 교육을 통해 사회 구성원으로서 살아가는 데 필요한 일반적인 지식과 기능을 체계적으로 습득해야 한다. 이와 함께 학생 개개인의 특성과 흥미는 존중되어야 하며 이를 바탕으로 교육 내용과 교육 방법이 구성될 필요가 있다.
최근에는 학교 교육의 개별성을 강화하기 위하여 학생들의 과목 선택권을 확대하는 정책이 고등학교를 중심으로 추진되고 있다. 이는 학생들이 자신의 진로를 고려하여 다양한 과목을 선택하고 학생들이 원하는 경우 학교가 새로운 과목을 개설하게 하는 것을 주요 내용으로 한다.

과목 선택권을 확대하는 정책의 장점과 단점 각각 2가지를 이유와 함께 제시하시오.

▶ 〔문항카드2〕 수시모집

학생부종합전형(교직적성, 국가보훈대상자, 저소득층학생, 농어촌학생, 장애인학생, 서해5도학생전형)

1. 일반 정보

유형	□ 논술고사 ■ 면접 및 구술고사 □ 선다형고사	
전형명	학생부종합전형	
해당 대학의 계열(과목) /문항번호	인문사회계열 / A형	
출제 범위	교육과정 과목명	국어
	핵심개념 및 용어	논제, 논증, 토론
예상 소요 시간	1분	

2. 문항 및 제시문

초등학교 5학년 담임인 김 교사가 약수와 배수를 가르칠 때였다. 수업을 진행하던 중 김 교사는 A 학생이 수업 내용을 전혀 이해하지 못한다는 것과 그 이유가 곱셈구구를 하지 못하기 때문이라는 것을 알게 되었다. 김 교사는 약수와 배수 수업에 참여하는 것이 A 학생에게 무의미하고 지루한 시간 낭비라고 생각하였다. 그래서 A 학생을 위한 별도의 곱셈구구 학습 자료를 만들었고, 다음 수학 시간이 시작되자마자 만든 자료를 건네주었다. 학습 자료를 받아든 A 학생은 같은 반 학생들의 눈치를 살피다가 기어드는 목소리로 "저도 약수와 배수 공부 할래요."라고 말했다. 다급하고 간절한 눈빛이었다. 김 교사는 무척 당황하였다.

이와 같은 상황에서 학생을 위해 교사가 취할 수 있는 지원 방안은 무엇이라고 생각하는지 이유와 함께 말하시오.

▶ 〔문항카드3〕 수시모집

학생부종합전형(교직적성, 국가보훈대상자, 저소득층학생, 농어촌학생, 장애인학생, 서해5도학생전형)

1. 일반 정보

유형	□ 논술고사 ■ 면접 및 구술고사 □ 선다형고사	
전형명	학생부종합전형	
해당 대학의 계열(과목) /문항번호	인문사회계열 / B형	
출제 범위	교육과정 과목명	국어, 통합사회
	핵심개념 및 용어	논제, 논증, 토론
예상 소요 시간	2분	

2. 문항 및 제시문

교육환경의 변화에 따라 디지털 교과서에 대한 관심이 높아지고 있다. 디지털 교과서는 말 그대로 디지털화된 교과서를 가리키는 말로, 여기에는 멀티미디어자료 탑재 · 자료 검색 · 메모 등 다양한 기능이 표현될 수 있다. 종이를 책 형태로 묶은 기존의 서책형 교과서와 디지털 교과서 사이의 가장 큰 차이점은 자료 구성의 가변성이다. 서책형 교과서의 경우, 제작과 보급에 상당한 시간과 비용이 들어 자료를 수정하거나 새롭게 구성하기 어렵다. 반면 디지털 교과서의 경우, 콘텐츠의 형태와 내용만 바꾸면 되기 때문에 서책형 교과서에 비해 자료를 수정하거나 새롭게 구성하기 쉽다.

최근에는 디지털 교과서의 이러한 장점을 수업에 구현하기 위한 방안으로 "만들어 가는 교과서"가 주목을 받고 있다. "만들어 가는 교과서"란 교사와 학생이 온라인 기반의 다양한 디지털 콘텐츠로 교수 · 학습 자료 등을 직접 개발하여 활용하는 것을 말한다.

위에 게시된 '만들어 가는 교과서'의 장점과 단점 각각 2가지를 이유와 함께 제시하시오.

▶ 〔문항카드4〕 수시모집

학생부종합전형(교직적성, 국가보훈대상자, 저소득층학생, 농어촌학생, 장애인학생, 서해5도학생전형)

1. 일반 정보

유형	□ 논술고사 ■ 면접 및 구술고사 □ 선다형고사	
전형명	학생부종합전형	
해당 대학의 계열(과목) /문항번호	인문사회계열 / B형	
출제 범위	교육과정 과목명	국어, 통합사회
	핵심개념 및 용어	논제, 논증, 토론
예상 소요 시간	1분	

2. 문항 및 제시문

초등학교 5학년 담임인 최 교사는 경도 지적 장애가 있는 A 학생 때문에 요즘 고민이 깊다. A 학생은 어렵거나 지루한 수업을 견디기 어려워한다. 특히 국어와 수학 시간에 큰 소리로 짜증을 내기도 했고, 이로 인해 수업 분위기가 흐트러지기도 했다. 이에 최 교사는 A 학생을 특수 학급에 보낼까도 생각했지만, A 학생 부모의 반대를 무시하기도 어려운 상황이다. 게다가 답답한 마음에 관련 연구를 찾아본 최 교사는 경도 지적 장애 학생과 비장애 학생이 상호작용을 하며 공부하는 것이 교육적으로 효과가 크다는 것을 확인하였다. 학습 효과는 장애 학생에게뿐만 아니라 비장애 학생들에게도 해당되었다.

A 학생을 특수 학급으로 보낼까, 말까? 최 교사는 이제 결정할 때가 되었다고 생각하였다.

여러분이 최 교사라면 어떠한 의사결정을 할지 이유와 함께 설명하시오.

▶ 〔문항카드5〕 수시모집

학생부종합전형(교직적성, 국가보훈대상자, 저소득층학생, 농어촌학생, 장애인학생, 서해5도학생전형)

1. 일반 정보

유형	☐ 논술고사 ■ 면접 및 구술고사 ☐ 선다형고사
전형명	수능(일반학생전형, 만학도전형, 저소득층학생전형, 농어촌학생전형, 장애인학생전형)
해당 대학의 계열(과목)/문항번호	인문사회계열 / B형
출제 범위	교육과정 과목명	2015 개정 고등학교 교육과정 국어, 통합사회
	핵심개념 및 용어	논제, 쟁점, 문제해결
예상 소요 시간	2분

2. 문항 및 제시문

코로나 팬데믹이 장기화되면서 학생 간 교육격차가 커졌다는 조사결과가 발표되고 있다. 학국교육학술정보원의 '초·중등 원격교육 실태조사(2021)'에서 대다수의 교사들은 상위 10% 학생의 성적은 유지되고 있는 반면, 중· 하위권 학생의 학업성취도는 낮아졌다고 응답했다. 이러한 문제를 해결하기 위해 일부 시·도교육청에서는 민간기업이 개발한 에듀테크(edutech) 학습 프로그램을 학교 수업에 활용할 수 있도록 예산을 지원하고 있다. 이 프로그램은 각 학생에게 일대일 맞춤형 진단과 처방을 제공하는 특정을 띤다. 교사는 학교와 교실 상황, 그리고 학생 특성에 맞는 에듀테크 학습 프로그램을 선택하여 수업에 활용할 수 있다. 하지만 이러한 시도로 인해 공교육이 결과적으로 사교육 확대를 조장할 수 있다는 비판도 제기되고 있다.

학교 수업에서 민간기업의 에듀테크 학습 프로그램 활용을 지지하는 입장과 반대하는 입장의 근거를 각각 두 가지 제시하고, 교육격차 해소를 위해 교사가 에듀테크 학습 프로그램을 활용할 때 고려해야 할 사항 두 가지를 제시하시오.

전문위원이 바라보는 합격의 비결

민해빈 학생이 합격한 경인교육대학교 농어촌 전형선발 전형은 학생부와 면접 전형에 임해야 한다. 학생부종합(농어촌학생전형)은 지원자격 확인서 1부, 중학교 학교생활기록부 1부(학교장 직인 날인), 지원자 본인 기준 가족관계증명서 1부, 지원자 본인, 부, 모의 주민등록초본 각 1부로 다른 전형에 비해 서류를 꼼꼼히 봐야 한다. 평가방법으로는 지원자가 제출한 서류(학교생활기록부 등)를 기반으로 학업역량, 교직 적합성 및 잠재력, 교직인성 등을 정성적이고 종합적으로 평가하고, 최저등급은 없다. 면접 평가 방법으로는 대학 자체 개발 면접문항을 활용하여 예비 초등교사로서의 교직인성 및 교직적성을 종합적으로 평가하는데 개인별 15분 이내이다. 교대는 자소서가 없어져 학생부와 면접 비중이 커져서 학생부종합전형에 아래와 같은 적합한 모습을 보여 주었기 때문에 합격할 수 있었다고 판단된다.

첫째, 학업역량은 주어진 여건에서 보인 교과 학습활동의 성취수준과 학업역량을 평가한다. 지원자의 교육환경을 바탕으로 전과정에서 국어, 영어, 수학, 사회, 과학뿐만 아니라 음악, 미술, 체육 등 전교과를 충실히 이수하였는지와 경인교육대학교의 교과이수기준 충족 등을 고려하여 평가한다. 학년별 교과성적도 1학년 1.6, 2학년 1.2, 3학년 1.2 학업역량도 보여 주었다. 수업 시간에서도 집중력과 적극적인 태도로 참여하여 인공지능 시대의 교육정책방향, 향후 도입될 인공지능 관련 과목 등을 소개하고 인공지능 기술을 활용한 학생중심수업에 대한 계획을 발표하여 탐구심과 폭넓은 활동역량을 드러냈다고 생각한다.

둘째, 교직 적합성은 교직에 대한 흥미와 관심, 자신의 경험과 적성이 교직과 연관성이 있는지, 다양한 활동과 창의적 체험활동, 독서활동을 하였는지, 리더십은 다양한 활동에서 협력하며 책임감 있게 역할수행을 했는지, 자기주도성에서는 공동체 활동에 주도적 · 적극적으로 참여하고 조직을 긍정적으로 변화시킨 경험을 했는지를 평가한다. 해빈학생은 3학년 자율활동에 '국제바칼로레아 교육과정'을 탐구하고, 사회과학의 날에 초등학생의 눈높이로 환경을 지키는것의 중요성을 쉽게 설계하는 보고서를 작성하였다. 동아리 활동에서 초등학생의 비대면 수업의 학습격차를 분석해 교사의 전문성 강조의 보고서를 작성하고, 초등수학교과의 교수학습지도안도 작성해보고, 존 듀이의 교육적 관점과 2015교육과정의 공통점과 차이점 비교를 바탕으로 올바른 교육원리를 제시한 것이 합격의 비결이라고 할 수 있다. 또 하나를 들자면 '교실 속 딜레마 상황 100문 100답'을 읽고 초등학교 교사의 학급운영에 관한 역할을 '정치와

법'에서 넓은 의미의 정치개념과 연관 짓기도 하고, 동아리 활동에서는 토의, 역할극을 수행하고 딜레마상황 해결방안으로 소통이라는 것을 알게 된 것도 합격의 비결이라고 할 수 있다.

셋째, 교직인성 중 나눔과 배려는 나눔을 지속적으로 실천한 경험이 있는지, 타인에 대한 배려를 보여 준 사례가 있는지, 공감 및 소통능력에서는 타인의 의견을 경청하고 공감적 이해를 바탕으로 문제해결방안을 제시한 경험이 있는지, 수업 및 활동 등에서 자신의 의견을 효과적으로 표현하고 있는지를 평가한다.

최상위권의 성적을 유지하고 있는 자기주도적 학습을 또래 재능 나눔활동에 멘토로 참여하고, 학급의 영어부장으로 모둠활동에 참여하여 리더십을 발휘해 상대방의 의견과 자신의 의견을 잘 조합하는 표현을 사용하여 발표도 하였다. 확률과 통계시간에 문제 해결발표 활동에 15회 이상 참여하여 문제를 해결하고 학우들에게 논리적으로 설명하며, 수학적으로 표현하고 전달하는 능력이 우수한 점이 세 번째 비결이라고 할 수 있다.

타인을 위한 삶과 사회적 책임을 다하여
세상의 어두운 구석을 밝히는 경영인을 꿈꾸다

고려대학교 학생부종합 기회균등전형 경영학과 합격
경기도 광동고등학교 박용찬

박용찬 학생은 디지털 대전환 시대 속 플랫폼 기업들을 탐구하며 '경영학'을 전공하고자 하는 이유를 찾는다. 「플랫폼 제국의 미래」를 읽으며 구글, 아마존, 페이스북, 애플과 같은 테크기업의 성공 전략과 공통점을 이해하며 '플랫폼 기업들의 앞서나가는 전략' 보고서를 작성한다. 이후 미중 플랫폼 전쟁에 관한 관심으로 「차이나 플랫폼이 온다」를 찾아 읽고 기업들의 사업 모델의 모방성을 이해한다. 플랫폼에 관한 관심과 이해는 교과목 자유주제마다 연계된 점이 이 학생의 특징이다. 특히, 3학년 정치와 법 '온라인 플랫폼 공정화법'을 조사하며 플랫폼과 입점업체 간 자율적 거래 관행 개선 및 분쟁 등 최신 이슈와 교과 지식을 연계하여 최근 숙박 플랫폼 예약 취소 거부와 위약금 문제, 배달 플랫폼 사용자의 갑질 문제 등 사회문제를 다각적으로 이해하고자 한다.

3학년 진로활동에서 「2030 축의 전환」과 「메타버스」를 읽고 60세 이상의 세대에 관한 기업들의 사례를 통해 실버시장의 새로운 기회와 메타버스의 특징이 반영된 노년층의 치매 위험 정도를 파악하는 실버세대 상품 등을 조사하며 관련 보고서로 작성한다. 이후 교과진로페스티벌에서 거동이 불편한 노년층의 사회생활을 돕는 메타버스를 개발, 운영하는 기술자인 '실버 소셜 메타버스 전문가'라는 직업을 창직하는 등 미래의 경영학도로서 기술 기반의 창의적 사고를 하고자 노력한 점도 이 학생만의 매력이다.

스펙 분석

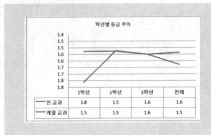

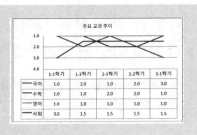

	1-1학기	1-2학기	2-1학기	2-2학기	3-1학기
국어	1.0	2.0	2.0	2.0	3.0
수학	1.0	1.0	2.0	2.0	1.0
영어	1.0	1.0	1.0	1.0	1.0
사회	3.0	1.5	1.5	1.5	1.5

	1학년	2학년	3학년	전체
전 교과	1.8	1.5	1.6	1.6
계열 교과	1.5	1.5	1.6	1.5

▶ 자율활동

1학년   교내모의유엔총회 사무국 운영부 심사위원, 학급자치회 부회장

2학년   학급별 테마 활동인 '진로발표'에 참여 '글로컬리제이션' 기업 발표,
전교 학생자치회 안전부 코로나19 예방 캠페인 참여

3학년   전교 학생자치회 안전부, 코로나19 예방 및 학생 안전 활동,
영어모의UN총회 행사 운영 주도(ppt제작, 공지, 방송 송출 구성, 진행 등)

▶ 동아리활동

1학년   (국제사회문제토론동아리) 공정무역의 의미와 사례에 관해 토론, 공정무역의 인식 개선을 위한
등굣길 캠페인 활동
'미세먼지'에 대한 토론 후 대책 관련 칼럼 작성
'독도 바로 알기'란 주제로 토론, 고궁에서 외국인 대상 독도 바로 알리기 캠페인 활동

2학년   (국제사회문제토론동아리) 지구온난화 문제에 대한 각국의 관점과 대처방안에 대한 토론 활동
에서 호주 산불과 아프리카 메뚜기떼 현상을 조사하여 발표함
영자 신문을 읽고 국제적 이슈와 주요 영어표현을 정리하여 온라인 커뮤니티에 꾸준히 게시글
을 작성,
동아리 차장 역할 수행.

3학년   (국제사회문제토론동아리) 국제 문제 토론 활동에서 내전과 국제기구의 개입 필요성을 제시, 영
       자신문읽기 활동에서 메타버스를 활용한 새로운 정치 및 디지털화, 경제정책 기사를 제시하고
       토론 활동, ESG경영 조사 및 기업윤리에 대한 탐구보고서 작성

▶ 봉사활동
1학년 43시간, 2학년 12시간, 3학년 2시간

▶ 진로활동
1학년   새내기비전스쿨 참여
       교과 특색 진로 페스티벌 참여
       교내 꿈의학교 영어 분야 활동
       스마트인재 프로그램 참여
2학년   '세계경영기행', '코로나19로 본 자신의 진로 찾기 프로그램', '스마트인재 프로그램' 참여,
       플랫폼 기업들의 앞서나가는 전략 보고서 작성
3학년   스마트인재 프로그램 참여, 교과진로페스티벌 참여

▶ 수상경력
1학기   교과우수상(국어, 수학, 영어, 정보)
       영어단어경시대회 (장려상 3위)
       2학기 교과우수상(한국사, 수학, 영어)
2학년   1학기 교과우수상(문학, 영어Ⅰ, 사회·문화, 중국어Ⅰ)
       영어 단어 경시대회 (장려상 3위)
       사회탐구대회 (최우수상 1위)
       2학기 교과우수상(영어 회화, 생활과 윤리)
3학년   1학기 교과우수상(확률과 통계, 영어Ⅱ, 정치와 법, 고전 읽기)

⬭ 최종합격 대학분석

● 고려대학교 학생부 종합전형(기회균등–고른기회) 경영학과 (2022학년도 대입 기준)
  ※ 2023학년도 입학전형시행계획 기준 전년도 대비 변화없음

▶ 전형방법 및 최저학력기준

지원자격	**1. 국가보훈대상자** 국내 · 외 고등학교 졸업(예정)자 또는 관련 법령에 의하여 이와 동등 이상의 학력이 있다고 인정된 자 마감일 기준으로 「국가보훈 기본법」 제3조제2호에 따른 '국가보훈대상자'이고 국가보훈 관계 법령에 따른 교육지원 대상에 해당되며, 보훈(지)청장이 발급하는 '대학입학특별전형대상자증명서'를 제출할 수 있는 자 **2. 농어촌학생** 국내 고등학교 졸업(예정)자 중 출신 고등학교장의 '농어촌학생 확인서'를 받은 자로서 다음 지원자격 중 하나에 해당하는 자 • 농어촌지역* 소재 중학교 입학 시부터 고등학교 졸업 시까지 6년 전 교육과정을 이수한 자 중 해당 전 재학 기간 동안 본인 및 부모 모두가 농어촌지역에 거주한 자 • 농어촌지역* 소재 초등학교 입학 시부터 고등학교 졸업 시까지 12년 전 교육과정을 이수한 자 중 해당 전 재학기간 동안 본인이 농어촌지역에 거주한 자 • 농어촌지역: 「지방자치법」 제3조에 의한 읍 · 면(광역시 · 도, 도 · 농 통합시 관할구역 안에 두는 읍 · 면 포함) 또는 「도서 · 벽지교육진흥법」 제2조에 의한 도서 · 벽지 지역 **3. 사회배려자** 국내 · 외 고등학교 졸업(예정)자 또는 관련 법령에 의하여 이와 동등 이상의 학력이 있다고 인정된 자로서 원서접수 마감일 기준으로 「고등교육법 시행령」 제29조제2항제14호 '라'목에 해당하는 자 • 「국민기초생활 보장법」 제2조 제1호(수급권자), 제2호(수급자), 제10호(차상위계층*)에 의한 대상자, 「한부모가족지원법」 제5조 또는 제5조의2에 따른 대상자 • 차상위계층: 「국민기초생활 보장법」 제2조제10호에 따른 차상위계층 중 차상위복지급여(차상위건강보험 본인부담 경감, 차상위 장애수당, 차상위 장애인 연금부가급여, 차상위 자활근로자, 한부모가족지원) 수급 가구의 학생 및 차상위계층 확인서 발급 가구의 학생 **4. 특수교육대상자** 국내 · 외 고등학교 졸업(예정)자 또는 관련 법령에 의하여 이와 동등 이상의 학력이 있다고 인정된 자로서 • 「고등교육법 시행령」 제29조제2항제4호에 해당하는 자 • 「장애인복지법」 제32조에 의해 장애인 등록이 되어져 있는 자 또는 국가보훈 관계 법령에 의한 상이 및 장애등급자로 되어 있는 자

전형방법	1단계 : 서류 100% (모집인원의 3배수 선발하며 동점자는 모두 선발)
	2단계 : 1단계 성적 70% + 면접 30%
	    1) 서류 : 제출서류를 종합적으로 평가
	    2) 면접 : 제시문 기반 면접
	** 동점자 발생시 1단계성적 우수자 순으로 선발(1단계 성적이 동일한 경우 모두 선발)

제출서류	학교 생활 기록부 관련자격 증빙서류

1. 평가방법 : 다수의 입학사정관이 학교생활기록부 등 제출서류를 종합적으로 평가하며, 평가 위원 간 일정 등급 이상이 점수 차이가 발생하는 경우 다수 다단계 평가 절차를 거침

서류평가

〈평가역량별 정의 및 평가요소〉

평가역량	정의	평가요소	세부내용
학업역량	본 대학교에서 수학할 수 있는 기본적인 학업능력	학업우수성	전공관련 교과를 포함한 전반적인 교과의 성취수준
		고른 학업성취	주요교과와 비주요교과 간의 성적 편차
		기타 요소	성적 변화 추이 등 상기 외 '학업역량'에 부합하는 기타 요소
자기계발역량	스스로의 성장과 발전을 이루어낼 수 있는 능력	계열 관련 역량	지원 계열에 대한 이해 및 준비도
		탐구역량	주어진 문제에 대해 깊고 폭넓게 탐구할 수 있는 능력
		기타 요소	환경극복노력, 창의적 문제해결력 등 상기 외 '자기계발역량'에 부합하는 기타 요소 공동체 내의 규칙·규정을 준수"
인성	공동체의 구성원으로서 필요한 바람직한 사고와 행동	규칙준수	공동체 내의 규칙·규정을 준수
		나눔과 배려	봉사활동 등 나눔과 배려를 실천한 경험
		리더십	공동체의 목표 달성을 위해 구성원의 화합과 단결을 이끌어낸 경험
		기타 요소	협업 및 소통능력 등 상기 외 '인성'에 부합하는 기타 요소
과제해결능력	주어진 문제에 대해 독창적인 해결 방법을 모색할 줄 아는 능력	지적호기심	관심 분야에 대해 깊이 확장하려는 자세
		창의적 성과	창의성과 관련된 각종 교내·외 활동의 성과
		기타 요소	상기 2가지 세부평가 요소 외에 '과제해결능력'에 부합하는 기타 요소
창의성	자발적 동기에 의한 성취를 기반으로 하는 독창적이고 창의적인 디자인 사고	독창성	아이디어의 관점과 접근방법에 있어서의 창의적 역량
		성실성	전공에 대한 관심과 의지 및 이에 대한 자발적 실천 능력
		표현력	아이디어의 가시화를 위한 개념 전달 및 감각적 표현 능력
		논리성	의도와 개념 전개의 타당성과 합리성

〈전형 평가역량 반영 비중〉

평가역량	반영비중
학업역량	50%
자기계발 역량	30%
인성	20%

※ 평가등급은 '매우우수(A+) – 우수(A) – 다소우수(B+) – 보통(B) – 미흡(C) – 매우미흡(D) – 부적격(F)'의 7점 척도를 이용

▶ 전형방법 및 최저학력기준

지원자격

1. 면접평가 방법
1명의 지원자를 대상으로 2인 이상의 면접위원이 평가함

2. 면접방식
교내 고사 장소에서 화상 면접을 통해 제시문 관련 질문에 대한 다변을 토대로 분석력, 적응력, 종합력 사고력 등을 종합력으로 평가함

3. 전형별 면접평가 진행방식 및 시간

전형구분		면접유형	진행방식	장소	준비시간	면접시간
학생부 종합 (기회균등)	고른기회	제시문 기반 면접	비대면 화상면접	서울 캠퍼스	12분	6분

■ 본 대학교는 2022학년도 수시모집의 모든 면접평가를 아래 표와 같이 "비대면 방식"으로 진행함

진행방식	진행절차	평가점수 부여방법
화상면접	가. 지원자는 지정된 면접고사일에 사전 안내된 고사실로 입실 (가번호 부여) 나. 면접위원미은 실시간 화면접으로 면접 유형에 따라 평가 다. 화상면접 완료 후 지원자는 퇴실 및 귀가	6점 척도를 이용하여 평가 ※ 매우우수(A+)–우수(A)–보통(B)–미흡(C)–매우미흡(D)–부적격(F) ※ 면접태도는 우수(A)–보통(B) 미흡(C) 부적격(F)의 4점 척도를 이용하여 평가

4. 전형별 면접평가 내용 및 요소

전형	평가내용	평가 요소	반영 비율	정의
기회 균등 고른 기회	제시문 관련 질문에 대한 답변을 토대로 분석력, 적용력, 종합적 사고력 등을 종합적으로 평가(단, 필요시 지원자의 학생부에 기재된 내용을 확인할 수 있음)	분석력	20%	제시문의 주제와 내용을 이해하고 제시문 사이의 연계성을 파악하는 능력
		적용력	30%	제시문에 나타난 정보를 주어진 문제에 구체적으로 적용할 수 있는 능력
		종합적 사고력	40%	주어진 정보를 논리적으로 통합하여 문제를 해결하는 능력
		면접 태도	10%	의사표현 방식과 면접에 임하는 전반적인 태도의 적절성

수능 최저 학력 기준

없음

※ 면접평가 시 전 모집단위 공통으로 2015 개정 교육과정의 교과영역 중 기초영역(교과군: 국어, 수학, 영어, 한국사)과 탐구영역(교과군: 사회, 과학)의 공통과목과 일반선택과목을 반영할 수 있음

▶ 수시지원 합격/불합격 여부

대학명	지원모집단위(학과)	전형명	1단계 합불	최종 합불	비고
고려대학교	경영대학	학종-학업우수형	합	불	최저미충족으로 면접불참
고려대학교	경영대학	학생부교과		불	최저미충족
고려대학교	경영대학	기회균등	합	합	
성균관대학교	글로벌경영학과	학생부종합		합	
성균관대학교	경영학과	학생부종합-농어촌		합	
성균관대학교	경영학과	학생부교과		합	

성균관대학교 자기 소개서

1. 고등학교 재학기간 중 자신의 진로와 관련하여 어떤 노력과 준비를 해왔는지 본인에게 의미가 있는 학습경험과 교내활동을 중심으로 기술해주시기 바랍니다(띄어쓰기 포함 1,500자 이내).

　"유능한 예술가는 모방하고, 위대한 예술가는 훔친다." 파블로 피카소는 예술에 있어서 모방과 창조적 모방의 중요성을 역설했습니다. 경영학과로 진로를 결정한 후 저는 혁신적인 경영에 대한 큰 포부를 가지고 있었습니다. 하지만 "기업의 혁신은 언제 비로소 이루어질까?" 같은 기본적인 질문에도 제대로 답변할 수 없었고, 막연히 혁신은 남들이 가지 않은 길을 개척할 때 비로소 이루어진다고만 생각했습니다. 그렇기에 저는 대작을 꿈꾸는 무명 예술가의 마음으로 항상 독창적인 아이디어를 추구했습니다. "남들과는 다른"이라는 말에 집착하던 저는 여러 기업의 사례들을 보며 저만의 영감을 얻기 위해 노력했습니다. 대표적으로 미국의 4대 플랫폼 거인 기업을 다룬 '플랫폼 제국의 미래'라는 책을 읽었습니다. 제가 알고 있는 많은 혁신은 그들이 일궈낸 것이 아니었으며 다른 회사의 아이디어를 모방하거나 마구 사들이고 이를 더욱 발전시켜 만들었다는 것을 알게 되었습니다. 이후 미국과 패권을 다투는 중국의 플랫폼에도 관심이 생겨, 중국의 플랫폼 거인을 다룬 '차이나 플랫폼이 온다'라는 책을 읽었습니다.

중국이 미국 플랫폼의 사업 모델을 자국의 특성에 맞게 변환하여 모방하였고, 중국의 플랫폼을 다시 한국이 모방하여 한국의 플랫폼 거인이 탄생했다는 것을 알게 되었습니다. 기업들은 단순한 사업 모델의 모방뿐만 아니라, 공격적인 인수 합병, 사업 영역 확장 등 전략의 모방을 통해 성장하고 있었습니다. 이를 보며 문득 '존경'이라는 의미를 지닌 오마주에 대해 배웠던 2학년 미술 시간이 떠올랐습니다. 기업들이 모방하고 한발 더 나아가 창조적 모방을 이뤄내는 것은 미술의 오마주와 닮아있었습니다. 기업들의 모방은 유명 예술 작품을 오마주하여 만들어진 2차 창작물들이 또한 원작처럼 유명해지는 것과 비슷하다고 생각했습니다. 피카소의 말은 기업이라는 하나의 예술 작품을 만들어내는 기업가에게도 적용되었던 것입니다. 비로소 저는 항상 마음속에 품고 있던 질문에 대한 대답을 알 수 있었습니다. 혁신은 혼자의 힘으로 이루어내는 것이 아닌, 경쟁과 상생이라는 선순환 안에서 이루어낼 수 있다는 것이었습니다. 이를 바탕으로 3학년 영어 시간에 중국의 원격의료 플랫폼을 주제로 발표했습니다. 중국의 플랫폼 거인 기업들이 인수와 사업 확장으로 원격의료에 진출한 예시를 설명하고, 이들의 사업구조의 유사점과 차별화된 점을 각각 설명했습니다. 더 나아가, 원격의료가 이들의 경쟁을 통해 중국의 낙후된 의료문제를 해결하는 실질적인 해결책이라고 평가받는 수준까지 발전했다는 것이 선순환으로 새로운 가치가 창출된 사례임을 확인할 수 있었습니다. 제가 깨달은 내용을 직접 확인해볼 수 있는 의미 있는 시간이었습니다. 예술의 관점에서 경영을 분석한 일련의 경험을 통해 저는 닫혀있던 마음을 열 수 있었습니다. 이를 바탕으로 경영 학도로서 독창적인 아이디어와 더불어 모방으로 안정적인 기반을 마련하고, 이를 바탕으로 새로운 가치를 창출해내고 싶다는 새로운 목표를 세웠습니다.

파블로 피카소의 말에 의미를 담고 그 안에서 혁신적인 경영이라는 자신의 포부에 대한 답을 찾는 과정을 통해 자신의 진로에 대한 고민을 진지하게 한 것을 볼 수 있다. 막연한 자신의 포부에 대한 답을 다는데, 어려움을 겪었으나 회피하지 않고 적극적으로 찾아가는 과정에서 자신의 가치관에 대해 진지하고 열정적으로 임했다는 것을 볼 수 있다. 여러 국가의 거대 기업들의 사례와 플랫폼 관련 도서를 읽어가며 모방을 통한 기업들의 지속적인 발전을 미술의 오마주와 닮았다는 예술의 관점에서 경영을 분석하였다. 다양한 분야를 포괄적 사고 할 수 있고 학습에 대한 열정과 문제해결 능력을 볼 수 있다. 혁신은 혼자의 힘으로 이루어 내는 것이 아닌 경쟁과 상생이라는 선순환 안에서 이루어 낼 수 있다는 것을 배워가며 이를 바탕으로 중국의 원격의료 플랫폼을 주제로 발표하였고 자신이 깨달은 내용을 직접 확인할 수 있는 시간을 만들었다. 협력과 조화, 소통의 자세를 겸비하였고 독창적인 아이디어와 모방, 새로운 가치 창출을 희망하는 경영 학도로서의 목표를 그려가고 있다.

2. 고등학교 재학기간 중 타인과 공동체를 위해 노력한 경험과 이를 통해 배운 점을 기술해 주시기 바랍니다(띄어쓰기 포함 800자 이내).

"올바른 신념은 나와 세상을 밝혀주는 등불이다." 2학년 독서 수행평가로 자서전을 읽고 서평을 작성했습니다. 저는 경제학자 스콧 니어링의 자서전을 선택했습니다. 스콧 니어링은 마음속에 인생 역경 대학을 세우고, 그 대학에서 자신만의 소중한 가치를 배웠다고 말했습니다. 스콧 니어링의 삶의 이정표가 되어주었던 이 대학이 인상 깊어 저도 저만의 대학을 세우기로 했습니다. '타인을 위한 삶을 살고 사회적 책임을 다하는 경영자가 되는 것'으로 가치를 설정했습니다. 이후 저와 비슷한 가치를 가지고 사는 사람을 찾아봤고, 아프리카에 깨끗한 물을 공급하는 자선 기업가인 스캇 해리슨의 '채리티 워터'를 읽었습니다. 하루는 사회문화

교과서에서 정보 격차에 관한 내용을 보고, 더 탐구해보고 싶어 사회탐구 대회에 정보 격차를 주제로 참가하였습니다. 정보 취약 계층인 다문화 가정을 효과적으로 지원하기 위해 정부 기관을 연결하여 효율적인 분업을 이루고 정보기기를 대여해주는 플랫폼을 구상하였습니다. 정보 격차를 시원하게 날려주겠다는 뜻을 담아 '하늬바람 인포'라는 이름을 붙였습니다. 소외당하는 사람들에게 관심을 두고 이들을 구제해 줄 해결책을 직접 마련해보며, 저의 인생 역경 대학의 가치를 실현하는 첫 발걸음을 뗐다는 중요한 성취를 이뤘다는 것을 깨달았습니다. 비록 아직 실현하지는 못했지만, 공동체 전체의 복리를 위한 플랫폼을 구상하는 경험은 우리 사회를 위해 정의와 책임을 다했다는 만족감을 느끼게 해주었습니다. 이를 계기로 앞으로 저의 가치를 더 발전시키고, 기업가가 되어 사회의 어두운 구석을 밝히는 경영을 하겠다고 다짐했습니다.

☞ 강평

자서전을 읽고 서평을 작성하며 타인을 위한 삶을 살고 사회적 책임을 다하는 경영자가 되는 것을 가치로 설정한다. 학습 과정으로 얻은 영감을 통해 자신의 가치를 세워가는 모습을 보며 스스로 내적 동기를 만들어 낼 수 있는 자기주도능력과 성장형 인재의 모습을 볼 수 있다. 사회문화 교과서에서 정보 격차에 관한 내용을 보고 지속적인 탐구욕으로 사회탐구 대회에 참가하는 것에 학업역량과 학습 연계 능력이 뛰어나다고 판단된다. 정보 취약 계층과 정부 기관을 연결, 효율적 분업과 정보기기 플랫폼을 구상하며 소외당하는 사람들에게 관심을 두고 이들을 구제할 해결책을 직접 마련해 보았다. 이러한 모습을 통해 학생의 인성을 엿볼 수 있다. 사회의 책임을 다하고자 하는 모습과 어두운 이면을 외면하지 않고 환하게 밝히겠다는 학생의 마음은 공동체의 일원으로서 필요한 바람직한 사고와 행동으로 연결되리라 생각된다.

3. 대학별 문항(최종 등록한 고려대는 자소서가 없다. 그래서 참고로 성균관대 자소서를
예시로 활용)

〈예시〉(성균관대학교): 성균관대학교와 해당 모집단위에 지원하게 된 동기와 관련하
여 본인의 노력을 구체적으로 기술해 주시기 바랍니다(띄어쓰기 포함 800자 이내).

기업의 최고 가치가 이윤 창출에서 ESG, CSR과 같은 사회적 책임 쪽으로 더
초점을 옮기고 있는 요즘 시대에, 기업가는 인간 자체를 사랑하는 인문학적 관점
에 더욱 관심을 가져야 한다고 항상 생각해왔습니다. 그렇기에 저는 "성인 재지
미취 균 풍속 지부제, 인재로서 아직 성취하지 못한 것을 이루고, 풍속으로서 가
지런하지 못한 것을 고르게 한다."라는 성균의 정신에 매료되었습니다. 2학년 때
노동자를 착취하는 한국의 배달 플랫폼을 다룬 책을 읽고, 저자의 강연을 들었습
니다. 플랫폼은 압도적인 힘으로 노동자 위에 군림하며, '계약서엔 사장', '일 시
킬 땐 근로자'의 문제가 반복해서 발생하고 있었습니다. 오늘날 기업의 규모는 날
마다 커지고 있지만, 노동자의 인권은 제자리걸음이고, 역설적으로 노동자가 노
동에서 소외되고 있다는 생각이 들었습니다. 그렇기에 '성'을 바탕으로 기업가의
꿈을 이루고, 그 과정에서 인간을 중요시하는 '균'의 정신을 더 발전시키고 싶습
니다. 경영인은 우리 사회와 더 직접적으로 연관되어 있기에 사람을 먼저 생각하
는 경영이 무엇보다 중요하다고 생각했습니다. 동아리에서 세계시민의식 프로젝
트를 진행할 때, 저는 이 정신을 지구촌으로 확장해 볼 수 있었습니다. 비록 사회
가 많이 변하여 조선 시대와는 다른 가치관이 중요시되고 있지만, 사람을 사랑하
고 사회를 위해 옳은 길로 나아가게 해주는 변치 않는 '균' 의 정신은 제가 국외 문
제에도 관심을 가지고 책임감을 느낄 수 있게 해줬습니다. 이를 바탕으로 저는 꼭
성균관대학교에서 경영학 인재로 성장하여 성균의 정신을 더욱 발전시키고 싶습
니다.

☞ 강평

기업의 최고가치와 기업가로서 관심을 가져야 하는 관점을 시대 흐름에 맞게 인문학적 관점에서 자기 생각을 정리하였다. 노동자 착취 문제에 대한 도서를 읽고 나아가 저자 강연과 다양한 연계학습을 통해 경험의 다양성을 갖추어 가는 우리 학생의 모습이 매우 훌륭하다. 성균의 정신으로 사람을 먼저 생각하는 경영인을 중요시하는 것은 학생의 선한 마음과 덕목을 보여주는 표본이다. 동아리 세계시민의식 프로젝트를 진행하며 이 정신을 지구촌으로 확장해 가는 시도는 학생의 넓은 시야와 도전정신을 볼 수 있고, 글로벌한 인재로서 탁월한 리더십을 발휘하는 창조적인 기업가가 되기를 기대해 볼 수 있을 것이다.

합격 수기

1. 합격한 전형을 선택하게 된(결정적) 이유는 무엇인가요?

우선 농어촌이 적용되는 지역에서 12년간 살아서 유리한 점이 있었고, 내신은 극상은 아니었지만 생기부에서 자신감이 있었기 때문에 농어촌 학생부 종합과 학생부 종합 전형 위주로 섞어서 지원했습니다.

평소 모의고사에서 고려대학교의 최저를 맞출 수 있는 성적을 어느 정도 유지했기에 최저가 빡센 고려대학교는 최저만 맞춘다면 저에게 굉장히 유리해질 것이라는 판단을 내렸습니다. 그래서 4합7의 학생부종합 전형을 선택했고, 그 중에서도 학업우수형을 선택했는데 그 이유는 계열적합형은 특목자사고의 합격 비율이 높았기 때문입니다. 또한 3합5의 학생부교과 전형도 지원하게 되었습니다. 하지만 수능에서 역대급 낮은 성적을 받아 둘 다 못 맞췄습니다..

성균관대학교 글로벌 경영학과는 합격 확률이 낮기에 주변에 만류하는 분이 많았지만, 제가 6학년 때부터 알고 가고 싶어 했던 학과이기에 꼭 한번 지원해 보고 싶었습니다. 그리고 학교의 경향이 연세대나 서강대보다 고려대와 성균관대

합격률이 훨씬 높았던 것 같기에 이 두 학교로 지원을 했습니다.

2. 학교생활기록부 관리에 대한 나름의 노하우를 알려주세요(학교생활에서 특별히 중점을 둔 활동).

일단 모든 교과를 버리지 않고 공부했으며, 특히 진로와 별 상관이 없어 보이는 과목의 과세특도 모두 채우기 위해 노력했습니다. 교과서를 처음부터 끝까지 쭉 읽어보며, 아주 작은 부분이라도 제 진로와 관련되었거나 관련시킬 수 있는 부분을 발견하면 모두 체크 해 두고, 해당 과목 선생님께 그 주제로 발표나 보고서를 써도 되냐고 여쭤봤습니다.

또한 제가 제 출신 고등학교를 선택한 이유들 중 하나인 교내 모의유엔총회 대회에 같은 부서로 3년 연속 참가했습니다.

그리고 주변에 보면 안 읽은 책이나 하지 않은 활동을 꾸며서 적은 친구들이 있었는데, 저는 신뢰도와 전문성을 높이기 위해 오로지 다 읽은 책과 작성한 보고서, 발표들로만 생기부를 채웠습니다.

3. 자기소개서의 작성과정을 설명해 주세요. 자기소개서를 작성할 때에 가장 정성을 기울인(문항/내용)은 몇 번이고 이유는 무엇인가요?

모두 정성을 다해 쓰긴 했지만, 1번이 가장 정성을 들여 잘 쓴 자소서 같습니다. 우선 분량이 가장 길었고, 그렇기에 제가 스토리를 좀 더 자세히 풀 수 있었습니다. 저는 아주 특이하고 독창적인 자소서를 쓰고 싶었습니다. 어떻게 하면 좋을까 생각해 보니, 사회나 수학 같은 비교적 진로와 연관 짓기 쉽고 스토리가 명확한 과목보다 비주류 느낌의 과목과 연관 지어 제 진로를 풀어나가면 좋을 것 같다고 생각했습니다. 그래서 찾은 것이 미술이었고, 2학년 미술 시간에 오마주에 대해 배우고 생기부에 써져있는 내용과 기업의 모방으로 만드는 혁신을 엮었습니다. 이를 다시 한번 3학년 영어 시간에 발표한 내용으로 발전시켰다고 설명하며 마무리했습니다.

4. 어떻게 면접을 준비했는지와 면접에서 어떤 질문을 받았는지 궁금합니다.

1. 제시문 (가)의 '중국'과 (나)의 '아라비아 반도'의 공통점과 차이점

공통점: 제시문 (가)와 (나) 모두 문화를 수용하여 자국에 맞게 변형시키거나 자국에서 새로운 양상이 나타남

차이점: 제시문 (가)의 중국은 전파 받은 불교를 이론적 측면에 맞춰 분화가 발생, 제시문 (나)의 아라비아는 전파받은 커피를 새로운 실용적인 목적으로 사용, 분화 발생 안함

2. (가)의 팔만대장경과 (나)의 커피 전문점을 (다)의 개념으로 설명

팔만대장경: 문화 융합 – 중국에서 전해진 불교와 나라를 지키고자 하는 우리나라 사람들의 문화, 마음이 합쳐져서 새로운 불교인 호국 불교가 탄생했다는 점에서 융합이다.

커피전문점: 문화 병존 – 커피가 영국에 전파되어 영국에 3000개에 달하는 커피 전문점이 생겼지만 영국의 기존의 식문화가 사라졌다는 언급이 없다는 것으로 봐서 동화가 일어났다고 말하기 어렵고, 이 때문에 문화 병존이다.

3. 제시문 (라)의 연변을 (가), (나), (다)와 연관지어 설명

(가)에서 중국과 우리나라는 모두 불교를 전파받았지만 (라)의 글쓴이는 자신이 살아가는 곳의 사람들과 자연물들을 사랑하고, 마지막에 연변이 '자랑스럽다'고 말한 점에서 자신의 문화를 사랑하는 것을 볼 수 있다.

이런 면으로 봤을 때 다른 사회의 문화가 전파되었다고 해서 (다)의 문화 동

화가 일어나지는 않을 것이며, (나)의 영국이 커피를 수용할 때 자국에 많은 커피 전문점이 생기긴 했지만 동화가 발생하지 않고 오히려 영국인들이 그 곳에서 정치적 교류를 하며 새로운 가치를 창출했듯이 주체적으로 문화를 수용함으로서 새로운 가치를 창출할 것이다.

+) 마지막에 덧붙인 말: 또한 (라)의 글쓴이가 연변을 자랑스러워 하는 모습이 (가)의 우리나라 사람들이 우리나라의 문화를 사랑하여 호국 불교라는 것을 만들어낸 것과 비슷하다고 생각했다.

5. 후배들에게 도움이 되는 조언을 해 준다면... (학습관리 – 시간관리 – 멘탈관리 등등)

저는 내신기간 동안 중학교 때부터 스스로 머리가 좋다고 생각하지 않아 무조건 양으로 승부하자는 생각이었습니다. 그렇기에 남들이 벼락치기를 하던, 시험 3주 전에 공부를 하던, 무조건 4~5주 전에는 시험공부를 시작했습니다. 탐구 과목은 암기하는 부분이 많아 교과서를 여러 번 읽고 외우는 것은 기본이고 한 과목당 문제집을 기본 6~7권 풀고, 인강 커리큘럼도 여러 번 돌리고, 추가적인 문제들이 없나 인터넷을 뒤져 사이트에서 구매하기까지 했습니다. 이렇게 많은 것을 하려다 보니, 새벽 5시~6시까지 공부를 하고 다음날 에너지 드링크와 커피를 몇 개씩 먹어가며 버틸 수밖에 없었습니다. 하지만 성적은 확실히 올랐습니다.

물론 저처럼 무식하게 하는 것은 효율도 떨어지고 건강도 해칠 수 있습니다. 하지만 제가 말씀드리고 싶은 것은, 본인이 본인의 상태를 겸손하게, 확실히 메타인지 하고, 그에 상응하는 노력을 겸허히 하라는 것입니다. 가장 잘하는 멘탈관리는 멘탈이 깨질 일을 만들지 않는 것입니다. 다만 시험을 못봐서 그런 것이 아닌, 슬럼프가 와서 멘탈에 금이 간다면 하루 정도 쉬는 것도 나쁘지 않은 선택입니다.

그리고 생기부 관리 중 가장 중요한 것은, 모든 과목 교과서를 읽어보고 진로와 연관된 활동이나 의미 있는 활동을 하나하나 다 채워놓으라는 것입니다. 입학사정관이 생기부를 읽어보다가 예체능 과목이라고, 혹은 본인 진로와 관련 없는 과목이라고 대충 써져있거나 빈칸이 많은 생기부를 보게 된다면 어떻게 생각할까요? 이 부분은 저도 완벽하게는 달성하지 못했지만 최대한 노력하는 것이 중요합니다.

전문위원이 바라보는 합격의 비결

박용찬 학생이 합격한 고려대학교 학생부종합전형 기회균등전형은 학교생활기록부와 면접으로 구성되어 있으며 1단계 : 서류 100%, 2단계 : 1단계 성적 70% + 면접 30% 동점자 발생 시 1단계 성적 우수자 순으로 선발 진행됩니다. 제시문 면접이 있으므로 심화 면접의 부담감이 있을 수 있으나 준비도에 따라 부족한 서류 부분을 채우고 변별력을 줄 수 있으므로 잘 준비해야 합니다. 농어촌이 적용되는 지역으로 유리한 점이 있어 농어촌 학생부 종합과 학생부종합전형 위주로 전략을 활용하였습니다. 학업능력 및 성실성, 적극적이고 긍정적인 태도와 참여, 자기 주도적 학업태도, 미래 설계, 전공 분야에 관한 관심과 지적 호기심 등 창의적 인재로 발전할 가능성을 종합적으로 평가하는 학생부종합전형에 적합한 모습을 보여주었기에 합격할 수 있었다고 생각합니다.

1) 인성

탁월한 리더와 경영인으로서 솔선수범한 자세와 규칙준수, 협업 및 소통 그리고 나눔과 배려의 자세는 매우 중요한 부분이다. 특히 박용찬 학생은 리더십과 통솔력이 매우 뛰어나 다양한 활동에서 학생들을 통솔하고 안내하며 이끌어가는 모습을 많이 볼 수 있다. 교내모의 유엔총회 운영부, 심사위원, 학급 자치회 부회장, 다양한 행사 등에서 통솔 및 안전 담당 등 리더로서 해야 할 역할에 충실하였다. 주도적으로 임무를 수행하며 공동체 지향적인 태도를 잘 보여준다. 다른 사람들을 돕는데 거리낌이 없고 함께하는 활동에서 안내 및 질서유지, 학급 친구들을 통솔하고 안전을 담당하는 등 믿음직하고 책임감 넘치는 모습으로 신뢰를 얻으며 모두가 만족할만한 결론을 도출해 냈다. 정보 취약 계층과 다문화 가정 등을 위한 플랫폼을 구상해보기도 하며 소외당하는 사람들에게 관심을 보이는 등 기타 다양한 요소들이 함께 모여 합격할 수 있었다고 생각한다.

2) 학업역량

학업역량에 있어 학업의 우수성, 고른 학업성취, 기타 여러 요소는 매우 중요한 요소이다. 박용찬 학생은 주어진 여건에서 교과 학습활동과 성취에 최선을 다하여 모든 교과를 열심히 공부하였고 진로와 관련이 없는 과목들과 과목별 세부능력 및 특기사항 등 모든 부분을 채우기 위해 노력했다. 성적 분포 또한 고르게 분포되어 있고 각종 수상 실적을 봐도 모든 영역에서 성실히 임했음을 볼 수 있다. 수업 태도가 바르고 자신이 부족한 부분과 실수하는 부분들을 잘 정리하여 이해되지 않았던 내용들도 찾아내 다시 공부하는 등 자기주도학습력이 뛰어나 문제 해결력 향상이 기대되며 부족한 부분들을 극복하기 위해 노력하는 등 이러한 부분들을 통해 합격할 수 있었다고 생각한다.

3) 자기계발의지

1학년부터 다양한 활동을 통해서 문제를 찾고 해결하는 과정을 해오며 학업 수행 과정에서 주도성과 논리적 사고력, 과제수행 및 해결 능력이 매우 뛰어나다. 모든 활동에서 적극적인 학습자의 성향을 갖추고 있고 학업이나 진로에 대해 고민되는 부분이 있으면 많은 질문을 통해서 스스로 이해하고 해결해 나가려고 하는 모습을 보였다. 이를 통해 자기주도적인 능력이 뛰어나고 그것을 본인 혼자만이 아닌 다른 사람을 돕고 이끌며 함께하는데 거리낌이 없다. 교내모의유엔총회, 국제사회문제, 다양한 기업 사례, 디지털 네이티브로서 메타버스, 가상현실, 실버 시장과 세대 간의 격차, 다문화 등 다양한 영역에서 관심을 보였다. 학생은 관심에서 그치는 것이 아니라 학습하며 문제해결과 대안 제시, 발표, 보고서 작성 등 주어진 문제를 해결하고 방법을 제시할 수 있는 영역에 올라 있으며 창조적인 생각과 결과물을 만들어 내는데 거침이 없다. 이러한 요소들이 모여 합격에 도움을 줬다고 생각한다.

4) 전공적합성

우리 학생은 경영학과로 진로를 결정한 후 자신만의 포부를 세우고 그것을 이루기 위한 다양한 과정을 통해서 성장했다. 플랫폼 제국의 미래라는 도서를 통해 영감을 얻고 도서를 이어 다양한 플랫폼 사업 모델을 공부하며 기업들의 인수합병, 사업영역 확장 등 다양한 전략과 모방을 배웠다. 이를 통해 전공과 관련된 다양한 배경지식들을 쌓았고 영어 시간에는 중국의 원격의료 플랫폼을 주제로 발표하는 등 아웃풋 과정을 통해 학습의 질을 높였다. 다양한 과목에서의 배움을 전공으로 이어가 융복합적 사고를 해내었고 실질적인 해결책 또한 만들어내며 발전했다. 독창적인 아이디어와 더불어 모방을 통한 안정적 기반을 생각하는 등 새로운 가치 창출을 목표하는 모습들을 보며 이러한 끊임 없는 탐구와 발전, 창조적인 모습을 통해 합격할 수 있었다고 생각한다.

인간과 세상에 대해 이해하는 연출가,
배우의 좋은 연기가 나올 수 있도록
합력하여 만들어 가는 영화감독의 길을 시작하다.

경희대학교 학생부종합 전형 영화연출학과 합격
부산시 용인고등학교 배주원

○ 　배주원 학생은 보고 느끼는 모든 것을 영화로 상상하고 영화로 표현하고 싶어
하는 외골수적인 꿈을 가진 학생이다.

　가끔 낯을 가리기도 하고 오랜 시간 생각하고 천천히 표현하지만, 열정이 붙고 신
이 나서 말할 때는 아무도 말릴 수가 없다. 개인 유튜브 방송을 통해 예능과 음악적 끼
와 재능을 표출하고 꽂히는 일에 매우 열정적인 모습은 '주관이 뚜렷하고 의사 표현
이 분명하고 무언가를 새롭게 창조하는 창의적인 활동에 도전적으로 일함'이라고 적혀
있는 담임선생님의 평가에서도 나타난다. 3년간 방송영상반 동아리 활동을 하며 방송
장비와 시스템을 능숙하게 익히고 후배들에게 가르치고 학교 행사에 방송 관련 전문
가로 적극적으로 참여했다. 또한, 자율동아리 (INTER-ACT)를 창설하여 부장으로서
단편영화 연출과 각본을 맡아 전반적인 활동을 진두지휘하며 자신의 열정을 녹여 팀
웍으로 작품을 완성하는 리더십을 보여주었다.

역사, 사회 문제에 관심이 많고 문학 작품과 영화를 통해 인간과 사회를 이해하고 자 노력하는 모습이 많이 보인다. 이러한 노력은 시사 및 사회과 이해력 평가대회, 한 국사 평가대회에서 2년 연속 수상, 영화감상 글쓰기 대회 1위, 한국사 교과 우수상 등 으로 결과를 만들어 내었다. 영화를 잘 이해하고 만들기 위해서 인문학적, 철학적 소 양이 필수 요건이라고 생각하고 사회과학 관련 책을 즐겨 읽고 가장 좋아하는 과목, 윤리와 사상을 비롯하여 다양한 교과의 탐구 주제로 인간과 사회에 관한 현실적 이슈 를 적절하게 연계하며 영화에 관한 열정을 피력하였다. 나아가 한 편의 영화〈1987〉를 보고, 같은 배경의 책을 읽고 난 후에 다시 영화를 보면서 전에는 보이지 않던 새로운 의미를 깨닫고 인물의 감정, 정의감을 더욱 자세히 느끼며 영화의 숨은 의미나 메타포 를 이해하고자 노력했다.

출신학교가 과학 중점 학교라 특성상 이공계열 진로에 필요한 교과 · 비교과 활동 이 주를 이루고 있어 상대적으로 자신의 진로에 맞춰 전공 적합성을 살릴 수 있는 커 리큘럼이 부족했지만, '영화감상과 비평' 수업을 공동교육과정으로 이수하며 영화에 관한 토론과 발표에 독보적인 모습을 보여주었다. '이 학생의 영화에 대한 열정은 수업 을 함께 한 모든 친구들, 나아가 담당 교사에게도 매우 인상적이며 긍정적으로 영향을 끼쳤다고 생각함.'이라고 적혀있는 담당 교사의 세부능력 및 특기사항을 본다면 누구 라도 이 학생을 매력적으로 느끼지 않을 수 없다.

고등학생이지만, 50분 분량의 영화를 직접 연출하는 실행력은 어떤 어려움이 있더 라도 자신의 꿈을 위해 헤쳐 나가는 투지의 소유자임을 알게 한다. "정말 수고했어요, 충분히 잘했고 다음에 다시 보길 기대합니다." 경희대 면접을 마칠 때 교수님이 건넨 격려 섞인 말씀도 배주원 학생을 직접 만나 본 후, 어쩌면 당연한 평가라고 전문가는 생각한다.

입시를 함께 진행하며 시나리오 같은 자소서 초안을 작성하고, 면접 코칭 때 엉뚱 한 질문들을 던져서 참으로 난감하고 힘겨운 케이스였지만, 그만큼 특별했고 신나는 작업을 같이 즐길 수 있었다. "제한이 많을수록 창의적인 것들이 쏟아진다." [영화수 업]-(알렉산더 맥캔드릭 저) 속 문구에 매우 공감하는 젊은 연출가의 꿈은 무한대로 성장하리라 굳게 믿으며 그 길을 축복한다.

　예능 계열(영화)이지만, 수능을 통한 정시 입시까지 준비할 만큼 교과 학습에 최선을 다한 학생이다. 특히, 사회탐구 교과를 골고루 다양하게 수강하고 과목마다 단원과 연계한 주제 탐구를 유기적으로 끌어간 모습이 훌륭하다. 역사의식이 투철하고 시대상과 인물, 사회 문제 등을 디테일하게 관찰하는 노력이 특별하다.

　영어, 국어 교과도 상위권 성적을 유지하며 기초 학업 역량을 충분히 갖추어 수능 최저를 가뿐하게 맞추고 정시까지 도전하겠다는 각오가 분명하여 원하지 않는 대학은 수시 때 원서 작성조차 하지 않았다. (수시 원서 4개 제출)

　'영화란 사람들의 고통을 이해해 주는 매체'라고 생각하는 지금의 열정과 확신을 우리의 삶 속에 소중한 감동으로 선물하는 좋은 영화 연출가가 되기를 응원하며 성장해 가는 모습을 지켜보려 한다.

스펙 분석

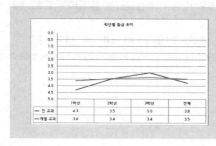

학년별 등급 추이	1학년	2학년	3학년	전체
— 전 교과	4.3	3.5	3.0	3.8
— 계열 교과	3.6	3.4	3.4	3.5

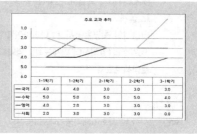

주요 교과 추이	1-1학기	1-2학기	2-1학기	2-2학기	3-1학기
— 국어	4.0	4.0	3.0	3.0	3.0
— 수학	5.0	5.0	5.0	5.0	4.0
— 영어	4.0	2.0	3.0	3.0	3.0
— 사회	2.0	3.0	3.0	3.0	0.0

▶ 자율활동
1학년　정보윤리교육특강: 스마트폰의 올바른 사용과 인터넷 도박
　　　　생명존중교육: 생명의 소중함은 친구와 함께 나눔
　　　　장애인식교육: 주변 장애우에 대한 스스로의 행동을 성찰함
2학년　학급회의: 올바른 교복문화정착방안에 대한 보상에 대한 의견제시
　　　　2학기 체험활동: 6.25 한국전쟁관련 보훈현장 탐방, 보훈의식과 공통체 의식 증진에 대한 활동 보고서 제출

▶ 동아리활동

1학년   방송영상반 32시간 : 방송장비에 대한 이해도가 높고, 이를 바탕으로한 멘토 로서의 리더십을
발휘함.

        독서골든벨 행사를 준비하며, 맡은 역할을 나누고 발생 할 수 있는 문제를 사전에 꼼꼼히 점검함.

        INTER–ACT: 자율동아리 : 연기 도전

2학년   방송영상반 (30시간): 교내 행사 및 운동장 방송기기의 주기적 점검을 통한 책임감이 돋보임.

        INTER–ACT: 자율동아리 : 단편영화 연출 및 각본으로 영화 완성

▶ 봉사활동

1학년   총 30시간

        방송 업무 및 방송기자재 사용 및 관리 활동(10시간) 외 20시간

2학년   총 29시간

        방송 업무 및 방송기자재 사용 및 관리 활동(20시간) 외 9시간

3학년   총 16시간

        방송 업무 및 방송기자재 사용 및 관리 활동(10시간) 외 6시간

▶ 진로활동

1학년   영화, 드라마 감독 희망

        개인 유튜브 운영

2학년   영화관련 직종

        HOLLAND 진로검사, 한국형 RIASEC 진로탐색검사 : 예술–탐구형 검사결과를 토대로 미래 진
로 설계

        학급회의, 학급활동시간 : 학과바이블(한승배외) 도서를 활용해 영화학과에 대해 탐구

        '영화수업'(알렉산더 멕켄드릭), '영화를 찍으며 생각한 것'(고레에다 히로카츠) 도서 탐독 후 진
로탐색보고서 작성

▶ 수상경력

1학년   시사 및 사회이해력평가대회 (동상)

        영화관람 후 글쓰기 대회(금상)

        진로탐구보고서 발표대회 (장려상 –4위)

2학년   수학창의탐구성 대회 (장려상 –4위)

        시사 및 사회과 이해력 평가대회 (동상 3위)

        한국사 이해력 평가대회 (은상 2위)

        교과 우수상 (한국사)

3학년   한국사 이해력 평가대회(동상 3위)

● 경희대학교 학생부종합(네오르네상스)전형 영화연출학과 (2022학년도 대입 기준)

▶ 전형방법 및 최저학력기준

전형방법	1단계: 서류 평가 성적(4배수 내외) 2단계: 수능 최저학력기준을 충족한 자 중, 1단계 성적(70%)과 면접평가 성적 (30%)을 합산하여 총점 순으로 선발
제출서류	학교생활기록부, 자기소개서

가) 평가방법
: 입학사정관 2인이 종합적으로 정성평가하고, 평가위원 간 일정 점수 이상의
점수 차이가 나는 경우 평가조정위원회를 개최하여 조정점수를 부여함.

나) 평가역량별 정의 및 평가요소

평가 요소·비율		평가 항목
학업역량(30%) :학업을 충실히 수행할 수 있는 기초 수학 능력 학업역량(30%)	학업성취도	교과목의 석차등급 또는 원점수(평균/표준편차)를 활용해 산정한 학업능력 지표와 교과목 이수 현황, 노력 등을 기반으로 평가한 교과의 성취수준이나 학업적 발전의 정도
	학업태도와 의지	학업을 수행하고 학습을 해 나가는 자발적인 의지와 태도, 학습자가 스스로 학습 목표를 설정하고 적절한 학습 전략을 선택하여 계획을 수립·실행하는 과정
	탐구활동	어떤 대상에 대해 호기심을 가지고 깊고 폭넓게 탐구할 수 있는 능력
전공적합성(30%) :지원 전공(계열)과 관련된 분야에 대한 관심과 이해, 노력과 준비 정도	전공 관련 교과목 이수 및 성취도	고교 교육과정에서 지원 전공(계열)에 필요한 과목을 수강하고 취득한 학업성취의 수준
	전공에 대한 관심과 이해	지원 전공(계열)에 대한 궁금증을 해결하기 위해 주의를 기울인 태도와 알고 있는 정도
	전공 관련 활동과 경험	지원 전공(계열)에 대한 관심을 충족시키기 위해 노력한 과정과 배운 점
인성(20%) :공동체의 일원으로서 필요한 바람직한 사고와 행동	협업 능력	공동체의 목표를 달성하기 위하여 상호 신뢰를 바탕으로 함께 돕고 함께 생활할 수 있는 역량
	나눔과 배려	상대방을 존중하고 이해하여 원만한 관계를 형성 하며, 타인을 위하여 기꺼이 나누어 주고자 하는 태도와 행동
	소통능력	상대방의 의견을 경청하고 공감할 수 있으며, 자신의 정보와 생각을 효과적으로 전달 할 수 있는 역량
	도덕성	공동체의 기본윤리와 원칙에 따라 행동하고, 부정 또는 부당한 행동을 하지 않는 태도
	성실성	책임감을 바탕으로 꾸준히 노력하여 자신의 의무를 다하는 태도와 행동
발전가능성(20%) :현재의 상황이나 수준보다 질적으로 더 높은 단계로 향상될 가능성 발전가능성(20%)	자기주도성	스스로 목표를 설정하고 적절한 전략을 선택하여 계획을 수립하고 실행하는 성향
	경험의 다양성	스스로 목표를 설정하고 적절한 전략을 선택하여 계획을 수립하고 실행하는 성향
	리더십	공동체의 목표 달성을 위해 구성원의 화합과 단결을 이끌어가는 역량
	창의적 문제해결력	창조적이고 논리적인 사고로 문제를 해결하는 능력

(서류평가)

면접평가	가) 방식 : (지원동기, 가치관 및 인성 등) 공통문항 및 개인 서류확인 면접 나) 형식 : 개인면접으로, 면접관(2인) 대(對) 지원자(1인) 8분 내외 면접		
	평가 요소·비율	평가 항목	
	인성 (50%)	창학이념 적합도	창의적인 노력, 진취적인 기상, 건설적인 협동
		인성	품성, 태도, 사회성, 자기주도성
	전공적합성 (50%)	전공 기초소양	전공적합성, 학업역량
		논리적 사고력	탐구력 및 논리적 의사소통능력

수능최저 학력기준	국어, 영어 중 1개 영역 이상이 3등급 이내

● 경희대학교 학생부종합(네오르네상스)전형 영화연출학과 (2023학년도 대입 기준)

▶ 전형방법 및 최저학력기준

전형방법	1단계: 서류 평가 성적(3배수 내외) 2단계: 1단계 성적(70%)과 면접평가 성적(30%)을 합산하여 총점 순으로 선발

제출서류	학교생활기록부, 자기소개서

서류평가	가) 평가방법 : 입학사정관 2인이 종합적으로 정성평가하고, 평가위원 간 일정 점수 이상의 점수 차이가 나는 경우 평가조정위원회를 개최하여 조정점수를 부여함. 나) 평가역량별 정의 및 평가요소		
	평가 요소·비율	평가 항목	
	학업역량(30%) :학업을 충실히 수행할 수 있는 기초 수학 능력 학업역량(30%)	학업성취도	교과목의 석차등급 또는 원점수(평균/표준편차)를 활용해 산정한 학업능력 지표와 교과목 이수 현황, 노력 등을 기반으로 평가한 교과의 성취수준이나 학업적 발전의 정도
		학업태도와 의지	학업을 수행하고 학습을 해 나가는 자발적인 의지와 태도, 학습자가 스스로 학습 목표를 설정하고 적절한 학습 전략을 선택하여 계획을 수립·실행하는 과정
		탐구활동	어떤 대상에 대해 호기심을 가지고 깊고 폭넓게 탐구할 수 있는 능력
	전공적합성(30%) :지원 전공(계열)과 관련된 분야에 대한 관심과 이해, 노력과 준비 정도	전공 관련 교과목 이수 및 성취도	고교 교육과정에서 지원 전공(계열)에 필요한 과목을 수강하고 취득한 학업성취의 수준
		전공에 대한 관심과 이해	지원 전공(계열)에 대한 궁금증을 해결하기 위해 주의를 기울인 태도와 알고 있는 정도
		전공 관련 활동과 경험	지원 전공(계열)에 대한 관심을 충족시키기 위해 노력한 과정과 배운 점
	인성(20%) :공동체의 일원으로서 필요한 바람직한 사고와 행동	협업 능력	공동체의 목표를 달성하기 위하여 상호 신뢰를 바탕으로 함께 돕고 함께 생활할 수 있는 역량
		나눔과 배려	상대방을 존중하고 이해하여 원만한 관계를 형성하며, 타인을 위하여 기꺼이 나누어 주고자 하는 태도와 행동
		소통능력	상대방의 의견을 경청하고 공감할 수 있으며, 자신의 정보와 생각을 효과적으로 전달 할 수 있는 역량
		도덕성	공동체의 기본윤리와 원칙에 따라 행동하고, 부정 또는 부당한 행동을 하지 않는 태도
		성실성	책임감을 바탕으로 꾸준히 노력하여 자신의 의무를 다하는 태도와 행동

서류평가	평가 요소·비율		평가 항목
		성실성	책임감을 바탕으로 꾸준히 노력하여 자신의 의무를 다하는 태도와 행동
	발전가능성(20%)	자기주도성	스스로 목표를 설정하고 적절한 전략을 선택하여 계획을 수립하고 실행하는 성향
	:현재의 상황이나 수준보다 질적으로 더 높은 단계로 향상될 가능성 발전가능성(20%)	경험의 다양성	스스로 목표를 설정하고 적절한 전략을 선택하여 계획을 수립하고 실행하는 성향
		리더십	공동체의 목표 달성을 위해 구성원의 화합과 단결을 이끌어가는 역량
		창의적 문제해결력	창조적이고 논리적인 사고로 문제를 해결하는 능력

면접평가	가) 방식 : (지원동기, 가치관 및 인성 등) 공통문항 및 개인 서류확인 면접 나) 형식 : 개인면접으로, 면접관(2인) 대(對) 지원자(1인) 8분 내외 면접		
	평가 요소·비율		평가 항목
	인성 (50%)	창학이념 적합도	창의적인 노력, 진취적인 기상, 건설적인 협동
		인성	품성, 태도, 사회성, 자기주도성
	전공적합성 (50%)	전공 기초소양	전공적합성, 학업역량
		논리적 사고력	탐구력 및 논리적 의사소통능력

수능최저 학력기준	국어, 영어 중 1개 영역 이상이 3등급 이내

▶ 수시지원 합격/불합격 여부

지원대학	지원모집단위(학과)	전형명	1단계 합불	최종 합불
경희대학교	영화연출학과	네오르네상스전형	합격	합격
중앙대학교	영화학과	실기전형	불합격	불합격
동국대학교	영화영상학과	실기전형	불합격	불합격
동국대학교	영화영상학과	DoDream전형	불합격	불합격

자기 소개서

1. 고등학교 재학기간 중 자신의 진로와 관련하여 어떤 노력을 해왔는지 본인에게 의미가 있는 학습 경험과 교내활동을 중심으로 기술해 주시기 바랍니다(띄어쓰기 포함 1,500자 이내).

"제한이 많을수록 창의적인 것들이 쏟아진다."

([영화수업], 알렉산더 맥캔드릭 저)는 말에 매우 공감합니다. 2학년 때 영화

〈인셉션〉을 아주 인상 깊게 본 뒤, 연상되는 소재로 영화를 제작해보고 싶었습니다. 제가 직접 만든 자율동아리에서 꿈과 무의식, 학업 스트레스를 소재로 시나리오를 작성하고 촬영을 시작했습니다. 부푼 마음으로 시작한 첫 촬영 장면부터 로케이션이 원활하지 않았고 수정을 반복하다가 시나리오의 절반 이상을 고쳐야 했습니다. 저에게 주어진 '제한'을 실감하며 창의적 발상을 끌어내어 현실적인 조건에 맞춰 시나리오를 수정하다 보니 결과적으로 처음 썼던 시나리오보다 더 괜찮은 시나리오가 나올 수 있었습니다. '50분의 긴 러닝타임'을 마무리하고 우여곡절 끝에 체감한 제작과정의 희열은 또 다른 도전을 할 수 있는 원동력이 되었습니다.

'영화, 감상과 비평', 영화 제작 과정에 정말 많은 도움이 됐던 수업입니다. 어설픈 제작과정을 경험하고 나서 온라인 공동수업을 신청하였습니다. 이 수업에서 영화의 연출 기법과 편집 기법에 대해 자세히 배울 수 있었는데, 영화의 스토리보드 그리기, 촬영 현장에서 좋은 장면을 연출해낼 수 기법 등을 배울 수 있어 정말 재미있었습니다. 또한, 편집 과정에서 어떤 포인트에서 장면을 전환해야 하는지, 편집 점을 어디서 어떻게 잡아야 하는지 등 디테일하게 배운 후, 높은 완성도의 영화를 만들어 가고 있습니다. 코로나로 인해 비대면 수업으로 진행되는 아쉬움이 컸지만, 같은 관심을 가진 친구들과의 수업은 배움의 열정이 특별한 시간이었습니다. 영화감상 후, 토론 활동 때마다 자발적으로 사회자를 담당하여 비평이 원활하게 이루어지도록 노력하는 등 전 과정 수업에 누구보다도 열심히 참여하면서 연출가의 꿈을 구체화한 배움의 시간이었습니다.

'지나치게 사회가 예술에 관여할 경우 한 인간이 정말 비극적으로 몰락할 수도 있다.'

생활과 윤리 시간에 발표한 주제입니다. 어렸을 때부터 영화광이어서 스스로 영화를 많이 찾아보고 분석하기도 했지만, 수업을 통하여 배운 내용으로 영화적 사고를 키우기도 했습니다. 제 기억에 가장 많이 남는 것은 바로 2학년 때의 생활과 윤리, 윤리와 사상 수업 시간입니다. 의미가 깊은 영화에는 깊고 심오한 철학적인 주제가 함의되어있는 경우가 많은데 생활과 윤리, 윤리와 사상 수업을 체계적으로 듣다 보니 자연스레 영화에 대한 이해력 역시 높아졌습니다. 특히, 윤리와 사상에서 신앙에 대한 수업을 듣고 영화 〈사일런스〉(마틴 스코세지)를 보니 영화의 배경과 인물들의 행동이 더욱 이해가 잘 되었고, 수업에도 더욱 적극적으로 참여하는 계기가 됐습니다. 그리고, 생활과 윤리 시간에 배운 심미주의와 도덕주의에 관한 발표를 준비하면서 영화 〈패왕별희〉(첸 카이거)와 연관 지어 사회와 예술의 관계성을 모두 함께 생각하는 시간을 마련했습니다. 주제에 공감한 친구들과 선생님의 격한 호응을 얻었던 발표 시간에도 저의 영화를 향한 열정이 마중물이 되었습니다.

☞ 강평

주어진 상황에서 제한를 넘어 창의적 발상을 이끌어 낸, 도전의 가치를 보여주는 활동과 경험들이 인상적이다. 자율동아리의 영화 제작과정에서 예상되는 시행착오를 겪으면서도 영화의 완성까지 이뤄낸 부분은 여러 인성적 측면의 훌륭함까지도 엿볼 수 있게 해주는 대목이다. 또한 토론 활동을 통해 사회자로서 원활한 비평을 위한 토대를 마련해 주고, 영화연출과 영화 자체의 이해도를 높였음을 알 수 있다. 연출가라는 꿈을 더욱 구체화 시켜주기 위한 온라인 공동수업과 생활과 윤리 시간의 교과 연계 발표는 우리 학생의 적극성과 꿈, 그리고 영화 연출에 대한 진지함을 느끼게 해준다.

2. 고등학교 재학기간 중 타인과 공동체를 위해 노력한 경험과 이를 통해 배운 점을 기술해 주시기 바랍니다(띄어쓰기 포함 800자 이내).

영화란 감독 혼자만의 작품이라고 생각하지 않습니다. 연기, 촬영, 조명, 편집 등 모든 부분이 어우러져 만들어지는 종합예술의 대표가 영화라고 생각합니다. 2학년 때 단편영화를 찍고자 하였으나 함께 할 팀원을 모으는데 일부터 많은 애를

먹었습니다. 그래서 전 영화에 관심이 있는 부원들을 모집하고 정식으로 자율동아리를 창설하였습니다. 6명 정도의 인원이 모였지만, 문제는 서로 원하는 파트가 겹치고, 또 역할을 맡지 않은 파트가 생긴다는 것이었습니다. 충분히 갈등이 생길 수 있는 상황이었지만 전 이 상황을 자연스럽게 받아들였습니다. 촬영을 희망하는 친구가 2명이었는데, 한 명에게만 일임하지 않고 서로 의견을 나누면서 상호협력하는 촬영 시스템으로 진행하였습니다. 두 사람의 관점으로 보는 연출은, 보다 완성도가 높은 결과물을 만들었고 두 친구 모두 현장에서의 본인의 역할에 대해 굉장히 만족했습니다.

촬영 중반쯤, 감정이 매우 몰입된 진지한 대화 장면을 찍을 때가 있었습니다. 그때 문제가 생겼는데, 그날따라 주연 배우가 기분이 너무 좋았는지 촬영 중에 계속 웃음이 나오는 것이었습니다. 참으려고 해도 계속해서 배우의 웃음이 멈출 기미가 보이지 않자, 전 촬영 순서를 바꿔 나중에 찍기로 했던 추격전을 먼저 촬영하였습니다. 힘들게 뛰고 오면 웃음기가 사라질 것이라는 판단에 그렇게 결정했고 효과도 좋았습니다. 이렇게 배우의 연기가 나오지 않아 어려운 상황에서 배우에게 맞춰 상황 자체를 변경하고 좋은 연기가 나올 수 있도록 배려하는 연출을 하듯 전체가 하나가 되어 합력하여 만들어 가는 연출가가 되고자 노력하고 있습니다.

☞ 강평

연출가로서 가져야 할 공동체 역량 중 협력이 가지는 가치는 누구도 부정하지 않는 소중한 덕목이다. 소수의 인원이지만 원하는 것이 완전히 동일하지 않는 구성원들과 함께 하나의 결과물을 만들어 내기 위해 그 사이에서 의견 조율과 양보, 배려 등을 통한 소통을 이뤄내는 것은 쉽지 않았을 것임이 분명하다. 동아리 구성원들의 겹치는 역할에서 상호 협력을 이뤄내고, 협업이 가질 수 있는 긍정적인 면을 찾아내고, 배우의 상황을 이해하고 연출 순서를 바꾸는 등의 문제해결력은 연출가로서 지녀야 할 중요한 자질이며 역량이다. 주변의 사람들을 소중히 하고, 함께하는 구성원들과 합력하여 완성된 하나로, 결과물을 만들어 내도록 이끄는 리더십을 가진 우리 친구의 모습도 볼 수 있다.

3. 경희대

— 해당 모집단위에 지원하게 된 동기와 준비 과정에서 배운 점을 기술해 주기 바랍니다.

누군가 길을 가다가 저를 붙잡고 "대체 영화가 뭐야?"라고 묻는다면, 전 바로 "영화란 사람들의 고통을 이해해주는 매체입니다."라고 대답할 것입니다. 전 이런 생각을 바탕으로 영화가 얼마나 우리의 삶에 있어서 소중한 지 가슴속에 품고 살고 있으며, 좋은 영화를 만들고자 하는 열망이 끊임없이 흘러나옵니다.

〈릴리 슈슈의 모든 것〉, 제 인생에서 이 영화는 그 무엇과도 바꿀 수 없는 보물같은 존재입니다. 저와 같이 영화를 좋아하는 친구가 정말 강력하게 추천하여 〈릴리 슈슈의 모든 것〉을 봤는데, 정말이지 영화 후반에 호시노(오시나리 슈고 역)가 풀밭에서 소리를 지르는 장면은 절대로 잊을 수가 없습니다. 그 장면에서 호시노가 느꼈던 혼란과 고통이 한꺼번에 제 가슴속으로 들어와 제 마음을 아프게 하면서도 영화가 줄 수 있는 카타르시스가 무엇인지에 대해 정말 깊게 와닿았습니다.

'인간과 세상에 대한 이해', 제가 영화감독에게 가장 필요한 덕목이라고 생각하는 것입니다. 국어 시간에 책 〈영화 인문학〉, 〈세계의 교양을 읽는다〉를 읽은 적이 있었고, 마침 한국사 수행 평가를 위해 〈1987〉을 봤던 시기였습니다. 책을 읽기 전에도 〈1987〉을 본 적이 있었지만, 책을 읽고 난 후에 다시 영화를 봤을 땐 전에는 보이지 않던 새로운 의미들이 보이기 시작했습니다. 인물의 감정, 정의감을 더욱 자세히 느낄 수 있었고 영화의 숨은 의미나 메타포도 더욱 잘 이해할 수 있었습니다. 이를 통해 전 영화를 잘 이해하고 만들기 위해서 인문학적, 철학적 소양이 정말 필수라는 걸 깨달았습니다.

☞ 강평

영화 연출이라는 진로를 위해 어떤 연출가가 되고 싶은지, 어떤 영향을 끼치고 싶은 지에 대해 깊게 고민하고, 어떻게 다가갈 수 있는지에 대한 실행에도 주저함이 없는 우리 학생은 고등학교 시절 내내 자신의 일상 곳곳에서 영화라는 키워드를 끊임없이 사용하고 고민하고 있음을 알 수 있다. 인간과 세상을 이해하는 것이 영화 감독에게 가장 필요한 덕목이라 생각하는 우리 학생은 자신의 노력에 연출의 기술적인 면들을 더한다면 자신만의 강점과 매개체로 관객에게 다가가 그들의 고통을 어루만져줄 수 있는 발전가능성이 충분하다고 여겨지며 그가 펼칠 길에 격려와 응원의 마음을 아낌없이 보내고 싶다.

합격 수기

1. 경희대 영화연출학과 네오르네상스 전형을 선택하게 된 결정적 요인은 무엇인가요?

어릴 때부터 제가 영화를 좋아했고 영화감독이 꿈이었습니다. 그래서 영화과에 가고 싶어서 조사를 하다 보니까 제 성적에 경희대 네오르네상스 전형이 적합하다고 생각해서 지원하게 됐습니다. 물론 다른 학교도 많이 고려했습니다. 동국대, 세종대, 서울예대 등등 좋은 학교도 있었고 이 학교들이 경희대에 비해 영화적으로는 더 유명한 학교였지만 전 학교 자체의 네임드는 경희대가 더 높다고 생각합니다. 물론 위 학교들이 영화적으로는 더욱 좋은 수업을 받을 수 있겠지만 더욱 수준 높은 교양수업과 전체적인 수업 체계가 잘 잡혀있는 학교에서 더 다양하고 좋은 수업을 받을 수 있을 것이라고 생각했고, 좋은 영화감독이 되기엔 학부생 때는 영화 외적인 수업도 굉장히 중요하다고 생각해 경희대에 지원하게 됐습니다.

2. 학교생활기록부 관리에 대한 나름의 노하우를 알려주세요(학교생활에서 특별히 관심을 두고 했던 활동도 좋음).

전 세부능력 특기사항에 가장 많이 집중을 했습니다. 저희 고등학교 특성상 예술 쪽은 동아리가 많이 활성화되지 못했기에 동아리나 외부활동으로 생기부에 무언가를 어필하기엔 무리가 있었습니다. 그래서 전 수업 시간 중에 발표를 하거나 무언가 특별한 활동을 할 때면 늘 영화 쪽과 연관시켜서 세부능력 특기사항의 대부분을 영화와 관련된 내용으로 채워 넣었습니다.

여러분들이 가끔 보면 본인의 학과와 별로 상관이 없는 과목이 있을 수 있습니다. 저는 영화과라는 특수한 성향이 짙은 과여서 더욱 그랬습니다. 하지만 자세히 살펴보면 연결고리가 무조건 있습니다. 연관이 별로 없다고 그 과목의 세특을 대충 쓰지 말고 반드시 세세하게 한 번 찾아보는 걸 추천드립니다.

3. 자기소개서의 작성 과정을 설명해 주세요. 자기소개서를 작성할 때에 가장 정성을 기울인 문항은 몇 번이고 이유는 무엇인가요?

1번입니다. 저희 아버지가 타 학교에 교수로 재직 중이셔서 교수님들이 자소서를 평가하는 방식에 대해 많은 얘기를 들었습니다. 가장 먼저 하셨던 말씀이 평가 특성상 자소서가 워낙 많기 때문에 휘리릭 보고 넘기는 경우가 대부분이라는 것입니다. 그렇기에 전 처음에 교수님들의 눈을 딱 사로잡는 게 중요하다고 생각했고 그래서 1번에 가장 많은 정성을 기울였던 것 같습니다.

4. 어떻게 면접을 준비했는지와 면접에서 어떤 질문을 받았는지 궁금합니다.

[나] 안녕하십니까, 136번입니다.

[교1] 여기 오느라 수고 많았죠?

[나] 아...넵.

[교1] 이때까지 준비한 거 오늘 맘껏 보여주면 됩니다.

[나] 넵!

[교2] 생기부 보니까 방송영상반 활동을 3년 동안 열심히 한 것 같은데 여기서
뭘 했는지, 또 어떻게 영화를 만들어봤는지 말해주실래요?

[나] 방송부에선 학교 축제 준비나 종소리 맞추기 등 학교 전반적인 일을 했고
영화는 제가 따로 자율 동아리에서 만들었습니다. 거기서 동아리 부장도
맡았고 50분짜리 중편영화도 찍었습니다.

[교2] 50분이요?

[나] 넵. 길이가 50분입니다.

[교2] 그럼 그 영화 간단하게 요약한 줄거리랑 본인이 뭐 맡았는지 말해줄래
요?

[나] 학업 스트레스, 부모님의 압박, 친구 관계 등 정신적으로 많은 스트레스를
받던 주인공이 어느 날 우연히 검은 망토의 사내라는 사람에게 쫓기고 살
해당하는 꿈을 반복적으로 꾸게 되면서 벌어지는 일입니다. 그리고 전 이
영화에서 연출을 맡았고 동아리 부장으로서 전체적인 기획도 맡았습니다.

[교2] (작게) 기획도 했다라... 본인의 성적에 대해서 어떻게 생각하나요? 본인
이 한 만큼 성적이 나온 것 같나요?

[나] 솔직히, 열심히는 했다고 생각하는데 제가 시험에 좀 약한 편이라서 제 성
적에 만족하지는 않는 편입니다.

[교1] 뭐 긴장을 많이 하는 편이에요?

[나] 그건 아닌데 그냥 좀 omr 실수 같은 걸 많이 하는 편입니다.

[교2] (교1에게) 교수님 질문 하시면 됩니다(작게 함)

[교1] 본인이 50분 길이의 영화를 찍었다고 했는데 거기서 뭘 했고 하면서 어땠
는지 전체적으로 말해주세요.

[나] 저는 연출을 했고 저희가 이 영화를 1년 동안 만들었습니다. 저희가 시간
적인 제한도 많았고, 아무래도 고등학생이다 보니 시간적인 제한이 많았
는데 정말 힘들게 완성하고 나니까 되게 쾌감을 느꼈습니다.

[교1] 그럼 본인이 만든 영화에 만족을 하는 편이에요?

[나] 딱 처음 완성했을 땐 "아 내가 이런 것도 다 완성해낼 수 있구나!!"라는 생
각이 들어서 되게 좋았는데 돌려볼수록 아쉬운 점이 많이 나와서 전 아쉽
다고 생각하는 편입니다.

[교2] 교과 과목 중에 본인이 특별히 좋아하는 과목이 있을까요?

[나] 전 사회 과목을 좋아하는데 그중에서도 특히 윤리와 사상 과목을 좋아합
니다.

[교2] 윤리와 사상? 왜요?

[나] 전 영화랑 철학이 비슷하다고 생각합니다. 영화랑 철학 모두 인간과 사회
를 탐구하기에 전 영화 작업을 하는데 있어 철학이 되게 중요하다고 생각
해서 철학에 대해서 공부를 많이 하게 됐는데 그때 철학 과목이 좋아진 것
같습니다.

[교2] 본인이 감명 깊게 읽은 책이 있을까요?

[나] 저 〈세계의 교양을 읽는다〉라는 책을 되게 감명 깊게 읽었습니다. 이 책이 예술, 과학, 종교 등 다양한 방면에서 우리 인간과 사회가 어떻게 행동하고 돌아가는가 등을 알려줬는데, 이 책으로 제가 더 다양한 시각을 가질 수 있게 된 것입니다.

[교2] 이 책 저자가 누군지 알아요?
[나] 최병권 작가님이라고 알고 있습니다.

[교1] 그럼 마지막으로 본인이 이때까지 준비한 거 후회 없이 마음껏 말해보세요.
[나] 제가 불면증이 되게 심한 시절이 있었는데 그때 잠이 안 올 때면 늘 영화를 보곤 했습니다. 영화를 보면서 제 불안한 마음을 안정시킬 수 있어서 전 영화에 감사하는 마음을 갖고 있습니다. 그래서 전 여기 경희대에 와서 영화를 잘 배워서 더 좋은 영화를 만들어서 영화라는 것에 보답하고 싶습니다.

[교1] 예~ 수고하셨어요~~
[나] 넵, 감사합니다.

5. 수능 최저가 있어서 부담이 되었을 텐데 어떻게 준비했는지 궁금합니다. 후배들에게 도움이 되도록 구체적으로 부탁드립니다(멘탈 관리도^^).

음. 이 부분에 있어서는 제가 좀 혜택을 많이 봤습니다. 우선 저희는 예체능 계열이었기에 국, 영 중에 하나만 3이 넘으면 됐고 제가 정시 준비를 꽤 열심히 하는 편이어서 부담이 별로 없었습니다.

배주원 학생이 합격한 경희대학교의 학생부종합전형 네오르네상스 전형은 학생부와 자기소개서를 종합적으로 정성 평가하고 1단계에 4배수를 선발 후, 2단계 면접전형에 임해야 한다. 또한, 학생부종합전형임에도 불구하고 1개 영역(국어, 수학, 영어, 탐구 1개) 중, 1개 영역 3등급 이내의 수능 최저 기준을 만족시켜야 한다. 그리 어려운 최저 기준은 아니지만, 예능 계열의 입시를 준비하는 학생이 어느 정도 수능으로 학업 역량도 보여주길 기대하는 측면이라 볼 수 있다. 1차에서 4배수로 선발한 변화(2021학년도 3배수)를 보면 면접을 통해 우수한 학생을 더 많이 선발하고자 하는 대학의 의지가 나타난다. 그만큼 면접전형의 변별력 또한, 중요해졌으므로 준비과정에 최선을 다했고 현장에서 면접관의 긍정적인 코멘트를 들을 만큼 아주 좋은 평가를 얻을 수 있었다. 과학중점학교에서 계열 평균 내신 3.5등급을 받아 예능 실기뿐만 아니라 학업에도 열심히 노력한 모습을 보여주기에 충분하다. 경희대학교의 학생부종합전형이 원하는 학업능력, 자기 주도적 학업태도, 전공 분야에 대한 관심과 지적 호기심 등 창의적 인재로 발전할 가능성을 종합적으로 평가하는 학생부종합전형에 적합한 모습을 보여주었기 때문에 합격할 수 있었다고 생각한다.

첫째, 학업 역량은 주어진 여건에서 보인 교과 학습활동의 성취 수준과 학업 역량을 평가한다. 지원자의 교육환경을 바탕으로 고등학교 전 과정에서 국어, 영어, 수학, 사회를 중심으로 교과를 충실히 이수하였는지와 경희대학교 교과 이수 기준 충족 등을 고려하여 평가한다. 학업 성취도는 물론, 학업을 수행하고 학습해 나가는 자발적인 의지와 태도, 학습자가 스스로 학습 목표를 설정하고 적절한 학습 전략을 선택하여 계획을 수립 · 실행하는 과정을 살펴본다. 또한 전공과목 이수에 필요한 고등학교 교과의 선택과 지원한 전공에 대한 탐구와 활동을 중요하게 보는데, 3년간 전 교과에서 나타나는 영화를 매개체로 한 심화 탐구 노력과 공동교육과정으로 이수한 '영화감상과 비평' 과목에서 보여주는 학습 태도와 열정은 자발적이고 주도적인 학업 역량을 잘 나타낸 사례이다. 50분짜리 중편영화 제작 등 적극적인 모습에서 진지함과 함께 진로에 관한 의지가 나타나 합격할 수 있었다고 생각한다.

둘째, 개인 역량은 스스로 목표를 설정하고 적절한 전략을 선택하여 계획을 수립하고 실행하는 성향을 중심으로 학업 소양을 평가한다. 공동체의 일원으로서 필요한 바람직한 사고와 행동을 평가하고 자기 주도적 학습 경험에서 나타나는 지적 호기심, 학업에 대한 열정, 적극성 및 진취성, 학업 수행 과정에서의 주도성, 논리적 사고력, 과제 수행 능력 등의 학업 소양을 평가한다. 3년간 방송부 봉사활동을 하며 매일 성실하게 맡은 책임을 다하는 성실함을 보여주었고 이것은 영화 연출 현장에서 꼭 필요한 인성적 자질이라고 생각한다. 영화란 감독 혼자만의 작품이라고 생각하지 않습니다. 연기, 촬영, 조명, 편집 등 모든 부분이 어우러져 만들어지는 종합예술의 대표가 영화라고 생각하는 자신의 가치관을 진정성 있게 보여주는 모습이며 진로 설정, 교과와 비교과의 균형 있는 노력과 성과, 전공 적합성에 맞춰 책과 영화로 탐구하는 모습을 자기소개서에 구조적으로 잘 녹여내었고 이러한 점이 두 번째 합격 비결이라고 볼 수 있다.

셋째, 잠재 역량은 현재 상황이나 수준보다 질적으로 더 높은 단계로 향상될 가능성을 평가한다. 창조적이고 논리적인 사고로 문제를 해결하는 능력과 리더십, 공동체 의식, 책임감, 사회적 기여 가능성 등을 평가한다. 자신의 진로에 불리한 학교 환경에도 굴하지 않고 개인 유투브 방송을 통해 예능과 음악적 재능을 표현하는 등 스스로 할 수 있는 방법으로 노력했다. 활달하고 개방적인 성격으로 교내활동에 적극적으로 참여했고 자율동아리(INTER-ACT)를 창설하고 부장으로서 단편영화 연출 및 각본을 도맡아 영화를 완성하였다. 영화를 향한 한결같은 열정은 전공 적합성뿐만 아니라, 끊임없이 도전하고 마음에 품은 뜻을 실현해 가기 위해 노력하는 학생임을 알 수 있다. 이 점이 우리 학생의 세 번째 합격 비결이라고 할 수 있다.

우리 학생과의 첫 만남 때, 자신이 추구하는 가치관이 명확하고 다소 독특한 분위기를 뿜어내는 모습에서 오직 영화에만 몰두하고 있다는 얘기를 이해할 수 있었다. 과학 중점학교에 다니면서 학교 특색과는 전혀 어울리지 않게 '영화 연출'이라는 자신만의 뚜렷한 진로 목표를 설정하고 3년간 달려 온 열정은 고집스러움에 가깝다고 생각한다.

음악 활동도 했고 운동도 잘하는 친구로 그야말로 다방면의 재능을 가진 소유자인데, 이 모든 재능을 '종합예술-영화'로 표현하고자 마음먹었다. '인간과 세상에 대해 이해하는 연출가'를 꿈꾸며 철학에 깊은 관심을 가지고 사람이 살아가는 모습에서 삶의 희로애락을 관찰하고자 노력했다. '윤리와 사상' 과목을 가장 좋아하고 사회과학 분야의 독서를 통해 다양한 관점으로 세상을 이해하는 모습이 나타난다. 이러한 노력은 시사 및 사회 이해력 평가대회, 한국사 이해력 평가대회에서 3년 연속 수상하며 뛰어난 역량을 확증하였다. 또한 한국사 교과 우수상은 물론 〈1987〉 등 책, 영화와 연계하여 심화 탐구하는 모습을 다양한 교과의 세부 특기사항에서 찾아볼 수 있다.

"제한이 많을수록 창의적인 것들이 쏟아진다." 자신이 가장 공감하는 문구를 실천하듯 환경적 어려움이 많았지만, 꿋꿋하게 꿈을 향해 3년간 해온 노력으로 결국 5명, 극히 소수의 합격자만이 누리는 성취감을 맛보는 주인공이 되었다. 경희대학교 영화연출학과 면접에서 "강의실에서 만나면 좋겠어요."라는 코멘트를 듣고 흥분 섞인 목소리로 전화했던 그 캠퍼스에서 주인공은 자신의 인생 스토리 첫 장면을 연출하기 시작했다.

국민대학교
KOOKMIN UNIVERSITY

문제의 본질을 관통하는 통찰력을 가진
국제문제 해결전문가를 미리 만나다!

국민대학교 농어촌전형 일본학과 합격
경상북도 포항동성고등학교 백현우

성적은 4등급대로 우수한 성적은 아니다. 수상내역에서 교내 경시대회참여에 적극적이고 성실하게 참여한 결과가 수상으로 보여주고 있다. 학년별 학과목 세부능력특기사항에서는 교사들로부터 교실수업에 집중하여 적극적이고 성실하게 참여한 모습을 석차등급보다 우수하게 평가받고 있음을 볼 수 있다. 독서량이 많은 학생이며 수행평가나 심화학습에서 지적호기심을 독서로 연계 확장하여 교실수업을 뛰어넘는 호기심을 발현하는 확장성이 체화되어 있어 보인다. 이는 자기주도 학습능력이 가능하였으리라 여겨지고 문제 해결 능력을 키우는 밑거름이 되었으리라 보여진다. 창의적 체험활동 항목에서도 학생의 활동을 읽어 내려가는 평가자를 배려하여 소제목을 배치한 기록의 구성도 칭찬할 만하다.

학년별 성적 추이가 우상향하거나 강점을 보이는 특정 과목은 없었다. 하지만 교내 수상에서 사회과 과목의 경시대회에서 관련전공에 맞는 수상을 보여줌으로써 진로관련 석차등급의 부족함을 보완하였다.

스펙 분석

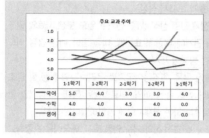

주요 교과 추이	1-1학기	1-2학기	2-1학기	2-2학기	3-1학기
국어	5.0	4.0	3.0	3.0	4.0
수학	4.0	4.0	4.5	4.0	0.0
영어	4.0	3.0	4.0	4.0	0.0

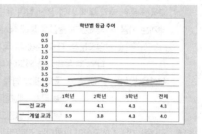

학년별 등급 추이	1학년	2학년	3학년	전체
전 교과	4.6	4.1	4.3	4.3
계열 교과	3.9	3.8	4.3	4.0

※전공학업 우선순위 : 영어 〉국어 〉사회 = 국어

▶ 자율활동

1학년　학급 실장 역할 수행

　　　열정 리더십 – 학업적응 3UP캠프

　　　세계 시민으로 거듭나기 – 외국인초청 세계 이해 교육

2학년　학급 총무 역할 수행

　　　학급의 파수꾼(1학기 야회 계단 청소 / 1학기 학급 분리수거)

　　　학급자치위원 – 1인 1역할(면학분위기 조성)

3학년　학급 부실장 역할 수행

　　　자신감이 향상된 나눔학습발표

▶ 동아리활동

1학년　COW : 동아리 홈페이지 관리자로 활동(본인의 관심분야를 독서활동 후 정보를 제공하고 세계
　　　속 한국인으로서의 자세에 대해 성찰하는 모습을 보여줌)

2학년　A–세상읽기(평등) : 'SNS와 세계에 대한 올바른 가치관 형성의 상관 관계" 주제로 보고서 작성
　　　하며 조원과 가설을 세우고 결론을 도출함. 이 과정에서 세계문제에 관한
　　　해시태그 운동과 올바른 사실을 담은 영상 제작 등 해결책을 구체적으로 제
　　　시함.

3학년　A–세상읽기 : '실질적인 한일관계 개선과 위안부 문제 해결을 위한 정권교체 유도방안 – 일본
　　　여성의 인권 신장 방향성'에 관한 보고서 작성함

▶ 진로활동

1학년　PD의 일과 진로루트 경청 후 다큐멘터리 관람 – PD의 기획력의 매력 느낌.

　　　진로독서 발표 – 독서를 통한 세계여행. 여행관련 책 읽고 국제학의 꿈을 키움. 진로목표를
　　　소개함.

　　　외국어 계열 전문가 – 입시포털 사이트 진학 정보 수집, 영어영문학과에 관심을 가져 자료 조사.

2학년   고령화 시대의 해법 - 인구 데드크로스 발생 및 고령화 사회문제 탐구. 일본의 대처방안 학습
         후 우리나라 적용.

         교육을 통한 지역 특색 사업 생산 참여 유도 효과 보고서 작성.

         세계는 지금 - 국제관계 관심을 통해 국제 정세 관련 상식 쌓음. 센카쿠 열도 분쟁 자료와 일본
         영토분쟁 자료 취합 후 국제 관계에 대한 발표진행. 미국 중국 패권 경쟁 의도
         파악 후 우리나라 외교에 대한 방향성 제시.

         세상을 밝히는 빛 ODA - 국제 개발 협력 활동 찾음. 원조공여국으로 우리나라의 활동 및 공조
         및 국제 개발협력에 참여 활동 파악. 의료기술을 통해 국제 개발 협
         력기구의 일원으로 참가하여 국제사회에 공헌하겠다는 포부.

3학년   국력을 키우고 애국심이 발휘되는 진로연대표 - 외교적 성과 거둔 인물 조사. 애국심을 존중하고
         국제관계의 힘과 원리가 작용됨을 파악. 나라에
         보탬이 되고자 각오.

         진로심화보고서 - 21세기 이스라엘 경제성장의 비밀 탐독 후 징병제 시행하는 이스라엘 여군
         에 대해 "이스라엘을 통해 배울 성장 프로젝트 작성. 군문화 속 양성 평등 현
         상 주목. 여성징병제에 대한 방안 제시 후 자국의 이익을 위해 적극적 대항
         의 필요성을 강조함.

▶ 수상경력

1학년   국어지식 골든벨 우수상(2위)

         사회과 과제연구 발표대회 공동수상 4인 우수상(2위)

2학년   사회과 경시대회(세계사) 우수상(2위)

         사회과 경시대회(한국지리) 장려상(3위)

3학년   수학 대수경시대회 장려상(3위)

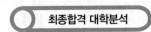

최종합격 대학분석

● 국민대학교 일본학과 학생부종합 농어촌학생전형 (2022학년도 대입 기준)

▶ 전형방법 및 최저학력기준

전형방법	1단계 : 서류 100 (3배수) 2단계 : 1단계 성적 70% + 면접 30%
제출서류	학생부, 자기소개서

서류평가	자기주도성 및 도전정신 – 자기주도성(30) 고등학교 생활에 적극적으로 참여하고 성장하였는가? – 수업활동, 교내활동 자신의 역량강화를 위해 스스로 노력하고 성취를 이루었는가? 자기주도성 및 도전정신 – 발전가능성(20) 다양한 여건 속에서 포기하지 않고 노력, 발전하는 모습이 보이는가? 고등학교 생활 전반에 걸쳐 발전적 변화의 모습이 우수한가? 전공적합성 – 전공잠재력(25) 진로탐색을 위해 어떠한 노력을 하였고 그 성과는? 지원전공 특성에 맞는 역량이 있는가? 전공적합성 – 학업능력(15) 대학 학업 이수에 필요한 기초 학업능력을 갖추고 있는가? 지원전공에 대한 이해와 학업능력이 어느 정도인가? 인성 – 공동체의식 및 협동능력(10) 공동체 활동에서 나눔, 배려, 협력의 관계를 실천할 수 있는가? 고등학교 생활을 성실하게 수행했는가?
면접평가	자기주도성 및 도전정신(40) 지원자가 수행한 교내활동의 진정성 활동을 통한 인재로서의 발전가능성 전공적합성(40) 지원전공에 대한 이해도 지원전공과 관련한 학업능력 및 태도 인성(20) 지원자가 수행한 개인 활동의 진실성 면접 태도 및 의사소통능력
수능최저 학력기준	수능최저 없음

● 국민대학교 일본학과 학생부종합 농어촌학생전형 (2023학년도 대입 기준)

▶ 전형방법 및 최저학력기준

전형방법	1단계 : 서류 100 (3배수) 2단계 : 1단계 성적 70% + 면접 30%
제출서류	학생부, 자기소개서
서류평가	2022학년과 동일
면접평가	2022학년과 동일
수능최저 학력기준	수능최저 없음

※ 위의 내용은 2023학년도 전형계획 기준이며, 정확한 내용은 대학에서 발표하는 수시모집요강을 확인하시기 바랍니다.

▶ 수시지원 합격/불합격 여부

대학명	지원모집단위(학과)	전형명	최종 합불
인하대학교	일본언어문화학과	학생부 종합(인하미래인재)	최초합격
인하대학교	일본언어문화학과	농어촌(학종)	최초합격
국민대학교	일본학과	농어촌	최초합격
충남대학교	일어일문학과	농어촌	1차 불합격
숭실대학교	일어일문학과	농어촌	1차 불합격
한국외국어대학교	체코 슬로바키어학과	교과	불합격

자기 소개서

1. 고등학교 재학 기간* 중 자신의 진로와 관련하여 어떤 노력을 해왔는지 본인에게 의
   미 있는 학습 경험과 교내 활동을 중심으로 기술해 주시기 바랍니다(띄어쓰기 포함
   1,500자 이내).

   1학년 때, 열린토론탐구활동에서 "4년 중임제를 시행해야한다"를 논제로 토
론활동을 진행했습니다. 그런데 준비 과정에서 선진국인 일본 내 여성의 정치 참
여율이 세계적으로 매우 저조한 이유가 궁금해졌습니다. 이 사소한 의문점 하나
로 시작된 일본에 대한 관심은 한일 갈등의 원인 중 하나인 위안부 문제로 이어
졌고, 2학년 때 관련 보고서를 작성하며 일본 정부에 이를 제대로 사과를 받을 수
있는 방안을 생각해 보았습니다. 이는 제3세계 국가에 여성인권관련교육이 포함
된 ODA를 활성화하는 방안으로, 여성인권에 대한 개념이 미약한 제3세계 국가가
여성인권을 인식하기 시작한다면 이 국가들이 성장했을 때 국제사회에서 위안부
사건에 관해 피해국들의 편에서 목소리를 내줄 수 있을 것이라고 생각했습니다.
그러나 조사를 진행할수록 현실적으로 실행하기 힘들다는 점을 알게 되었습니다.
이미 일본은 엄청난 규모의 ODA를 3세계 국가에 시행하고 매우 적극적으로 인프

라를 지원하고 있는 반면, 한국은 지원에 관한 관심도, 예산도 일본에 비해 현저히 떨어지는 상황임을 인식하게 되었습니다. 그래서 또 다른 방안을 찾기 위해 더 깊게 고민해 보게 되었는데, 3학년 동아리 활동 중에 한일 양국의 2030대 연령층은 사회, 문화적으로 교류가 매우 많고 기성층에 비해 상대적으로 반한 반일감정이 낮은 점을 발견하였습니다. 이러한 2030 연령층의 정치 참여율이 저조하고 보수 성향의 일부 기성층만 정치에 적극적으로 참여하게 되니 일본 정치인들이 자연스레 그들의 성향에 맞는 극우주의를 내세우는 것이 한일 갈등의 근본적 원인이고, 이는 과거사 해결에 대한 필요성을 없앤다고 해석하였습니다. 다양한 고민의 결과는 일본 내 정치권의 변화를 주는 것부터 시작해야 한다는 확신을 주었지만, 이를 실현하기 위한 도화선이 무엇일까라는 더 큰 고민을 갖게 되었는데, 평소 관심 있게 보던 일본 예능에서 여성에 대한 차별적 요소가 아무렇지 않게 소비됨을 느끼고 이 부분에 대해 접근해보게 되었습니다. 현 일본은 여성인권이 매우 낮아 사회 내에서 여성들이 제대로 목소리를 낼 수 있는 사회적 분위기가 형성되어 있지 않다는 점을 발견했고, 이를 바탕으로 다시 한번 해결책을 제시해 보았습니다. 여성인권의 신장을 위해서는 비교적 여성에 대한 우호적인 정책을 내세울 확률이 높은 진보정권의 출범이 위축된 일본 여성들의 돌파구임을 홍보하는 것이 현시점에서는 가장 확실한 방법이라고 확신하였습니다. 이를 바탕으로 일본 여성들이 움직일 수 있는 계기를 제공할 수 있는 홍보활동을 하며 여성인권에 대한 관심을 높인다면, 동시에 여성 인권 침해의 대표적 사례인 위안부 문제를 일본 여성들 사이에서 공론화할 수 있을 것입니다. 이들은 위안부 문제에 대한 사과를 요구할 것이며, 정권교체 등 현 보수정권의 경쟁세력을 자연스럽게 키워나갈 수 있는 사회 분위기가 형성될 것입니다. 저는 향후 국민대학교에 진학하여 이렇게 일본 여성들이 보다 목소리를 낼 수 있고 2030청년층이 정치에 적극적이게 참여하는 문화 조성에 앞장서고 싶습니다.

☞ 강평

1학년 토론 활동 후 일본여성 정치참여율 저조로 이어진 호기심이 양국의 갈등을 극명하게 보여주는 위안부문제로 관심이 확장되었고 사과해결방안에 관심을 갖고 보고서를 작성하는 탐구활동을 하였다. 위안부 문제 해결방안을 찾기 위해 '제3세계 여성 인권 인식 확대'로 사고의 확장성과 거시적 관점으로 문제를 해결하려는 시야가 돋보였다. 위안부 문제 해결과 일본여성의 인권 문제의 본질을 해결하기위해서는 일본여성의 정치적 관심과 참여를 이끌어내는 정책이 필요하다는 고차원적 사고에서 합리적 논리력을 볼 수 있었다.

문제의 본질을 횡적 · 종적, 거시적 · 미시적 유기적 접근과 유연한 사고를 기반으로 융통성과 융합적 창의력을 발견하고 논리적 사고력과 문제해결능력을 읽어 낼 수 있었다. 문제의 본질을 접근하는 방식이 아주 긍정적이고 건강한 사고를 가진 학생임을 알 수 있었고, 일본여성의 인권 향상을 위한 문화조성의 목표를 갖게 한 후 위안부 문제를 해결하고자 하는 수준 높은 사고는 '세계 시민 교육'을 통한 학교 교육의 결과물이라 여겨진다.

하나의 문제를 해결하기 위해 문제를 인식하고 해결해 나가는 과정이 매우 훌륭하며 생활기록부에서 연결되지 못한 활동들을 연결할 수 있어 마치 퍼즐의 조각이 맞춰지는 느낌을 주었다. 자기소개서는 결과의 과정을 쓰는 공간임을 정확히 파악하고 과정을 서술한 점과, 생기부에 드러나지 않은 도전정신과 문제해결력이 돋보이는 자기소개서라 할 수 있겠다.

2. 고등학교 재학 기간* 중 타인과 공동체를 위해 노력한 경험과 이를 통해 배운 점을 기술해 주시기 바랍니다(띄어쓰기 포함 800자 이내).

1학년 때 학급 실장으로 출마하여 당선된 후, 한 가지 다짐을 했습니다. 반을 하나로 이끌며 협력이라는 가치를 실천하면서 봉사하는 실장이 되자는 것이었습니다. 야영, 학교 축제 등 여러 활동에서 항상 가장 앞에서 반을 이끌며, 선생님들과 친구들의 기대를 한 몸에 받자, 오히려 혼자 다 해내야 한다는 강박관념에 스스로 갇히게 되었습니다. 국어시간 "종자가 누구의 자산인가"에 관한 토론 활동을 하며 실장의 책임감이라는 명목으로 독단적으로 자료를 작성하고, 대부분 혼자 토론을 하며, 나름대로 성공적이게 활동을 했다고 생각했지만, 오히려 친구들이 저에게 실망하는 모습을 보게 되었습니다. 이러한 방식이 잘못되었다는 점을 깨닫고 당선될 때 했었던 다짐을 다시 한번 되새겼고, 이를 바탕으로 사회 시간 "카피라이트냐, 카피레프트냐"에 관한 토론 활동에서는 친구들과 협력하며 자료를 준비했으며, 막히는 상황이 오면 친구들이 도와주며 대신 발언을 해주는 등 진정한 협력이라는 가치를 실행하며 성공적이게 토론 활동을 마칠 수 있었습니다. 이후 외국어 계열 전문가 집단에 자원하여 반 친구들과 함께 진로 체험 부스에 찾아온 친구들에게 외국어 학과와 관련하여 열띤 설명을 했습니다. 그 후 부스는 한꺼번에 많은 사람이 몰리게 되었는데, 친구들과 함께 협력하여 당황하지 않고 질서를 정렬하며 다시 부스 활동을 이어나갔고, 그 결과 최고의 인기 부스가 될 수 있었습니다. 이를 통하여 협력이라는 가치를 배우며, 그 가치를 실행하면 무엇이든지 할 수 있다고 확신했습니다. 그 후 제 인생의 가장 중요한 가치는 협력이 되었습니다.

☞ 강평

결과적으로 대학이라는 공동체 안에서 어떤 구성원으로 성장해 나갈지 보여줘야 하는 2번의 경우 본인의 가치관을 통해 단순한 선행이 아닌 공동체를 위해 노력하는 모습이 작성되어야 했으나 두 가지 활동을 통해 본인의 협력의 의미를 알고 협력을 깨우친 과정이 다소 아쉬운 느낌이다. 협력을 통해 성장하는 과정과 노력이 좀 더 많은 분량을 차지했다면 더욱 좋은 평가를 받을 수 있다고 보여진다.

그러나 삶의 가치기준 덕목에 협력이 오롯이 자리잡아가는 과정을 역동적인 활동들에서 학생이 가진 에너지를 전달받을 수 있었다. 경험은 무엇보다 소중한 자산이 됨을 다시 한번 인식하게 했다.

3. 전공 지원동기와 고등학교 재학기간 중 지원 분야의 진로탐색을 위해 도전한 경험에 대해 기술해주시기 바랍니다(띄어쓰기 포함 800자 이내).

'한국과 일본 문화의 상호보완과 미래'에 관한 보고서를 작성하며, 일본 불매 운동을 하면서도 일본 애니메이션을 즐겨보는 한국인과 반한 운동을 하면서도 케이팝 아이돌에 열광하는 일본인들 같이 양국 국민들은 모순적 행태를 보이는 것을 알 수 있었습니다. 고대부터 교류를 해왔으나 여러 사건 후 관계가 악화된 현재는 양국 모두가 손해라고 생각했습니다. 이를 통해 양국이 서로의 적극적 교류를 막고 있는 과거사 문제 등을 해결하고 더 가까워진다면, 잠재적 이득이 엄청날 것이라고 생각합니다. 해결법을 찾던 중 특이한 점을 하나 발견할 수 있었는데, 젊은 층은 무조건 진보를 지지한다고 생각해왔지만 서울시장 선거에서 젊은 세대가 보수에 더 많은 표를 줬다는 점과 일본의 젊은 세대 또한 보수의 지지율이 높다는 점이었습니다. 양국의 관점의 차이가 있긴 하지만 한국에서는 기성 세대와의 충돌이나 젠더 문제 등이, 일본에서는 취업률이 보수정권 집권에 가장 큰 영향을 미친다고 생각하였고 표심을 움직일 수 있는 명확한 이유만 존재한다면 일본 보수정권교체를 이끌어내는 것은 생각보다 멀지 않은 일이 될 수도 있다고 생각합니다. 이를 위한 첫걸음인, 과거사에 관한 사과를 받기 위한 '일본 보수정권교체'라는 목표를 이루기 위해 국민대학교 일본학과에 지원하였습니다. 쉽지 않은 목표인 걸 알고 있지만, 독립 후 국민대학교는 어려움 속에서도 포기하지 않고 '국민을 위한 대학'을 세우기 위하여 힘쓴 경험을 가지고 있습니다. 이러한 선배님들의 정신을 이어받아, 어려움에 포기하지 않고 도전하는 국민인이 되어 한일 관계 증진을 위해 애쓰고 싶습니다.

☞ 강평

지원하고자 하는 학과를 정확히 이해하였으며 본인이 하고자 하는 뚜렷한 목표와 일본학과와 일어일문학과의 차이점을 알고, 왜 국민대학교여야만 하는지 구체적으로 나와 있는 문항이라 할 수 있다. 3년의 과정 동안 일본언어뿐만 아니라 국제사회 속 일본과 한국을 바라보며, 자국의 윤택을 위해 노력하는 모습이 보이며 분석을 통한 문제점 확인, 확인 후 앞으로 나아가야 하는 방향성 및 지원동기보다 고등학교 재학기간 중 지원분야의 진로탐색을 위해 도전한 경험을 적절히 설명해 충분히 매력적인 자기소개서라 할 수 있다.

또한 사회 시사이슈인 일본 불매 운동에 관심을 갖고 작성한 보고서에서 양국 국민의 정치학적 상관관계를 중심으로 역사적 사건의 갈등 실마리를 접근해 보는 사고의 다양성을 보고 미시적, 거시적 관점으로 문제점을 해결해 보는 시도가 잠재적 역량이 풍부한 학생임을 알 수 있었다.

합격 수기

1. 국민대학교 일본학과 학생부종합전형을 선택하게 된 결정적 요인은 무엇인가요?

저는 어릴 때부터 국제학에 굉장히 관심이 많았습니다. 그래서 중학교 시절부터 국제정치를 공부하는 것을 굉장히 좋아했습니다. 그 후 "아이즈원"이라는 한일 다국적 아이돌그룹을 좋아하게 되면서 일본 문화에 대해 관심이 많아지게 되었고, 제가 좋아하는 국제학을 배우며 일본어뿐만 아니라 일본이라는 나라를 깊게 배우는 일본학과에 관심을 가지게 되었습니다. 저는 일본어 6등급을 맞는 등 일본 어학에 대한 어려움을 느껴 일어일문학과 보다는 일본학과에 더 끌렸고, 국내에 일본학과가 거의 없지만 존재하는 일본학과 중에서는 국민대 일본학과가 굉장히 유명하고 학계에서 탑이라고 소문났다는 사실을 알고 국민대학교 일본학과에 지원하게 되었습니다. 또 저는 내신등급이 낮은 편이었는데 이 때문에 2학년 때부터 생기부 관리에 굉장히 공을 들이기 시작했습니다. 낮은 내신등급을 100% 만회하지는 못하겠지만 조금이라도 만회하며 "나"라는 사람이 얼마나 일본을 좋아하고 국제학을 잘 알고 있는지를 알려주는 저의 장점을 극대화 하여 보여줄 수 있는 학생부종합전형을 선택하며 최종적으로 국민대학교 일본학과에 학생부종합전형으로 지원하게 되었습니다.

2. 학교생활기록부 관리에 대한 나름의 노하우를 알려주세요.

선생님들과 친해지고, 본인이 얼마나 노력하냐에 따라 생기부 질이 달라집니다. 예를 들어 저 같은 경우에는 영어과 선생님 한 분과 굉장히 친하게 지내고, 수업에 열정적으로 참여했었는데 영어 선생님이 다른 아이들과 차별화 되게 영어 세특을 잘 적어주셨던 경험이 기억에 남습니다. 선생님과 친해지고 수업시간에 누구보다 열심히 참여하는 것이 생기부가 튼튼해지는 첫걸음이라고 생각합니다! 또 늦어도 2학년 1학기부터는 자신의 진로를 확실히 정하여 그 진로에 맞는 남들과 차별화되는 독특한 컨셉을 만들어 생기부에 녹여내고, 쭉 자기소개서와 면접까지 밀고 나가는 것을 추천합니다. 남들이 가지지 못한 나만의 무기를 가지게 되는 것입니다. 저는 아직도 저의 합격이 남들이 가지지 못했던 독보적 컨셉을 유지하고 밀고 나갔기에 가능했다고 생각합니다. 요약하자면 1.선생님과 친해지기 2.수업시간 열심히 참여하기 3.자신만의 컨셉을 만들어 생기부에 녹여내기가 되겠네요.

3. 자기소개서의 작성과정을 설명해 주세요. 자기소개서를 작성할 때에 가장 정성을 기울인 문항은 몇 번이고 이유는 무엇인가요?

자기소개서를 작성할 때는 먼저 못 하겠더라도 써보는 것이 중요합니다. 일단은 초안을 만들고 그 초안을 명작으로 바꾸는 것이 바로 자기소개서 작성이라고 저는 생각합니다. 저는 저의 생기부를 하나하나 쭉 읽어보고, 1,2,3학년 활동에서 자소서 작성에 도움이 될 만한 것들을 모두 따로 정리했습니다. 그 정리한 것을 또 하나하나 살펴보며 정말 중요한 것만 따로 선정했습니다. 그리고 제가 밀어왔던 저의 컨셉에 맞게 1학년 2학년 3학년의 활동들을 정리했고 그 활동에서 느낀 점을 작성해 보며 이 모든 것들을 한 문단에 모두 옮겨놓고, 문맥에 맞게 정리했습니다. 또 자기소개서를 작성하며 가장 중요한 것은 "소설을 만들되 판타지까지는 가지 말자"입니다. 적당히 자신의 활동을 부풀리고 과장해서 적는 것 까지는 괜찮지만 지나치게 왜곡하거나 교수님 앞에서 세 발의 피도 안 되는 자신의 지식을 뽐내는 행동은 절대 지양해야 합니다.

4. 면접에서 어떤 질문을 받았고 어떻게 응답했는지 기억나는 대로 말씀해주세요.

[질문1 일본관련 국제 시사문제 하나만 말해주세요.

센카쿠 열도가 인상 깊습니다. 중국이 미국의 패권에 도전하면서 생긴 신냉전의 전면장이 바로 센카쿠 열도인 것 같아서 단순히 일본과 중국의 영토분쟁이 아닌 미중갈등이 깊은 장소라고 생각합니다. 만일 중국이 센카쿠 열도를 차지한다면 그다음은 한국의 이어도나 한국의 서해섬이 될 것 같습니다.

[질문2] 2학년 2학기 때 일본어 실력이 향상 된 계기가 무엇인가요?

제가 원래 정치, 경제, 사회만 좋아했지만 그 부분을 파고들면 파고들수록 언어가 기본 베이스라고 느낀 것이 일본어학습을 시작하게 된 계기가 되었습니다.

[질문3] 생기부에 주도적이고 적극적이라고 적혀있는데 이로 인해 갈등을 겪은 적이 있나요?

1학년 때 독단적으로 토론을 하다가 친구들의 진심어린 비판을 받아들이고 저의 잘못을 인정하고, 다음 토론부터는 친구들과 협력하며 재미있게 토론을 진행했습니다.

5. 국민대를 지원하려고 준비하는 후배학생들에 도움이 되는 이야기를 부탁드립니다.

국민대학교 나무위키를 정독하고, 학과 정보를 꼼꼼히 읽어보고, 이를 통해 얻은 구체적인 국민대학교의 특징을 저처럼 자기소개서의 3번에서 학교를 향한 애교심과 관심으로 듬뿍 보여주는 것을 추천합니다. 이렇게 하게 되면 "국민대학교에 대해 진짜로 관심이 있구나"하는 인식을 심어줄 수 있습니다. 또 면접 때 처음 자기소개나 마지막 할 말에서도 활용할 수 있는데, 예를 들어 "저도 국민대의 상징인 용처럼 국민대학교라는 여의주를 물어 세계로 날아 가겠습니다" 같은 재치있는 답변으로 활용할 수 있습니다. 이러한 학교에 대한 세세한 관심이 별것 아닌거 같아도 여러분을 합격을 향한 길로 한 발짝 더 걷게 만들어 줄 것입니다.

전문위원이 바라보는 합격의 비결

국민대학교 학생부종합 농어촌전형은 단계별 전형으로 1단계 자기주도성, 발전가능성, 전공잠재력, 학업능력, 공동체의식 및 협동능력을 2인의 입학사정관이 정성적 종합평가하고, 2단계에서는 제출서류(학생부, 자기소개서)를 바탕으로 3인의 입학사정관이 확인면접을 실시하는 전형이다. 농어촌 전형의 특성상 지역와 교육환경의 한계을 인지하고 주어진 환경 내에서 학생의 꿈을 향해 나아가는 모습을 높이 평가하였으리라 여겨진다. 학교수업과 연계한 창의적 체험활동에 적극적 참여와 교실 학과목 수업에서 보여준 학생만의 열정이 잘 전달되어 면접에서 진정성 있는 평가를 받았으리라 인정된다.

1) 학업 역량

어떤 과목 석차등급에서도 지원 학생의 강점을 찾지 못했다. 학생부 항목 하나하나를 꼼꼼히 읽어 내려가면서 선명한 지원학생만의 실루엣이 그려졌고, 뛰어난 잠재역량과 발전능성, 훌륭한 품성을 볼 수 있었다. '원점수가 높으면 석차등급이 높다' 는 등식은 대체로 성립한다 하더라도, 원점수가 높다고 학업역량도 뛰어나다는 1차원적인 등식은 적용되지 않음을 확실히 보았다. 학생부에서 보여주는 교사의 평가들이 학업역량과 잠재역량을 설명할 수 있는 훌륭한 표본임을 지원학생의 학생부에서 확인할 수 있었고 자기소개서를 통해 일맥상통과 진정성을 인정받았다고 여겨진다.

2) 전공 적합성

전공 적합성의 가장 큰 기준은 지원학과에 대한 올바른 이해와 관심으로부터 시작된다. 일본어문학과가 아닌 일본학과이기에 일본에 대한 전반적인 관심과 생활기록부 속 활동의 연결성이 매우 중요하다. 위의 학생은 언어, 문화 등 여행으로 시작하는 기초적인 학문적 접근방법과 열도 분쟁 해결을 다루고 있다. 또한 전공언어에 대한 심화역량뿐만 아니라 역사에도 관심이 많다. 고령사회와 정치 등 다양한 분야에 관심을 가지고 있다. 또한 단순히 일본에 대한 문제가 아닌 세계 국제 정세 속에 일본과 한국의 문제를 다루고 있고, 일본정치, 외교, 한일 협정, 문화 등 다양한 분야에 일본전문가라는 느낌이 드는 생활기록부다. 일본에 관한 꾸준한 관심과 세계 문제와 미래사회라는 진로선택과목을 수강하며, 개인세부능력특기사항의 우수성 또한 훌륭하다. 가장 큰 장점은 일본 언어나 문학에만 국한되지 않은 노력을 보이며, 일본학과를 가기 위한 역량중심의 활동은 훌륭한 생활기록부를 만들었다. 또한 활동의 연결을 자기소개서에서 잘 소화했는데, 활동과 활동의 연계성을 강조하여 3년 동안 본인의 노력을 연결하여 스토리로 보여준 점이 매우 인상적이다. 성적적인 부분보다 전공에 대한 깊은 이해도와 하고자 하는 계획과 포부, 도전하며 문제를 해결해나가는 과정이 생활기록부 곳곳에 잘 드러나 있으므로 매우 좋은 평가를 받았을 것이라 판단한다.

3) 인성

꾸준한 리더십과 리더의 성격을 생활기록부 곳곳에서 볼 수 있다. 환경정화운동 등 타인이 어려워하거나 기피하는 활동을 스스로 하며 배려와 나눔을 실천하였고, 편협한 활동이 아닌 본인이 하고자 하는 공동체 정신을 잘 발휘한 모습으로 평가된다. 나로 인해 공동체가 긍정적인 방향으로 이끄는 진짜 리더십을 가지고 있으며, 항상 공동체와 함께하는 모습이 인상적이다. 성적과 상관없이 최선을 다하는 모습을 세부능력특기사항에서 선생님들의 평가 속에서 확인할 수 있었으며 연속된 토론 속에서 타인의 의견에 귀 기울이며 진정한 협력이 무엇인지 살피고자 하는 생활기록부다. 자기소개서 2번에서도 알 수 있듯이 공동체와 협력하고 그 속에서 본인의 가치관이 변화하는 과정 서술이 매우 인상적이며 그 중 소통능력, 공동체 정신 그리고 리더십이 좋은 평가를 받았을 것으로 보인다.

4) 발전가능성

발전가능성은 학업역량 인성 전공적합성이 3년 동안 얼마나 발전되었는지를 확인할 수 있는 공간이다. 학생의 경우 성적의 점진적 상승과 등급으로 산출되지만 동아시아사 등 본인의 관심과 필수 과목에서 좋은 원점수를 유지 했다. 또한 진로선택과목의 우수성과 그에 따른 세부능력특기사항은 3년의 활동의 결과물로서 좋은 평가를 받았을 것이다.

전공적합성의 경우 학년이 증가할수록 활동의 구체성과 깊이가 남달랐으며, 특히 일본학에 대한 전반적인 관심을 좁혀나가 앞으로 대학에 입학하여 어떤 활동을 하고 싶은지 구체적으로 제시되어있다. 또한 문제해결력과 도전정신은 3년 동안 꾸준히 발전을 보여 왔으며, 앞으로 이런 점을 감안하여 대학에서도 높이 평가되었음을 예상한다.

자신의 위치에서 꾸준한 역할을 담당하고 매 활동 공동체와 함께하는 모습에 리더십이 묻어나오며 공동체를 긍정적 방향으로 이끄는 보이지 않는 리더의 역할을 충실히 한 것으로 보인다. 이에 높은 발전가능성 점수를 받았을 것으로 예상한다.

"국제정세를 아우르다"

서울대학교 학생부종합전형 정치외교학부 합격
청심국제고등학교 윤서연

O　중학교 때부터 봉사활동으로 전래동화번역을 하면서 깨달은 것이 언어가 적성에 맞는다는 것이었다. 이후로 본인의 관심 분야를 하나씩 찾아가면서 찾은 분야를 따로따로 공부하지 않고 융합을 시켰다. 언어 이외의 분야 즉, 국제중, 국제고를 다니면서 자연스럽게 국제정세에 관심을 가지면서 자연스럽게 국제와 관련된 전공 분야를 생각할 수 있었다. 특히 국제인권에 더욱 많은 관심이 있었는데 자율활동 속에서도 성격이 드러나고 있다. 1학년 때 학급부회장을 하면서 "칭찬의 날 행사"에서 급식실에서 혼자 울면서 밥 먹는 중학교 후배를 보고 먼저 다가가 위로를 건넨 일을 바탕으로 남다른 소통, 공감 능력을 볼 수 있다.

윤서연 학생은 동아리도 인권과 관련된 것이었는데 1학년 때는 모의유엔회의를 열어 난민 인권에 관해서, 2학년 때는 한국 다문화 사회와 관련해 탐구하고 보고하였다. 이렇듯 국제정세에 엄청난 열정을 가지고 있었으며 국제정치와 국제관계의 이해 수업을 통해 자신의 의견을 분명하게 이야기하고 다른 의견을 존중하며 차분하게 설득하면서 근본 원리를 찾기 위해 노력하였다.

학교의 특성도 많은 도움이 되었다. 일반고에서는 듣기 어려운 국제고 특성이 잘 드러난 수업들이 영향을 주기도 하였는데 AP심리학, AP환경과학, 미시경제학, 국제 관계의 이해 등 국제분야를 한 분야만 배우는 것이 아니라, 다양한 국제분야를 배워서 윤서연 학생에게는 가장 큰 도움이 되는 것이기도 하였다.

이렇게 자신의 관심 분야를 주의 깊게 보면서 본인 스스로에게 질문을 던지며 답을 찾아내었고 그 답을 통해 한 분야가 아닌 융합의 분야를 이루어 내면서 모든 분야를 아우를 수 있게 된 것이다. 이런 경험을 통해 윤서연학생은 국내가 아닌 세계를 아울러 볼 수 있는 능력을 키우게 되었으며 저명한 외교관으로 성공하는 모습을 그려본다!

스펙 분석

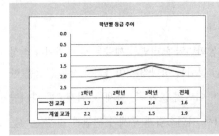
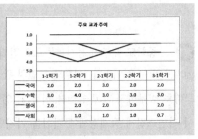

▶ 자율활동
1학년 학급부회장

▶ 동아리활동
1학년 '난민 인권 증진 및 생활 수준 개선'을 주제로 한 모의유엔회의
2학년 국제이슈탐구동아리 – 한국 다문화 사회의 특성 및 발전 방향을 탐구하는 보고
3학년 국제이슈탐구동아리 – 한국 다문화 사회의 특성 및 발전 방향을 탐구하는 보고

▶ 봉사활동
서울특별시 관광통역, 제2외국어 교육봉사, 전래동화번역

▶ 수상경력
1학년 국가정책 시스 설계대회(1등 대상), 영어에세이대회(1위), 교과우수상(영어), 표창장
2학년 제2외국어(스페인어)(1등 대상), 영어에세이대회(2위), 교과우수상(영어), 표창장
3학년 제2외국어(스페인어)(1등 대상), 국가정책 시스 설계대회(1등 대상),
       법 판례연구대회(1등 대상), 교과우수상(미시경제학), 표창장

▶ 상담 시 희망 전형
서울대 정치외교학부 학생부종합전형
연세대 융합인문사회과학부(HASS) 학생부종합전형
고려대 정치외교학과 학생부종합전형

▶ 상담 시 추천 전형
서울대 정치외교학부 학생부종합전형
고려대 정치외교학과 학생부종합전형
고려대 행정학과 학생부종합전형
성균관대 글로벌경제학과 학생부종합전형
성균관대 사회과학대학 학생부종합전형

상담 분석

▶ 국제고 특성이 잘 드러나는 수업들

   윤서연 학생의 경우에는 국제중, 국제고를 다녔기 때문에 국제고 특성이 잘 드러나는 수업을 많이 배울 수 있었다. AP심리학, AP환경과학, 미시경제학, 국제관계의 이해, 국제정치 등 다양한 과목을 배울 수 있었다. 그래서 국제환경, 국제인권, 국제경제 등 국제사회와 관련된 분야를 많이 접하고 배우게 되어 아주 좋은 장점이 될 수 있었다.

▶ 모든 분야를 전공과 연결하고자 노력

   자율, 진로, 동아리, 세부특기사항, 봉사, 독서까지 가능한 모든 분야를 전공과 연결하고자 노력하였다. 국제사회, 정치, 경제, 문화 등등 다양한 분야를 심화교육과정을 선택과목으로 하고 타과목과을 배제시키지 않고 연계하고 융합시키고자 노력하였다. 이런 과정이 융합이라는 것을 만들어내 자신만의 것으로 만들어 낸 것으로 볼 수 있다.

최종합격 대학분석

● 서울대학교 정치외교학부 학생부종합전형(2022학년도 대입 기준)

▶ 전형방법 및 최저학력기준

전형방법	1단계: 서류 100% (2배수) 2단계: 1단계 성적 100% + 면접 및 구술고사 100%
제출서류	학교생활기록부, 자기소개서 등 제출된 서류
서류평가	학업능력, 자기주도적 학업태도, 전공분야에 대한 관심, 지적 호기심 등 창의적 인재로 발전할 가능성을 종합적으로 평가함 • 교과 학습활동의 성취수준과 학업역량을 평가함, 교과 학습 내용은 지원자가 이수한 교과목 특성, 수업 내용, 학업 수행 내용, 이수자 수 등을 고려하여 정성적으로 평가함 • 자기주도적 학습 경험에서 나타나는 지적 호기심, 학업에 대한 열정, 적극성 및 진취성, 학업수행과정에서의 주도성, 논리적 사고력, 과제수행능력 등의 학업소양을 평가함 • 개인의 품성뿐만 아니라 리더십, 공동체 의식, 책임감, 사회적 기여 가능성 등을 평가함
면접평가	• 지원자 1명을 대상으로 하여 복수의 면접위원이 실시함. 제출서류를 참고하여 추가질문을 할 수 있음 고등학교 교육과정 상의 기본 개념 이해를 토대로 단순 정답이나 단편 지식이 아닌 종합적인 사고력을 평가하는 데 중점을 두고 있음. 주어진 제시문과 질문을 바탕으로 면접관과 수험생 사이의 자유로운 상호작용을 통해 문제 해결 능력과 논리적이고 창의적인 사고력을 종합적으로 평가함
수능최저 학력기준	수능 최저학력기준 적용하지 않음

● 서울대학교 학생부종합전형(2023학년도 대입 기준)

▶ 전형방법 및 최저학력기준

전형방법	전년도와 같음
제출서류	전년도와 같음
서류평가	전년도와 같음
면접평가	전년도와 같음
수능최저 학력기준	수능 최저학력기준 적용하지 않음

▶ 수시지원 합격/불합격 여부

지원대학	지원모집단위(학교)	전형명	최종 합불	
			1단계 합불	2단계 합불
서울대학교	정치외교학부	학생부종합전형	합격	합격
연세대학교	융합인문사회과학부	학생부종합전형(국제형)	합격	합격
고려대학교	정치외교학과	학생부종합전형	합격	불합격
고려대학교	행정학과	학생부종합전형	합격	불합격
성균관대학교	글로벌경제학과	학생부종합전형	합격	
성균관대학교	사회과학대학	학생부종합전형	합격	

합격 수기

1. 서울대학교 정치외교학부 학생부종합전형을 선택하게 된 결정적 요인은 무엇인가요?

우선적으로 언어학습과 언어활동을 통해 언어에 대한 이해력과 적합성을 찾아내게 되었습니다. 언어학습의 흥미를 통해 다양한 국제화 즉, 국제경제, 사회, 정치, 문화 등 다양한 국제정세에 적합하다는 것을 깨닫게 되었습니다. 물론 이런 다양한 국제정세를 접할 수 있었던 것은 국제고의 특성이 있었습니다. 일반고와는 다르게 국제고만의 특성을 최대한 활용하였는데 국제화 관련 심화교육과정을 선택과목으로 하였습니다. 이러다 보니 내신에 더 강하게 집중할 수 있었고 제가 무엇이 부족한지를 확실히 알 수 있어서 부족한 부분들을 채워나가면서 눈을 더 높이게 되었습니다. 저의 갈 길이 바로 국제정치, 외교, 문화 등이라는 것은 분명한 것이었기 때문에 두려움이 없이 도전하게 되었습니다.

2. 학교생활기록부 관리에 대한 나름의 노하우를 알려주세요.

앞서 말한 바와 같이 국제고의 특성을 살렸습니다. 언어에는 자신이 있었고 국제화 관련해서 심화학습이 필요했습니다. 그래서 국제화 관련 심화교육과정을 선택과목으로 수강하였으며 다양한 심화 탐구활동, 모의대회, 모의토론 등 많은 것들을 시도하였으며 세부특기사항에도 나만의 특성을 살려 구체적으로 기술해주는 것도 큰 이득이 되었습니다. 그래서 더욱 더 내신에 집중할 수 있었고 집중하면서 부족한 부분들이 한눈에 보이게 되어 부족한 부분들도 바로바로 채워 나갈 수 있었습니다.

3. 면접에서 어떤 질문을 받았고 어떻게 응답했는지 기억나는 대로 말씀해주세요.

〈인문학〉

(가) 인간관계에 있어서 구별이 중요함. 처음 보는 제3자와 비교했을 때 자신과 친밀한 사람에게 더 우호적인 것이 당연함. 자신과 친밀한 사람과의 관계부터 시작해 이것을 제3자로까지 확장해나가야 함. 각 개인의 고유성과 차별성을 고려하는 것이 진정한 인간관계라고 할 수 있음.

(나) 인간관계에 있어서 모든 이들을 공평하게 대하는 것이 중요함. (제시문 (가)와 같은 시각이 '편애'에 불과하다는 식으로 비판) 모든 이들에게 동일한 기준을 적용해야 하고, 이들을 제3자의 입장에서 객관적으로 바라볼 때 진정한 인간관계가 시작될 수 있음.

1. 제시문 (나)의 입장은 제시문 (가)의 입장을 어떻게 바라볼 것인가?

제시문 (나)가 제시문 (가)에 대해 부정적 입장을 취할 것임을 먼저 밝힌 후, 둘의 공통점과 차이점을 밝혔습니다. 제시문 (가)는 자신과 친밀한 관계에서부터 시작해 단계적, 삼투적으로 그 범위를 확장해나가는 것을 중시한다와 제시문 (나)는 사람들과 관계 맺을 때 공평함을 중시하고, 객관적 시각이라는 하나의 조건이 선행되어야 한다고 했습니다.

2. 진정한 인간관계에 있어서 자신은 제시문 (가)와 (나) 중 어떤 것을 더 지지하는지 밝히고, 사회적으로 소외되거나 배제되는 이들의 사례를 들어서 얘기해라.

제시문 (가)를 더 지지한다고 말씀드렸습니다. 제시문 (가)에서 말하는 바와 같이, 각 개인의 고유성과 차별성을 중시해야 하기 때문이라고 이야기했습니다. 사례로는 난민을 들었습니다. 처음 문제를 봤을 때는 저소득층, 장애인 등을 떠올렸지만, 제가 자신이 없었던 탓에 자소서에서도 다룬 주제인 난민으로 노선을 돌렸습니다. 모든 사람은 경제적 안정이나 민주주의 등의 조건에서 행복한 삶을 누릴 권리를 갖지만, 난민들은 그러한 권리를 온전히 보장받지 못하고 있어서 인간 존엄성의 측면에서 이들이 소외되었다고 했습니다. 또한 난민들은 세계 각지에 분포되어 있으며, 난민마다 정치 체제, 자원, 분배 방식, 문화 등 다양한 요소에서 차이를 지니고 있어서 이들을 도울 때 필연적으로 이러한 차이에 대한 이해가 선행되어야 하고 그 결과 이들에게도 실질적인 도움이 될 수 있을 것이라고 했습니다.

〈사회과학〉

(가) 인도 정부에서 회사법을 개정함. 몇십억 루피 이상 버는 기업들은 수익의 n%, 몇백억 루피 이상 버는 기업들은 수익의 N%를 사회적 책임 비용으로 내야 한다는 내용.

(나) 한 경매 회사에서 실험을 함. ceteris paribus이고 낙찰 금액의 일부를 자선단체에 기부하는 프로그램을 시행했을 때와 안 했을 때를 비교한 결과, 했을 때가 더 참가율과 낙찰 금액이 높았음.

(다) 독점적 지위를 지닌 기업들은 사회적 책임을 질 여유가 있음. 반면 치열한 경쟁을 벌이고 있는 중소기업들은 사회적 책임을 질 여유가 없음. 이 과정에서 더 많은 이윤을 얻기 위해 장기적 관점에서 그들 스스로에게 해가 되는 행위를 함. 또한 노동인권 침해나 환경파괴 문제 등이 발생함.

1. 제시문 (나)와 (다)를 고려해, 기업의 사회적 책임의 동기를 밝혀라. 또한 이 관점에 서 제시문 (가)를 어떻게 바라볼 것인가?

제시문 (나)와 (다)를 고려할 때, 기업의 사회적 책임의 동기로 이윤 추구 및 고객 증가를 꼽을 수 있으며, 기업이 시장 내에서 차지하는 위치도 영향을 줄 수 있다고 답변했습니다. 제시문 (나)의 경우, 기부 프로그램을 시행한 상품이 안 한 상품에 비해 고객들로부터 더 많은 관심을 얻었고, 경매에서 더 치열한 경쟁이 벌어졌으며, 그 결과 더 가치가 높은 상품이 되었다 했습니다. 이때, 기부 프로그램과 같은 사회공헌활동이 기업의 이윤 추구 수단 중 하나로 쓰일 수도 있음을 주장했습니다. 제시문 (다)의 경우 독점적 지위를 가진 기업들과 그렇지 못한 기업들을 비교하며 이야기했습니다. 당장의 생존에 직면한 기업들이 사회적 책임까지 무리하게 지게 될 경우 다른 기업들과의 경쟁에서 도태되는 결과가 발생할 수도 있음을 강조했습니다. 그리고 제시문에서 언급된 노동인권 침해 및 환경파괴와 같은 문제는 기업이 그들만의 이익 추구를 위해 사회 전체에 부정적 외부효과를 일으키는 행위의 예시라고 덧붙여서 말씀드렸습니다. 이후 제시문 (나)와 (다) 모두 제시문 (가)의 개정된 회사법을 부정적으로 바라볼 것임을 주장했습니다. 제시문 (가)에 나온 회사법은 기업의 사회적 책임을 법적으로, 즉 절대적으로 규정하는 것으로써 기업의 자율성을 침해하는 행위가 될 수 있다는 식으로 이야기했습니다. 그 결과 기업은 이윤 추구에 방해를 받고, 몇몇 기업은 시장에서 도태되는 등 여러 부작용이 발생할 수 있다고 말했습니다.

2. 제시문 (가)의 회사법 개정에 대해 어떻게 생각하는가? 정부와 기업의 관계에 대해 얘기해봐라.

저도 인도 정부의 회사법 개정을 부정적으로 바라본다고 했습니다. 정부는 기업에 과도하게 간섭해서는 안 되는데, 그 과도한 간섭의 예시에 제시문 (가)의 회사법이 포함된다고 주장했습니다. 1번 문제에서 언급한 부작용들을 풀어서 제 주장의 근거로 이야기했습니다. 그래서 마지막에는 기업이 자율적으로, 유동적으로 결정할 권리를 충분히 보장해야 한다, 즉 기업이 무언가로부터 간섭받지 않을 소극적 자유가 충분히 보장되어야 한다 했습니다. (작년 기출이었던 '할리우드 블랙리스트' 사회과학 제시문을 철저히 공부한 게 답변을 보충하는 데 꽤 많은 도움이 되었습니다.)

3. 서울대학교를 지원하려고 준비하는 후배 학생들에 도움이 되는 이야기를 부탁드립니다.

우선 자신의 관심 분야, 자신이 무엇을 잘하는지 등 본인에게 집중하여 찾아보는 것이 중요하다고 생각합니다. 그것을 찾은 후 학교 활동 중심으로 본인의 관심 분야를 적용해야 합니다. 저 같은 경우 언어와 국제화의 관심이 있었기 때문에 이것들의 주제를 선정하여 깊게 파고들고 고민하고 탐구하며 타 과목들의 연계와 융합을 시켜 활동하였습니다. 또한 어떤 활동을 하든지 간에 열정적으로 임하고 끊임없이 스스로에게 질문하고 답을 찾는 과정을 통해 많이 성장하였음을 느끼게 되었습니다. 그러니 꼭 자신부터 돌아보고 스스로에게 질문을 던지며 답을 찾아보기를 권합니다.

> ### 전문위원이 바라보는 합격의 비결

윤서연 학생의 큰 장점은 바로 자신의 관심 분야, 적합성을 정확하게 알았다는 것이다. 자신이 무엇에 관심이 있고, 무엇에 적합하며, 무엇을 해야 하는지 끊임없이 질문하고 탐구하며 거기서 멈추지 않고 그 분야를 확대하여 다른 분야와 접목을 시켜 자신을 포기하지 않고 끊임없이 발전시켰다는 것에 칭찬을 주고 싶다.

첫째, 스스로에 질문하여라. 앞서 말한 바와 같이 스스로에게 질문하는 것이 중요하다. 요즘 학생들은 자신들이 무엇에 관심이 있고 무엇에 적합하며 무엇을 해야 하는지 모르는 경우가 너무나도 많이 보여 진다. 적어도 본인이 무엇에 관심을 갖고 있는 정도만 알아도 미래를 결정하는 중요한 요소로 작용을 한다. 경험을 해야 스스로에게 질문을 하고 답을 찾을 수 있는 길도 열리게 된다는 것이다. 윤서연 학생의 경우 '언어'라는 것을 먼저 찾고 국제고의 특성을 찾아 언어와 국제라는 것을 결합시켜 자신의 목표를 뚜렷하게 세운 것이다.

둘째, 어렵다고 멈추지 말아라. 윤서연학생의 인터뷰에서 보면 윤서연학생은 쉬운 길이 아닌 어려운 길을 택했다. 쉽게 말해 자신의 한계를 실험한 것이다. 국제고의 특성을 받아들여 심화교육과정을 선택과목으로 하여 배웠으며 모의 학습활동을 통해 심화학습과 깊은 탐구과정을 거쳐 국제정세를 많이 알 수 있었던 것이다. 이렇듯 어렵다고 멈추는 것이 아니라 어려울수록 더 파고 들고 탐구하여 자신의 것으로 만들어야 한다.

셋째, 이제는 융합의 시대이다. 이제는 한 분야만 안다고 해서 다 되는 세상은 지났다. 한 분야를 알고 또 다른 분야를 더 배워 서로 융합을 만들어내야 하는 것이다. 윤서연학생은 언어라는 분야와 국제라는 분야를 융합시켜 서로 다른 영역을 새로운 창조물을 만들어냈다. 새로운 창조물을 만들어내기 위해 도전, 모험, 탐구정신 등 자신의 한계를 뛰어 넘은 것으로 보여 진다.

이러한 요소들이 마지막에는 빛을 발해 훌륭한 결과물을 만들어냈다는 것을 알 수 있다. 무엇를 하든지 스스로에게 먼저 물어보고 최선의 답을 찾아내고 찾아 낸 것을 더 발전시키기 위해 어려움과 부딪혀 자신의 한계를 뛰어 넘는다면 그 누구도 범접할 수 없는 자신들만의 결과물이 나올 것이라는 확신을 가지며 도전을 해보도록 하는 바람이다.

국립 한밭대학교

"다양한 활동을 통해 지역 사회 문제를 해결하는 경제 전문가를 꿈꾸다."

한밭대학교 학생부종합전형(일반) 경제학과 합격
대전둔산여자고등학교 신효림

미국의 심리학자 하워드 가드너 박사의 다중지능이론의 분류에 따르면 신효림 학생은 인간친화지능과 언어지능, 자기성찰(이해)지능이 우수하다고 판단된다. 이러한 사람들의 특징은 타인의 기분이나 의도 등을 잘 이해하고 대인관계를 잘 이끌어가며 다른 사람에 대한 감정이입이 뛰어나고, 협동 작업을 좋아하여 모임을 잘 이끄는 리더십을 갖고 있다.

학교생활기록부, 자기소개서 등의 자료를 통해 이 학생은 매사 긍정적인 태도로 학교 활동에 적극적으로 참여한 학생임을 확인할 수 있었다. 1, 2학년 시기에는 식품과 일본 관련 분야에 흥미를 느껴 진로 탐색을 진행하였다. 진로 탐색 과정 중 경제에 흥미를 느껴 3학년 때 경제학과로 진로를 정하고 본격적으로 경제 관련 활동을 진행했다. 진로가 구체화되고 2학년 2학기와 3학년 1학기 성적은 이전 학기에 비해 1등급 이상 상승하여 자기 주도적 학업역량을 보여주었다. 또한 진로와 연관된 구체적인 진로 탐구활동은 이 학생의 강점이다.

매년 진로에 관련된 탐구활동을 매우 열심히 진행하였다. 진로에 관심을 갖고 적극적으로 진행한 탐구활동 경험은 학생에게 스스로 진로를 만들어가는 과정이 되었다. 그 결과 다양한 분야에 대한 깊이 있는 진로 연계 활동을 서로 다른 교과와 창의적 체험활동에 드러낸 것이 대학 입시에서 좋은 평가를 받을 수 있던 이유다. 예를 들어 우리나라와 일본의 상황을 여러 과목에서 비교분석한 탐구활동 내용은 이 학생의 강점을 잘 드러내는 부분이다. 또한, 매 학년 시사 토론 동아리부장을 맡아 주도적으로 동아리를 운영한 모습을 통해 리더십을 확인할 수 있으며 천사지킴이 활동 등 다른 사람에게 공감을 잘하고 배려하는 모습을 통해 훌륭한 인성까지 갖추고 있음을 확인할 수 있다.

인생에 있어 가장 아름다운 시기인 고등학교 시절을 보내면서 드러나지 않은 고민과 힘든 시기도 있었을 것이다. 성실한 태도로 진정성 있게 관심 있는 분야에 대한 탐구를 진행한 것이 학생 스스로 성장할 수 있는 발판이 되어 대학에 합격하는 결과를 가져오게 되었다. 앞으로도 다양한 분야에 대한 진심어린 관심을 통해 본인의 역량을 개발하여 꿈꾸던 지역사회 발전에 기여하는 경제학자로 성장하길 기대한다.

스펙 분석

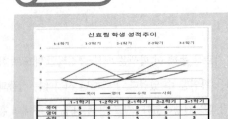

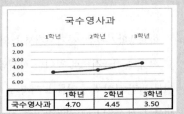

▶ 자율활동

1학년 NIE 토론 활동
- 낙태죄 폐지 토론 : 태아도 지켜야 할 생명이며, 낙태죄가 폐지된다면 무책임한 행동을 하는 사람들이 증가할 것이라는 의견 제시
- 게임 중독 질병코드 등재 토론 : 게임 중독으로 인해 폭력성이 증가하여, 자신과 주변인들에게 악영향을 끼치는 사례를 근거로 질병으로 분류해야 한다는 의견을 제시
NIE 자유주제탐구
- GMO식품 개발에 대해 반대 입장 제시 : 유전자 변형으로 인해 생태계를 교란시킬 수 있으며, 오랜 시간 후 나타나는 부작용에 대한 대처법이 없음을 근거로 제시

2학년 NIE 활동
- 감염병 유입을 방지하기 위해 일본으로부터 입국을 막은 정부의 조치에 찬성하는 견해를 밝힘
통일교육
- 통일의 필요성, 통일로 얻게 되는 경제 및 문화적 이득에 대해 정리
학급 자유주제 발표
- 일본의 방사능이 우리나라에 미치는 영향에 대해 발표 동영상을 공유함.

3학년 천사지킴이 활동
대전의 경제적 쏠림 현상에 대한 보고서 작성
- 빈집을 스타트업을 꿈꾸는 청년들에게 지원하자는 의견 제시

▶ 동아리활동

1학년 혜윰 – 동아리 부장
- '수술실 내 CCTV 설치 여부'에 관한 토론
- '범죄자 신상공개 여부'에 관한 토론
PSYCO–PASS(자율동아리)
- 심리학 이론을 일상에 적용해보는 동아리

2학년 혜윰 – 동아리 부장
- '키오스크 도입'에 관한 토론
- '코로나 동선의 공개 여부'에 관한 토론
- '일본 불매 운동과 무역 중단'에 관한 토론
트렌드(자율동아리)
- 진로 분야 트렌드 분석 및 탐구

3학년 시사토론반
- 신문 기사 분석 활동 : 세종–대전 간 지역 화폐 광역화
- 어린이집 CCTV 설치 의무화에 대한 토론에서 사회자 역할

▶ 봉사활동
1학년 50시간, 2학년 16시간, 3학년 1학기 7시간

▶ 진로활동
1학년   전일제 진로 체험의 날 – 신문 만드는 과정 체험
        진로특강 강연 – '여행으로 먹고 살기'
        진로인성캠프
        제5회 청소년 나Be 한마당 – 식품공학과 체험 부스 활동
        교내 수학체험전
        멘토와 함께 하는 미래설계 특강 – 행복한 과학기술, 슈퍼컴퓨터&슈퍼컨덕터
        진로 발표 – 식품영양학, 식품공학 분야가 희망 분야
2학년   진로 체험의 날 – 창업 분야 특강. 일본의 경영 방식은 장인정신이 특징적.
        전문가 서포터즈 직업인 특강 – 리더십 특강
        독서페스티벌 – 작가와의 만남. 세상을 다양한 관점으로 바라보는 것에 대한 중요성
        온라인 진로체험 활동 – 기후변화 및 환경문제
        진로독서시간 – '하룻밤에 읽는 일본사', '나미야 잡화점의 기적'
3학년   희망 직업에 대한 글쓰기 – 경제학자가 되고 싶다고 작성
                        일본의 버블 경제에 대해 조사하고 보고서를 작성
                        여러 가지 세금에 대해 조사
        매체에 나타난 자신의 진로 소개하기 – 영화 '국가부도의 날' 인용
                        IMF 사태가 있기까지의 배경을 일본의 플라자 협약과
                        관련지어 분석

▶ 수상내역
1학년   서해 수호 4행시 짓기 대회 – 1학년 / 30명
        백일장 대회 – 1학년 / 70명
        안전 문화 실천 표어 쓰기 대회 – 1, 2학년 / 104명
        자율동아리 성과보고대회(공동수상, 10인) – 1, 2학년 / 152명
2학년   효 시쓰기 대회 – 2학년 / 56명
        학생통일이야기 한마당(공동수상, 2인) – 2학년 / 300명
        창의 학습 동아리 성과 보고 대회(공동수상, 10인) – 1, 2학년 / 351명
        선행상 – 2학년 / 300명
3학년   봉사상 – 3학년 / 297명

● 한밭대학교 학생부종합전형(일반) 경제학과 (2022학년도 대입 기준)

▶ 전형방법 및 최저학력기준

모집인원	9명
전형방법	1단계: 서류 100%(3배수 선발)- 서류 : 학교생활기록부, 자기소개서 2단계: 1단계 70% + 면접 30%
제출서류	학교생활기록부, 자기소개서

서류평가

서류종합평가 방법

평가 영역	평가 요소	평가 세부요소	평가준거
도전적 세계인	발전 가능성	자기주도성	스스로 목표를 설정하고 계획을 수립한 뒤 실행전략을 선택하여 실시하였다. (자기주도성, 지적호기심, 탐구능력)
		경험의 다양성	학교교육의 다양한 영역에 직접 참여하여 활동함으로써 성장 발전하였다.
		도전적 문제해결력	교내외 활동 과정에서 나타나는 문제점을 적극적으로 해결하기 위해 노력하였다.
창의적 지식인	학업 역량	학업 성취도	학교교육 과정동안 기초 과목 학습목표를 충실하게 달성하였다.
		학업의지와 학습태도	학업에 대한 자발적 수행의지와 학습태도가 적극적이다.
	계열 적합성	계열관련 교과목 이수 및 성취도	고교 교육과정에서 지원 계열에 필요한 과목을 수강하고 해당 교과목의 학습목표를 충실하게 달성하였다.
		계열관련 활동과 경험	지원 계열에 대한 관심을 갖고 관련 활동에 적극적으로 참여하였다.
도덕적 사회인	인성	협업능력	공동체의 목표 달성을 위해 집단구성원들과 협력하여 역할을 수행할 수 있다.
		나눔과 배려	상대방은 존중하고 이해하여 원만한 관계를 형성하며 타인을 위해 봉사하고자 하는 태도를 가지고 있다.
		성실성	맡은 의무와 역할을 책임감 있게 수행할 수 있다.

면접평가

면접평가요소

평가요소	평가준거	총점	반영비율
성실	발표 및 표현력 진정성 및 일관성 학교생활 충실도	150	30%
창조	계열적합성 발전가능성 창의융합력	150	30%
인화	리더십 면접태도	100	20%
진학 의지	우리대학 인식정도 지원동기 및 진로비전	100	20%

- 면접시간은 10분 내외. 지원자 1명에 대해 평가위원 2명이 개별 면접으로 진행.
- 제출서류(학교생활기록부, 자기소개서)를 기반으로 서류의 진위여부와 인성을
중심으로 종합적으로 평가함.

수능최저 학력기준	없음

● **한밭대학교 학생부종합전형(일반) 경제학과 (2023학년도 대입 기준)**

▶ 전형방법 및 최저학력기준

전형방법	9명
제출서류	1단계: 서류 100%(3배수 선발)- 서류 : 학교생활기록부, 자기소개서 2단계: 1단계 70% + 면접 30%
제출서류	학교생활기록부, 자기소개서
서류평가	변동 없음
면접평가	변동 없음
수능최저 학력기준	없음

※ 위의 내용은 2023학년도 전형계획 기준이며, 정확한 내용은 대학에서 발표하는 수시모집요강을 확인하시기 바랍니다.

▶ 수시지원 합격/불합격 여부

대학명	지원모집단위(학과)	전형명	최종 합불
충남대학교	리더십과 조직과학전공	지역인재	불합격
충남대학교	리더십과 조직과학전공	교과전형	불합격
한밭대학교	경제학과	종합전형	최초합
한밭대학교	경제학과	교과전형	추가합격
건양대학교	병원경영학과	교과전형	추가합격
건양대학교	병원경영학과	지역인재	최초합

◯ **자기 소개서**

1. 고등학교 재학 기간 중 자신의 진로와 관련하여 어떤 노력을 해왔는지 본인에게 의미 있는 학습 경험과 교내 활동을 중심으로 기술해 주시기 바랍니다(띄어쓰기 포함 1,500자 이내).

   경제 시간에 '대덕 e로움'발행으로 지역경제가 활성화됐다는 기사를 접했습니다. 지역 화폐는 한정된 지역 내에서 사용해야 하는 특징과 캐시백 등의 정책을 기반으로 많은 경제적 혜택을 준다는 사실을 알게 됐고 이에 대한 보고서를 작성했습니다. 하지만 지역 화폐라는 주제에 대해서 긍정적인 신문 기사 하나에 의존해 보고서를 작성하다 보니 지역 화폐를 바라보는 또 다른 시각이 있음을 알게 되었습니다. 이후 동아리 활동 시간에 지역 화폐에 대한 여러 측면의 기사와 대전시 의회에 기록된 자료 등을 분석하며 보고서를 보완, 작성했습니다. 구체적으로 '대덕 e로움'에서 '온통 대전'으로 조사대상을 확장하여 지역 화폐가 사용되는 범위를 구에서 시로 변경하고, 전에 작성한 보고서보다 다양한 자료를 찾아보니 지역 화폐는 장점만 있는 것이 아니라 단점도 있다는 것을 알게 됐고, 단점을 해결할 방법에 대해서 분석했습니다. '온통 대전'은 대전시 경제 활성화에 도움이 된다는 장점이 있지만, 사용하는 곳이 서구와 유성구에 편중돼 있었습니다. 그 이유는 서구와 유성구에 거주하는 소비자의 경제적 여력이 다른 지역에 거주하는 사람들에 비해 높다는 것, 서구와 유성구에 비해 다른 지역의 상권이 발달해 있지 않았기 때문이라고 분석했고, 이 문제에 대한 해결책을 제시한 보고서로 대회에 참가했습니다. 보고서에서 중구, 동구의 빈집 문제와 소비격차를 문제로 해결방안을 탐구했고, 그 결과 '청년 지원 활성화'라는 방법을 제시했습니다. '청년 지원 활성화'는 해당 지역에 발생하는 빈집을 청년들에게 일정 기간 동안 임대해 줘서 스타트업 및 청년 사업을 시작할 수 있게 지원해 주는 제도입니다. 빈집들이 채워진다면 자연스레 지역경제는 활성화될 것이라고 판단했고, 결과적으로 대전의 쏠림현상과 더불어 청년 지원을 해줄 좋은 기회가 마련되리라는 결론에 도달했습니다. 경제적으로 다소 실현 가능성이 떨어진다는 지적을 받아 아쉬움이 컸지만 제시한 정책의 경제적 한계가 정확히 무엇인지, 해결할 방법은 무엇인지에 대해 현실적으로 고민해 보기 위해서는 경제학과의 지식이 필수적이라고 다시 한번 깨닫게 되는 계기가 됐습니다. 또한, 조사 방법이나 범위를 제한해 두고 탐구한다면 정확한 결론을 도출할 수 없고, 다양한 매체를 통해 분석해 보니 전에는 알지 못했던 관점들에 대해 의문을 품고 탐구해 볼 수 있는 시야를 얻을 수 있었습니다. 학습경험에 의해 얻은 깨달음과 의문점을 대학에 진학해 경제학을 공부하며 더 깊은 학업을 하고 싶습니다. 폭넓은 시야와 깊은 경제적 지식을 더해 해결하지 못한 경제적 부분들에 대한 원인을 찾고 해결방안을 제시해서 우리 사회가 발전하도록 도움을 줄 수 있게 노력하겠습니다.

☞ 강평

좋은 자기소개서란 학교생활기록부에 객관적 사실로 기재되어 있는 내용을 지원자가 어떻게 경험하였는지를 구체적으로 드러내야 한다. 우리 학생의 자기소개서를 살펴보면 지역화폐 '대덕 e로움'에 대한 기사를 분석하는 활동에서 시작하여 '온통 대전'으로 지역화폐 조사 대상을 확장시켰다. 또한 탐구보고서를 작성하는 과정에서는 지역화폐의 장점뿐만 아니라 단점을 분석하고 이를 해결할 방법을 제시했다. 빈집 문제와 소비격차 문제를 해결하는 방법인 '청년 지원 활성화'라는 아이디어는 학생이 지적한 문제를 해결하는 것과 동시에 청년 스타트업을 지원하는 것이다. 교과 수업 시간에 진행한 탐구활동을 동아리 활동으로 확장했고, 그 과정에서 학생의 생각이 잘 드러난다. 또한 학생의 의문이 만들어지는 과정을 순차적으로 보여주며, 의문에 대한 해결책을 제시하고 활동을 통해 느낀 점을 잘 표현했다.

2. 고등학교 재학 기간 중 타인과 공동체를 위해 노력한 경험과 이를 통해 배운 점을 기술해 주시기 바랍니다(띄어쓰기 포함 800자 이내).

1학년 초에 접했던 '장애인 차별 문제'를 통해 그들은 차별받을 대상이 아니라는 것을 깨닫고 입장을 이해하기 위해서 봉사활동에 지원했습니다. 거동이 불편한 분들과 동행하고, 말동무해드리면서 많은 이야기를 듣고 공감해 보는 시간이었습니다. 저의 이해와 공감이 장애인분들의 밝아진 성격에 도움을 줬다는 사실을 알게 됐고, 그들이 변화하는 모습을 통해 저 또한 긍정적인 영향을 받는다는 것을 깨달았습니다. 학습 친구들에게도 이해의 중요성과 긍정적인 영향을 알려주기 위해 '천사 지킴이 상담'활동에 자원했습니다. 인상 깊었던 상담으로는 자신의 꿈을 위해 노력하던 친구가 "힘들어 포기하고 싶다"며 도움을 청했던 것이었습니다. 점심시간마다 이야기를 들어주고 공감해주니 점차 용기와 자신감을 찾아가는 친구의 모습을 보며 친구에게 좋은 영향이 되고 있다고 생각되어 보람을 느꼈습니다. 하지만 매일 보는 친구들이 깊은 고민을 털어놓기 힘들 것이라는 생각에 '익명 채팅 상담'이라는 활동을 시작했습니다. 시간과 장소에 구애받지 않고 상담을 진행했고, 더 자세한 내용의 고민들을 상담할 기회를 가졌습니다. 2년 동안 천사 지킴이 활동을 통해서 '이해의 중요성과 긍정적인 영향'에 대해서 배웠습니다. 활동에 참여한 친구들이 성적, 진로 고민에 대한 해결방안을 찾아가는 모습을 보면서 제 마음속에 있는 고민들도 진지하게 성찰하고 해결해 나갈 수 있었습니다. 타인을 이해하기 위해 시작했던 활동들이 저 스스로를 이해하고 발전시켜 나갈 수 있는 원동력을 만들어 줬다고 자부합니다.

☞ 강평

자기소개서 2번 항목은 지원자가 고등학교라는 공동체에서 어떤 행동 특성을 가지고 있는지를 묻는 항목이다. '장애인 차별 문제'를 통해 이해와 공감의 중요성을 알게 되었고, 상대방이 변화하는 모습을 보고 학생 또한 긍정적인 영향을 받는 것을 느끼게 되었다. 친구들에게도 이해의 중요성과 긍정적인 영향을 알려주기 위해 '천사지킴이 상담'에 지원해서 활동했다. 천사지킴이 활동 중 더 쉽게 고민을 털어놓을 수 있게 '익명 채팅 상담' 활동을 한 학생의 모습을 통해 주변 사람에 대한 배려의 모습을 볼 수 있다. 더 나아가 다양한 사람들이 모여 있는 공동체에서 다른 사람들과 소통하고 이해하는 공동체의 일원으로 맡은 바 역할을 성실히 수행할 수 있는 가능성을 확인할 수 있다.

합격 수기

1. 하루 일과와 하루 순 공부시간이 궁금해요.

겨울방학 때에 내신과 수능공부를 하기위해 새롭게 독서실을 선택했습니다.

겨울방학 때에는 10시까지 도착하는 것을 목표로, 학교 다닐 때는 6시-1시까지 공부하는 것을 목표로 세우고 노력했습니다.

하루 일과로 보통 2가지의 종류로 나누어 계획했습니다.

첫 번째 경우는 수학 - 영어 - 탐구1

두 번째 경우는 수학 - 국어 - 탐구2

이렇게 제가 제일 재밌어했던 수학을 제일 먼저 공부해주면서 머리를 깨우고 다음 공부를 할 수 있는 스타트를 끊어주었습니다.

국어와 영어를 하루에 몰아서하는 것은 효율적이지 못하다고 생각이 들었고 국어와 영어를 하루씩 번갈아가면서 공부 계획을 세워줬습니다.

Q. 슬럼프는 어떻게 극복하셨나요?

가장 크게 왔던 것은 고등학교 3학년 1학기 기말고사 끝나고입니다.

수능공부를 시작해야하는 시점에서 대학을 정하고 상담을 하면서 가지고 있던 불안함이 더욱 커지게 되었던 것 같아요. 불안함에 공부집중이 안되고 집중력이 많이 흐트러졌던 경험이 많았습니다. 그럴땐 주변 친구들이나 선생님들과의 대화를 통해 마음을 다잡았습니다.

하고자하는 목표를 다시금 새기며 원했던 목표를 향해 나아갈 수 있게 많은 충고와 위로를 받았습니다. 다행히 슬럼프를 극복하고 다시 나아갈 수 있게 되었습니다.

Q. 면접준비는 어떻게 하셨나요

면접 준비의 기본은 자신의 생기부 내용은 빠짐없이 알고 있어야 한다고 생각합니다.

내가 했던 활동들의 동기, 내용, 느낀 점, 알게된 점 등 하나의 활동을 통해 자신이 발전한 점에 대해 정확하게 이해하고 설명할 줄 알아야 합니다.

특히 스스로 자신의 활동에 대해 질문이 나올 것 같은 부분에 스스로 묻고 답하는 연습을 하는 것이 중요합니다.

면접관이 나에게 궁금할만한 것이 무엇인지 끊임없이 고민하고 스스로에게 질문하는 시간이 많은 도움이 된다고 생각합니다.

만점 면접의 예

Q. 이 학과에 지원한 동기와 미래에 희망하는 자신의 모습을 설명하시오. (2022학년도 한밭대학교 수시모집 공통주제 면접문항)

대전의 지역경제 활성화에 대한 방안을 찾고자 경제학과에 지원하게 되었습니다.

코로나 19로 인해 지역 경제 활성화의 대책으로 온통대전이 나왔다는 사실을 알고, 대전경제의 활성화에 관심을 갖게 되었습니다. 장점만 있는 줄 알았던 지역화폐의 단점을 알고 난 후 이를 해결하고 싶어 스스로 해결방안을 만들어 보았습니다. 하지만 제시한 청년지원활성화라는 정책도 한계점이 있었고 스스로 경제적인 지식이 부족하다는 생각이 들어 경제학에 대해 알아가고 싶습니다. 한밭대 경제학과 교수님들 중 지역 경제학을 전공분야로 한 교수님이 계신 것을 알고 제가 해결하고자 하는 문제에 대해 한걸음 다가 갈 수 있는 기회라고 생각했습니다. 또한 한밭대 경제학과에서 지역경제 활성화 등 지역사회에 필요한 인재양성을 목표로 한다는 걸 알고 제가 찾고자 하는 해답을 얻을 수 있을 것이라고 확신했습니다. 저는 경제학과의 수업을 통해서 '청년지원활성화'의 문제점과 한계점을 파악하고, 이를 해결할 수 있는 방법을 탐색하고, 나아가 대전의 경제뿐만 아닌 한국의 경제에 대해서 연구해보고 싶어 경제학과에 지원하게 되었습니다.

저는 미래에 경제정책연구원이 되고 싶습니다. 제가 경제정책연구원이 된다면 새로운 사업 의견을 제시해보고 싶습니다. 청년 지원 활성화에 대해 생각해보면서 새로운 정책을 탐구하고 제시하는 일은 흥미롭다고 느꼈고 새로운 사업을 추진하는 일 또한 저에게 흥미로운 일이라고 생각이 들었습니다. 저는 대전 내 지역 격차와 청년 실업에 많은 관심을 가지고 이에 대한 해결 방안을 제시하고 싶습니다.

전문위원이 바라보는 합격의 비결

한밭대학교 종합전형(일반) 평가영역은 도전적 세계인, 창의적 지식인, 도덕적 사회인의 세 가지 영역으로 평가하고 있다. 한밭대학교는 이를 네 개의 평가요소인 발전가능성, 학업역량, 계열적합성, 인성으로 나누어 제출 서류인 학교생활기록부와 자기소개서를 통해 평가한다.

한밭대학교 종합전형 평가기준

평가영역	평가요소	평가 세부요소	배점
도전적 세계인	발전가능성	자기주도성	50
		경험의 다양성	50
		도전적 문제해결력	50
창의적 지식인	학업역량	학업성취도	50
		학업의지와 학습태도	50
	계열적합성	계열관련 교과목 이수 및 성취도	50
		계열관련 활동과 경험	50
도덕적 사회인	인성	협업능력	50
		나눔과 배려	50
		성실성	50

[출처 : 2022학년도 한밭대학교 수시모집요강]

첫째, 발전가능성

지속적으로 시사 토론 동아리를 이끌고, 자율동아리 PSYCO-PASS에서 인간의 행동과 정신과정을 심리학 이론을 통해 알아가고 일상생활에 적용해 보는 활동과 트렌드(trend)라는 자율동아리를 통해 진로 분야 트렌드를 분석 및 탐구하는 활동 등에서 한밭대 경제학과 꿀팁인 합리적이고 논리적인 사고체계를 갖고 있다. 1, 2학년 NIE활동 및 3학년 동아리 활동에서 '지역화폐에 대한 긍정적 효과에 대한 조사', 3학년 진로 활동에서 '일본의 버블 경제에 대한 조사', 'IMF 사태가 있기까지의 배경을 일본의 플라자 협약과 관련지어 분석'한 활동을 통해서 지원자의 발전가능성을 확인할 수 있다.

둘째, 학업역량

2학년 2학기 이후 성적이 올랐지만 최종적으로 중위권의 교과 성적이 아쉽다. 하지만 모든 사람은 똑같은 능력을 갖고 태어나지 않는다. 자신만이 잘하는 강점을 알고 그 강점을 통해서 남들과 다른 나만의 차별화 전략을 만들면 좋은 평가를 받을 수 있다. 학교생활기록부의 1학년 행동특성 및 종합의견에서 '학업 면에서 꾸준함과 끈기가 돋보임'이라는 내용에서 이 학생은 노력의 중요성을 알고 성실하게 노력했음을 알 수 있다. 2학년 2학기와 3학년 1학기 성적은 이전 학기에 비해 1등급 이상 상승하여 그동안 학생이 기울인 노력이 어떠했는지를 결과로 보여주고 있다.

셋째, 계열적합성

2학년 경제 교과목 세부능력 및 특기사항에서 '대덕 e로움 발행'과 관련된 경제기사를 스크랩하는 활동을 진행했다. 이 활동을 바탕으로 3학년 자율활동에서 '대전의 경제적 쏠림 현상'을 분석하고 이를 해결할 방안을 제시했다. 또한 3학년 동아리 활동에서 '세종-대전 간 지역화폐 광역화'에 대한 신문 기사를 분석하는 등 대전 지역의 경제 관련 이슈에 많은 관심을 보였다. 또한 세부능력 및 특기사항을 보면 1학년 한국사에서 '우리 역사 속 시대별 세금 제도'를 비교 분석하고 2학년 독서 및 경제과목에서는 '일본산 불매운동'에 대해서 탐구활동을 진행하였다. 그리고 3학년이 되면서 '기본소득'(화법과 작문), '지식재산권'(사회문화), '리타겟팅 광고'(실용영어)과 같이 구체적인 경제 관련 주제를 다루었다. 이처럼 탁월한 계열 관련 활동과 경험이 긍정적으로 작용해 지원자가 우수한 평가를 받을 수 있었다고 본다.

넷째, 인성

행동특성 및 종합의견에서 '매사 긍정적인 태도로 학교생활에 임함', '도움이 필요한 친구가 기댈 수 있도록 주위 친구들에게 선한 영향력을 주고 있음' 등의 내용을 통해 확인 가능하다. 또한 모범상 표창 대상자로 다수의 친구들이 추천할 정도로 교우관계에서 특별함을 보이는 학생이다. 따라서 이 학생이 보여주는 이타적인 모습은 한밭대 인재상의 대학 이념의 성실, 인화, 창조 부분뿐만 아니라 한밭대학교 학생부종합전형의 평가요소 중 인성과 인재상에 잘 맞아 합격의 근거가 되었을 것이다.

위와 같이 진로를 탐색하고 탐구활동의 과정을 거치면서 자신의 진로를 구체화하고, 나아가 자신이 처한 교육 환경 속에서 스스로 배움을 확장하고 끊임없이 노력한다면 이 사회에 꼭 필요한 인재가 될 것이다. 바로 이 학생처럼 단순한 활동참여가 아닌 구체적인 활동을 주도적으로 해 나간 학생의 노력이 학생부종합전형의 평가기준에 부합하는 인재로 평가받은 가장 큰 비결이라고 할 수 있겠다.

관광 산업 개발 전문가,
'모두를 위한 하루를 선물하는 호텔리어'를
꿈꾸다.

경희대학교 학생부종합 전형 Hospitality경영학부 합격
부산시 브니엘여자고등학교 이채영

O 　　이채영 학생은 통통 튀는 에너지와 무한한 호기심을 가진 소유자로 끊임없이 궁리하고 새로운 콘텐츠를 개발해가는 학생이다. 2학년 말, 학교 선생님께서 직접 찾아와 학생회 부회장 선거에 나가주기를 부탁할 정도로 학교에서 인정받는 '핵인싸'이며 학급 반장, 정규동아리 부장, 자율 동아리 창설 및 부장, 축제 행사 기획 등, 다양한 책임을 맡고 교내활동에 매우 적극적으로 참여하며 함께 하는 활동마다 기획력과 추진력을 가감 없이 보여주었다. 입학 후, 관광업-호텔리어 관련 진로를 확고히 하고 외국인을 대상으로 하는 교내외 활동을 꾸준하게 기획하고 통솔하며 3년간 동아리 활동의 결과물을 여러 차례 수상으로 이끌었다. 또한, 자신의 진로에 있어 외국어의 중요성을 인식하고 영어는 물론 1학년 때부터 자기주도학습으로 시작한 중국어 실력을 겸비하고 세계시민 의식을 갖춘 글로벌 인재로서 활약하고자 노력하고 있다. '진로 독서 토론 활동'을 통해 다양한 논제를 제시하여 토론을 진행하였고 코로나로 인해 환경오

염에 대한 문제들이 크게 이슈화됨에 따라 사회적으로 필요한 관광 산업의 트렌드를 인지하여 '친환경 테마 현장 체험학습'에 대한 보고서를 작성하는 등 창의적인 콘텐츠를 개발하고자 한다. 특히, 고령화사회에 따른 노인 문제에 지속적인 관심을 기울이고 '노년층 소통 창구 프로젝트'를 구상하였다. 요양병원과 무료 급식소에서 봉사활동을 하며 노년층들과 직접 소통하고 노년층의 빈곤, 일자리 문제를 구체적으로 고민하였고 독서 토론대회에서 '고령자 필수고용제도'를 제안하며 노인의 안정적인 일자리 보장이 노인 빈곤율 감소의 해결책이 될 수 있음을 주장, 최우수를 수상하였다. 교과 공부만 잘하는 모범생이 아니라 언제나 함께하는 가치를 되뇌며 친구들과 후배들을 챙겼고 자신의 진로에 필요한 역량을 키우기 위해 폭넓은 독서, 다양한 활동, 사회 문제에 관한 깊은 관심을 기울여 왔다. 사회구성원으로서 자신의 재능을 선하게 나누고 뛰어난 자질을 발휘할 줄 아는 이채영 학생의 크고 아름다운 꿈을 '이채영답게' 펼쳐나가길 기대한다.

전형적인 인문계열 학생의 성적 성향을 보이는 학생으로 다소 부족한 수학 교과를 극복하기 위해 3학년 1학기 내신 성적을 마칠 때까지 할 수 있는 노력을 하였고 전 교과를 두루 열심히 공부하였다. 1학년부터 관광업-호텔리어로 진로 희망을 설정하여 꾸준하게 이어온 노력이 특별하다. 정규동아리, 자율 동아리, 교내 대회, 교과 연계 활동과 보고서 등 유기적이고 보다 심화된 탐구과정이 전공 적합성을 뚜렷하게 나타낸 훌륭한 사례이다.

'사람들의 행복한 시간에 함께하는 직업' 호텔리어에 매료되어 진로를 구체화하였고 새로움에 대한 설렘으로 다양한 사람을 만나는 통로, 여행에서 전문적이고 편안한 서비스로 여행객을 섬기고자 하는 직업관을 갖춘 지원자의 목표에 딱 맞는 'Hospitality 경영학부' 합격은 당연한 일이다.

스펙 분석

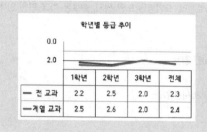

학년별 등급 추이

	1학년	2학년	3학년	전체
— 전 교과	2.2	2.5	2.0	2.3
— 계열 교과	2.5	2.6	2.0	2.4

주요 교과 추이

	1-1학기	1-2학기	2-1학기	2-2학기	3-1학기
—국어	1.0	2.0	2.0	2.0	1.0
—수학	4.0	4.0	5.0	3.0	3.0
—영어	3.0	3.0	2.0	2.7	0.0
—사회	1.0	2.0	3.0	2.0	2.0

▶ 자율활동

1학년　학생회 임원

교내 국제교류 프로그램 참여(태국 자매 학교 학생과 홈스테이, 자체 보고서 작성), 세계 시민의식 함양

독서주제토론 및 정책발표(기본 소득제 도입 반대 토론, '정부산하 국민후원제'라는 새 정책 발표

2학년　학급 반장 (온라인 수업 중 급우들의 수업 참여 독려)

신입생 멘토링 활동 (오리엔테이션 진행, 질의응답 시간)

성탄제 (온라인 발표회 기획 및 진행, 사회자 역할)

국제교류 프랑스문화 체험활동 (프랑스와 한국의 여성의 삶과 문화, 바게트 만들기 체험)

3학년　학급 반장 (소외 되는 친구 없도록 챙기는 리더십 발휘, '함께해서 행복한 우리' 활동으로 생일 친구 축하)

지도플랫폼을 활용한 온라인 소풍 – 가덕도 기사 취합, 경제 발전과의 연관성 제시 보고서 작성

자살 예방 및 생명 존중 교육 – 코로나 블루 극복방안 학습 및 나에게 쓰는 편지 활동 진행(도전에 대한 포부 밝힘)

▶ 동아리활동

1학년　컬투쇼 Cul-Tour-Show, 36시간: 외국인 대상 부산 영어 가이드 행사를 위해 자료조사, 스토리텔링 해설대본 작성, 영어해설대본 작성, 시뮬레이션 1, 2차, 영어 해설 가이드에 적극 참여

17명 외국인 가이드 진행, 만족도 설문조사 제작 및 실시, 인터뷰 완료.

윙크 Wing Crew 자율동아리: 항공사 및 서비스 체험

2학년　컬투쇼 Cul-Tour-Show, 32시간: 동아리 반장, 부산역사 문화 연구 및 답사 후 외국인 영어 가이드, 외국인 가이드 코스 구성 및 답사

오피니언(Opinion) 자율동아리 : 시사주제 토론 및 정책 제안 활동

3학년　도담도담 22시간: 인문 사회계열 진로 독서 동아리, '휘게 라이프, 편안하게 함께 따뜻하게 (마이크 비킹)' 읽고 소소한 행복에 대해 발표

시나브로 자율 동아리: 진로 이해 활동 진행

▶ 봉사활동

1학년　총 92시간

　　　　수민동주민센터 경로잔치, 반송도서관 자료정리, 요양병원 노인 봉사, 솔로몬 파크 민원 안내,
　　　　정리 정돈 등 개인 봉사활동 34시간 진행

2학년　총 71시간

　　　　2020 유엔평화프로그램 등 개인 봉사 21시간 활동

3학년　총 30시간

　　　　또래 교사 멘토, 학생회 활동 등 학교 봉사 26시간 활동

▶ 진로활동

1학년　호텔리어

　　　　커리어 멘토 특강 – 항공 승무원

　　　　7단계에 걸친 진로 탐색 활동

　　　　진로와 직업체험의 날 – 직업 탐구보고서 '호텔의 감독, 호텔지배인' 작성

　　　　꿈 목록 100개 작성

　　　　신입생 진로 비전캠프: 진로탐색검사, 자기 조절학습검사, 직업 가치관 검사, 인생 그래프, 칭찬
　　　　　　　　리스트 발표

2학년　호텔경영

　　　　교육청 주관 고교 윈터스쿨 '호텔리어 체험' 전 과정 이수

　　　　진로 독서 심화활동 – '관광 및 호텔경영'에 대한 보고서와 계획서 작성 후 실천. "우리는 왜
　　　　　　　　여행을 할까"(여행의 이유) 주제 탐구활동 보고서 작성 후 ppt 발표

　　　　국제교류 활동 외국어 특강 – 중국어 강사로부터 중국 문화, 중국어 교과 심화, 회화 중심 학습

　　　　독서토론 캠프 – '왜 세계의 절반은 굶주리는가(장 지글러)' 읽고 세계 기아 문제에 대해 토론,
　　　　　　　　기아 문제 해결을 위한 추가 활동 진행

3학년　호텔 관광 경영

　　　　진로 가치관 검사 – 호텔 관광 경영 계열에 높은 흥미도 보임, 진로 독서 꾸준히 실시

　　　　비대면(언택트) 여행 활성화에 대한 뉴스 기사 읽고 진로 이슈 탐구보고서 작성, 소통의 단절감
　　　　과 극복방안

　　　　실버타운 현 상황 파악 후, 노년층을 위한 홈스테이 관광 제안.

▶ 수상경력

1학년　교과 우수상 (1학기: 국어, 통합사회, 통합과학, 기술 가정) (2학기: 국어, 통합사회, 통합과학)

　　　　동아리 활동 발표대회(자율 동아리부문)_우수상 2위

　　　　동아리 활동 발표대회(정규동아리 부문)_우수상 2위

2학년　영어 경시대회 (말하기 부문 장려상 3위)

　　　　교과우수상(1학기: 한국사, 독서, 영어 1, 영어독해와 작문, 중국어1) (2학기: 문학, 사회문화,
　　　　중국어 1)

표창장 (봉사 부문)

독서토론 대회 – 최우수상 1위

도서 대출 왕 – 장려상 3위

동아리활동발표대회(발표부문) – 최우수상 1위

3학년   표창장(봉사 부문)

교과우수상(한국사, 화법과 작문, 생활과 윤리)

영어 경시대회(말하기 부문) – 우수상 2위

최종합격 대학분석

● 경희대학교 학생부종합(네오르네상스)전형 Hospitality 경영학부 (2022학년도 대입 기준)

▶ 전형방법 및 최저학력기준

전형방법	1단계: 서류 평가 성적(4배수 내외) 2단계: 수능 최저학력기준을 충족한 자 중, 1단계 성적(70%)과 면접평가 성적(30%)을 합산하여 총점 순으로 선발		
제출서류	학교생활기록부, 자기소개서		
서류평가	가) 평가방법 : 입학사정관 2인이 종합적으로 정성평가하고, 평가위원 간 일정 점수 이상의 점수 차이가 나는 경우 평가조정위원회를 개최하여 조정점수를 부여함. 나) 평가역량별 정의 및 평가요소		

나) 평가역량별 정의 및 평가요소

평가 요소□비율		평가 항목
학업역량(30%) :학업을 충실히 수행할 수 있는 기초 수학 능력	학업성취도	교과목의 석차등급 또는 원점수(평균/ 표준편차)를 활용해 산정한 학업능력 지표와 교과목 이수 현황, 노력 등을 기반으로 평가한 교과의 성취수준이나 학업적 발전의 정도
	학업태도와 의지	학업을 수행하고 학습을 해 나가는 자발적인 의지와 태도, 학습자가 스스로 학습 목표를 설정하고 적절한 학습 전략을 선택하여 계획을 수립 · 실행하는 과정
	탐구활동	어떤 대상에 대해 호기심을 가지고 깊고 폭넓게 탐구할 수 있는 능력
전공적합성(30%) :지원 전공 (계열)과 관련된 분야에 대한 관심과 이해, 노력과 준비 정도	전공 관련 교과목 이수 및 성취도	고교 교육과정에서 지원 전공(계열)에 필요한 과목을 수강하고 취득한 학업성취의 수준
	전공에 대한 관심과 이해	지원 전공(계열)에 대한 궁금증을 해결하기 위해 주의를 기울인 태도와 알고 있는 정도
	전공 관련 활동과 경험	지원 전공(계열)에 대한 관심을 충족시키기 위해 노력한 과정과 배운 점

평가 요소·비율		평가 항목	
서류평가	인성(20%) :공동체의 일원으로서 필요한 바람직한 사고와 행동	협업 능력	공동체의 목표를 달성하기 위하여 상호 신뢰를 바탕으로 함께 돕고 함께 생활할 수 있는 역량
		나눔과 배려	상대방을 존중하고 이해하여 원만한 관계를 형성하며, 타인을 위하여 기꺼이 나누어 주고자 하는 태도와 행동
		소통능력	상대방의 의견을 경청하고 공감할 수 있으며, 자신의 정보와 생각을 효과적으로 전달 할 수 있는 역량
		도덕성	공동체의 기본윤리와 원칙에 따라 행동하고, 부정 또는 부당한 행동을 하지 않는 태도
		성실성	책임감을 바탕으로 꾸준히 노력하여 자신의 의무를 다하는 태도와 행동
	발전가능성(20%) :현재의 상황이나 수준보다 질적으로 더 높은 단계로 향상될 가능성	자기주도성	스스로 목표를 설정하고 적절한 전략을 선택하여 계획을 수립하고 실행하는 성향
		경험의 다양성	스스로 목표를 설정하고 적절한 전략을 선택하여 계획을 수립하고 실행하는 성향
		리더십	공동체의 목표 달성을 위해 구성원의 화합과 단결을 이끌어가는 역량
		창의적 문제해결력	창조적이고 논리적인 사고로 문제를 해결하는 능력

면접평가	가) 방식 : (지원동기, 가치관 및 인성 등) 공통문항 및 개인 서류확인 면접 나) 형식 : 개인면접으로, 면접관(2인) 대(對) 지원자(1인) 8분 내외 면접		
	평가 요소·비율		평가 항목
	인성 (50%)	창학이념 적합도	창의적인 노력, 진취적인 기상, 건설적인 협동
		인성	품성, 태도, 사회성, 자기주도성
	전공적합성 (50%)	전공 기초소양	전공적합성, 학업역량
		논리적 사고력	탐구력 및 논리적 의사소통능력

수능최저 학력기준	국어, 수학, 영어, 사회/과학탐구(1과목) 중 2개 영역 등급 합이 5이내이고, 한국사 5등급 이내.

● 경희대학교 학생부종합(네오르네상스)전형 Hospitality 경영학부 (2023학년도 대입 기준)

▶ 전형방법 및 최저학력기준

전형방법	1단계: 서류 평가 성적(3배수 내외) 2단계: 1단계 성적(70%)과 면접평가 성적(30%)을 합산하여 총점 순으로 선발
제출서류	학교생활기록부, 자기소개서

서류평가

가) 평가방법

: 입학사정관 2인이 종합적으로 정성평가하고, 평가위원 간 일정 점수 이상의 점수 차이가 나는 경우 평가조정위원회를 개최하여 조정점수를 부여함.

나) 평가역량별 정의 및 평가요소

평가 요소·비율		평가 항목
학업역량(30%) :학업을 충실히 수행할 수 있는 기초 수학 능력	학업성취도	교과목의 석차등급 또는 원점수(평균/표준편차)를 활용해 산정한 학업능력 지표와 교과목 이수 현황, 노력 등을 기반으로 평가한 교과의 성취수준이나 학업적 발전의 정도
	학업태도와 의지	학업을 수행하고 학습을 해 나가는 자발적인 의지와 태도, 학습자가 스스로 학습 목표를 설정하고 적절한 학습 전략을 선택하여 계획을 수립·실행하는 과정
	탐구활동	어떤 대상에 대해 호기심을 가지고 깊고 폭넓게 탐구할 수 있는 능력
전공적합성(30%) :지원 전공(계열)과 관련된 분야에 대한 관심과 이해, 노력과 준비 정도	전공 관련 교과목 이수 및 성취도	고교 교육과정에서 지원 전공(계열)에 필요한 과목을 수강하고 취득한 학업성취의 수준
	전공에 대한 관심과 이해	지원 전공(계열)에 대한 궁금증을 해결하기 위해 주의를 기울인 태도와 알고 있는 정도
	전공 관련 활동과 경험	지원 전공(계열)에 대한 관심을 충족시키기 위해 노력한 과정과 배운 점
인성(20%) :공동체의 일원으로서 필요한 바람직한 사고와 행동	협업 능력	공동체의 목표를 달성하기 위하여 상호 신뢰를 바탕으로 함께 돕고 함께 생활할 수 있는 역량
	나눔과 배려	상대방을 존중하고 이해하여 원만한 관계를 형성하며, 타인을 위하여 기꺼이 나누어 주고자 하는 태도와 행동
	소통능력	상대방의 의견을 경청하고 공감할 수 있으며, 자신의 정보와 생각을 효과적으로 전달 할 수 있는 역량
	도덕성	공동체의 기본윤리와 원칙에 따라 행동하고, 부정 또는 부당한 행동을 하지 않는 태도
	성실성	책임감을 바탕으로 꾸준히 노력하여 자신의 의무를 다하는 태도와 행동
발전가능성(20%) :현재의 상황이나 수준보다 질적으로 더 높은 단계로 향상될 가능성	자기주도성	스스로 목표를 설정하고 적절한 전략을 선택하여 계획을 수립하고 실행하는 성향
	경험의 다양성	스스로 목표를 설정하고 적절한 전략을 선택하여 계획을 수립하고 실행하는 성향
	리더십	공동체의 목표 달성을 위해 구성원의 화합과 단결을 이끌어가는 역량
	창의적 문제해결력	창조적이고 논리적인 사고로 문제를 해결하는 능력

면접평가

가) 방식 : (지원동기, 가치관 및 인성 등) 공통문항 및 개인 서류확인 면접
나) 형식 : 개인면접으로, 면접관(2인) 대(對) 지원자(1인) 8분 내외 면접

평가 요소·비율		평가 항목
인성 (50%)	창학이념 적합도	창의적인 노력, 진취적인 기상, 건설적인 협동
	인성	품성, 태도, 사회성, 자기주도성
전공적합성 (50%)	전공 기초소양	전공적합성, 학업역량
	논리적 사고력	탐구력 및 논리적 의사소통능력

수능최저 학력기준

없음

▶ 수시지원 합격/불합격 여부

지원대학	지원모집단위(학과)	지원전형	1단계 합불	최종 합불
경희대학교	Hospitality 경영학부	네오르네상스전형	합격	합격
세종대학교	호텔관광외식경영학부	창의인재전형	합격	합격
세종대학교	호텔관광외식경영학부	학생부우수자전형	1단계 없음	합격
서울시립대학교	중국어문화학과	지역균형선발전형	1단계 없음	합격
부산대학교	관광컨벤션학과	지역인재전형	1단계 없음	합격
부산대학교	독어교육과	학생부교과전형	1단계 없음	합격

자기 소개서

1. 고등학교 재학 기간 중 자신의 진로와 관련하여 어떤 노력을 해왔는지 본인에게 의미가 있는 학습 경험과 교내활동을 중심으로 기술해 주시기 바랍니다(띄어쓰기 포함 1,500자 이내).

관광 산업 개발 전문가로 꿈을 설정하고 이론적인 지식과 더불어 다양한 콘텐츠를 경험하고 배우고 있습니다. 입학 후, 저의 진로 탐색에 부합하는 동아리 컬투쇼(culture-tour-show)에 가입하였습니다. 지역의 숨겨진 역사를 외국인에게 소개해주는 동아리인 만큼 가이드 장소와 가이드 내용을 선정하는 것은 동아리 활동의 가장 주요한 부분 중 하나였습니다. 평소 가이드 장소로 선정된 곳을 자주 방문하였던 저는 그 기억을 되살려 다양한 가이드 코스를 제안하였고 그 의견이 채택되어 최종적인 가이드 코스를 정하게 되었습니다. 가이드 행사를 진행하며 또한 일방적인 가이드가 아닌, 소통을 통해 더 많은 내용을 전달하고 다양한 의견을 반영하여 발전하는 행사를 진행하기 위해 행사 후 참가한 외국인들을 대상으로 만족도 설문 조사를 제안, 실시하였습니다. 몇 달간의 준비과정을 마치고 행사를 완벽하게 마무리했을 때 성취감을 만끽하였고 자연스럽게 영어로 대화할 기회가 많아 실력이 향상되고 외국인에 대한 두려움도 경감시킬 수 있었습니다. 그러나 가이드 행사의 특성상 많은 인원이 함께 이동하였고 그 과정에서 지역 주민들에게 피해가 생기지 않았을까 하는 우려도 있었습니다. 2학년 때 동아리 부장을 맡게 된 후, 앞서 했던 걱정이 떠올랐고 이에 대한 다른 친구들의 의견이 궁금하여 비슷한 진로를 가진 친구들과 함께 '진로 독서 토론 활동'을 하였습니다. '관광 산업 발전을 위해서 생활공간을 관광지화해야 한다.'라는 논제를 제시하여 토론을 진행하였고 그 과정에서 지속 가능한 여행에 대해 알게 되었습니다. 코로나로 인해 환경오염에 대한 문제들이 크게 이슈화됨에 따라 변화한 관광 산업의 트렌드를 인지할 수 있었습니다. 이 경험을 토대로 3학년 환경 시간에 생태관광에 대한 보고서와 학생이 주도하는 생태관광에 대한 아이디어를 구체화하여 '친환경 테마 현장 체험학습'에 대한 보고서를 작성하였습니다. 또한, 영어로 번역하여 '환경'을 주제로 한 영어 경시대회 말하기 부문에서 우수상을 수상하였습니다. 이후 '지속 가능한 여행을 하고 있습니다'라는 책을 통해 지속 가능한 여행을 위해 호텔과 같은 숙박업소에서 할 수 있는 일을 알게 되었고 '모두를 위한 하루를 선물하는 호텔리어'라는 구체적인 꿈을 가지게 되었습니다.

　제가 막연히 생각하고 있는 추상적인 호텔리어의 이미지를 구체화하고 호텔리어라는 직업에 대해 더 많은 정보를 얻고자 '호텔리어 체험' 윈터스쿨에 참여하였습니다. 호텔리어로서 일하신 교수님의 강의를 들으며 호텔리어의 다양한 업무와 부서에 관해 상세하게 배웠습니다. 강의를 통해 기존에 관심이 있었던 프론트 데스크 업무를 담당하는 호텔리어뿐만 아니라 주로 외국인 고객을 대상으로 맞춤형 서비스를 제공하는 컨시어지라는 업무와 F&B 부서에 큰 관심이 생겼습니다. 그 업무를 수행하기 위해서는 외국어 능력과 전문 지식이 필수라는 것을 알았고 영어, 중국어 등 외국어 능력 향상을 위한 활동들을 계속해서 해오고 있으며 앞으로도 다양한 경험을 하고자 합니다.

☞ 강평

관광 산업개발 전문가라는 꿈을 설정하고 진로 탐색에 부합한 다양한 동아리 활동을 통해 자신의 진로와 연관된 지식을 확장해 나가고 성장하는 모습을 잘 보여주고 있다. 동아리 부장이라는 직책을 맡아 다른 친구들과 의견을 나누기 위해 "진로 독서 토론 활동" 등을 주체적으로 진행하는 모습을 통해 적극적이고 리더십 있는 모습 또한 엿볼 수 있다. 다양한 체험활동을 통해 자신의 꿈인 호텔리어 라는 직업에 대한 정보를 보다 구체적으로 찾고 전공과 관련된 다양한 업무와 전문적인 직무까지 배워가는 모습에서 진로에 대해 열정이 특별하고 이 모든 과정은 만나기 어려운 사례이며 매우 돋보인다.

2. 고등학교 재학 기간 중 타인과 공동체를 위해 노력한 경험과 이를 통해 배운 점을 기술해 주시기 바랍니다(띄어쓰기 포함 800자 이내).

우리 모두는 언젠가 노인이 됩니다. 그러나 이를 자각하고 노년층에 관심을 기울이는 사람은 단지 소수일 뿐입니다. 저 또한 편협한 사고의 소유자였고 이를 극복하고 다양한 관점을 가지기 위해 여러 가지 계층을 만나는 봉사활동을 하였습니다. 경로잔치 진행 보조 활동을 통해 노인에 대한 개인적 인식이 달라졌습니다. 소통이 불편하고 보살핌이 필요하다고 생각했습니다. 하지만, 현장에서 뵙게 된 분들은 인지능력이 좋았고 20대 못지않은 에너지를 발산하시며 즐기는 모습이 저와 똑같은 인간의 모습이었습니다. 일반적으로 사회적 약자로 여겨지는 노인에 대한 부정적 인식이 어쩌면 소통의 단절에서 온 것은 아닐까 하는 생각이 들었습니다.

이를 계기로 '노년층 소통 창구 프로젝트'를 구상했습니다. 요양병원과 무료급식소에서 봉사활동을 하며 노년층들과의 소통 기회를 얻고자 하였고 대화를 통해 노년층의 빈곤, 일자리 문제에 관한 관심이 커졌습니다. 노년층의 문제는 신세대의 관심사와는 거리가 멀었고 이를 좁혀 나가는 것이 우리가 할 일이라고 판단하였습니다. 독서토론 대회에서 '고령자 필수고용제도'를 제안하며 노인의 안정적인 일자리 보장이 노인 빈곤율 감소의 해결책이 될 수 있음을 주장, 최우수상을 수상하였습니다. 이후 코로나로 인해 취소된 노년층과의 소통의 기회를 대체하고자 온라인 성탄제를 기획, 진행하여 전교생을 대상으로 '노년층과의 소통'을 주제로 인식 변화를 고취하는 방송을 하고 오픈 채팅방을 통해 참여를 독려하였습니다. 소통의 중요성에 대해 자각하였고 다양한 계층의 삶에 관심을 가지고 노년층의 고통에 작은 도움이 되고자 계속하여 노력 중입니다.

☞ 강평

또래 아이들이 흔히 관심 가지지 않는 노년층에 깊은 애정을 가지고 적극적인 봉사활동으로 노인에 대한 인식을 개선하였다. "노년층 소통 창구 프로젝트"를 구상하였으나 코로나로 어려움에 직면하자 온라인 성탄제를 기획하고 전교생 오픈 채팅방을 통해 인식 변화를 고취하는 방송을 하는 등 어려움을 유연하게 대처하고 적극적인 문제 해결 의지를 가진 학생임을 알 수 있다. 소통의 중요성에 대해 진지하게 자각하면서 다양한 계층의 삶에 관심을 가지고 사회에 작은 도움이 되고자 노력하는 모습이 전공 적합성은 물론 자기 주도력을 통한 발전 가능성과 인성을 두루 갖춘 인재임을 잘 보여주고 있다.

3. 경희대

– 해당 모집단위에 지원하게 된 동기와 준비 과정에서 배운 점을 기술해 주기 바랍니다.

타인을 도우며 특별한 성취감을 느끼는 저는 '사람들의 행복한 시간에 함께하는 직업' 호텔리어에 매료되었습니다. 여행은 새로움에 대한 설렘으로 다양한 사람을 만나는 통로입니다. 여행의 시작과 끝은 언제나 호텔이었고 호텔리어가 제공하는 전문적이고 편안한 서비스와 호텔 베드의 포근함은 여행의 완성도를 채워주었습니다.

'문화 세계의 창조'라는 창학 이념을 가지고 국가와 세계를 리드하는 호텔 관광 명문 경희대학교가 저의 미래를 그려갈 인생 학교라 생각하였고 적합한 인재가 되기 위해 열심히 달려왔습니다. 교내 국제교류프로그램 중 태국 자매 학교의 파트너에게 홈스테이를 제공하였습니다. 언어와 문화에 대한 관심이 많은 우리는 다양한 주제로 대화하며 한국과 태국의 공통점과 차이점에 대해 소통하였습니다. 이후 태국 내 한국어 교육을 조사하다가 경희대 국제교육원이 태국 고등학교 교장들과 함께 한국어 교육 활성화 방안을 논의했다는 기사를 접하게 되었습니다. 지구 공동사회를 위해 노력하는 경희대가 세계시민으로서 사회를 이끌어가고자 하는 저의 꿈을 실현할 수 있는 학교라는 것을 다시금 확인하였습니다.

경험을 토대로 노년층을 위한 '홈스테이 관광 콘텐츠'를 기획하였습니다. 증가하는 노년층에 비해 그들을 타깃으로 한 관광 상품은 한정적이었습니다. 열심히 일하고 충전하는 '여행의 이유'를 노년층에 특화된 투어로 기획하여 보고서와 PPT로 발표하였습니다. 인생 후반기에 에너지를 충전하는 길목에서 전문 도우미가 되고 싶습니다. 새로운 문화를 창조하고 지구공동사회를 이끌어 가는 리더가 되고자 하는 저의 꿈을 경희대학교에서 이루고 싶습니다.

☞ 강평

도입부에 자신의 해당 전공을 구체적이고 밝은 이미지로 표현함으로써 우리 학생이 가지고 있는 전공에 대한 애정과 열정을 확인할 수 있어 한 번 더 우리 학생에게 눈길이 가는 부분이 인상 깊다. 또한 지원하는 학교에 대한 정보를 세세하게 찾아보고 미래에 학교에서의 자신의 역할을 구체적으로 보여주면서 진학 후 진로 방향을 자연스럽게 연결함으로써 대학에서 충분히 호기심 어린 호감으로 우리 학생을 만나보고 싶었을 것 같다. 1단계 합격 후, 면접 평가에서 서류를 통해 전달한 역량을 충분히 발휘하여 긍정적인 평가를 얻어내 최종 합격한 것으로 판단된다.

○ 합격 수기

1. 경희대 호텔경영학부 네오 르네상스 전형을 선택하게 된 결정적 요인은 무엇인가요?

　네오 르네상스 즉 학종 전형을 선택함에 있어서 가장 큰 영향을 준 요인은 '성적'이었습니다. 저는 고등학교 1학년 때부터 인 서울권 대학에 진학하고자 하는 목표를 가졌으나 관심을 가졌던 호텔·관광과 관련된 학과는 제가 원하는 대학에서 찾기 쉽지 않았습니다. 그러다 알게 된 과가 경희대학교 Hospitality 경영학부였고 학교의 입결을 찾아보니 고교연계 전형과 네오 르네상스 전형의 합격자 평균 등급이 한 등급 이상 차이가 났습니다. 2점 중반이라는 내신 성적은 다른 지원자들에 비해 경쟁력이 없다고 판단되었고, 제가 이 학과에 진학하기 위해 노력한 부분들을 자기소개서와 면접으로 더 어필할 수 있는 네오 르네상스 전형이 저와 더 적합한 전형이라 생각하여 경희대학교 Hospitality경영학부에 네오르네상스 전형으로 지원하였습니다.

2. 학교생활기록부 관리에 대한 나름의 노하우를 알려주세요.(학교생활에서 특별히 관심을 두고 했던 활동도 좋음)

　학교생활기록부는 말 그대로 학교생활을 얼마나 열심히 했느냐에 따라 완성도와 만족도가 달라지는 노력의 산물이라 생각합니다. 그러나 학교생활기록부는 오로지 선생님들만이 작성하실 수 있는 권한이 있기 때문에 본인의 노력만으로는 커버하지 못하는 부분들이 분명히 생기게 되어있습니다. 본인의 성실함과 더불어 선생님들과의 관계도 학교생활에 많은 영향을 주는 부분입니다. 저는 1학년 때부터 거의 모든 교내 행사에 다 참여하여 많은 선생님들에게 눈도장을 찍고자 노력하였습니다. 그렇게 모든 활동에 성실하게 참여하니 선생님들께서 제 진로를 기억해 주셨고 관련된 활동이 생길 때 저에게 많은 기회를 주셨습니다. 또한 그런 기회를 알차게 활용하기 위해서는 하나의 활동에서 그치는 것이 아니라 자발적으로 본인의 진로와 관련된 추가적인 활동이 필수라고 생각합니다.

3. 자기소개서의 작성 과정을 설명해 주세요. 자기소개서를 작성할 때에 가장 정성을
기울인 문항은 몇 번이고 이유는 무엇인가요?

　자기소개서를 작성하기 위해서는 본인의 생활기록부를 점검하는 일이 가장 기본
이 되어야 합니다. 저는 자기소개서 작성을 시작할 때 생활기록부를 한 자 한 자 읽어
가며 어떤 내용이 담겨있는지 파악하였고 특별히 기억에 남는 활동, 진학에 도움이 되
는 활동들을 표시하는 작업을 우선으로 하였습니다. 그 후 표시된 활동들을 진로를 찾
기 위해 노력했던 활동들은 1번 문항, 공동체를 위한 봉사와 관련된 활동들은 2번 문
항으로 분류하는 등 소재를 관련된 문항 별로 분류하는 과정을 거쳤습니다. 소재 분류
를 다 끝낸 문항은 그 소재들을 시기에 맞게 엮어 저만의 스토리가 담긴 자기소개서로
완성하였고 계속해서 소리 내어 읽어보며 어색한 부분을 수정하였습니다. 그중 가장
정성을 기울인 문항은 2번 문항입니다. 인성과 관련된 문항이니만큼 식상하지 않도록
방향을 잡는 것이 쉽지 않아 초안을 작성하는 데 어려움을 겪었습니다. 그러나 봉사
기록과 제가 참여한 활동의 목록을 다시금 읽어보며 주제를 선정할 수 있었습니다.

4. 어떻게 면접을 준비했는지와 면접에서 어떤 질문을 받았는지 궁금합니다.

　면접은 자기소개서와 비슷한 방향으로 준비를 했습니다. 그러나 자기소개서와 면
접이 같이 있는 전형이라면 생활기록부보다는 자기소개서에 더 초점을 맞춰서 예상
질문을 구상하고 그에 대한 답변을 달아보는 것이 더 중요하다고 생각합니다.

[질문1] 자기소개 간단히 해줄 수 있나요?
[답변1] 저는 지속 가능성을 보장하는 관광 콘텐츠 개발 전문가를 꿈꾸고 있습니
다. 제 진로에 있어 가장 중요한 자질은 인간에 대한 관심과 창의성이라고 생각합
니다. 다양한 봉사활동과 크고 작은 공동체를 이끌어가는 경험을 통해 세상에 대
한 시야를 넓혀 많은 아이디어를 얻었고 모두를 위한 하루를 선물하고자 하는 제
꿈을 위해 끊임없이 고민하고 노력 중입니다. 경희대학교 hospitality 경영학부라
는 더 큰 도화지에 미래를 그려나가고 싶습니다.

가장 관심 있는 분야가 관광인거죠?

네 관광 · 호텔 분야입니다.

[질문2] 많은 대학들 중 특별히 경희대학교에 지원한 이유가 있나요?

[답변2] 호텔은 모든 관광산업의 중심에 존재합니다. 그렇기에 앞서 말씀드렸던 지속 가능한 관광 콘텐츠를 만드는 제 꿈을 위해서는 호텔리어로서의 경험이 필수적이라고 생각합니다. 목표를 이루기 위해서는 사람을 좋아하는 제 성향적인 장점과 다양한 전공과목들을 이수하며 얻게 되는 전문적 역량이 어우러져 현실성 있는 창의성이 발현되어야 한다고 생각하였고, '문화 세계의 창조'라는 창학 이념을 가지고 국가와 세계를 리드하는 호텔 관광 명문 경희대학교가 지구 공동사회를 이끌어가고자 하는 저에게 가장 적합한 대학이라 확신하여 지원하게 되었습니다.

[질문3] 자신이 가진 장점과 그 장점이 진로에 어떤 도움이 되는지 말씀해주세요

[답변3] 저는 사람을 좋아하는 성향을 가지고 있어 다양한 사람을 마주해야 하는 관광 산업에 적합한 인재라고 생각합니다. 또한 저는 굉장히 현실적인 사람입니다. 이런 저의 성격이 창의성과 합쳐진다면 현실성 있는 창의성이 발현됩니다. 이런 장점이 언제나 창의적인 아이디어를 가지고 새로운 콘텐츠들을 생산해야 하는 관광 분야에 도움이 될 것이라고 생각합니다.

[질문4] 생기부에 보니 생태관광이라는 이야기가 있던데 설명해주실 수 있나요?

[답변4] 생태관광은 코로나 이후로 환경 문제들이 이슈화되고 '학생들이 환경을 보호하기 위해 할 수 있는 일이 무엇이 있을까?'라는 의문점에서 생각해 낸 관광 콘텐츠입니다. 매년 학교에서 현장 체험을 가는데 그 현장체험에 환경이라는 요소를 접목시켜 학생들이 직접 환경과 관련된 코스를 계획하고 실천하는 것이 이 콘텐츠의 내용입니다. 하나의 예시를 들자면 자전거를 타고 강 주변을 돌아다니며 쓰레기를 줍는 것처

럼 최근 유명해진 제로 웨이스트 상점을 방문하여 학생들에게 쓰레기 없는 삶이 가능하다는 인식을 심어주는 것이 하나의 코스가 될 수 있습니다.

[질문5] 학교생활을 하며 친구들과 생긴 갈등상황과 어떻게 해결했는지 말씀해주세요.

[답변5] 2학년 때 4명이서 한 조를 이루어 독서토론대회에 참여하였습니다. 저출산 고령화로 인한 문제 해결을 위한 정책 제안이라는 주제로 결선 준비를 할 때 시간이 굉장히 촉박했고 모두가 예민해져 있었습니다. 조원 중 한 명이 하나의 정책을 제안하였고 그것을 검토하던 중 큰 모순점을 발견하게 되었습니다. 그래서 조심스럽게 그 친구에게 먼저 '이 정책에는 이런 모순점이 있는 것 같아'라고 친구가 이해할 수 있게 설명해 주며 '그럼 혹시 내가 이런 정책을 한 번 생각해 봤는데 이건 어때?'라고 새로운 대안을 제시하였고 제안서를 따로 작성하여 조원들에게 보여주며 설득하고자 노력했습니다. 초반에는 부정적인 의견도 있었지만 '그럼 이 부분은 이렇게 바꾸는 게 어때?' 하며 조원 모두의 의견을 반영하였고 모두의 의견이 담긴 정책으로 최우수상도 수상하고 갈등도 잘 해결했던 의미 있는 경험이 되었습니다.

[질문6] 시간이 많이 지나서 혹시 마지막으로 하고 싶은 말 있으신가요?

[답변6] 제가 저희 동아리를 자랑스럽게 생각하고 의미 있는 경험이었는데 질문을 주시지 않아서 동아리에 대한 얘기를 조금 덧붙이고 싶습니다. 저희 동아리는 지역의 숨겨진 역사를 찾아 하나의 관광코스로 만들어 외국인들에게 소개시켜 주는 활동을 하였습니다. 그 과정에서 영어에 대한 두려움도 많이 경감시킬 수 있었고 제 진로에 있어 큰 도움이 된 경험이었습니다. 이렇게 저는 고등학교 3년 동안 경희대학교에 적합한 인재가 되기 위해 끊임없이 노력하였고 스스로는 경희대학교에 적합한 인재라고 확신합니다. 또한 만약 경희대학교에 입학하게 된다면 경희대학교를 빛낼 인재가 될 것이라고 확신합니다. 면접관분들께서도 제 역량과 잠재력에 대해 한 번 더 생각해 주시고, 입학해서 뵐 수 있었으면 좋겠습니다. 감사합니다.

5. 수능 최저가 있어서 부담이 되었을 텐데 어떻게 준비했는지 궁금합니다. 후배들에게 도움이 되도록 구체적으로 부탁드립니다(멘탈 관리도^^).

저는 2개 합5, 3개 합7의 최저가 있는 전형을 지원했기에 최저에 대한 부담이 그리 큰 편은 아니었습니다. 그러나 수능은 많은 변수가 생길 수 있기에 자신을 온전히 믿기보다는 계속해서 의심하였습니다. 모의고사 점수를 잘 받은 날에는 그저 운이 좋았을 거라 믿고 성적이 잘 나오지 않은 날에는 수능 당일에도 이러면 어떡하지? 라는 걱정을 반복하다 보니 평소 불안함이라는 감정과는 거리가 멀던 저에게도 어느 순간 불안함이 내재되었습니다. 그러나 그 불안함이 제게는 하나의 원동력이 되어 가장 효율적인 공부 방법을 찾을 수 있었습니다. 제가 선택한 방법은 '선택과 집중'입니다. 많이들 들어보셨을 말이지만 막상 수능을 앞둔 시기에 모든 과목을 다 공부하지 않고 특정 과목들에게만 시간을 투자하는 결정을 내리는 것은 쉬운 일이 아니었습니다. 그러나 저는 과목별로 격차가 매우 심한 특이 케이스였기에 과감히 하나의 과목을 포기하고 남은 과목에 모든 시간을 투자하여 원하던 결과를 얻을 수 있었습니다. 그리고 수능 날에도 멘탈이 무너지지 않기 위해서는 많은 시행착오를 겪어보아야 한다고 생각합니다. 많은 친구들이 수능을 앞두고 모의고사 성적이 좋지 않아 멘탈이 무너지는 모습을 많이 봤는데 저는 '지금이라도 내가 놓친 부분을 발견할 수 있어 다행이다'라는 마음가짐으로 멘탈 관리를 했습니다. 또한 꾸준함이 뒷받침된다면 수능에서의 실수를 최소화할 수 있을 거라 확신합니다.

전문위원이 바라보는 합격의 비결

이채영 학생이 합격한 경희대학교의 학생부종합전형 네오 르네상스 전형은 학생부와 자기소개서를 종합적으로 정성 평가하고 1단계에 4배수를 선발 후, 2단계 면접전형에 임해야 한다. 또한, 학생부종합전형임에도 불구하고 2개 영역(국어, 수학, 영어, 탐구 1개) 중 2개 영역 합 5등급 이내의 수능 최저 기준을 만족시켜야 한다. 1차에서 4

배수로 선발한 변화(2021학년도 3배수)를 보면 면접을 통해 우수한 학생을 더 많이 선발하고자 하는 대학의 의지가 나타난다. 그만큼 면접전형의 변별력 또한, 중요해졌으므로 준비과정에 최선을 다했고 현장에서 면접관의 긍정적인 코멘트를 들을 만큼 아주 좋은 평가를 얻을 수 있었다. 인원수가 적은 학교에서 내신 2.4등급은 학업에 노력한 모습을 보여주기에 충분한 역량으로 평가할 수 있다. 더불어 수학 능력 평가에서 3개 합 4등급을 받을 만큼 기초 학업 역량을 키웠고 힘들어하는 수학 교과를 제외하고 나머지 교과에 집중하여 점수를 보존한 전략이 탁월했다. 학업능력, 전공 분야에 관한 관심과 다양한 활동, 노인 문제 등 특별한 관심을 꾸준하게 이어가며 가능한 활동으로 기획하고 해결방안을 제안하는 등 자신만의 콘텐츠 개발을 도모하여 창의적 인재로 발전할 가능성을 종합적으로 평가하는 학생부종합전형에 적합한 모습을 보여주었기 때문에 합격할 수 있었다고 생각한다.

첫째, 학업 역량은 주어진 여건에서 보인 교과 학습활동의 성취 수준과 학업 역량을 평가한다. 지원자의 교육환경을 바탕으로 고등학교 전 과정에서 국어, 영어, 수학, 사회를 중심으로 교과를 충실히 이수하였는지와 경희대학교 교과 이수 기준 충족 등을 고려하여 평가한다. 학업 성취도는 물론, 학업을 수행하고 학습해 나가는 자발적인 의지와 태도, 학습자가 스스로 학습 목표를 설정하고 적절한 학습 전략을 선택하여 계획을 수립 · 실행하는 과정을 살펴본다. 또한, 전공과목 이수에 필요한 고등학교 교과의 선택과 지원한 전공에 대한 탐구와 활동을 중요하게 보는데, 3년간 적극적으로 활동한 동아리(컬투쇼 Cul-Tour-Show)를 통해 기획하고 다양한 콘텐츠를 적용한 모습에서 자기 주도성과 리더십을 나타내 지방 일반고가 가진 활동의 부족함을 극복하였고 전공 적합성과 발전 가능성이 돋보여 합격할 수 있었다고 생각한다.

둘째, 개인 역량은 스스로 목표를 설정하고 적절한 전략을 선택하여 계획을 수립하고 실행하는 성향을 중심으로 학업 소양을 평가한다. 공동체의 일원으로서 필요한 바람직한 사고와 행동을 평가하고 자기 주도적 학습 경험에서 나타나는 지적 호기심, 학업에 대한 열정, 적극성 및 진취성, 학업 수행 과정에서의 주도성, 논리적 사고력, 과제 수행 능력 등의 학업 소양을 평가한다. 노인 문제에 대한 관심을 진로와 연계된 개인 봉사활동으로 꾸준하게 진행하고 1학년 때부터 다양한 분야의 독서 활동과 토론, 교내 대회 수상으로 역량을 입증하였다. '지속 가능한 여행'이라는 모토를 설정하고 사회 문제, 환경문제 등을 극복할 수 있는 고민과 해결방안을 제시하면서 고등학생 수준을 넘는 콘텐츠 개발의 모습을 보여주며 창의적이고 열정적인 매력을 충분히 발산했다고 생각한다. 면접 실전에서 마치 숙련된 아나운서 톤으로 또박또박 답변하고 자연스러운 손짓과 표정까지 곁들여진 여유로운 모습은 대인 서비스 직업에 적합한 역량을 아주 잘 드러낸 두 번째 합격 비결이라고 볼 수 있다.

셋째, 잠재 역량은 현재 상황이나 수준보다 질적으로 더 높은 단계로 향상될 가능성을 평가한다. 창조적이고 논리적인 사고로 문제를 해결하는 능력과 리더십, 공동체 의식, 책임감, 사회적 기여 가능성 등을 평가한다. 학생회 임원, 학급 반장 등 교내활동에서 최고의 리더십을 나타내고 신입생 멘토링 활동에서 오리엔테이션 진행, 온라인 성탄제 기획 및 진행과 사회자 역할, 국제교류 프랑스문화 체험활동 등에서 역동성과 자기 주도성을 충분히 보여주었다. 영어와 중국어를 훌륭하게 이수하고 호텔리어에게 필수적인 외국어 능력도 함께 갖추며 1학년 때부터 진지하게 자신의 진로 목표를 설정한 후, 단계적으로 노력해온 성실성과 진정성을 알 수 있게 한다. 한결같은 열정과 실천해내는 진로 역량이 우리 학생의 세 번째 합격 비결이라고 할 수 있다.

우리 학생과의 첫 만남은 고등학교 배정 후 입학 전에 매우 힘들어하고 있을 때였다. 한 학년이 인원수가 적어(100명 남짓) 내신 등급을 받기 아주 불리하다고 부정적인 생각이 가득할 때, 어머니의 긴급한 요청을 받고 방문하여 상담했던 기억이 선명하다. 센터로 와서 만나는 게 일반적인데 학생의 상태를 배려하여 집으로 방문하자 당황하며 억지로? 앉아 첫 상담에 응했던 그 친구는 자신이 툭 던졌던 목표 대학, 원하는 학과에 최초합으로(전체 6개 합격) 합격하였고 누구보다도 최선을 다한 고등학교 3

년간의 노력에 대한 충분한 보상을 누리고 즐기고 있다. "선생님, 과연 제가 경희대 호텔경영학과에 원서라도 내어 볼 수 있을까요?"라고 하던 친구는, 사실 '활동우수형'이라는 별명을 붙여줄 만큼 학교생활에 적극적이고 충실하였다. 다소 부족한 내신 등급을 받게 된 수학 교과에 대한 부담감으로 고민도 하였지만, 오히려 다른 모든 교과와 활동에 더 많은 열정을 쏟아내는 동력이 되었다고 전문가는 평가한다.

1단계 합격 후, 약간의 흥분과 벅찬 기쁨을 담은 목소리로 다짐하는 모습에서 이미 합격을 예상할 수 있었고 면접 준비과정에서 보여준 진지함과 완벽에 가까운 답변 태도에 얼마나 놀랐던지. '서울대 지역 균형 필수 면접 코칭하며 합격시킨 친구들보다 네가 훨씬 잘해.'라는 말이 저절로 나왔고 역시나 면접을 보던 교수님께도 극찬을 받았다.

누구에게나 꿈이 있고 각자 특별한 달란트가 있다는 것을 몸소 확증하였고 3년이라는 긴 시간 동안 '이채영답게' 완벽하게 이루어낸 성과에 함께 기뻐하는 보람이 있었다.

대학에 입학 후, 코로나로 인해 아직 비대면 강의가 대부분이어서 넘치는 활동력을 발현하고자 자신의 강점인 '면접'을 통과하여 학생회에 가입하고 일찌감치 적극적인 캠퍼스 생활을 시작했다는 전화를 받고 역시 자기다운 행보를 보여주는 모습에 웃음이 난다.

Chapter
14

국가와 지역 사회의 공익추구를 위해
생각하고 행동하는 행정가

성균관대학교 사회학과 합격
부산특목고 OOO

○ ○○○학생은 부드럽고도 단단한 리더십을 가진 학생으로 책임감 있고 긍정적
인 자세로 학교생활 전반에 착실히 임하는 학생이었다. 항상 다른 사람들과 소통을 중
요하게 생각하여 다수의 이야기를 경청하여 의견을 모으는 방법을 몸소 체험하였다.
이것을 바탕으로 2년간 방송부원으로 방송기기 설치, 학교 홍보 영상 제작, 자체 영화
제작 등 다방면에서 많은 일을 야무지게 해냈다.

공익 추구에 헌신하려는 의지가 크고 국가와 지역 사회 전반, 행정과 법 분야에 관
심이 많아 교내 활동에 활발히 참여하고 다방면에서 독서를 하여 소양과 자질을 꾸준
히 키워 나왔다.

스펙 분석

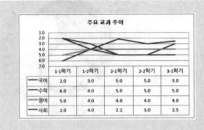

주요 교과 추이	1-1학기	1-2학기	2-1학기	2-2학기	3-1학기
국어	2.0	3.0	5.0	5.0	3.0
수학	6.0	4.0	5.0	5.0	5.0
영어	5.0	4.0	4.0	4.0	4.0
사회	2.0	4.0	2.2	3.0	2.5

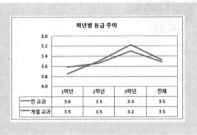

학년별 등급 추이	1학년	2학년	3학년	전체
전 교과	3.6	3.5	3.3	3.5
계열 교과	3.8	3.5	3.2	3.5

▶ 자율활동

1학년　글로벌 포럼 및 글로벌위크 방송부원 활동 - 행사 진행 돕고 행사 내용 영상기록
　　　　인도네시아 학생 시티투어 가이드 - 부산 문화소개, 한국 청소년 문화 알림
　　　　세계시민교육 특강 발표 - 주제는 검찰개혁 문제, 시각 언론 보도, 보도 중요성 전달
　　　　문화예술 체험활동 참가 - 뮤지컬 '라이언 킹' 관람, 감상문 제출

2학년　학급 반장 - 학급 건의사항 조사, 대의원회 결과 공지, 학급 일정 행사 원활 진행
　　　　학교 홍보대사 - 글로벌위크 한국문화 나눔행사 영상 취합, 플랫폼 업로드, 자매 학교 이해 기여
　　　　온라인 글로벌포럼 - 자매 학교 음식 영상 제작. 코로나 19로 달라진 학교 일상 소개
　　　　언택트 레인보우 포럼 - 정치사회세계 태도 발표, 패널 질의응답, 글로벌리더십 함양
　　　　영어 독후감 나누기 행사 - (도서명: How to win friends and influence people)에 참여,
　　　　타인에게 영향을 미치고 싶다면 호감 얻도록 변화하라 내용이 인상적

3학년　학급 토론 활동 - 주제 '보호 종료 아동 자립 의무화 옳다' 찬성팀 토론결과는 사회 초년생
　　　　　　　　안착은 제도적으로 보완 필요
　　　　뉴미디어 시장 점유토론 - 진행자로 토론함, 토론보고 자료 조사 본인 의견 논리적 전개
　　　　학급 반장 - 과제 공지, 학급회 주도 토의와 투표 통해 학급 주요 사안 결정.
　　　　학급회 - '학급 위한 1학기 1인 1역' 출생등록제도 소개, 출생신고 않아 고통받는 아이들 소개,
　　　　　　　해외 사례 참고 '출생통보제' 출생 등록제도 소개, 제도 미비가 큰 피해, 소외된 사람
　　　　　　　들 관심 가지는 계기.

▶ 동아리활동

1학년　방송부(IBS) - 리더십, 포용력, 책임감, 적극적으로 활동한 모범적인 학생임. '학교폭력과 청소년
　　　　보호법' 학교폭력 심각성과 법률 정책 필요성 알림.
　　　　국제사회교류부와 OO 뉴스를 제작 - 특목 · 자사고 폐지정보게시, 방송사 토론과 프로그램을
　　　　　　　　　　　　　　　분석 후 국내외 시사 문제 관심.
　　　　방송국견학 - 방송 관련 종사자들 만나 업무 체험하고 식견을 넓힘.
　　　　교내 문화 축제 - 직접 제작한 영상을 상영 후 학우들 호응 이끌어 뿌듯함.

글로벌포럼 – 자매 학교 학생 문화공연 돕고 대화 소통하여 행사를 원활하게 진행.
(한국콘텐츠홍보부(luminous) : 자율동아리) 글로벌홍보부스운영
2학년 방송부(IBS) – 책임감, 적극적으로 활동, 믿음직스럽고 든든한 학생임.
코로나 19 예방수칙을 담은 시보 제작 – 뮤직비디오에 출연, 대응 수칙 알리는 데 기여.
다큐멘터리 '한국 경제 생존의 조건' 시청 – 국내외 지속 되는 경기 불황 원인과 영향의 비평문
작성. 장기적 불황이 지역 산업 붕괴와 사회 양극화
심해짐. 사람 중심의 경제'를 실현 중요
IBS 월간 카드뉴스 – 전태일의 삶과 '중대 재해기업 처벌법'에 대한 찬반 의견 담은 카드뉴스
제작 온라인 게시하여 긍정적 반응 얻음.
교내축제 – 단편영화 "편지할게요" 상영 큰 호응
기숙사 방송제 – 친구들의 사연 신청곡 소개, 퀴즈 코너 진행, 웃음과 위로 전달.
3학년 (국제인문사회연구부)'정책 제안 콘서트' 활동
코로나 19로 취약계층을 위한 정책을 발표 학내 게시판에 게시.
긴급재난지원금 일회성 지원이 아니라 근본적 어려움 해결할 수 있는 정책 필요 독거노인을
위한 공과금 지원과 시설에서 고립되어 사는 사람들 온라인 여가 제공
저소득층을 위한 공공일자리 제공 등 3가지 정책을 제안.
지리정보시스템을 활용지역 의료시설 확충, 필요지역 선정하고 행정 관청에 건의함
통계포털 – 부산 16개 구·군 여러 지표를 찾고 지역 언론사 조사

▶ 봉사활동
1학년 73시간, 2학년 44시간, 3학년 22시간

▶ 진로활동
1학년 모의유엔총회 참여 – '현대사회의 개인 정보 유출 방지를 위한 국제법 제안' 프랑스 대표를 맡음.
'제3세계 문맹률 감소 및 교육권 확대' 토의에서 스웨덴 대표를 맡음
프랑스어 및 문화 관련 기관 – 프랑스 문화 행사 일정 및 굿즈를 기획 발표 후 프랑스 문화와
사고방식을 배움.
학부모 E동문 전문 직업인 초청특강 – 외교관, 법조인 강좌 수강.
역사 도시 진주 지역 탐구활동 – 지역 국립 박물관 탐방하며 선조들의 지혜를 배움.
'한국 밖에서 보는 한국 역사' 주제 국제전문가 초청특강(2019.07.17.)에 참여
2학년 세계시민교육 학생 발표 활동(2020.10.14.)에서 '수도권집중과 지역균형발전'을 주제로 발표
관심 진로분야 탐구활동(2020.12.11.)에서 '프랑스의 저출산 문제 해결 방안과 우리나라에의
적용'이라는 주제로 탐구활동 보고서 제출함
온·오프라인 창업박람회(2021.01.04.–2021.01.06.)에서 스타트업 'DOT'을 소개함.
'먼 길을 돌아 찾은 나의 색깔'이라는 진로 영상을 보고(2020.04.17.) 소감문을 제출하였음.
3학년 질문기반 진로탐구 활동(2021.06.04.)에서 전공에 대한 이해와 진로 설계를 분명히 함.
진로 독서 특강(2021.05.21.)에서 '데이터와 알고리즘은 항상 공정한가'를 주제로 한 강의에 참여
세계 시민교육 학생특강(2021.03.31.)에서 '초고령 사회, 우리의 미래는?'이 라는 주제로 발표함.

학생 상호 협력학습(2021.04.12.~07.15./10시간)에 멘토로서 정치와 법에 대한 1:1 멘토링 활동을
수행함.

▶ 수상경력
1학년   OO 지리 올림피아드 장려상(4위)전교생 중 참가자(260명)
　　　　영어어휘경시대회 장려상(4위)1학년(171명)
　　　　OO UCC 공모전(공동수상, 3인) 우수상(2위) 전교생 중 참가자(22명)
　　　　교과우수상(국어, 통합사회, AP 세계사 수강자
　　　　사회 철학 에세이대회 우량상(3위) 1·2학년 중 참가자(58명)
　　　　제2외국어 말하기대회(프랑스어부분) 우량상(3위)1학년 중 참가자(43명)
　　　　제2외국어 경시대회(프랑스어부분) 우량상(3위)1학년 중 참가자(41명)
　　　　자기도전성취포상제(3차)동장(4위) 전교생 중 참가자(493명)
　　　　교과우수상(국어, 통합과학, 프랑스어 회화 I)수강자
2학년   교과우수상(한국사, 세계지리, 국제 정치, 지역 이해) 수강자
　　　　지리 올림피아드우수(2위) 전교생 중 참가자(123명)
　　　　모범학생(봉사) 2학년(170명)
　　　　기숙사 생활 모범학생 1, 2학년 전체(323명)
　　　　교과우수상(한국사, 세계지리, 국제 정치, 지역 이해) 수강자
　　　　제2외국어 경시대회(프랑스어부문) 우량(3위) 2학년 중 참가자(42명)
3학년   특별상(봉사상) 3학년(167명)
　　　　교과우수상(한국사, 언어와 매체, 한국 사회의 이해, 세계문화지리) 수강자
　　　　제2외국어 경시대회(프랑스어부문) 우량(3위) 2학년 중 참가자(42명)
　　　　지리올림피아드 우량(3위) 2·3학년 중 참가자(90명)

▶ 상담 시 희망 전형
　– 서울대 일반전형 지리학과
　– 고려대 일반전형 행정학과
　– 고려대 계열적합형 사회과학계열
　– 연세대 계열적합형 사회과학계열
　– 성균관대 일반전형 사회과학계열

▶ 상담 시 추천 전형
　– 서울대 일반전형 지리학과
　– 고려대 학업우수형 보건정책관리학부
　– 고려대 계열적합형 사회과학계열
　– 서강대 일반전형 사회학과
　– 성균관대 일반전형 사회과학계열
　– 성균관대 일반전형 사회학과

● 성균관대학교 인문대학 사회과학계열 (2022학년도 대입 기준)

▶ 전형방법 및 최저학력기준

전형방법	서류 100
제출서류	학교생활기록부, 자기소개서
서류평가	서류평가 우선순위 영역 취득 점수 상위자 – 서류평가 우선 순위 영역 학업수월성 〉 학업출실성 〉 전공적합성 〉 활동다양성 〉 자기주도성 〉 발전가능성
면접평가	없음
수능최저 학력기준	없음

● 성균관대학교 인문대학 사회학계열 사회학과 (2023학년도 대입 기준)

▶ 전형방법 및 최저학력기준

전형방법	서류 100
제출서류	학교생활기록부, 자기소개서
서류평가	서류평가 우선순위 영역 취득 점수 상위자 – 서류평가 우선 순위 영역 학업수월성 〉 학업출실성 〉 전공적합성 〉 활동다양성 〉 자기주도성 〉 발전가능성
면접평가	없음
수능최저 학력기준	없음

※ 위의 내용은 2022학년도 전형계획 기준이며, 정확한 내용은 대학에서 발표하는 수시모집요강을 확인하시기 바랍니다.

▶ 수시지원 합격/불합격 여부

대학명	지원모집단위(학과)	전형명	최종 합불
서울대학교	지리학과	일반전형	불합격
고려대학교	보건정책관리학부	학업우수형	불합격
고려대학교	보건정책관리학부	계열적합형	불합격
서강대학교	사회학	일반전형	불합격
성균관대학교	사회과학계열	일반전형	불합격
성균관대학교	사회학과	일반전형	합 격

◯ 자기 소개서

1. 고등학교 재학 기간 중 자신의 진로와 관련하여 어떤 노력을 해왔는지 본인에게
   의미 있는 학습 경험과 교내 활동을 중심으로 기술해 주시기 바랍니다(띄어쓰기 포함
   1,500자 이내).

미술 시간에 모두가 편안하게 제품과 서비스를 사용할 수 있게 하는 유니버설
디자인에 대해 알게 되었습니다. 장애나 성별 등과 관계없이 모두가 편안하게 사
용할 수 있는 디자인이라는 것이 매력적이었습니다. 이후 창업박람회 때 친구와
함께 사업 아이템을 고민하는 과정에서, 아직 시각장애인의 이동권이 완전히 보
장되지 않고 있다는 생각이 들었습니다. 이에 점자와 글자가 함께 출력되는 프린
터를 고안하였습니다. 별도의 점자 스티커 출력 없이, 글자 입력과 동시에 변환된
점자를 함께 인쇄하여 각종 시설물에 활용한다면 점자 누락과 표기 오류도 줄이
고, 일반인과 시각장애인 모두가 편안하게 생활할 수 있을 것으로 생각했습니다.
이러한 내용을 담은 영상과 사업계획서를 발표하여 선생님과 친구들의 긍정적인
평가를 받았습니다. 우리 사회에서 소외된 사람들을 찾아 이들에게 필요한 사업
을 제시했다는 생각에 뿌듯했습니다. 나아가, 우리 사회의 문제를 파악하고 해결
할 수 있는 사람이 되고자 하는 꿈을 키웠습니다.

세계문화지리 시간에 자신이 사는 지역의 문제점을 인식하고 도시 재생 사업
을 제안하는 활동을 진행했습니다. 어릴 적 추억이 담긴 동네의 문제점을 분석하
고 해결책을 생각해보며 그동안 알지 못했던 부분도 발견하고, 지역에 대해 폭
넓은 이해를 할 수 있었습니다. 특히 주민들이 여가와 휴식을 취할 수 있는 공간
이 존재함에도 거주지와 연담화 되지 않아 이용하기 불편했던 것에 주목하여 이
미 만들어져 있는 시설의 활용도를 높일 방안을 위주로 생각했습니다. 또한, 전반
적으로 오래되어 지저분한 느낌을 주는 길거리를 깔끔하게 바꿔 동네의 분위기를
개선하고자 노력했고, 이 내용을 발표에 담았습니다. 이후 이 내용을 구청에 건의

하고, 긍정적인 답변을 얻을 수 있었습니다. 직접 정책 입안자의 입장이 되어 지역 개발 계획을 수립해 보니 현실적이고 실제로 유용할 것 같은 방안을 만들 수 있어 뿌듯했습니다. 지역 주민들이 필요로 하는 정책을 빨리 파악하고 시행하는 것이 중요하다는 것을 느꼈습니다.

또한, 다른 친구들의 도시 재생 사업 발표를 들으며 같은 도시 내에서도 지역 간 삶의 질 차이가 크게 나타난다는 것을 느끼고 그 원인이 궁금해졌습니다. 이에 동아리에서 부산의 16개 구, 군별로 삶의 질 수준을 알려주는 지표를 찾고, 이를 종합적으로 평가해 보는 활동을 진행하였습니다. 각종 통계 자료와 언론사의 설문 조사를 인용해 이를 점수화하고, 백지도에 단계구분도로 나타내어 순위를 나타내 보았습니다. 지표별로 구간을 5개의 등급으로 나누었고, 가중치를 부여하여 점수를 매겼습니다. 그 결과 지역의 경제력과 인프라 차이가 사람들의 삶의 질에도 큰 영향을 끼친다는 것을 발견하였습니다. 특히 순위가 낮게 나타난 지역들에서 공통으로 건강 지표가 낮게 나타나 신기했습니다. 건강에도 빈익빈 부익부가 나타난다는 생각에 안타까움을 느꼈고, 이 문제를 해결하는 것이 우리나라의 도시문제에서 중요한 과제라고 생각했습니다. 그 과정에서 스스로 지역의 문제를 파악하고 해결할 수 있다는 생각에 성취감도 느낄 수 있었습니다.

☞ 강평

교과 시간에서 배운 개념을 지나치지 않고 다양한 관점으로 바라보며 실천하고자 노력하였다. 특히 본인의 관심 분야인 지역사회를 면밀하게 들여다보고 공공데이터에 기반한 문제 인식, 지역 분석, 자료수집 기반으로 구체적인 활동을 실행했다. 나아가 교과 및 동아리 발표에 그치지 않고 진정한 지역사회 발전을 위한 구체적인 정책 제안을 실천하고 관공서에서도 이에 대한 직접적인 회신을 받는 등 교과 학습에서 확장하여 진정으로 지역을 위해 실천하는 적극적인 학습역량을 가진 점을 본인의 강점으로 어필했다.

자기소개서 1번에 연계 반영된 학교생활기록부 항목

학생부항목	학년/교과명(활동명)	활동내용
5번 진로활동	2학년/진로활동	'온·오프라인 창업박람회에서 'DOT'를 고안 스마트폰 앱 활용 음성 및 문자 인식을 통해 디지털 점자와 글자가 함께 출력 하여 유니버셜 디자인의 관점에서 모두가 사용할 수 있도록 설계함.
5번 동아리활동	3학년/동아리 활동	– 관내 16개 구, 군별로 삶의 질 수준을 알려주는 지표를 찾고, 이를 종합적으로 평가해 보는 활동 진행 – 지리정보시 스템을 활용하여 지역 내 의료시설 확충이 필요한 지역을 선정하고, 행정 관청에 건의
6번 교과세특	1학년/세계지리	도시 재생 프로젝트 수업에서 특정 지역 일대의 도시 재생 제안서 제시, 지역의 문제점 제시 및 쾌적한 도시 환경을 조성하기 위한 내용을 구청 민원 게시판에 의견 제시 긍정적 회신을 얻음
7번 독서활동	2학년/공통	공생의 유니버셜디자인(미호시 아키히로)

2. 고등학교 재학 기간 중 타인과 공동체를 위해 노력한 경험과 이를 통해 배운 점을 기술해 주시기 바랍니다(띄어쓰기 포함 800자 이내).

2년간 학급 반장을 지내며 가장 신경 쓴 부분은 '소통'이었습니다. 구성원의 의견을 모두 들으며 회의 과정에서 소외되는 친구가 없도록 노력했으나, 회의가 지나치게 길어지고 의견이 하나로 잘 수렴되지 않는다는 느낌이 들었습니다. 부반장 친구들과 이 문제에 관해 이야기를 나누었고, 익명 채팅방과 투표 시스템을 도입하였습니다. 회의 주제를 미리 공지하여 친구들이 익명 채팅방으로 의견을 제시하도록 하고, 회의 때에는 취합된 의견을 가지고 간단한 토의를 거쳐 투표를 이용해 결론을 도출했습니다. 그 결과 회의 시간도 줄어들었고 결과의 공정성도 담보되었습니다. 2학년 때의 경험을 바탕으로 3학년 때는 학기 초부터 이를 적극적으로 활용했습니다. 다수의 이야기를 경청하며 의견을 모으는 방법을 배운 소중한 경험이었습니다.

1학년이 끝날 때쯤, 친구 몇 명과 노인복지관에서 정기적으로 봉사를 진행하기로 하였습니다. 그러나 예고 없이 찾아온 코로나19는 그 계획을 무산시켰습니다.

복지관은 폐쇄되었고, 언제 문을 여는지 모르는 상황이었습니다. 비대면 방식일지라도 봉사를 진행할 수 있는지 계속해서 여쭤보았고, 그 결과 홀로 거주하시는 할머니와 유선으로 연결되어 일주일에 한 번씩 말벗이 되어드릴 수 있었습니다. 처음에는 얼굴도 보지 못한 채로 대화하는 것이 어색했지만, 시간이 흐르니 서로 마음을 열고 일상적인 대화도 편안하게 나눌 수 있었습니다. 그렇게 1년 가까이 통화하고 나니 몸은 떨어져 있지만, 정서적으로 상당히 가까워져 있었습니다. 사람과 사람이 가까워지는 데 세대 차이와 물리적 장벽은 아무것도 아니라는 사실을 깨달았습니다.

☞ 강평

2년간 학급 반장으로 활동하면서 급우들과의 '소통'에 중점을 두고 학급 내의 원활한 회의 진행 및 의견 수렴을 위해 노력한 모습과 장기간 노인복지관 봉사활동을 하고 코로나19 상황에서도 홀로 사시는 어른들을 위한 비대면 말벗도우미를 하는 등 늘 타인을 배려하고 존중하고자 노력하는 모습을 보여주었다.

자기소개서 2번에 연계 반영된 학교생활기록부 항목

학생부항목	학년/교과명(활동명)	활동내용
8번 자율활동	2학년/자율활동	1, 2학기 학급 반장으로 급우들과의 '소통'에 중점 두고 학급 내의 건의 사항 및 대의원 회의에 의견을 전달하고 그 결과를 공지함
5번 봉사활동	2학년/3학년 노인복지관	관내 노인복지관에서 말벗 봉사활동 코로나로 복지관 폐쇄된 상황에도 비대면 말벗 프로그램 제안 및 실행

3. 성균관대학교와 해당 모집단위에 지원하게 된 동기와 관련하여 본인의 노력을 구체적으로 기술해 주시기 바랍니다(띄어쓰기 포함 800자 이내).

어릴 때부터 막연히 '살기 좋은 나라'를 만드는 데 이바지하는 사람이 되고 싶었습니다. 그 꿈을 이루기 위해 어떤 마음가짐을 가져야 할지, 어떤 일을 해야 할지 고민했습니다.

미술 시간에 모두가 편안하게 제품과 서비스를 사용할 수 있게 하는 유니버셜 디자인에 대해 알게 되었습니다. 장애나 성별 등과 관계없이 모두를 위한 디자인이라는 것이 매력적이었습니다. 이후 창업박람회 때 친구와 함께 사업 아이템을 고민하는 과정에서, 아직 시각장애인의 이동권이 완전히 보장되지 않고 있다는 생각이 들었습니다. 이에 점자와 글자가 함께 출력되는 프린터를 고안하였습니다. 별도의 점자 스티커 출력 없이, 글자 입력과 동시에 변환된 점자를 함께 인쇄하여 각종 시설물에 활용한다면 점자 누락과 표기 오류도 줄이고, 일반인과 시각장애인 모두가 편안하게 생활할 수 있을 것으로 생각했습니다. 이러한 내용을 담은 영상과 사업계획서를 발표하여 선생님과 친구들의 긍정적인 평가를 받았습니다. 우리 사회에서 소외된 사람들을 찾아 이들에게 필요한 사업을 제시했다는 생각에 뿌듯했습니다. 더 나아가, 도움이 필요한 이들에게 적절한 정책을 통해 희망을 주는 행정가가 되자고 다짐하게 되었습니다.

진로탐구 활동을 통해 행정학은 이미 연구된 바 있는 다양한 분야의 지식을 현실에 적용하여 문제를 해결하는 실용주의적 학문이라는 것을 알게 되었고, 더 나은 사회를 만드는 데 이바지한다는 점에서 행정학에 큰 매력을 느꼈습니다. 성균관대학교 사회과학계열에 진학하여 여러 학문을 두루 익힌 후, 행정학과로 진입하여 사람들을 행복하게 할 수 있는 행정가가 되고자 합니다.

☞ 강평

미술 시간에 배웠던 유니버셜 디자인개념에서 장애나 성별 등에 제한되지 않고 모두가 누릴 수 있는 점을 사회복지 측면으로 적용할 수 있는 방안을 창업아이디어에 반영하고 적극적으로 적용한 부분과 우리나라의 저출산 문제를 개선할 수 있는 방안에 대해 선진사례를 분석하여 효과적인 정책에 대해서 고민하는 등 적극적으로 진로를 찾고자 노력하였다. 또한 행정학이 다른 학문과 차별화된 점과 국가적 재난 상황 등에서 정부가 맡아야 할 역할에 대해 질문을 만들고 질문에 대한 탐색을 통해 전공에 대한 이해와 진로 설계를 분명히 하였다.

자기소개서 3번에 연계 반영된 학교생활기록부 항목

학생부항목	학년/교과명(활동명)	활동내용
5번 진로활동	2학년/진로활동	미술시간에 배웠던 유니버셜 디자인의 개념 및 관점을 온·오프라인 창업박람회에 연계하여 안정되지 않은 시각장애인의 이동권에 도움이 될 수 있도록 점자와 글자가 함께 출력되는 프린터를 고안한 사업계획서를 발표함
	2학년/진로활동	진로분야 탐구활동에서 우리나라 저출산 문제해결을 위하여 유럽최저 수준이었던 출산율을 유럽최고의 수준으로 끌어올린 프랑스의 사례를 분석하여 한국도 효과적인 정책을 펼칠 필요가 있다는 의견을 밝힌 보고서를 제출함
	3학년/진로활동	질문기반 진로탐구 활동에서 행정학(정책학)이 다른 학문과 차별화된 점을 발표하고 국가적 재난 상황에서 정부가 맡아야 할 바람직한 역할에 대한 이해와 진로 설계를 분명히 하게 됨.
7번 독서활동	2학년/공통	아이가 사라지는 세상(조영태) 공생의 유니버셜 디자인(미호시 아키히로)
	3학년/공통	세상 물정의 사회학(노명우)

○ 합격 수기

– 월별/과목별 수능 공부법, 멘탈/건강 관리법, 원서접수, 기타 및 육군사관학교에도 지원

1. 월별/과목별 수능 공부는 어떻게 준비했나요?

저는 인문계열 특목고를 졸업했고, 수시 학종을 준비했기에 수능 공부는 2학년 때까지는 그렇게 열심히 하지 않았습니다. 시험 기간이 아닐 때 하루에 매3비, 매3문 푸는 것 정도만 했고, 그마저도 시험 기간에는 하지 않았습니다. 본격적으로 수능 공부

를 시작한 것은 2학년 2학기 생활기록부가 마감이 된 이후의 겨울방학 때부터입니다. 수시를 준비했지만 4합 7이라는 높은 수능 최저가 걸려있었고, 정시 지원도 고려했기에 수능 공부도 꽤 열심히 했습니다!

• **12월~2월**

- 국어 : 풀다 남은 매3비/매3문이 있어서 풀었습니다. 3학년 1학기 내신과 수능을 위해 언어와 매체 공부도 시작했습니다. 김○○선생님의 체크메이트 강의를 이용했습니다.

- 수학 : '수학은 누구나 현○○'이라는 말이 있죠? 저도 애용했습니다. 수1과 수2 는 내신으로 나름 기본기가 다져져 있다고 생각해 바로 뉴런으로 넘어갔습니다. 3학년 1학기 내신과 수능 선택과목인 확률과 통계는 노베이스였기에 시발점으로 기초를 다졌습니다. 개인적으로 수분감과 시냅스는 어렵게 느껴졌고 풀 시간도 부족해서 풀지 않았습니다.

- 영어 : 개인적으로 영어는 자신이 있었고, 조○○ 선생님 교재를 사긴 했으나 귀찮아서 풀지 않았습니다. 단어도 귀찮아서 외우지 않았습니다. 제가 생각하는 가장 큰 실책입니다.

- 사탐 : 저는 내신을 통해 세계지리와 정치와 법을 1년 내내 여러 번 공부했어서 자신이 있었습니다. 수능특강이 나오기 전까진 따로 공부하진 않았습니다.

• **수능특강 출간 : 개학 전**

수능특강이 나오고 나서는 내신을 위해 수능특강도 풀었습니다. 내신에 쓰이는 문학/독서, 영어/영어독해연습, 세계지리/정치와 법 책을 다 풀고 학기를 시작했습니다.

• **개학 - 기말고사**

3학년 1학기 내신은 입시에 있어서 가장 중요하고, 또 다들 열심히 하는 분위기여서 학기 중에는 수능 공부를 따로 할 시간이 나지 않았습니다. 어차피 수능특강을 교과서 대신 사용했기에 내신 공부에 집중했습니다. 그러나 국어의 경우 감을 잃지 않기 위해 매일매일 일정 분량의 문학과 비문학 지문을 풀려고 노력하였습니다.

• 기말고사 이후 - 9평 전

이 시기에는 내신 기간 동안 잃어버린 수능 감각을 되찾는 데 집중했습니다.

- 국어 : 매3 시리즈를 다 풀어서 마닳을 구매해서 풀었습니다. 개인적으로 마닳 괜찮은 문제집이라 생각합니다. 그리고 언어와 매체를 다시 복습하고, 수능완성을 구매해 풀었습니다.
- 수학: 학기 중에는 확률과 통계 내신에 집중했기에 수1과 수2는 까먹은 상태였습니다. 뉴런을 통해 수1과 수2, 확통을 복습하고, 수분감과 시냅스를 풀었습니다. 수특과 수완도 풀었습니다.
- 영어 : 충격을 받은 저는 친구의 추천을 받아 메가스터디 김기철 강사의 파이널 강좌를 수강하여 문제 유형별 접근법을 새로 익혔습니다. 시중에 파는 수능 단어장도 구매해 외웠습니다. 개인적으로 조ㅇㅇ선생님보다 잘 맞았습니다.
- 세지/정법 : 3학년 1학기 내신으로 단련되었기 때문에 수능완성만 구매해 풀었습니다.

• 9월 모의고사 ～ 수능

이때부터는 새로운 내용을 익히기보다 구멍 난 개념을 메꾸고 실전 감각을 익히는 데 열중했습니다. 특히 저희 학교에서는 10월부터 수능 시간표대로 종을 울려 줘서 수능 시간표에 맞춰 과목별 공부와 모의고사 풀이를 진행했습니다.

- 국어 : 매일매일 마닳에서 일정 분량을 풀고, 주 2회 날짜를 정해 인강 회사들의 사설 모의고사를 풀었습니다.
- 수학 : 저는 현ㅇㅇ강사를 끝까지 믿고 갔습니다. 드릴을 구매해 풀 수 있는 데까지 풀었고, 킬링캠프 모의고사를 풀었습니다. 빨간 마더텅도 사서 양치

기용으로 사용했습니다.

- 영어 : 새롭게 익힌 문제 유형별 풀이법을 적용하기 위해 검은색과 빨간색 마더
텅을 사서 매일매일 풀었습니다. 조정식 선생님의 모의고사도 풀었습니
다. 개인적으로 괜찮았습니다.

- 세지 : 개인적으로 세계지리는 정말 자신이 있었기에 내신을 위해 학교에서 받은
자료를 계속 읽고 기출 모의고사를 하루에 하나 정도 풀었습니다.

- 정법 : 개인적으로 정법은 처음부터 끝까지 개념이 전부라고 생각합니다. 수특/
수완/마더텅 등 여러 가지 책이 있지만 그 중 마더텅이 가장 개념이 자세
하다고 생각했습니다. 검은색 마더텅으로 빠진 개념을 메꾸고, 책 뒤의
기출문제 세트를 이용해 실전 감각을 키웠습니다.

• 수능

이렇게 공부법을 장황하게 적어 보았지만, 수능장에서 저는 이때까지 받아보지 못
한 낮은 점수를 받았습니다. 정말 그날 컨디션과 감각에 따라 점수가 크게 달라질 수
있는 시험이기에 여러분들도 끝까지 긴장 놓지 마시고 열심히 하셔서 좋은 점수 얻을
수 있으면 좋겠습니다!

2. 멘탈 및 건강관리는 어떻게 했나요?

우선 건강관리 측면에서는 수험기간 1년 내내 고용량 비타민을 매일 복용했습니다.
확실히 효과가 있는 것 같습니다. 또한 저는 무조건 1시 전 취침 - 6시 반 기상 루틴
을 만들려고 노력했습니다. 물론 수행평가나 과제가 정말 많을 때는 예외였지만, 공부
할 때에는 그날 계획한 양을 끝내지 못했다 하더라도 무조건 침대에 누웠습니다. 늦게
까지 깨어서 그날 할당량을 채우는 것보다 저는 그 다음날 개운하게 죄책감을 가지고
더 열심히 하는 것이 더 낫더라구요. 이건 사람마다 다 다르니 본인의 취향대로 하시
면 좋을 듯합니다.

멘탈관리 측면에서는 친구들을 많이 활용하면 좋겠습니다. 현역이 재수생보다 나은 점이라면 학교에서 3년간 동고동락한 친구들과 힘든 난관을 같이 헤쳐나갈 수 있다는 점 아니겠어요? 쉬는시간, 식사시간에 밥 거르고 공부하기보다는 친구들과 이야기하고, 산책도 하며 스트레스를 풀었습니다.

3. 수시는 어느 학교를 지원으며 어떻게 방향을 설정하였나요?

입시가 끝나고, 수시를 준비하는 저희 학교 후배들에게 제가 항상 하는 말이 있습니다. "학교를 낮추더라도 과를 낮추진 마라!" 우선 저는 서울대학교 지리학과 일반전형(학종), 고려대학교 보건정책관리학부 학업우수형(학종) + 계열적합형(학종), 서강대학교 사회학과 일반전형(학종), 성균관대학교 사회과학계열 일반전형(학종), 성균관대학교 사회학과 일반전형(학종) 이렇게 6장을 적었고, 이 중 마지막 카드만 합격하고 나머지는 전부 불합격했습니다. 원래 막차 탄 원서가 제일 잘 쓴 원서라고는 하지만, 저는 지금까지 제가 원서 하나만큼은 잘 썼다고 생각합니다. 그 이유는 전부 소신/상향지원이긴 했지만 제가 공부하고 싶은 과목을 골라 원서를 넣었기 때문입니다. 대부분 친구들이 원서를 쓸 때 학교를 낮출 것인지, 과를 낮출 것인지를 고민합니다. 저도 그랬고요. 그러나 저는 적어도 학종에서는 학교를 좀 낮추되 과를 과도하게 낮추진 않는 것을 추천합니다. 주위 제 친구들을 보면 본인의 관심사나 생활기록부와 맞지 않는데도 불구하고 과를 낮춰 쓴 친구들이 입시에서 결과가 썩 좋지도 않을뿐더러, 합격했다고 하더라도 앞으로의 생활이 걱정되어 자연스레 반수나 등록포기 후 재수를 고민하는 경우가 많았습니다. 대학입시가 인생의 끝이 아니고, 대학 공부는 정말 자신의 적성에 맞는 과목을 공부해야 의미가 있는 것이기에 합격률을 높이기 위해 과를 과도하게 변경하지는(ex. 행정학과 → 국어국문학과) 않았으면 좋겠습니다.

4. 육군사관학교 지원 관련 경험담을 말씀해주세요?

저는 어릴 때부터 공군사관학교를 가고 싶었으나, 시력이 안 좋아 갈 수 없었습니다. 그 대안으로 육군사관학교를 잠깐 꿈꿨었고, 1차 시험에 쳐서 합격했으나 2차 시험에 가진 않았습니다.

무엇보다 1차 시험이 가장 중요합니다. 1차 시험에서 특정 배수에 들지 못하면 체력과 면접은 아무 소용이 없습니다. 수능 공부를 열심히 하되, 사관학교 기출도 종종 풀어보세요. 메가스터디의 곽○○ 선생님이 가장 유명한 것으로 알고 있습니다.

저는 체력시험 준비는 1차 시험이 끝나고 시작했습니다. 학교생활 하면서 체육시간이나 쉬는시간, 점심/저녁시간에 간단한 근력운동이나 장거리달리기를 연습했습니다. 가벼운 근력운동은 공부하다 피곤할 때 잠을 깨기에도 좋았습니다. 또한 저는 기숙사가 있는 학교여서 야자 끝나고, 혹은 아침 자습 시작하기 전 장거리달리기를 연습했습니다. 체력이 좋지 않아도 정말 하면 늡니다. 정말입니다.

4. 후배들에게 전하고 싶은 말은 무엇일까요?

제가 나름대로 1년간 느낀 것들을 정리해 봤는데 도움이 될지 잘 모르겠습니다만 가장 중요한 것은 이건 단지 제 이야기일 뿐, 여러분들의 이야기가 아니라는 것입니다! 제가 나름대로 겪어온 시행착오를 참고하시되, 본인에게 맞는 것은 채택하고 맞다, 맞지 않다 싶으면 과감하게 버리시면 되겠습니다.

그리고 정시 친구들은 물론이고, 수시 친구들 역시 야망이 있다면 수능 공부 열심히 해 두세요! 다 언젠가 도움이 된답니다.

책임감과 리더십이 뛰어나면 꼼꼼한 성격을 가진 학생이었습니다. 친구를 가려 사귀지 않고 모두와 친하게 지내며 친구들의 고민 상담을 잘해 주는 친절하고 듬직한 친구라는 평을 받았습니다. 인문계열 특목고생 본인에게 적합한 전형이 무엇인지 정확히 알고 그에 맞는 준비 방법을 정리하고 실천하였다. 높은 공익 추구에 헌신하려는 의지가 크고 국가와 지역 사회 전반, 행정과 법 분야에 대한 관심을 교내 활동 참여와 다방면의 독서를 하며 소양과 자질을 꾸준히 키웠습니다. 일관성이 있는 진로 관련 활동을 학년이 올라갈수록 심화 활동으로 이어지는 것을 확인할 수 있었습니다. 이를 통해 전공 학습역량을 충분히 갖추고 있다는 것을 어필할 수 있는 좋은 기회였습니다.

진지한 학습 태도로 적극적인 수업 참여와 본인만의 학습 방법으로 좋은 성적을 유지하면서 2년간 꾸준히 '지리 교과'에서의 다수수상 이력과 '프랑스어 교내 행사'에 참여하여 좋은 성과를 내기도 하였고, 중학교 때부터 활동한 방송동아리에서 학교 홍보 영상 제작 및 사회 이슈 문제를 영화로 제작하는 등으로 학우들에게 긍정적인 반응을 받기도 하였습니다. 이러한 경험이 학생부에 구체적으로 기재되어 있는 것이 중요하였습니다.

지역 사회 발전을 기여하기 위해 '수도권집 지역 균형발전'이라는 주제로 발표 등 다양한 활동도 하였다. 또한 우리나라의 문제점을 먼저 해결한 다른 나라의 사례를 참고하여 효과적인 정책과 달성 방법을 연구, 발표하는 자세가 성균관대학교가 원하는 '활동 다양성', '자기주도성'에 안성맞춤인 학생으로 합격 비결이라고 생각됩니다.

Part 02
이과 계열

Chapter
15

"행복한 삶을 위한 신약개발을 통해
건강한 세상을 만들고 싶다."

UNIST 일반전형 무학과(생명과학) 합격
서울특별시 청량고등학교 고은호

UNIST 무학과에 합격한 일반고 학생입니다. 자기주도학습이 잘 되는 학생이
지만 1학년 1학기 첫 지필고사에서 시행착오를 겪는 상황이 있었습니다. 스스로 '학'
과 '습'을 정말 열심히 하는 학생이었습니다. 하지만 고1 내신 대비는 효율적인 학습전
략의 부족으로 노력에 비하면 큰 성과를 얻지 못하는 경험을 하게 됩니다. 스스로에게
실망을 하고 포기를 할 수 있었지만 이를 교훈 삼아 방법을 찾기 시작했고, 플래너를
활용하여 메모하는 습관을 실천하게 되면서 국영수사과 평균이 1.67등급에서 1.17등
급까지 상승하는 놀라운 결과를 만들어냅니다.

이렇게 본인의 역량을 향상 시키기 위해서 항상 도전하고 노력하는 성장 과정에서
몇 가지 배울점이 보입니다.

첫째, '메모'하는 습관입니다.

학습을 하면서 시간이 많이 부족했던 부분은 '메모' 습관으로 해결 할 수 있었습니다. 틈틈이 관련 자료를 검색하여 자료를 찾았으며, 항상 중요한 내용은 즉시 플래너에 메모하는 습관을 길렀습니다. 이렇게 완성된 습관 덕분에 메모에 적힌 많은 내용은 다양한 활동에서 아이템으로 활용이 되었고 최소한의 시간으로 좋은 결과물을 만들 수 있었습니다.

둘째, 자신감을 바탕으로 하는 '인성'입니다.

청소년에게 가장 큰 힘은 자신감인 것 같습니다. 교과성적 및 비교과 활동에서 자신감을 얻은 이 학생은 친구들과의 관계도 좋았고, 그 부분은 학급회장에 선출되어 리더십을 통한 긍정적인 인성이 드러납니다.

셋째, '주위(환경)'의 도움을 이용할 줄 알아야 합니다.

1학년부터 좋은 성적과 활동으로 시작하지는 않았습니다. 하지만 누나들과의 상담, 진로에 대한 고민 등을 통해 진로가 설정되고 그 꿈을 이루기 위한 간절함이 있었기에 모든 것이 가능했습니다. 진로 선택 물론 어렵습니다. 하지만 꾸준히 스스로에게 관심을 갖고 주변사람들의 조언을 경청할 수 있다면 충분히 찾을 수 있다고 생각합니다.

이러한 배울 점이 많은 고은호 학생은 대학생이 되어 '신약개발연구원'이라는 꿈을 위해 더 깊이 고민하고 탐구하며, 꼭! 해야 하는 간절함을 갖고 나와 우리, 더 나아가 세계인 모두에게 행복한 삶을 위해 건강을 주는 연구원이 될 것입니다.

스펙 분석

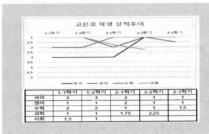

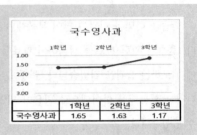

	1-1학기	1-2학기	2-1학기	2-2학기	3-1학기
국어	3	3	3	1	1
영어	1	1	2	1	1
수학	2	2	1	1	1.5
과학	1	1	1.75	2.25	
사회	1.5	1			

	1학년	2학년	3학년
국수영사과	1.65	1.63	1.17

▶ 자율활동

1학년 1학기 학급회장
1학기 임원수련회
독도의 날 계기교육1, 2
세계시민 다문화교육
금연교육영상

2학년 인터넷 및 스마트폰 과의존 예방교육
다양한 문화가 어우러진 다문화사회
1학기 학급회장

3학년 2학기 학급회장
AI 저작물의 저작권
'온드림스쿨-자아존중감'
'나의 너에게'
문화적 차이의 갈등을 해결해 나가는 드라마
'소방 안전교육 화재 대피'를 시청
'지진 대피 방법'을 시청

▶ 동아리활동

1학년 과학동아리(C.S.I)
학교스포츠클럽 건강걷기: 방과후학교스포츠클럽

2학년 과학동아리(C.S.I)
바이오생명과학반(Buy-5): 자율동아리 - 생명과학 동아리

3학년 과학동아리(C.S.I)
자율공학부: 자율동아리 - 이공계 진로 탐색 관련 이슈 탐구

▶ 봉사활동
1학년 20시간, 2학년 7시간, 3학년 3시간(1학기)

▶ 진로활동
1학년   2019 동문 모교방문 직업특강
        자기주도우수학생대상 특강
        인근의 대학교를 방문
        진로 체험의 날
        전공학과 설명회
        수학 과학 나눔 페스티벌
        진로직업체험활동
2학년   1학기 자기주도우수학생 대상 설명회
        진로콘서트
        학과설명회
        진로직업체험
3학년   주 1회 진로수업
        미래 사회와 직업세계의 변화에 맞추어 진학분야와 어떤방향으로 진로 설정이 가능한지 예측해 봄
        계열의 탐색을 통해 전공과 직업 간의 연관성에 대해 생각해 봄
        직업탐색방법 배움
        2022학년도 대학입시 제도의 변화 이해
        2022년 수시전형 이해

▶ 수상경력
1학년   과학 환경독후감 대회 동상(3위) / 참가인원(268명)
        교과 우수상(한국사, 통합과학) / 참가인원(수강자)
        교과 최우수상(영어) / 참가인원(수강자)
        모범상 / 참가인원(269명)
        교과 우수상(한국사, 영어, 통합사회, 통합과학) / 참가인원(수강자)
        교내 인재상 / 참가인원(265명)
2학년   백일장(운문부문) 최우수상(2위) / 참가인원(274명)
        과학 · 환경 독후감쓰기 대회 은상(2위) / 참가인원(274명)
        교과 우수상(수학I, 화학I, 지구과학I, 일본어I) / 참가인원(수강자)
        모범상 / 참가인원(전교생 792명)
        수학.과학 융합사고력 대회(생명과학부문) 동상(3위) / 참가인원(2,3학년중 참가자 33명)
        수학 · 과학 융합사고력 대회(수학부문) 은상(2위) / 참가인원(2학년 중 참가자 32명)
        교과 우수상(언어와 매체, 수학II, 영어II) / 참가인원(수강자)
        학교생활 인재상 / 참가인원(2학년 274명)

3학년   과학 심화 실험 대회 동상(3위) / 참가인원(전교생 중 참가자 16명)
        교과우수상(화법과 작문, 독서, 미적분, 영어 독해와 작문) / 참가인원(수강자)
        모범상 / 참가인원(전교생)

최종합격 대학분석

● **UNIST 일반전형 (2022학년도 대입 기준)**

▶ 전형방법 및 최저학력기준

모집인원	계열별로 모집하며 2학년 진급 시 전공학과 선택함 (280명 내외)
전형방법	일반전형: 서류 100%
제출서류	학교생활기록부(온라인 제공 동의), 자기소개서 1부
서류평가	서류종합평가 방법 (1) 학업역량, 전공 분야 관심도, 인성 등을 종합적으로 평가 (2) 학교생활기록부에 기록된 모든 내용과 자기소개서에 작성한 내용 전체를 정량적 지표를 활용하지 않고 종합적으로 정성평가를 실시
면접평가	없음
수능최저 학력기준	없음
특이사항	수시모집 지원 6회 제한 적용 제외

● **UNIST 일반전형 (2023학년도 대입 기준)**

▶ 전형방법 및 최저학력기준

모집인원	계열별로 모집하며 2학년 진급 시 전공학과 선택함 (280명 내외)
전형방법	일반전형: 서류 100%
제출서류	학교생활기록부(온라인 제공 동의), 자기소개서 1부
서류평가	서류종합평가 방법 (1) 학업역량, 전공 분야 관심도, 인성 등을 종합적으로 평가 (2) 학교생활기록부에 기록된 모든 내용과 자기소개서에 작성한 내용 전체를 정량적 지표를 활용하지 않고 종합적으로 정성평가를 실시
면접평가	없음
수능최저 학력기준	없음
특이사항	수시모집 지원 6회 제한 적용 제외

※ 위의 내용은 2023학년도 전형계획 기준이며, 정확한 내용은 대학에서 발표하는 수시 모집요강을 확인하시기 바랍니다.

▶ 수시지원 합격/불합격 여부

지원대학	지원모집단위(학과)	지원전형	1단계 합불	최종 합불
성균관대학교	바이오메디컬	종합전형	합격	불합격
성균관대학교	공학계열	종합전형	합격	불합격
서강대학교	화생공	종합전형	합격	불합격
서강대학교	전기전자	교과전형		불합격
한양대학교	도시공학	교과전형	합격	추가합격
경희대학교	화학과	종합전형(다자녀)	합격	합격
유니스트	무학과	일반전형		합격

자기 소개서

1. 고등학교 재학 기간 중 자신의 진로와 관련하여 어떤 노력을 해왔는지 본인에게 의미 있는 학습 경험과 교내 활동을 중심으로 기술해 주시기 바랍니다(띄어쓰기 포함 1,500자 이내).

제 말에 설득된 친구들은 "지식을 사회에 안정을 위해 알려주는 네가 정치를 해야지"라고 말하곤 합니다. 정치는 싫습니다. 저는 '사회 안정'보다 '생명 안전'에 힘쓰는 생체재료 의공학자가 되고 싶습니다. 생명2에서 짧게 소개된 리포솜에 흥미가 생겨 탐구했습니다. 이 과정에서 리포솜은 백신과 생체재료 개발에 큰 관련이 있고, 특히 화이자 코로나 백신의 경의 mRNA를 RNA와 크기가 유사한 지질 나노입자에 담아 면역 반응을 최소화함을 공부하면서 약물 운반의 중요함에 흥미로움을 느꼈습니다. 이 흥미를 바탕으로 책 [화공.에너지.로봇 계열 로드맵]을 읽고, '약물 전달 연구원'에 관심이 생겼습니다. 당시 반에 화이자 백신 접종을 거부한 친구들이 있었는데 말로 접종을 장려했으나 완강히 거부하는 친구들을 보고, 어떻게 설득할까 고민했습니다. 그때, 리포솜을 공부했던 것이 떠올랐습니다. 저는 공부한 자료를 편집해 화이자 같은 mRNA 백신은 인체 지질보다 약 1,000배 더 작은 나노입자가 세포에 들어가 비특이

적 면역 반응을 일으키지 않고, 인체 전체에 분산되어 면역 반응을 일으키는 mRNA를 통해 백신을 만드는 방법이기 때문에, 인체에 크게 유해하지 않다는 포스터를 만들어 주었습니다. 노력이 통해 친구들을 설득할 수 있었고, 학생 전원이 백신을 접종하여 코로나로부터 안전한 학교를 만들었습니다. 공부로 배운 것이 친구들의 두려움을 극복시킨 노력은 단순 학습에 그치지 않고 포스터 활동으로 이어짐에 성취감을 느꼈고, 생체재료 분야의 이점을 더 깊이 공부하여 남들에게 알리고 싶은 연쇄적인 동기를 불러일으켜 주었습니다. 이런 동기는 상대방에게 실험 결과를 설명해 이해시키는 과학 심화 실험대회에서 수상을 통해 이어나갔습니다. '화2 끓는점 오름 탐구'는 수학이 도대체 어디에 쓰일까?에 대한 화학의 답변이었습니다. 용액의 총괄성을 배울 때, 삼투압, 증기압과 달리 끓는점 오름을 계산하는 법칙이 없음을 발견했습니다. 빠진 것에는 다 이유가 있다고 생각한 저는 끓는점 오름과 연관된 법칙들과 끓는 점 오름이 단순히 몰랄농도와 비례한다를 넘어 실제 값을 계산하는 방법을 찾고자 검색했습니다. 법칙이 '끓는점 오름 법칙' 수준에서 검색되지 않아 고민할 때, 용액의 총괄성이면 화학적 성질들이 연결되리라 생각해 증기압과 관련된 공식 중 클라우지우스-클라페이롱 식을 발견했고, 이를 깊이 공부했습니다. 클라우지우스-클라페이롱 식은 깁스 방정식의 미분을 통해 도출할 수 있는데, 이 과정에서 교육과정에 없는 전미분이 사용되었습니다. 유도를 직접 해보고 싶어서 공학수학책에서 전미분 과정을 간단하게 공부하고, 이해가 힘든 부분은 학교 수학 선생님께 찾아가 배웠습니다. 모르는 화학지식 또한 '줌달 일반화학'을 공부함으로써 식의 유도에 성공했습니다. 끓는점 오름에 대응하는 법칙은 없지만, 끓는점 오름 값을 정확히 계산할 수 있었고, 수학의 중요성을 깨달은 화학은 물론 미적분도 열심히 공부해 우수한 성적을 받았습니다. 이후 공학 수학을 공부하는 자율 동아리를 만들어 활동했습니다.

☞ 강평

자기소개서를 쓸 때 학생들이 조심해야 할 부분 중에 하나가 소재의 활용입니다. 자기소개서에는 다양한 소재가 사용됩니다. 하지만 여기서 좋은 자소서와 그렇지 않는 자소서의 차이는 명확히 드러납니다. 각각의 소재를 단순 경험의 이야기로 단순 나열을 한 것인지, 앞의 소재를 통해 다음 소재로 넘어가게 되고, 더 깊이 있는 활동이나 학습을 위해서 또다시 다음 소재로 넘어가기 위해서 사용이 되었는지는 정말 큰 차이가 있습니다. 위 자소서를 보면 소재에서 소재로 이어지는 부분에 명확한 이유가 드러나 있습니다. 생명1의 교과 내용 '리포솜' → 리포솜의 역할에 대한 흥미 → 더 알고 싶어서 선택한 도서 → 최근 코로나 백신 접종률과의 연계 → 문제점을 찾고 해결책을 위한 활동 → 활동에 대한 결과 이렇게 하나의 스토리가 자연스럽게 이어지고 있는 부분에서 좋은 자기소개서로 평가받았을 것으로 보여집니다.

2. 고등학교 재학 기간 중 타인과 공동체를 위해 노력한 경험과 이를 통해 배운 점을 기술해 주시기 바랍니다(띄어쓰기 포함 800자 이내).

'자율 동아리 중 실험을 한 동아리는 포기치 않았던 우리가 유일했습니다.' 2학년 때, 코로나로 인해 부원들끼리 모여서 하는 실험이 금지됐습니다. 실험 중심 자율 동아리의 부장인 저는 어떤 활동이라도 해야 하는 부담이 있었습니다. 실험을 원하는 부원들은 독후감으로 대체된 동아리 활동에 불만이 생겨 일방적으로 불참해 다른 부원들과 갈등이 있었습니다. 하지만 갈등의 해답은 멀리 있지 않았습니다. 동아리 마감 1달 전, 점심시간에 손 소독을 안 하고 급식실에 들어가는 친구들 보고, 손 소독 포스터를 만들자는 아이디어를 부원들에게 제시했지만 그림 그리기 동아리냐며 거부했습니다. 시간이 촉박했기에 이 활동마저 못 하면 자율 동아리는 그대로 끝난다고 생각했습니다. 매일 학원을 마치고 인터넷에 손 소독 포스터의 근거자료를 검색하여 세균 배양 실험을 발견하여 부원들의 동의를 받았고, 소수의 인원으로 일주일에 한 번씩 배지의 온도와 습기만 맞춰주면 돼서 학교에 승인 또한 받을 수 있었습니다. 부원 특성에 맞게 실험 조와 포스터 제작 조로 역할을 분담하여 함께 진행해 30일 치 활동을 14일로 줄여 포스터 붙일 기간을 확보했습니다. 비록 엄청난 실험은 아니지만, 실험을 할 수 있다는 것은 마스크를 낀 제 학교생활에 큰 행복이었습니다. 결국 우리 동아리는 타 동아리와 달리 실험을 통한 결과물을 만들 수 있었습니다. 역지사지로 상대방의 입장을 고려하며, 부원들의 갈등을 조율하고 합의를 이끌며 실험을 진행하도록 활동을 주도한 경험은 분명 힘들었지만, 결과물을 통한 뿌듯함과 사회성 및 동료 간의 협업 능력을 배울 수 있었습니다.

☞ 강평

현재 상황에 만족하지 않고 할 수 있는 최선을 다하는 부분에서 좋은 인상을 받을 수 있습니다. 과정에서는 부원들에게 먼저 다가가고 솔선수범하여 방법에 대해서 의견을 제시하고, 부원들의 반응이 좋지 않을 때도 화를 내거나 다투기보다 해결방안을 찾거나 설득하기 위한 노력이 잘 드러나 있습니다. 또한 자기소개서 1번 문항에서도 나온 것처럼 항상 실생활에 관심을 갖고 그 안에서 문제점을 찾고 해결하려는 모습이 긍정적인 평가에 영향을 주었을 것으로 보여집니다.

3. UNIST에 지원한 동기와 고등학교 재학기간 동아 들였던 노력, 기타 특별한 경험 등에 대해서 활동중심으로 상세히 기술해 주시기 바랍니다(띄어쓰기 포함 800자 이내).

한국사에 관심이 많아 [중국의 고구려사 왜곡]이라는 책을 읽으면서 국력이 없으면 나라가 수모를 겪는다는 것을 느꼈습니다. 이후 나라에 도움이 될 수 있는 것은 뭘지 고민할 때, 책 [문샷]에서 신약 개발이 국력과 비례함을 보고, 신약개발원이 되고 싶다고 생각했습니다. 정규 동아리에서 나노공학 기술이 BT에 끼친 영향을 조사하고, [나노기술을 이용한 약물전달시스템]에 이용되는 나노 생분해 물질들과 미셀에 대한 탐구로 약물의 속도와 안정성을 높일 수 있는 나노입자의 특성을 이용하여 생체재료를 개발하는 연구원이 되고자 하는 구체적인 진로를 설정했습니다. 이 목표를 이루고자 저는 고교 3년간 생명에 대해 지식, 공학적 기술에 관한 관심 등을 채우며 노력했습니다. 미적분 시간에 적분 속도 법칙을 조사하여 약이 혈액에 녹는 시간을 예측하고, 틀라우지우스-클라페이롱 식을 이용해 끓는점을 알아내어 약물의 제형을 유추하는 과정에서 투여하고자 하는 약물의 안정성을 깊이 탐구했습니다. 학교에서 영어 지문을 숙지할 때, Gene Therapy와 Original의 두 가지 의미를 가진 구, 신 의약품 탐구 등 입체적으로 공부해 유니스트 영어 발표와 수업에 맞게 영어 공부를 했습니다. 또한 AI 를 도입해 신약 개발 시간을 획기적으로 줄인 사례를 조사하여 융,복합 기술의 유용성 을 확인 했습니다. 저는 뚜렷한 목표가 없다가 유니스트에서 과학 입국에 이바지하는 연구원의 목표가 생기자 3학년 1학기 전교 1등으로 급부상했습니다. 저는 유니스트에 진학해 공부한다면 바이오메디컬을 전공해 제 20대를 유니스트에 바쳐 연구할 각오가 돼 있습니다.

☞ 강평

　무학과에 진학하는 전형이지만, 본인의 뚜렷한 진로를 드러내며 깊이 있는 탐구활 동을 한 내용과 학교의 특성을 잘 알고 적절히 반영하여 작성한 부분에서 높은 평가를 받았을 것으로 보인다.

합격 수기

1. UNIST 무학과 일반전형 선택의 결정적 영향을 미친 요소는 무엇인가요?

　2학년 때 전공을 선택할 수 있는 기회가 있는 무학과가 있는 학교를 희망 하면 서 과기원, 포항공대, 유니스트 3군데 정도를 생각하게 되었고 최종적으로 면접 이 없었으며 자소서 문항도 타 종합대와 비슷한 유니스트 일반전형에 지원하였습 니다. 또한, 생기부 분석 상담에서 주도적인 면모가 엿보였고, 과학에 순수한 흥 미를 느끼는 내용이 많은 점이 부각되어 있다는 이야기를 듣고 울산 과학기술원 에 소신 있는 지원을 할 수 있었습니다.

2. 학교생활기록부 관리에 대한 나름의 노하우를 알려주세요. (부연: 전공진로 적합성을
   위해 학생부 항목간 연계를 어떻게 했나요?)

　우선 내신시험이 끝나면 1-2주간 세특을 채울 수 있는 기간이 주어지게 됩니다. 그
때 시험범위에 있던 과목들 중 본인의 진로와 엮을만한 것이 있을지 생각해봅니다. 제
진로인 공학, 메디컬계열로 보자면 국어 같은 경우 과거 자신의 아들의 죽음으로 인한
PTSD를 겪는 어머니의 모습을 보며, 뇌에 어떤 부분이 심하게 자극을 받아 어머니가
그런 행동을 나타내시는지 원인을 탐구해 본다거나 수학 같은 경우 미분이나 적분을
통한 약물의 용해속도를 구해본다던가 체육에서 축구공이나 배드민턴 공의 궤적을 보
고 물리학적으로 풀어낸 후 그런 회전력을 이용한 기계나 발명품을 설명해보면 꽤나
구체적이고, 학업에도 진실성 있게 임했다는 이미지를 전달할 수 있을것입니다. 가장
이상적인 그림은 1학년때는 넓게 본인의 흥미 분야를 드러내고, Ex) (과학, 사회) 2,3
학년에 걸쳐 점점 세부적인 분야로 활동하고, 탐구하면 입학사정관에게 좋은 이미지
를 심어줄 수 있을 것 같습니다. 위에 제가 설명드린 활동에서 원인이나 단순 탐구에
만 그치는 것이 아니라 자신의 아이디어가 담겨(메모장)있는 계획이나 산물이 있다면
더 좋을 것 같습니다.

3. 학교생활에서 특별히 관심을 두고 했던 활동이 있다면?

　제 모교를 살펴보자면 평준화 일반고에 정시나 학생부 종합에서도 큰 강점을 가지
고 있지 않은 학교였습니다. 하지만 코로나 시국으로 인해 과학실험이나 타 대외활동
경험의 공백기가 생기자 대학에서는 학생부 교과전형을 늘렸고, 저도 이에 맞춰 내신
높이는데 많은 시간을 투자했습니다. 하지만 최저에 자신이 없던 저는 학생부 종합도
챙겨야겠다는 생각에 자율동아리나 학급임원 등에 적극적으로 지원하여 능동적인 학
생임을 어필하고자 했습니다. 학교생활면에서는 점심시간에 꼭 친구들이랑 축구를 하
여 공부만 하느라 약해질 체력을 단련시키는 게 큰 도움이 되었던 것 같습니다. 친구
와의 우정, 스트레스 날리기, 체력 단련 등 수많은 효과를 가지는 스포츠 꼭 하나씩 하
셨으면 좋겠습니다. 악기여도 좋구요.

4. 학습의 환경에 대학 극복 방법 및 자기주도학습 방법을 어떻게 했나요?

2학년 같은 경우 코로나가 학업에 가장 큰 영향을 준 이슈였습니다. 학교에서 대면 수업보다 온라인 수업을 하는경우가 많았고, 이런 갑작스런 변화에 야자도 못하고, 스터디카페도 9시 정도밖에 없어서 공부량 또한 가장 적었던 학년이었습니다. 점점 적은 공부량은 자신감 하락으로 이어지고, 더 공부에 대한 동기를 잃어가는 악순환으로 인해 성적도 가장 많이 떨어진 학년이었습니다. 이를 반면교사 삼아 3학년때는 대면이든 비대면이든 매교시마다 복습하고, 공부해야겠다는 생각이 들었습니다. 또한 일정 등급을 목표로 했던 걸 전교 1등 내지 전과목 만점을 목표로 공부했습니다. 솔직히 별로 추천하고 싶지 않은 방법이기도 한데, 친구관계도 학교에서 볼 때 빼고는 사적으로 만나지 않으며 변수를 차단하려고 했습니다. 이렇게 공부에만 매진했더니 공부내용도 쉽게 안 잊을 수 있었고, 주위 사람들도 시험 결과를 보기 전에 달라진 제 모습을 보고 놀라곤 했습니다. 저는 주위 사람들의 이러한 반응을 동기삼아 공부하여 실제로 전교1등 성적을 받을 수 있었습니다.

5. 1학년과 2학년의 생기부 내용에 많은 차이가 있는데 긍정적으로 변화된 요인이 무엇인가요?

1학년 때는 모의고사 점수도 잘 나오고, 애초에 고등학교 입학한 이후에 목표가 학생부교과였기 때문에, 생기부 내용에 관해 깊게 생각을 안했습니다. 하지만 2학년에 들어서고, 수능기출 문제를 풀다보니 점점 수능형 문제가 맞지 않음을 알 수 있었고, 다양한 상담을 통해 구체적인 진로가 정해지면서 학생부 종합전형도 고려해 생기부를 챙기기 시작했던 것 같습니다. 뿐만 아니라 2학년에 와서 과학 과목을 4과목이나 배우다 보니 과학을 공부하는 과정에서 몇 가지 흥미로운 점을 발견하곤 했습니다. 이를 세특에 탐구보고서 내지 탐구발표를 하다보니 긍정적으로 적힌 것 같습니다. 또한 1학기에는 전교생 사이에서 등급을 냈고, 2학년에는 이공계열 사이에서 등급을 내다보니 1등급 인원수가 더 적은 이공계열에서 학교선생님들의 관심을 더 받을 수 있어 긍정적으로 생기부가 작성된 것 같습니다. 결론적으로 학교선생님들에게 주목받고, 긍정적인 이미지를 띈 학생으로 평가받는다면 좀 더 좋은 생기부 작성이 가능할 것으로 보입니다.

6. 마지막으로 올해 수험생들에게 해주고 싶은 이야기가 있다면?

이번에 입시를 치르시는 분들은 이번 제가 겪은 입시자료가 지원할 대학을 정하는데 중요한 척도 중 하나로 뽑힐 것이라고 생각합니다. 제 수기가 좋은 지표가 되길 바라며, 어떤 사람은 1등급이 목표고, 어떤 사람은 2등급이 목표일 텐데, 목표를 이뤘다면 어떤 성적이든 간에 누구보다 행복해하고, 그 행복을 동기삼아 더욱 발전해서 원하시는 대학에 입학하시길 바랍니다. 하나 강조해 드리고 싶은 건 대학 원서작성 기간에 여러 조언자분들과 얘기해 볼 텐데 자신의 주관을 절대로 잃지 말고, 후회 없는 선택하시길 바랍니다. 실패가 두려워 합격할 만한 학교만 지원한다면, 후회감이 밀려든 겁니다. 1~2장은 본인의 가슴이 시키는 곳으로 지원하시고, 행복한 대학생활을 하셨으면 좋겠습니다. 고3 때 힘듦의 산물이 시간이 지나서 힘듦이란 감정은 사라지고, 산물만 오롯이 남아 나중에 어떤 일을 할 때 꼬리표처럼 따라 올테니 최선을 다해 수험생활을 해 나가시길 바랍니다.

전문위원이 바라보는 합격의 비결

유니스트 일반전형(종합)의 서류종합평가 방법의 기본 사항을 살펴보면 (1)학업역량, (2) 전공 분야의 관심도, (3) 인성 등을 종합적으로 평가한다고 나와 있습니다. 참고 자료는 제출하는 (1) 학교생활기록부와 (2) 자기소개서 내용을 기반으로 정성평가를 합니다.

합격요인을 살펴보기 위해서 학생의 학교생활기록부에 나타난 바이오메디컬공학과에 대해서 조금 정리하고 글을 계속 작성해 보도록 하겠습니다. 우선 유니스트 바이오메디컬공학과의 교육 및 연구 목표는 다음과 같습니다.

첫째, 정보, 바이오, 공학이 융합되는 첨단 바이오메디컬 산업을 선도할 실력과 인성을 겸비한 창의적 글로벌 인재 양성

둘째, 인류의 건강한 삶을 위한 혁신적인 바이오메디컬 기술 창조

셋째, 실험실 연구성과가 현장에 활용되는 사회적 가치 창출

또한, 중점 연구 분야는 바이오메디컬이미징, 뇌인지공학, 재활 및 재생공학, 개인 맞춤형 진단 및 치료, 게놈 및 바이오인포메틱스, 디지털 헬스케어 총 6개 분야를 중심으로 특성화하여 인재 양성이 되고 있습니다. 바이오메디컬공학과는 단순한 지식 전달이 아닌 인류의 건강한 삶에 기여할 수 있는 신기술을 연구개발하고, 나아가 사업화 및 실용화까지 연계하는 것을 비전으로 하고 있습니다.

고은호 학생은 유니스트 바이오메디컬공학과에서 필요한 전공 분야의 관심도 부분이 여러 부분에서 드러난 것이 좋은 영향을 주었을 것으로 판단됩니다. 자세한 분석내용은 아래 표를 참고하시면 됩니다. 그중에서도 특별히 영향을 주었을 내용을 적어보면 2학년 기하 세부능력 및 특기사항에서 '자연 과학 및 공학 분야의 문제를 창의적으로 해결함.', 물리1 세부능력 및 특기사항에서 '자연과 일상생활의 문제를 과학적으로 탐구하는 능력이 뛰어남.'등의 내용으로 융합 역량이 뛰어난 부분이 드러났습니다. 또한 2학년 화학1 세부능력 및 특기사항에서 '질병을 과학적으로 이해하려는 노력이 엿보임.' 문학 세부능력 및 특기상항에서 '과거와 현재의 치료법을 구체적으로 ~'등을 통하여 질병에 관련된 부분에 관심도와 그 치료법을 위한 신약개발에 관심이 많이 드러나고 있습니다.

다양한 활동 중에서 반장을 통한 리더십과 1학년 행동특성 및 평가에서 작성된 '긍정적인 사고와 성실한 성품으로 ~ 급우들의 신망이 두터우며 주어진 역할을 올바르게 수행함.' 부분에서는 담임선생님의 평가뿐만 아니라 급우부터 좋은 평가를 받았다는 부분에서 플러스 영향이 있었을 것입니다.

물론, 1학년부터 3학년까지 꾸준히 학업성취도가 상승했던 부분도 좋은 평가를 받았을 것으로 보여집니다.

마지막으로 자기소개서를 통해 자세히 드러나지 않았던 과정이 구체적으로 잘 드러났고 연계를 통한 깊이 있는 탐구활동을 잘 나타내고 무학과 입학이지만 뚜렷한 목표를 가지고 진학을 희망한다는 의지가 높게 평가 되었을 것으로 보입니다. 특히, 화학2와 생명과학2에서의 구체적인 깊이 있는 활동 내용을 자소서를 통해 드러낸 점은 더욱 합격에 영향을 주었을 것으로 생각합니다.

이 모든 서류를 종합하여 평가하였을 때, 충분히 합격요건이 된다고 판단이 됩니다.

학교생활기록부 분석표

		학업역량 (학업성취도/지적호기심 /학업태도와 학습의지 /자기주도적/ 학습능력 /탐구능력)	전공적합성 (적성 및 소질 /전공 관련 관심과 이해도 /진로탐색 노력 /전공 관련 활동 경험)	발전가능성 (자기주도성/도전정신 /창의성/문제해결능력 /환경극복/문화적 소양 /경험의 다양성)	인성 (나눔과 배려 실천 /팀워크와 협력/리더십 /성실성/도덕성과 품성 /대인관계와 의사소통능력)
수상경력	1,2학기	[3_1학기] 과학 심화 실험 대회		[1_1학기] 과학·환경독후감대회 [2_1학기] 수학·과학 융합사고력대회	[1_2학기] 교내인재상 [2_2학기] 학교생활인재상
창의적 체험 활동	자율				[1학년] 1학기 학급 회장 [2학년] 매 수업시간 성실하게 수업에 임했음.
	동아리		[1학년] 과학동아리(C.S.I) [2학년] 과학동아리(C.S.I) 과학잡지 만들기(개인기사) 주제: 탄소와 나노기술에 대한 기사를 ~ 미래를 이끌어갈 BT(생명공학)의 구체적 사례 바이오생명과학반 [3학년] 과학동아리(C.S.I) '나노 기술을 이용한 약물전달시스템'을 읽고 ~ 사실을 알게 됨.		

		학업역량 (학업성취도/지적호기심 /학업태도와 학습의지 /자기주도적/ 학습능력 /탐구능력)	전공적합성 (적성 및 소질 /전공 관련 관심과 이해도 /진로탐색 노력 /전공 관련 활동 경험)	발전가능성 (자기주도성/도전정신 /창의성/문제해결능력 /환경극복/문화적 소양 /경험의 다양성)	인성 (나눔과 배려 실천 /팀워크와 협력/리더십 /성실성/도덕성과 품성 /대인관계와 의사소통능력)
창의적 체험활동	진로		[1학년] 수학 과학 나눔 페스티벌 체험 활동을 통해 ~ 수학 과학 활동에 대한 견문을 넓히고 ~		
	봉사				
교과학습 발달상황	세부능력 및 특기사항	[2학년] 언어와 매체: '매체 언어의 표현과 활용'을 배우는 단원 ~ '드라마 '낭만닥터 김사부' ~ 간접광고에 대한 자료 찾아보고 ~ 이 과정에서 대중문화는 대중 매체의 이윤 추구하는 ~ 교사 대신 발표하는 ~ 자발적으로 지원하는 ~ 학급 친구들의 큰 호응을 었었음. 화학1: 관심있는 내용을 스스로 조사하고 알아가는 과정에서 지적호기심과 자기 주도적 학습능력이 드러남 지구과학1: 지적 호기심이 많아 스스로 관련문제를 ~ 깊이 탐구하는 ~ 자기주도적 학습능력이 ~ 문제해결능력을 보여줌. 심층적 사고를 해 나갈 수 있는 능력 기하: 자연 과학 및 공학 분야의 문제를 창의적으로 해결함. [3학년] 생명과학2: 앞으로 약물전달시스템을 탐구해보려는 발전적 학구열을 보여줌.	[1학년] 과학탐구실험: 산화, 환원의 개념을 가지고 신호등반응의 색깔 변화를 설명. 산성 물질에 의한 단백질응고를 이용해 치즈를 만들어 봄 [2학년] 언어와 매체: 인터넷 매체를 통해 생명공학자의 역할, 세부전공, 시험과 관련된 필요한 정보를 ~ 문학: 박완서의 '엄마의 말뚝2'~ 초상에 대한 과거와 현재의 치료법을 구체적으로 ~ 화학1: 퀴닌을 추출하는 식물의 ~ 퀴닌의 화학 구조식이 밝혀지기까지의 ~ 질병을 과학적으로 이해 하려는 노력이 엿보임. 운동과 건강: '운동과 기억력의 상관관계'에 대하여 포트폴리오를 제작하여 발표 쌍둥이 여성을 10년 동안 추적 조사하여 각각의 다리 근력과 인지능력 두뇌 부피 등의 ~ 따라서 운동이 인지능 향상과 뇌세포 ~ 규칙적인 운동이 필요함을 깨달음.	[1학년] 통합과학: '골드버그 장치 그림 속에서 에너지 전환 과정 빠르게 찾아내기'→ 이 과정 에서 저 차시에 배운 에너지 종류와 전환 과정을 정확히 하고 지구의 구성 물질과 ~ 결합 규칙성에 대해 탐구하고 신소재의 특성와 종류, 필요성에 대해 알고 이해함. [2학년] 물리1: 자연과 일상생활의 문제를 과학적으로 탐구하는 능력이 뛰어남. 전기전도성을 이용한 크리스 마스카드를 디자인 함. 생명과학1: 과학적 창의력과 탐구능력이 월등하며, ~ 탁월한 성과를 거둠. 수학1: 실생활에 수학1이 적용되는 사례를 찾아 온라인 발표를 하는 활동에 참여함. 기하: 수리 논리적 사고를 통하여 합리적으로 문제를 해결하는 모습이 인상적임. [3학년] 화법과 작문: 주변에서 쉽게 오남용한 약품으로 해열진통제와 ADHD치료제를 사례로 ~ 사회적 영향에 대한 자신의 의견을 덧붙여 ~ 발표를 함.	[1학년] 교내 한마음 또래 멘토링: 멘토(통합과학)로서 멘티의 학습 방법과 학업 태도에 대해 조언해주고 요약 정리와 오답 풀이를 도와 주는 등 멘티의 학업 향상을 위해 아낌 없이 노력을 함. [2학년] 수학2: 친구들의 눈높이에 맞는 설명으로 질문자의 이해가 쉽도록 도와 친구들의 호응이 좋음.

학업역량 (학업성취도/지적호기심 /학업태도와 학습의지 /자기주도적/ 학습능력 /탐구능력)	전공적합성 (적성 및 소질 /전공 관련 관심과 이해도 /진로탐색 노력 /전공 관련 활동 경험)	발전가능성 (자기주도성/도전정신 /창의성/문제해결능력 /환경극복/문화적 소양 /경험의 다양성)	인성 (나눔과 배려 실천 /팀워크와 협력/리더십 /성실성/도덕성과 품성 /대인관계와 의사소통능력)

교과학습 발달상황	세부능력 및 특기사항	[1학년] 학업역량&발전가능성&전공적합성 영어: 인도의 재활용 업체 CEO, Mani Vajipey의 TED강의 ~ 플라스틱을 60프로 이상 재활용 ~ 오염 해결과정을 요약발표 [2학년] 학업역량&전공적합성 영어1: 교과서 4과의 생명과학과 이의 사회에서의 기여라는 ~ 외상성 기억도 우리가 이를 선택적으로 ~ 학업역량&발전가능성 물리학1: 자연과 일상생활의 문제를 과학적으로 탐구하는 능력이 뛰어남 전공적합성&발전가능성 수학1: 실생활에 수학이 적용되는 ~ GWAS는 모든 유전체 위치에 대해 ~ 유전자 덩어리를 분석하여 ~ 이를 통해 어떤 질병이 영향을 ~ p값으로 그래프를 그릴 수도 있었지만 $-\log(p)$를 사용함으로서 ~

독서활동	[1학년] 이기적인 유전자(리처드 도킨스) / 생명이 있는 것은 다 아름답다(최재천) / 화학에서 인생을 배우다(황영애) / 하리하라의 청소년을 위한 의학이야기(이은희) [2학년] 상품의 화학(존 엠슬리) / 21세기 과학의 쟁점(임경순) / 하리하라의 생물학 카페(이은희) / 세상을 변화시키는 화학 공학(한국화학공학회편찬위원) / 바이오 의약품 시대가 온다(김시언, 이형기) / 생명과학, 공학을 만나다(유영제) / 바이오 테크 시대(제리미 러프킨) / 생명과학 교과서는 살아있다(차형준)

행동특성 및 종합의견	[1학년]
	• 문제 해결시 스스로 하려는 태도를 가지고 있으며 학습에 있어서 자기주도적 측면이 강하여 활동에서
	  좋은 결과를 이끌어 냄.
	• 공부 및 운동, 예능 방면 등에 두루 소질을 갖추고 있으며 승부욕이 강하여 발전이 무궁무진한
	  모범적인 학생임.
	• 긍정적인 사고와 성실한 성품으로 ~ 특유의 지도력과 성실성을 ~ 급우들의 신망이 두터우며 주어진
	  역할을 올바르게 수행함.
	• 1학기 학습 회장을 맡아서 ~ 소통의 문제 또한 적극적으로 중재해내는 모습을 보임.
	
	[2학년]
	• 집중력이 뛰어나고 ~ 실수를 하지 않으려고 노력하는 태도가 ~ 모든 일에 적극적으로 참여함.
	• 새로운 것에 대한 호기심과 관심이 많아 때때로 무엇인가를 주의 깊게 집중하여 관찰하는 모습을
	  보이며 늘 표정이 맑고 따뜻함.
	• 함께 정한 학습 규칙을 지키려고 노력하며 일기, 독서록, 과제 등을 바른 글쓰기로 정성껏 성실하게
	  해옴.
	• 자신이 해야 할 일을 정확하게 알고 ~ 스스로 계획하고 관리함.

자기소개서 제출 대학(2023학년도 기준)

자소서 제출 대학	가톨릭대, 감리교신학대, 건국대, 경기대, 경희대, 광운대, 국민대, 덕성여대, 동국대, 동덕여대, 명지대(일부), 삼육대, 시립대, 서울여대, 성균관대, 성신여대, 숙명여대, 숭실대, 서울대, 서울시립대, 연세대, 중앙대, 총신대, 가천대, 한국항공대, 아주대, 을지대, 한국산업기술대, 한밭대, 백석대, 포항공대, 한국해양대

Chapter
16

인공지능과 알고리즘 분야를 연구하며
다른 분야와의 융합을 통해
사회 문제를 해결하는 전문가를 꿈꾸다.

중앙대학교 학생부종합 전형 소프트웨어학부 합격
경북 영주시 영광고등학교 권기영

권기영 학생은 기발한 아이디어와 거침없는 실행력을 지닌 소유자로 생각을 현실화하는 작업에 꽂혀 있다. 3년간 꾸준히 수학, 과학 교과 수상을 했고 더불어 영어, 국어 대회에서도 우수한 결과를 나타내 다양한 관심과 역량을 드러내는 융합형 인재라고 볼 수 있다. '일상 속 문제를 수학적으로 해결하는 것'이 항상 우리 학생의 관심 거리이자 탐구 주제였고 컴퓨터, 프로그래밍, 통계, 코딩, AI, 알고리즘, 게임이론 등과 관련하여 반복적으로 등장하는 교과 · 비교과 탐구 활동이 매력적이고 특별하다. 변수와 경우의 수가 많은 일상 속 문제를 수학적으로 해결하기 위해서는 컴퓨터의 연산속도를 활용해야겠다는 교훈을 얻고, 딥러닝의 일종인 '강화학습'을 통해 평소 즐겨하는 게임의 학습을 설계하는 활동을 진행하였다. 이처럼 고등학생으로서 흔치 않은 생각과 탐구하는 과정에서 호기심으로 그치지 않고 집요하고 치밀하게 완성해가는 모습이 매우 훌륭하다. 한편 책을 통해 의사소통의 중요성, 더불어 사는 삶의 소중함에 대해 배우고 깨달은 바를 직접 실천하기 위해 발 마사지 봉사 동아리인 '발사랑'에 들어가 할머니, 할아버지, 농아인분들께 발 마사지 봉사활동을 하면서 도움이 되고자 궁리하던 중, 담당 선생님께 제안해 수어를 하는 아바타에 대해 알리고 키오스크 같은 일상의 생소한 서비스의 사용법을 알리는 시각 자료를 만들고 농아인분들의 이해를 돕기 위해 대부분을 시각적인 이미지와 애니메이션으로 구성하는 등 선한 마음은 물론 전달하고자 하는 내용을 효율적으로 구성하는 세세함도 보인다. 2학년 2학기, 성적 향상 부문 표창장을 받을 만큼 학업에 꾸준하게 노력하였고 모둠 과제는 언제나 진두지휘하며 아이디어 방출과 함께 리더십도 발휘하였다. 다양한 분야의 독서를 하고 단순히 책의 내용을 수용하는 것에서 나아가 다른 분야로의 적용을 통해 새로운 가치를 창출할 수 있다는 의의를 깨닫고, 복잡한 문제를 해결하기 위해 더 전문적인 수학적 도구, 즉 전문적인 알고리즘과 인공지능 지식이 필요함을 느끼며 복잡한 문제의 접근법을 공부하고자 열망하는 학생이다. 인공지능과 알고리즘 분야를 연구하며 다른 분야와의 융합을 통해 컴퓨터, 수학 분야뿐만 아닌 사회의 여러 가지 분야의 문제를 해결할 수 있는 전문가를 꿈꾸고 있는 창의 융합형 인재의 앞날에 큰 기대를 하게 된다.

수학 문제를 다각도 측면에서 바라보고 뛰어난 문제 해결력으로 다양한 풀이법을 생각해내는 재능을 가졌고 일률적인 가르침보다는 자기 주도적인 학습에 뚜렷한 의지를 갖고 자신의 진로 목표에 맞춰 열심히 달려왔다. 교과 학습뿐만 아니라 컴퓨터 코딩 등 필요한 분야에 자투리 시간을 활용하여 스스로 학습하고 창의적인 발상을 구현해 나가는 노력을 해왔다. 1학년부터 컴퓨터 관련 진로 희망을 설정하여 매 학년 2개의 정규동아리에서 주도적으로 활동하고 교내 대회, 교과 연계 활동과 심화 탐구보고서와 발표를 꾸준하게 해나가며 역량을 키워온 모습이 매우 훌륭하다. 학생부종합전형 요소 중 전공 적합성을 가장 많이 평가하는 중앙대 SW인재 전형에 합격하기에 적합하고 모범적인 사례이다.

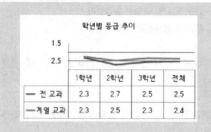

| | 스펙 분석 |

학년별 등급 추이

	1학년	2학년	3학년	전체
전 교과	2.3	2.7	2.5	2.5
계열 교과	2.3	2.5	2.3	2.4

주요 교과 추이

	1-1학기	1-2학기	2-1학기	2-2학기	3-1학기
국어	2.0	3.0	3.0	2.0	3.0
수학	2.0	2.0	2.5	1.3	2.0
영어	2.0	3.0	2.0	3.0	2.0
과학	2.0	2.0	3.0	3.0	0.0

▶ 자율활동

1학년 리드프로젝트에서 '인공지능에게 도덕성이 필요한가?'라는 주제로 토론하고 발표함

빅데이터 통계분석에서 '규제 샌드박스'에 대하여 학우들의 인식 수준과 효율적인 운영방안 설문 조사함

컴퓨터공학과 전공체험에서 컴퓨터공학과 정보 통계학과를 미리 체험함

와글와글 북 콘서트에서 책을 소재로 친구들과 독서토론에 참여함

2학년 리드프로젝트에서 '디지털교도소를 운영해야 한다'라는 주제로 토론하고 발표함

학급 자율 탐구 활동에서 '우리에게 IT란 무엇인가'라는 책을 읽고 전자서명가가 폐지된 주요 원인과 폐지된 이후의 대안이 무엇인지에 대해 탐구함

3학년 '이기적 유전자'를 읽고, 행위자의 판단과 선택 양상을 더 자세히 탐구하는 활동을 함

팀 게임을 통해 '강화학습'을 통한 인공지능의 적용을 주제로 탐구에 도전함

▶ 동아리활동

1학년 OO 스콜라, 25시간: '사이버보안 교육 훈련 전문 인력의 역량에 관한 연구'라는 제목의 학술지를 읽고 내용을 요약하고 발표함

세미콜론, 25시간: 프로그래밍 언어인 C언어 동아리 활동을 통해 코딩 중에 오류가 발생하거나, 복잡한 명령어 등을 이해함, 학교 축제에서 부스 활동으로 햄스터 로봇을 이용한 미로 탈출을 기획함

2학년 더-엑스반, 30시간: 정십이면체와 정이십면체의 쌍대 구조물 제작, 스트링 타워 제작

수고해반, 26시간 : '수학적으로 계산한 리그오브레전드 투사체 회피 방법'이라는 주제로 탐구함

3학년 노벨즈반, 18시간: 바둑과 게임을 학습시키는 딥러닝의 분야인 '강화학습'에 대해 탐구함

창조과학탐구반, 17시간: '전염병 확산 예측 모델인 SIR 모델 이해 및 python 언어를 통해 실제로 그래프 도출'이라는 주제로 수학적 모델링 활동을 주도적으로 전개함

▶ 봉사활동

1학년   총 65시간

또래 학습 도우미, 소백산 마라톤대회 경기 보조 활동 및 대회장 환경정리,

[적십자사] 헌혈 실적 연계, 발 마사지 봉사 등 개인 봉사활동 52시간 진행

2학년   총 40시간

농아부 청각장애인 발 마사지 봉사, 관내 저소득 가구에 연탄 기부 및 배달 봉사 등 개인 봉사 8시간 활동

3학년   총 21시간

또래 학습 도우미, 학교 주변 도로와 농로 마을 등의 쓰레기 줍기 및 환경 정화 활동, 1회 온라인 청소년 자원봉사 소양 교육 등 학교 봉사 21시간 활동

▶ 진로활동

1학년   프로그래머

전문인 특강 – MEMS 기반 미세먼지 감지 센서와 같은 소형모듈의 측정 장비에 관하여 수강

YEAC – '아두이노'프로그램을 활용하여 미세먼지 측정기 제작

사회적 기업 캠프 – 어려운 정보를 평범한 사람들도 이해하기 쉽도록 재가공하고 이를 공급 하는 기업을 제시함.

세대 간 정보 격차를 줄이고자 노인 맞춤형 인터페이스 및 기능을 추가하자는 보고서 작성 및 토의

창업프로젝트 – 음성인식 프로그램을 상품제작과 부원으로 직접 제작하여 발표 시연함

주제 말하기 – '파이썬 터틀 모듈'을 연계하여 공의 충돌을 구현하는 그램을 직접 코딩하고 그에 따라 보고서를 작성하고 발표함

2학년   컴퓨터공학

수학 실생활프로젝트 – python 언어를 활용한 일일 성찰 프로그램을 구현함

창의 융합과학 프로젝트 – 'MNIST 데이터 분류 인공지능의 정확도 변화 탐구'에 대해 실험함

북 콘서트 – '디지털 뉴딜'이라는 책을 읽고 IT 행정 분과에 소속되어 정책 시행의 합당성을 판단하는 주제 토론에 참여함

3학년   컴퓨터공학

수학 실생활 응용 프로젝트 – '게임이론을 통한 조별활동 내에서 개인의 최적 전략 도출'을 주제로 활동에 참여함

사회적 기업 프로젝트 – 킥보드 운전자에게 교통정보를 알려주는 전용 앱을 개발하는 기업을 기획함

▶ 수상경력

1학년   과학 탐구대회 – 동상 3위

국어 독해력 경시대회 – 동상 3위

수학적 문제 해결력 경시대회 – 은상 2위

영어 어휘 능력 경시대회 – 금상 1위

동계 포스터 제작대회(공동수상, 3임) – 동상 3위

한국어 능력 경시대회 – 동상 3위

2019 OO 문학제(산문 부문) – 동상 3위

독서 장원급제 – 차상 2위

2019 OO 과학 경시대회(물리) – 동상 3위

2019 OO 과학 경시대회(화학) – 동상 3위

교과우수상(정보)

수학 용어 말하기대회 – 동상

2학년   영어 어휘력 경시대회 – 은상 2위

과학 탐구대회 – 동상 3위

국어 독해력 경시대회 – 동상 3위

수학적 문제 해결력 경시대회 – 동상 3위

한국어 능력 경시대회 – 동상 3위

감성 문학제(산문 부문) – 동상 3위

영어 에세이 대회 – 동상 3위

교과우수상(확률과 통계)

표창장(성적 향상 부문)

3학년   봉사상

창의적 과학 독서 경시대회 – 동상 3위

영어 어휘 능력 시험 – 동상 3위

최종합격 대학분석

● 중앙대학교 학생부종합(SW인재)전형 소프트웨어학부 (2022학년도 대입 기준)

▶ 전형방법 및 최저학력기준

전형방법	1) 전형 요소별 반영 비율: 서류 100% 2) 서류평가 – 학교생활기록부, 자기소개서 등을 근거로 지원자의 탐구능력, 전공분야의 학업잠재력, 학교생활 충실성등을 종합적으로 평가		
제출서류	학교생활기록부, 자기소개서 (*교사추천서 폐지)		
서류평가	**가) 평가방법** : 입학사정관 2인이 종합적으로 정성평가하고, 평가위원 간 일정 점수 이상의 점수 차이가 나는 경우 평가조정위원회를 개최하여 조정점수를 부여함. **나) 평가역량별 정의 및 평가요소**		
	평가 요소·비율		평가 항목
	학업역량(30%) :학업을 충실히 수행할 수 있는 기초 수학 능력 학업역량(30%)	학업성취도	교과목의 석차등급 또는 원점수(평균/표준편차)를 활용해 산정한 학업능력 지표와 교과목 이수 현황, 노력 등을 기반으로 평가한 교과의 성취수준이나 학업적 발전의 정도
		학업태도와 의지	학업을 수행하고 학습을 해 나가는 자발적인 의지와 태도, 학습자가 스스로 학습 목표를 설정하고 적절한 학습 전략을 선택하여 계획을 수립·실행하는 과정
		탐구활동	어떤 대상에 대해 호기심을 가지고 깊고 폭넓게 탐구할 수 있는 능력
	전공적합성(30%) :지원 전공(계열)과 관련된 분야에 대한 관심과 이해, 노력과 준비 정도	전공 관련 교과목 이수 및 성취도	고교 교육과정에서 지원 전공(계열)에 필요한 과목을 수강하고 취득한 학업성취의 수준
		전공에 대한 관심과 이해	지원 전공(계열)에 대한 궁금증을 해결하기 위해 주의를 기울인 태도와 알고 있는 정도
		전공 관련 활동과 경험	지원 전공(계열)에 대한 관심을 충족시키기 위해 노력한 과정과 배운 점
	인성(20%) :공동체의 일원으로서 필요한 바람직한 사고와 행동	협업 능력	공동체의 목표를 달성하기 위하여 상호 신뢰를 바탕으로 함께 돕고 함께 생활할 수 있는 역량
		나눔과 배려	상대방을 존중하고 이해하여 원만한 관계를 형성하며, 타인을 위하여 기꺼이 나누어 주고자 하는 태도와 행동
		소통능력	상대방의 의견을 경청하고 공감할 수 있으며, 자신의 정보와 생각을 효과적으로 전달 할 수 있는 역량
		도덕성	공동체의 기본윤리와 원칙에 따라 행동하고, 부정 또는 부당한 행동을 하지 않는 태도
		성실성	책임감을 바탕으로 꾸준히 노력하여 자신의 의무를 다하는 태도와 행동
	발전가능성(20%) :현재의 상황이나 수준보다 질적으로 더 높은 단계로 향상될 가능성	자기주도성	스스로 목표를 설정하고 적절한 전략을 선택하여 계획을 수립하고 실행하는 성향
		경험의 다양성	스스로 목표를 설정하고 적절한 전략을 선택하여 계획을 수립하고 실행하는 성향
		리더십	공동체의 목표 달성을 위해 구성원의 화합과 단결을 이끌어가는 역량
		창의적 문제해결력	창조적이고 논리적인 사고로 문제를 해결하는 능력
수능최저 학력기준	없음		

● 중앙대학교 학생부종합(SW인재)전형 소프트웨어학부 (2023학년도 대입 기준)

▶ 전형방법 및 최저학력기준

전형방법	1) 전형 요소별 반영 비율: 서류 100% 2) 서류평가 – 학교생활기록부, 자기소개서 등을 근거로 지원자의 탐구능력, 전공분야의 학업잠재력, 학교생활 충실성등을 종합적으로 평가 3) 2023학년도 SW인재 전형 소프트웨어학과만 모집
제출서류	학교생활기록부, 자기소개서

서류평가

가) 평가방법
: 입학사정관 2인이 종합적으로 정성평가하고, 평가위원 간 일정 점수 이상의 점수 차이가 나는 경우 평가조정위원회를 개최하여 조정점수를 부여함.

나) 평가역량별 정의 및 평가요소

평가 요소·비율	평가 항목	
학업역량(30%) :학업을 충실히 수행할 수 있는 기초 수학 능력 학업역량(30%)	학업성취도	교과목의 석차등급 또는 원점수(평균/표준편차)를 활용해 산정한 학업능력 지표와 교과목 이수 현황, 노력 등을 기반으로 평가한 교과의 성취수준이나 학업적 발전의 정도
	학업태도와 의지	학업을 수행하고 학습을 해 나가는 자발적인 의지와 태도, 학습자가 스스로 학습 목표를 설정하고 적절한 학습 전략을 선택하여 계획을 수립·실행하는 과정
	탐구활동	어떤 대상에 대해 호기심을 가지고 깊고 폭넓게 탐구할 수 있는 능력
전공적합성(30%) :지원 전공(계열)과 관련된 분야에 대한 관심과 이해, 노력과 준비 정도	전공 관련 교과목 이수 및 성취도	고교 교육과정에서 지원 전공(계열)에 필요한 과목을 수강하고 취득한 학업성취의 수준
	전공에 대한 관심과 이해	지원 전공(계열)에 대한 궁금증을 해결하기 위해 주의를 기울인 태도와 알고 있는 정도
	전공 관련 활동과 경험	지원 전공(계열)에 대한 관심을 충족시키기 위해 노력한 과정과 배운 점
인성(20%) :공동체의 일원으로서 필요한 바람직한 사고와 행동	협업 능력	공동체의 목표를 달성하기 위하여 상호 신뢰를 바탕으로 함께 돕고 함께 생활할 수 있는 역량
	나눔과 배려	상대방을 존중하고 이해하여 원만한 관계를 형성하며, 타인을 위하여 기꺼이 나누어 주고자 하는 태도와 행동
	소통능력	상대방의 의견을 경청하고 공감할 수 있으며, 자신의 정보와 생각을 효과적으로 전달 할 수 있는 역량
	도덕성	공동체의 기본윤리와 원칙에 따라 행동하고, 부정 또는 부당한 행동을 하지 않는 태도
	성실성	책임감을 바탕으로 꾸준히 노력하여 자신의 의무를 다하는 태도와 행동
발전가능성(20%) :현재의 상황이나 수준보다 질적으로 더 높은 단계로 향상될 가능성	자기주도성	스스로 목표를 설정하고 적절한 전략을 선택하여 계획을 수립하고 실행하는 성향
	경험의 다양성	스스로 목표를 설정하고 적절한 전략을 선택하여 계획을 수립하고 실행하는 성향
	리더십	공동체의 목표 달성을 위해 구성원의 화합과 단결을 이끌어가는 역량
	창의적 문제해결력	창조적이고 논리적인 사고로 문제를 해결하는 능력

수능최저 학력기준	없음

▶ 수시지원 합격/불합격 여부

지원대학	지원모집단위(학과)	지원전형	1단계 합불	최종 합불
중앙대학교	소프트웨어학부	SW인재전형	없음	합격
고려대학교	컴퓨터공학과	학업우수형	불합격	불합격
성균관대학교	컴퓨터교육	교과전형	없음	불합격
중앙대학교	융합공학과	교과전형	없음	불합격
경희대학교	컴퓨터공학과	네오르네상스전형	합격	불합격
건국대학교	컴퓨터공학과	KU자기추천전형	불합격	불합격

자기 소개서

1. 고등학교 재학 기간 중 자신의 진로와 관련하여 어떤 노력을 해왔는지 본인에게 의미가 있는 학습 경험과 교내활동을 중심으로 기술해 주시기 바랍니다(띄어쓰기 포함 1,500자 이내).

'일상 속 문제를 수학적으로 해결하는 것'은 항상 저의 관심거리이자 탐구 주제였습니다.

앨런 튜링이 연산 기계를 만들어 독일군의 암호를 해독한 것처럼, 저는 고교생활 동안 호기심이 생긴 문제들을 수학적으로 해결하기 위하여 노력하였습니다.

'확률과 통계'를 배우면서, 경우의 수 문제를 풀 때 문제 각각을 독립적으로 풀이하는 것은 근본적인 해결책이 될 수 없다고 생각했습니다. 따라서 비슷한 상황을 가진 문제들을 일반화하여 모든 값에 적용되는 풀이를 도출하기로 했고, 문제를 유형별로 나누고 조건에 따라 계산하는 알고리즘을 만들었습니다. 다항식으로 일반화되지 않아 수학적으로 표현하기 어려운 조건들도 있었지만, 빠른 연산속도를 가진 컴퓨터의 특성을 활용하여 프로그래밍을 통해 해결할 수 있었습니다. 활동을 통해 조건을 수학적으로 이해하고 표현하는 능력과 문제를 세분화하여 해결하는 능력을 기를 수 있었고, 이후 다른 알고리즘을 설계하는 데 큰 도움이 되었습니다.

학교에서 조별 과제를 할 때 참여도가 낮은 학생이 있는데, 이런 학생들의 행동을 단순히 소극적인 태도 때문이라고 치부하지 않고 그 의도를 이해하고 싶어 '수학 실생활프로젝트'에 참가해 조별 과제를 할 때 개인이 어떤 행동을 하는 것이 최고인가를 수학적으로 분석했습니다. 다른 조원들의 행동에 따라 개인의 행동이 조정되는 '조정 문제'라는 점에 착안하여 게임이론을 통해 이 문제를 분석하기로 했습니다. 경우의 수가 너무 많은 문제라서 계산을 줄이고자 모델을 간단하게 만드는 과정에서 실제와 괴리가 발생하였고, 특히 행동을 한 번만 바꿀 수 있도록 정한 가정은 '조정 문제'의 조건과 모순되었습니다. 또한, 개인의 이득이 주관적이어서 절대적인 값을 정할 수 없는 한계가 있었고, 이를 해결하기 위해 성과에 대한 효용을 기준으로 임의로 값을 부여해 결과적으로 그 값에 따라 최고의 전략이 결정되는 결과를 얻었습니다. 아직 이 문제에 관련하여 해결해야 할 부분이 많아 관련 도서인 '도해 게임이론'과 '사람들은 어떻게 광장에 모이는 것일까?'를 읽고 게임이론에 대한 개념을 심화 학습하고 조정 문제의 수학적 문제해결 방안을 계속 탐구하고 있습니다.

위 활동으로 변수와 경우의 수가 많은 일상 속 문제를 수학적으로 해결하기 위해서는 컴퓨터의 연산속도를 활용해야겠다는 교훈을 얻었고, 딥러닝의 일종인 '강화학습'을 통해 평소 즐겨 하는 게임의 학습을 설계하는 활동을 진행하였습니다. 경우의 수 문제를 일반화하는 과정에서 얻은 교훈을 통해 간단한 문제로 세분화하고 각각의 간단한 문제에서 최고의 이득을 얻을 수 있는 보상함수를 정의하였습니다. 보상함수를 어떻게 정의하느냐에 따라 학습의 방향과 결과가 달라지기 때문에 최대한 목표와 상관관계를 갖도록 수학적으로 정의하는 것이 중요했고, 결국 복잡한 문제를 다루기 위해 인공지능을 적절히 활용해야 함을 인지하게 되었습니다.

이런 경험들은 일상 속 문제를 수학적으로 접근해 더 나은 방향으로의 해결책을 제시하고 발전시키고자 하는 저의 목표를 구체화할 수 있는 좋은 기회가 되었습니다.

☞ 강평

고교생활 동안 호기심이 생긴 문제들을 수학적으로 해결하기 위해 꾸준한 활동과 고찰을 통해 해결해 나가는 모습이 매우 특별하다. 수행과제 중, '조정 문제'라는 변인

을 게임이론에 적용하고 과정 중에 발생하는 괴리감을 인지하였다. 고민을 해결하고
자 관련된 내용을 담은 책을 읽으며 해결방안을 모색하는 등 연계하여 탐구하고, 활동
을 통해 얻은 결과로 일상의 문제해결을 찾는 모습에서 우리 학생의 무한한 발전 가능
성을 충분히 엿볼 수 있다.

2. 고등학교 재학 기간 중 타인과 공동체를 위해 노력한 경험과 이를 통해 배운 점을 기
   술해 주시기 바랍니다(띄어쓰기 포함 800자 이내).

   랜디 포시의 '마지막 강의'라는 책을 읽고, 의사소통의 중요성, 더불어 사는 삶의
소중함에 대해 배웠습니다. 깨달은 바를 직접 실천하기 위해 발 마사지 봉사 동아리
인 '발사랑'에 들어가 할머니, 할아버지나 농아인분들께 발 마사지를 해드리는 봉사
활동을 했습니다. 첫 활동 때, 농아인분들이라 소극적이고 의사소통이 제대로 안 될
것 같아서 고민이 되었습니다. 그러나 귀가 들리지 않음에도 불구하고 수화로, 몸짓
으로 저보다 더 적극적으로 의사소통을 하시는 모습을 보며 저의 편견과 지금까지의
삶의 태도를 반성하게 되었습니다. '과연 누가 장애인인가?'라는 문구를 본 적이 있는
데, 이 문구가 뇌리에 스치면서 처음 이 문구를 볼 때는 느낄 수 없었던 부끄러움을
느꼈습니다.

   그래서 농아인분들에 대한 편견을 깨고 이들을 위해 무엇을 할 수 있을까 고민하
던 중, 딥러닝 기술을 통해 수어를 하는 아바타에 대해 알게 되었고, 아바타가 개발된
이유가 장애인과 비장애인 간의 정보 격차 때문임을 알게 되었습니다. 마침 많은 농아
인 분들께 봉사를 할 수 있는 기회가 생겼고, 담당 선생님께 제안해 수어를 하는 아바
타에 대해 알리고 키오스크 같은 일상의 생소한 서비스의 사용법을 알리는 시각 자료
를 만들어 농아인분들 앞에서 발표할 수 있었습니다. 농아인분들의 이해를 돕기 위해
대부분을 시각적인 이미지와 애니메이션으로 구성했고, 발표를 준비하며 그분들의 어
려움을 다시금 느낄 수 있었습니다. 발표를 통해 자신의 능력을 발휘해 도움을 줄 수
있는 것에 보람을 느꼈고, 편견을 깨고 관심을 가진다면 많은 사람에게 행복을 줄 수
있다는 것을 깨달았습니다.

봉사 동아리 활동을 통해 농아인 분들의 고충을 깨닫고 문제해결을 위해 적극적으로 노력하는 모습에서 우리 학생의 진정성을 느낄 수 있다. 딥러닝 기술을 통해 수어를 하는 아바타를 이용하여 농아인 분들 앞에서 발표하기로 마음먹고, 대상(농아인)에게 적합한 프리젠테이션을 준비하는 과정부터 얼마나 고민하고 노력하였는가를 엿볼 수 있다. 뛰어난 능력과 선한 마음이 융합되어 나타난 모습은 바른 인성을 갖춘 우리 학생의 앞날에 큰 기대를 하게 한다.

3. 추가적으로 학교생활기록부 기재 내용 중 지원자의 우수성을 보여줄 수 있는 사례에 대해서 기술해 주시기 바랍니다(띄어쓰기 포함 800자 이내).

하나에 '꽂히면' 내내 몰두하는 성격으로 인해 저는 다른 것을 할 때도 관심 분야와 관련된 생각을 하였고, 자연스럽게 서로 다른 분야를 연결하여 사고할 수 있었습니다.

'이기적 유전자'를 보고 유전자의 존속 방식과 평소 즐겨 하던 팀 게임의 승리 매커니즘의 유사성을 느껴 이기적 유전자를 통한 게임의 승리 전략에 대해 분석했습니다.

진화적으로 안정한 전략인 'ESS'를 적용해 통계적으로 많이 택한 전략이 최적 전략임을 증명했고, 생태계와 게임의 차이점에 주목하여 약한 자식에게 먹이를 더 많이 투자하는 '편애'를 재해석해 '약한 팀원 버리기' 전략을 구상했습니다. 주어진 상황에서 가장 많은 돈을 버는 전략을 최적 전략으로 가정하여 계산을 가능하게 했고, 이러한 전략들을 적용해 최종적으로 특정 상황에서의 최적 전략을 판단할 수 있었습니다.

이 활동은 단순히 책의 내용을 수용하는 것에서 나아가 다른 분야로의 적용을 통해 새로운 가치를 창출할 수 있다는 의의가 있었고, 정량적인 계산을 통한 판단은 의사결정이 필요한 많은 상황에서 유용하다는 것을 느낄 수 있었습니다.

그러나 간단한 모델을 가정했기 때문에 실제와 거리가 있어, 복잡한 문제를 해결하기 위해서는 더 전문적인 수학적 도구, 즉 전문적인 알고리즘과 인공지능 지식이 필요함을 느끼게 되었습니다. 이후, 관련 지식을 접하며 복잡한 문제의 접근법을 공부하고 있습니다.

이러한 깨달음을 통해 인공지능과 알고리즘 분야를 연구하며 다른 분야와의 융합을 통해 컴퓨터, 수학 분야뿐만 아닌 사회의 여러 가지 분야의 문제를 해결할 수 있는 전문가를 꿈꾸게 되었습니다.

☞ 강평

우리 학생이 가진 호기심은, 단순한 흥미로 그치지 않고 전문적인 개념과 전략적인 접근으로 나타난다. 또한 자신의 진로 분야에서 출발한 지적 호기심은 무한으로 발전하고 문제해결을 위해 통섭적이고 융합하는 역량을 갖추고 있다. 수학적 도구의 활용 필요성, 사회 여러 분야의 문제해결에 대한 목표 등, 하나에 '꽂히면' 내내 몰두하는 자신의 성격을 적극적으로 활용하여 배우고 익히며 관련 지식을 확장해 나가는 모습이 우리 학생의 발전 가능성을 충분히 느낄 수 있어 입학사정관으로부터 좋은 평가를 받았다고 판단된다.

합격 수기

1. 중앙대 소프트웨어학부 SW인재 전형을 선택하게 된 결정적 요인은 무엇인가요?

다빈치 전형은 통합적인 역량을 보지만 탐구형인재/SW인재 전형은 통합역량 대신 상대적으로 탐구역량과 전공 적합성을 높게 평가합니다. 학생부 등급을 봤을 때 수학 교과의 등급은 높고 사회계열 과목의 등급은 낮은 경향이 있었는데, 이는 통합적인 역량보다는 관심 분야와 관련된 과목에 대한 역량이 드러나 SW인재 전형이 유리했던 것 같습니다. 또한 학생부에 기재된 활동들을 보면, 많은 과목에서 컴퓨터와 연계된 탐구 활동을 진행했기 때문에 고교 교과과정을 바탕으로 전공에 대한 탐구를 한 학생이라는 SW인재 전형의 인재상에 맞았던 것 같습니다.

물론 소프트웨어학부는 SW인재 전형 한 가지밖에 없어서 전형을 선택한 것은 아니지만, 이 전형의 평가 요소가 저에게 유리하게 작용한 것은 의심의 여지가 없는 것 같습니다.

2. 학교생활기록부 관리에 대한 나름의 노하우를 알려주세요(학교생활에서 특별히 관심을 두고 했던 활동도 좋음).

단순히 구글링하고 복사하여 붙여넣기 하면서 사실들을 나열하는 보고서보다는 자신이 직접 아이디어를 고안해보고, 식도 세워보고 계산도 해보면서 작성하는 보고서가 훨씬 더 유익했던 것 같습니다. 탐구 활동을 할 때 지식을 습득하는 것 보다, 스스로 시행착오를 거쳐서 결과물을 도출해내고, 한계점을 분석해보는 등의 활동이 학생부 관리뿐만 아니라 역량을 키우는 데에 도움이 되었던 것 같습니다.

책을 읽으면서 생긴 아이디어나 책의 개념을 교과목, 전공 분야에 접목하는 것도 좋은 것 같습니다. 예를 들어서 저는 '이기적 유전자'를 보면서, 유전자가 존속하는 방법과 즐겨하는 게임의 승리 방법에 유사성을 느끼고 실제로 이기적 유전자의 개념을 사용하여 게임을 해석하고 승리 모델을 만들어보는 활동을 진행했었습니다.

평소에 전공에 관한 관심과 흥미가 높다면 다른 분야의 책이나 정보를 접하더라도 전공과 엮어서 생각할 수 있고, 다른 분야와의 융합은 매우 가치가 높은 일이라고 생각합니다.

3. 자기소개서의 작성 과정을 설명해 주세요. 자기소개서를 작성할 때 가장 정성을 기울인 문항은 몇 번이고 이유는 무엇인가요?

모든 항목의 구조를 유기적으로 작성했습니다. 처음 몇 줄은 어떤 생각을 가지고 활동을 진행했는지에 대해 작성했습니다. 그 후 다음은 2~3개의 핵심 활동에 대해서 동기, 내용, 한계점, 의의 등을 중심으로 작성했습니다. 핵심은 처음에 적은 생각과 활동의 내용이 부합하도록 적어야 하는 것 같습니다. 예를 들어 1번에서 '일상 속 문제들을 수학적으로 해결하는 것'이 고등학교 시절 활동의 목표였고, 따라서 실제로 조별 과제에서 학생들의 참여도를 수학적으로 분석하는 등의 활동들을 적었습니다.

2~3개의 활동을 억지로 연관 짓거나 연관성 없이 동떨어지게 적는 것 보다, 모든 활동을 관통할 수 있는 자신의 생각 또는 목표를 첫 줄에 적는 것이 두괄식으로 임팩트를 주고 자연스럽게 활동들 사이의 연관성이 생기는 것 같습니다.

2번 항목에 가장 정성을 기울였는데, 그 이유는 봉사, 인성에 관련된 내용을 적는 항목이라 자칫하면 차별점 없는 무색무취의 글이 될 수 있기 때문이었습니다. 게다가 800자밖에 되지 않아서 그 안에 자연스럽게 전공과 관련된 역량을 녹여내는 것이 힘들었습니다.

4. 수능 최저가 있어서 부담이 되었을 텐데 어떻게 준비했는지 궁금합니다. 후배들에게 도움이 되도록 구체적으로 부탁드립니다(멘탈 관리도^^).

수능에서 가장 중요한 것은 긴장하지 않는 것이라고 생각합니다. 저는 목표가 3합 7(다른 학교 지원 전형 기준)이었는데, 평소 모의고사에서도 3합 7은 가뿐히 나왔고 크게 무리한 목표가 아니었기에 수능장에서 전혀 긴장하지 않고, 편한 마음으로 최저를 맞췄습니다. 당연한 말이지만 자신이 목표하는 최저보다 더 높은 목표와 실력을 갖추고 있어야 수능장에 가서 긴장하지 않고 가뿐히 최저를 맞출 수 있다고 생각합니다.

또한 모든 과목을 보는 것이 아니라 저처럼 상위 2개, 3개 과목의 등급을 보는 최저조건의 경우 과목별 등급 편차가 심한 사람은 힘들 것 같은 과목을 포기하는 것도 한 가지 방법이 될 수 있습니다. 저는 탐구보다 국, 영, 수에 자신이 있었기 때문에 과감히 탐구를 버리고 '국영수 만'으로 최저를 맞췄습니다. 다른 과목을 포기하고 그만큼 시간이 생겼다고 위안하면서 공부를 소홀히 하는 것이 아니라면 집중적으로 원하는 교과에만 투자하는 것도 괜찮을 것 같습니다.

전문위원이 바라보는 합격의 비결

권기영 학생이 합격한 중앙대학교의 학생부종합전형 SW 인재 전형은 학교생활기록부와 자기소개서 등 제출서류를 근거로 지원자의 SW 전공 적합성, 탐구역량, 학업역량 등을 종합적으로 평가하는 서류 100% 전형이다. 수능최저학력기준이 없는 전형으로 학교생활기록부에 기록된 학업 역량, 개인 역량, 잠재 역량이 중요한 부분을 차지한다. 인원수가 적은 학교에서 내신 2.5등급은 상위권 대학 전형이지만, 학업에 노력한 모습을 보여주기에 어느 정도 인정받을 수 있는 역량으로 평가할 수 있다.

사회 교과를 제외하고 다양한 교과에서 고른 역량을 나타낸 점도 긍정적인 학업 역량을 나타내고 있다. 학업능력, 전공 분야에 관한 관심과 다양한 활동, 봉사활동에서도 자신의 관심 분야를 연계하여 특별한 제안을 하고 실현하는 등 자신만의 콘텐츠 개발을 도모하며 탐구력이 뛰어난 모습이 학생부종합전형 중에서도 SW 인재 전형과 꼭 맞는 평가를 받아 합격할 수 있었다고 생각한다.

첫째, 학업 역량은 주어진 여건에서 보인 교과 학습활동의 성취 수준과 학업 역량을 평가한다. 지원자의 교육환경을 바탕으로 고등학교 전 과정에서 국어, 영어, 수학, 과학을 중심으로 교과를 충실히 이수하였는지와 중앙대학교 교과 이수 기준 충족 등을 고려하여 평가한다. 학업 성취도는 물론, 학업을 수행하고 학습해 나가는 자발적인 의지와 태도, 학습자가 스스로 학습 목표를 설정하고 적절한 학습 전략을 선택하여 계획을 수립·실행하는 과정을 살펴본다. 또한, 전공과목 이수에 필요한 고등학교 교과의 선택과 지원한 전공에 대한 탐구와 활동을 중요하게 보는데, 3년간 적극적인 진로 활동을 하며, 사회적 기업 프로젝트에 참여하여 『킥보드 운전자에게 교통정보를 알려주는 전용 앱』을 개발하는 기업을 기획고, '아두이노'프로그램, 파이썬 언어 등을 활용한 다양한 프로젝트에 참여하는 모습에서 자기 주도성과 탐구력을 충분하게 보여주어 지방 일반고가 가진 활동의 부족함을 극복하였고 전공 적합성과 발전 가능성이 돋보여 합격할 수 있었다고 생각한다.

둘째, 개인 역량은 스스로 목표를 설정하고 적절한 전략을 선택하여 계획을 수립하고 실행하는 성향을 중심으로 학업 소양을 평가한다. 공동체의 일원으로서 필요한 바람직한 사고와 행동을 평가하고 자기 주도적 학습 경험에서 나타나는 지적 호기심, 학업에 대한 열정, 적극성 및 진취성, 학업 수행 과정에서의 주도성, 논리적 사고력, 과제 수행 능력 등의 학업 소양을 평가한다. 세미콜론, 수고해반, 창조과학탐구반이라는 동아리 활동으로 진로와 연계된 활동을 꾸준하게 진행하고 1학년 때부터 다양한 분야의 독서 활동과 토론, 교내 대회 수상으로 역량을 입증하였다. 단순히 구글링하고 복사하여 붙여넣기 하면서 사실들을 나열하는 보고서가 아니라 자신이 직접 아이디어를 고안해보고 식을 세워보며 계산값을 기반으로 작성하는 보고서는 우리 학생의 창의적이고 독특한 매력을 충분히 발산했다고 생각한다.

두툼한 학생부의 양만큼 유기적으로 이어지는 탐구 활동의 모습은 SW 탐구형 인재에 매우 적합한 역량을 아주 잘 드러낸 두 번째 합격 비결이라고 볼 수 있다.

셋째, 잠재 역량은 현재 상황이나 수준보다 질적으로 더 높은 단계로 향상될 가능성을 평가한다. 창조적이고 논리적인 사고로 문제를 해결하는 능력과 리더십, 공동체 의식, 책임감, 사회적 기여 가능성 등을 평가한다. 학급 반장선거에 출마해서 아쉬운 표 차이로 낙선했지만, 자신이 제안한 선거공약이 학급 안건으로 채택되어 학급 운영에 큰 도움을 주었고, 학급 총무부장을 맡아 반장과 함께 학급의 전반적인 운영을 효율적으로 진행하는 과정에서 리더십이 돋보였다. 탁월한 수학 문제 해결력을 지닌 학생으로 친구들의 추천으로 수학 멘토를 시작하게 되었지만, 이후 점심시간이면 멘티들을 이끌고 비어있는 미술실을 빌려 자습 시간을 확보하기도 하며, 자리 배열부터 멘토-멘티 선정까지 주도적으로 이끌어 나가 '학급에서 가장 도움을 많이 준 학생'으로 선정되는 결과를 얻으므로, 학우를 생각하는 공동체 의식과 책임감을 보여주었다. 일률적인 가르침보다는 자기 주도적인 학습에 뚜렷한 의지를 보이며 입시 과목이 아닌 컴퓨터 코딩에 관심을 가지고 스스로 터득하는 등 자투리 시간을 헛되게 보내지 않았다. 사회적 기업 캠프에서 어려운 정보를 평범한 사람들도 이해하기 쉽도록 재가공하고 이를 공급하는 기업을 제시함으로써 사회적 기여 가능성을 엿볼 수 있는 학생이라 할 수 있다. 호기심과 창의적 생각으로 기반으로 심화 탐구에 도전하는 모습과 실패에도 더욱 열심히 하겠다는 열정과 목표를 세우고 그 목표를 향해 나아가는 진취성이 우리 학생의 세 번째 합격 비결이라고 할 수 있다.

우리 학생과의 첫 만남은 고등학교 3학년이 되고 여러 가지 고민이 많은 3월이었다. 경북의 작은 도시에 자리 잡은 평범한 일반고에 다니면서 코딩과 알고리즘, 코딩 등 컴퓨터 소프트웨어 관련된 분야에 온전히 꽂혀 있는 모습이 매우 인상적이었다. 중학교 때까지 최상위권 성적을 유지하여 아들에 대한 기대가 컸던 어머니는 현재의 성적과 학생부의 상황에 다소 실망과 걱정을 하고 계셨지만, 정작 학생 자신은 남다른 자신감도 있었고 입시에 대한 경쟁력을 갖추고자 노력하는 태도가 전문가의 눈에 분명하게 보였다. "선생님, 현실적으로 제가 '인서울' 하려면 어느 정도까지 합격 가능한가요?", 진지한 질문에 구체적인 학생부 관리와 수능 최저, 3학년 1학기 세특 관리, 독서 입력 등을 세부적으로 코칭하고 두 시간이 넘도록 얘기를 나누었다. '목표가 분명해지면 더 열심히 할 수 있을 것 같다, 끝까지 할 수 있는 것에 최선을 다해 보리라!' 문자를 보내왔고 우리 학생은 자신의 각오를 결국 현실의 결과로 보여주었다. 다소 불리한 내신 등급을 보완하기에 충분한 과제탐구력과 전문 분야를 심화 독서로 표현했고 이러한 모든 노력이 오히려 전공 적합성과 탐구력을 집중적으로 평가하는 전형에 적합하였다고 전문가는 평가한다.

입시의 특성을 고려하며 비교적 합격의 여유가 있는 다른 학과 지원도 권유하였지만, 오롯이 준비해 온 진로—컴퓨터, 소프트웨어— 목표를 고수하였고 자신의 의지대로 6개 학과를 지원한 것도 소신이 강한 지원자의 선택이 옳았다고 판단할 수 있다.

1차 추가 합격 후, 흥분된 목소리로 감사하다고 소리치던 전화로, 전문가가 있는 부산에서 우리 학생이 있는 경북 영주까지 왕복 8시간을 운전하면서 오가며 쏟았던 그간의 노력에 대한 보상은 충분히 받았다.

대학에 입학 후, 학교 앞에 원룸을 구하고 생활하고 있는 지금도 실감이 나지 않을 때가 있으며 아주 많이 만족스럽다고 하는 합격생과 출간된 책을 건네기 위해 서울 캠퍼스에서 곧 만나기로 약속했다. 입시의 모든 환경과 조건이 같지 않아 다소 공평하지는 않을 수도 있겠지만, 지역에서도 끝까지 최선을 다하는 노력으로 만족하는 입시 결과를 보여주는 모범이 되어 기쁘고 그 의미가 더 깊을 것이다.

환경과 사람이 조화를 이루는 건축을 설계하는 건축가

서울대학교 학생부종합 지역균형선발전형 건축학과 합격
일반고 대동고등학교 권병진

권병진 학생은 성품이 매우 온화하고 부드러우며 항상 웃는 얼굴로 상대를 대하는 편안한 느낌을 주는 학생이다. 평소 그림 그리는 것을 좋아하고 건축과 관련된 책들을 탐독하는 모습에서 자신의 진로에 대한 확고한 신념을 갖게 되었다. 환경과 사람이 조화를 이루는 건축을 설계하는 건축가라는 꿈을 이루기 위해 도시 설계 또는 특정 지역의 건축사를 조사하는 등 고등학교 내내 진로와 관련하여 다양한 활동을 경험하였다.

학교 자율학습을 하루도 빠지지 않는 성실성을 바탕으로 학원에 다니지 않고도 교과서 위주로 학교 수업에 충실하고 특히 기출문제 노트를 만들어 스스로 분석하고 끊임없이 반복 노력하여 최상위권의 성적을 유지하였다.

스펙 분석

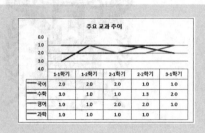

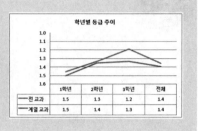

주요 교과 추이

	1-1학기	1-2학기	2-1학기	2-2학기	3-1학기
국어	2.0	2.0	2.0	1.0	1.0
수학	3.0	1.0	1.0	1.3	2.0
영어	1.0	1.0	2.0	2.0	1.0
과학	1.0	1.0	1.0	1.0	

학년별 등급 추이

	1학년	2학년	3학년	전체
전 교과	1.5	1.3	1.2	1.4
계열 교과	1.5	1.4	1.3	1.4

▶ 자율활동

1학년　현장체험활동(2박 3일)으로 지리산 천왕봉(1,915 m) 등정 – '혼자'가 아닌 '같이'의 의미를 깨닫고 정신력과 동기부여를 통해 자신감을 갖게 됨.

간부수련회(1박 2일) 참석 – 실질적인 학생자치 활동 역량 함양, 실천하는 리더로서의 인성을 고민함.

학폭과 흡연의 위험성을 알리는 사행시 짓기 대회의 행사 내용을 알리고 직접 기획함.

학교폭력예방교육을 통해 대처방법을 배우고 상호작용에 있어 대화의 중요성을 깨달음.

2학년　전교 학생자치회 편집부차장 – 교지편집 및 출판. 전교생 대상 교통안전 캠페인을 홍보함.

정보통신 윤리교육 – 정보통신의 올바른 이용과 윤리 의식을 확립함.

독도계기교육 – 독도를 지키기 위한 방안에 대하여 깊이 생각함.

통일안보교육 – 탈북자의 강연을 듣고 통일의 당위적 필요성을 생각함.

학생안전교육 – 수많은 위험 상황 속에서 자신의 생명을 지키는데 유익한 대처 방법을 숙지함과 동시에 안전의 중요성을 깨달음.

성폭력 예방교육 – 성폭력은 정당화 될 수 없다는 것과 성희롱의 유형 및 디지털 성범죄의 심각성을 알게 됨.

3학년　전교 학생자치회 편집부장 – 면학분위기를 조성함. 스쿨폴리스 활동으로 매점 음식 반입을 단속하는 위치를 학교 건물의 입구와 동선을 고려하여 설정함.

안전교육 – 재난 상황에 대비하는 교육을 받으며 건축가의 입장에서 비상상황 시 빠른 대피가 가능한 동선 구조를 고민함.

장애인식개선교육 – '공존의 관계'형성의 중요성을 깨닫고 유니버설 디자인에 대해 조사함.

정보통신윤리교육 – 유비쿼터스로 인터넷과 연결된 건물에서 일어날 수 있는 사이버범죄의 가능성을 고민해보고 융합되어가는 기술 간의 관계에 대해 고찰함.

▶ 동아리활동

1학년 물리동아리(AOP) – 1학년 조장으로 활동함. 회로의 기초를 학습한 후 직접 공기청정기를 만들
        어 교무실과 교실, 과학실에 기증. 스트로보스코프를 이용해 진자가 정지한
        것 같아 보이는 진동수를 찾아내어 중력가속도를 이끌어냄. 구리선, 네오디
        움 자석, 건전지만으로 '호모폴라 전동기'를 직접 고안하여 만듦. 동아리 시
        작 시 수학과 물리 과목의 데일리 퀴즈 시행. 학우들이 모르는 적분식을 이
        용하여 지구 둘레를 구하는 문제풀이 발표. 베르누이 법칙을 응용하여 유압
        로봇팔을 만들어 물체를 옮기는 시연을 함. 열역학 법칙을 응용하여 등속도
        수레를 고안하여 운동 마찰력에 대해 연구함.
        교내 걷기 클럽반 1년 – 학교 스포츠클럽 활동에 열심히 참여

2학년 물리동아리(AOP) – 부서장으로 1년 동안 이끎. 물리법칙을 이용하여 쥐덫을 만듦. led회로를 응
        용하여 스탠드를 만듦. 네온사인을 이용하여 물리실 간판을 만듦. 일상생활
        속에서 찾을 수 있는 원통의 고유진동수를 스마트폰 주파수 어플을 사용하
        여 구함. 조금씩 주파수가 다른 두 개의 스마트폰을 이용하여 맥놀이 현상
        을 관측하고 파장을 계산해 봄. 쇠구슬의 운동에너지 변화를 계산하여 자력
        이 구슬에게 한 일을 유추해보는 실험을 함. 위치에너지를 이용한 구슬의
        미션을 수행하는 골드버그 장치에 자석을 이용하여 동력을 추가하여 더욱
        다양한 장치를 만들어내어 좋은 호응을 얻음. 로봇팔을 지렛대의 원리를 이
        용하여 제작하고 시연하여 동아리발표대회에서 좋은 호응을 얻음.

3학년 물리동아리(AOP) – 전동기의 회전축에 너트를 붙여 회전시킬 때 질량중심이 변하게 진동기를
        만들어 골판지로 구조물을 만들고 역학적 분류를 응용하여 동전분류기를
        만듦. 중력장에서 용수철의 진동으로 일과 에너지의 관계에 대해 고민해봄.
        LED의 정류작용을 응용하여 자석의 움직임에 따라 서로 다른 LED에 불이
        들어오는 장치를 만듦. 다양한 건축구조를 알아보고 조사함. 건축물의 예술
        성에 관심이 많아 텐세그리티 구조물에 대한 연구를 함. 간단한 도구로 직
        접 여러 구조물의 예시를 제작해본 후 이를 통해 구조물의 역학적 구조와
        평형관계를 연구함.
        수학과학유니버스 – 수학 과학에 대한 탐구와 토론

▶ 봉사활동

1학년 64시간, 2학년 35시간, 3학년 28시간

▶ 진로활동

1학년 가스공사와 양수발전소 견학 – 미래에 사용될 신재생에너지의 보편화로 친환경적이고 지속 가
        능한 에너지 개발에 관심이 높아짐.
        고등학교 미래인재 리더십 특강 – AI인공지능 및 5차 산업혁명을 통해 변해가는 미래에 대해 예
        측하고 심도있게 토론함.

지역기관을 활용한 STEAM프로그램 – 도시설계 이론을 배우고 한 지역을 선정하여 신도시를 설계하고 실제 모형 제작을 해봄.

고등학교 미래인재 프론티어 리더 양성 캠프 – 스토어의 스마트한 진화, 무인스토어 등을 주제로 관심분야가 비슷한 학생들과 조별 협업을 함.

2학년 위대한 수학 – 수학 개념을 다양하게 적용해보고 문제해결능력 향상을 위해 공부모임을 만들어 활동함.

2020랜선 부산수학축제 – 음악과 소리의 수학이라는 주제의 강연을 들은 후 좌표평면 상의 그래프를 식으로 표현해보고 소리의 구조를 분석하여 음악이 가지고 있는 소리의 특색을 알아보는 보고서 작성.

교육청주관 고교 윈터스쿨 '물리학과 공학의 만남'전 이수함.

고등학교 미래인재 리더십특강에서 '과학예술 융합 Science & Arts' 강연을 들음.

3학년 도시설계 또는 특정지역의 건축사를 조사하며 환경과 사람이 조화를 이루는 건물을 설계하는 건축가가 되고 싶다는 진로 계획을 세움.

'수학 혼쭐내기' – 자기주도적 학습 모둠을 구성하여 모임이 학습한 내용으로 매주 한 편의 보고서를 작성함.

진로 포트폴리오 활동 – 15년 뒤의 자신의 진로와 인생계획을 설계하면서 친환경이나 공공을 위한 건축을 하고 싶다는 뚜렷한 진로 계획을 세우게 됨.

커리어넷 활용 – 직업과 관련된 학과를 조사하며 대학 생활 중의 학업 계획의 윤곽을 만들어 봄.

▶ 수상경력

1학년 자기소개서작성대회 우수상(2위) – 1학년(224명)

청소년의 달 모범학생 표창(봉사부문) – 전교생(719명)

과학경시대회(1학년과학) 장려상(4위) – 1학년 중 참가자(35명)

수학경시대회 장려상(4위) – 1학년 중 참가자(35명)

교과우수상(영어, 통합사회, 통합과학, 미술, 기술·가정)

영어말하기대회 우수상(2위) – 1, 2학년 중 참가자(21명)

동아리발표대회(공동수상, 5인) 우수상(2위) – 전교생 중 참가자(61명)

토론대회 최우수(1위) – 1,2학년 중 참가자(177명)

교과우수상(수학, 영어, 통합과학, 과학탐구실험, 미술, 기술·가정)

2학년 모범학생상 학습부문 – 전교생(658명)

물리경시대회 우수상 – 2학년 중 참가자(26명)

지구과학경시대회 최우수상 – 2학년 중 참가자(32명)

논술경시대회 우수상 – 전교생(658명)

교과우수상(수학 I, 확률과 통계, 여행지리, 물리학 I, 지구과학 I, 일본어 I, 미술)

영어경시대회 장려상 – 전교생 중 참가자(112명)

동아리발표대회(공동수상, 5인) 최우수상(1위) – 전교생 중 참가자(112명)

574돌 한글날 백일장 우수상(2위) – 1,2학년(433명)

교내토론대회 최우수상(1위) – 1,2학년(433명)

교과우수상(문학, 수학Ⅱ, 물리학Ⅰ, 지구과학Ⅰ, 생활과과학, 미술, 정보, 일본어Ⅰ)

3학년   모범상(학습) – 전교생(621명)

과학경시대회(물리학) 우수상(2위) – 3학년 중 참가자(20명)

과학경시대회(지구과학) 최우수상(1위) – 3학년 중 참가자(32명)

국어개념어능력대회 최우수상(1위) – 전교생 중 참가자(84명)

수학경시대회 최우수상(1위) – 3학년 중 참가자(40명)

영어경시대회 장려상(3위) – 전교생 중 참가자(112명)

교과우수상(한국사, 화법과작문, 영어독해와작문, 한문Ⅰ)

3년정근상

교과우수상(한국사) – 3학년(222명)

학교장특별공로상(동아리) – 전교생(618명)

학교장특별공로상(편집부장) – 전교생(618명)

▶ 상담 시 희망 전형

– 서울대 학생부종합 지역균형 선발전형 건축학과

– 고려대 학생부교과(학교추천) 건축학과

– 연세대 학생부교과전형 추천형 건축공학과

▶ 상담 시 추천 전형

– 서울대 학생부종합 지역균형 선발전형 건축학과

– 고려대 학생부교과(학교추천), 학생부종합(학업우수형) 건축학과

– 연세대 학생부교과전형 추천형 건축공학과

– 한양대 학생부교과(지역균형발전) 건축학부

– 부산대 학생부교과(교과전형) 의예과

최종합격 대학분석

● **서울대학교 학생부종합전형(지역균형선발전형) 건축학과 (2022학년도 대입 기준)**

▶ 전형방법 및 최저학력기준

전형방법	서류평가 70% + 면접 30%
제출서류	학교생활기록부, 자기소개서
서류평가	− 평가내용 : 학업능력, 자기주도적 학업태도, 전공분야에 대한 관심, 지적 호기심 등 창의적 인재로 발전 가능성을 종합적으로 다수의 평가자에 의한 다단계 종합평가 　• 주어진 여건에서 보인 교과 학습활동의 성취수준과 학업역량을 평가함. 교과 학습내용은 지원자가 이수한 교과목 특성, 수업 내용, 학업 수행 내용, 이수자 수 등을 고려하여 정성적으로 평가함 　　※ 지원자의 교육환경을 바탕으로 고등학교 전 과정에서 국어, 영어, 수학, 사회, 과학뿐만 아니라 체육 등 전 교과를 충실히 이수하였는지와 서울대학교 교과 이수기준 충족 여부 등을 고려하여 평가함 　• 자기주도적 학습 경험에서 나타나는 지적 호기심, 학업에 대한 열정, 적극성 및 진취성, 학업수행 과정에서의 주도성, 논리적 사고력, 과제수행능력 등의 학업소양을 평가함 　• 개인의 품성뿐만 아니라 리더십, 공동체 의식, 책임감, 사회적 기여 가능성 등을 평가함 − 평가방법 : 다수의 평가자에 의한 다단계 종합평가
면접평가	− 평가내용 : 제출서류를 토대로 서류내용을 확인하고 기본적인 학업소양을 평가함 − 면접형식 : 지원자 1명을 대상으로 하여 복수의 면접위원이 실시함
수능최저 학력기준	4개 영역(국어, 수학, 영어, 탐구) 중 3개 영역 이상 3등급 이내 「국어, 수학(미적분/기하 중 택1), 영어, 한국사, 과학탐구 중 택2 (서로 다른 분야의 I + II 및 II + II 두 조합 중 선택)」

● **서울대학교 학생부종합전형(지역균형선발전형) 건축학과 (2023학년도 대입 기준)**

▶ 전형방법 및 최저학력기준

전형방법	1단계: 서류평가 (3배수 내외) 2단계: 1단계 성적(70점)과 면접평가(30점) 성적을 합산하여 총점 순으로 선발
제출서류	학교생활기록부, 자기소개서
면접 및 구술고사	〈 공동 출제 문항 활용 모집단위 〉 − 평가방법 : 지원자 1명을 대상으로 하여 복수의 면접위원이 실시함. 제출서류를 참고하여 추가질문을 할 수 있음 − 평가내용: 면접 및 구술고사는 고등학교 교육과정 상의 기본 개념 이해를 토대로 단순 정답이나 단편 지식이 아닌 종합적인 사고력을 평가하는 데 중점을 두고 있음. 주어진 제시문과 질문을 바탕으로 면접관과 수험생 사이의 자유로운 상호작용을 통해 문제 해결 능력과 논리적이고 창의적인 사고력을 종합적으로 평가함 (공과대학은 수학(자연) 관련 제시문을 활용하여 전공적성 및 학업능력 평가 답변준비 시간 45분 내외, 면접 15분 내외)
수능최저 학력기준	4개 영역(국어, 수학, 영어, 탐구) 중 3개 영역 등급 합이 7등급 이내 「국어, 수학(미적분/기하 중 택1), 영어, 한국사, 과학탐구 중 택2 (서로 다른 분야의 I + II 및 II + II 두 조합 중 선택)」 　* 탐구 영역의 등급은 2개 과목 등급 평균을 반영함

※ 위의 내용은 2023학년도 전형계획 기준이며, 정확한 내용은 대학에서 발표하는 수시모집요강을 확인하시기 바랍니다.

▶ 수시지원 합격/불합격 여부

대학명	지원모집단위(학과)	전형명	최종 합불
서울대학교	건축학과	학생부종합(지균)	합격
고려대학교	건축학과	학생부교과(학교추천)	합격
고려대학교	건축학과	학생부종합(학업우수형)	합격
연세대학교	건축공학과	학생부교과(추천형)	합격
한양대	건축학부	학생부교과(지역균형발전)	추가합격
부산대학교	의예과	학생부교과(교과전형)	불합격

자기 소개서

1. 고등학교 재학 기간 중 자신의 진로와 관련하여 어떤 노력을 해왔는지 본인에게 의미 있는 학습 경험과 교내 활동을 중심으로 기술해 주시기 바랍니다(띄어쓰기 포함 1,500자 이내).

제 진로는 건축가로, 진로와 관련해서 고등학교에서도 여러 노력을 해왔습니다. 먼저 첫 번째는 고등학교 1학년이 끝날 즈음에 참가했던 미래형 신도시를 설계하는 프로그램을 꼽고 싶습니다. 이 활동은 현대에 발맞춘 신도시에 대해 수업과 답사를 통해 배우고, 이를 토대로 한 지역을 신도시로 설계해 모형으로 구현하는 것입니다. 신도시를 설계할 때는 제 고장을 배경으로 철새 서식지와 바다와 맞닿은 지형의 특징을 이용하여 기획하였습니다. 작업 중에 컴퓨터 프로그램과 3D 프린터를 이용하여 랜드마크를 설계했는데, 철새를 모티프로 한 문화회관을 디자인하면서 고장의 특색을 넣어 지역을 상징하는 건물을 만드는 경험을 해보았습니다. 신도시 모형을 만들며 주변 자연과 유기적으로 연결할 수 있는 생태공원이나 산책로 등을 구현하는 것에서 환경과 도시가 어우러지기 위한 노력을 직접 느껴볼 수 있었습니다. 답사부터 기획과 설계, 제작까지 꿈을 간접적으로 체험함과 동시에 책으로만 얻을 수 없는 경험을 하게 되자 보다 구체적인 구조 설계를 해보고 싶다는 의욕이 들었습니다.

두 번째는 교내에서 진행한 골드버그 활동입니다. 여러 과제를 해결하며 구슬이 목적지까지 도착하게 하는 것이었는데, 머릿속으로 구상한 구조를 실제로 작동하게끔 만드는 것이 쉽지만은 않았습니다. 배웠던 물리법칙을 활용하여 주어진 과제를 승강기나 회전문 등을 만들어 창의적으로 해결해나갔습니다. 한 예시로 구슬의 위치 에너지를 증가시켜야 했을 때 승강기를 이용해 구슬을 상승시키는 것까지는 성공했으나 그 이후로 구슬이 움직이지 않는 문제가 발생하였고, 이것을 승강기가 목표 지점에서 무게중심의 변화로 기울여져 구슬의 운동이 이어지도록 해결했습니다. 이렇게 제작 도중 발생하는 예상치 못한 문제들이 발생할 때, 이를 기발한 아이디어로 해결하는 것이 흥미로웠습니다. 그 외에도 구슬의 운동만으로 고무줄을 튕겨 로켓을 발사시키는 등의 여러 과제를 창의적으로 해결하고 조원들과 협력하며 활동했던 인상 깊은 활동이었습니다. 이 활동으로 각자 특수한 기능을 가진 구조를 설계하고 제작해보니 다음에는 건축에 적용되는 구조를 집중적으로 탐구하고 싶었습니다.

세 번째 활동은 동아리에서 개별 관심사를 주제로 프로젝트를 진행할 때 텐세그리티 구조에 대해 탐구한 것입니다. 평소에 그림과 디자인을 취미로 했기 때문에 자연스레 건축의 미적 가치에 관심이 들었습니다. 그래서 실과 막대만으로도 내부에서 완벽한 힘의 평형을 이루어 위태로워 보이면서도 나름의 아름다움과 안정성을 보여주는 원리가 궁금하여 텐세그리티의 근간이 되는 인장력과 압축력을 탐구해 보았습니다. 더 나아가 직접 낚싯줄과 나무막대를 이용하여 서너 가지 구조물을 직접 만든 후 벡터의 합을 이용하여 직접 안정성을 분석해보는 활동을 하며 기존의 지식을 응용한 점이 의미 있었습니다. 이 활동을 토대로 평면이 아닌 입체에서의 벡터 계산으로 텐세그리티를 심층적으로 해석하고 물리 엔진 프로그램을 이용해 저만의 텐세그리티 가상 실험을 해보고 싶다는 계획을 세웠습니다.

☞ 강평

본인의 진로를 평소 건물에 많은 관심을 가진 것에서 건축가을 꿈꾸면 실현시키기 위해 고등학교에서 다양한 활동에 참여하였다. 단순히 자리에 앉아 수업을 듣는 것뿐 아니라 낱낱의 건물을 직접 보고 배우는 활동을 진행함으로써 꿈에 대해 좀 더 구체적으로 알아가게 되었다.

자기소개서 1번에 연계 반영된 학교생활기록부 항목

학생부항목	학년/교과명(활동명)	활동내용
5번 창체	1학년/진로활동	지역기관을 활용한 STEAM 프로그램에서 도시설계 이론을 배우고 부산의 한 지역을 선정하여 신도시를 설계, 모형 제작을 해 봄으로 미래 직업에 대한 정보를 얻고 배우는 계기 마련
	2학년/동아리	위치에너지를 이용하여 구슬을 계속 움직이게 하면서 미션을 수행하는 골드버그 장치에 자석을 이용하여 동력을 추가하여 더욱 다양한 장치를 만들어 냄
	3학년/동아리	건축물을 예술성을 중요하게 여겨 자발적으로 텐세그리티 구조물에 대한 관심을 가지고 연구하여, 간단한 도구로 여러 구조물을 제작해 본 후 이를 통해 구조물의 역학적 구조와 평형 관계를 연구

2. 고등학교 재학 기간 중 타인과 공동체를 위해 노력한 경험과 이를 통해 배운 점을 기술해 주시기 바랍니다(띄어쓰기 포함 800자 이내).

1학년 때 주기적으로 감천 문화마을을 방문하는 봉사 활동을 하였습니다. 6.25 전쟁의 피난민들이 모인 마을로 시작했지만 관광지로 변모하면서 거주와 관광 사이의 부조화로 인하여 여러 문제가 있음을 느꼈습니다. 좁은 골목에서 크게 퍼지는 소음이나 쓰레기 등의 피해를 보면서 건축가를 꿈꾸는 학생으로서 '감천이 문화 마을로 바뀔 때 거주민의 생활을 존중하여 마을의 구조를 관광에 맞게 개방적으로 개선했다면 어땠을까?'라는 고민을 해보았습니다. 이러한 문제를 해결하기 위해서 친구들과 함께 관광객들에게 건전한 관광 에티켓에 대한 피켓이나 포스터를 디자인하고 배포하는 활동을 계획했습니다. 더 나아가서 쓰레기를 줍는 미화 활동을 하여 실천이 함께하는 봉사를 진행했습니다. 활동 과정에서 각자의 역할과 동선을 정하거나, 외국인 관광객들을 위하여 여러 언어로 된 포스터를 제작하고 내용을 픽토그램으로 간략히 만드는 작업에도 참여했습니다. 한 번은 공공 쓰레기통의 위치를 표시한 지도 제작을 기획했는데, 이 과정에서 마을에 약도 표시나 공공 인프라가 잘 갖추어져 있다면 관광객과 거주민이 모두 만족하고 편리했을 것이란 생각이 들었고 사람이 사는 곳을 다루는 작업에서 그 사람들의 편의를 고려하는 것이 가장 중요하다는 것을 깨달았습니다.

이 활동을 통해 저희가 진행한 캠페인에 호응과 응원을 해주시는 관광객과 거주민 분들을 보며 지역 사회에 기여하는 활동의 소중함과 뿌듯함을 느꼈습니다. 또 이번 기회로 건축이 사람들이 살아가는 곳을 다룬다는 것을 직접 경험으로 체험하고 제 진로에 대해 더 폭넓고 색다른 방향의 관점을 가질 수 있었습니다.

☞ 강평

감천 문화 마을 봉사활동에서 건축물이 주위와 조화를 이루고 있다는 것을 앎과 동시에 갈수록 악화 되어 가는 환경 및 사회 문제를 해결하기 위해 어떤 노력을 해야 하는지 많은 고민이 있었다. 이러한 고민들이 환경과 사람을 위한 건물을 짓고 싶다는 계획을 가지게 되었다.

자기소개서 2번에 연계 반영된 학교생활기록부 항목

학생부항목	학년/교과명(활동명)	활동내용
5번 창체	1학년/봉사	감천 문화마을 에티켓 지키기 캠페인 지속적 참여

3. 고등학교 재학 기간(또는 최근 3년간) 읽었던 책 중 자신에게 가장 큰 영향을 준 책 2권을 선정하고 그 이유를 기술하여 주십시오(띄어쓰기 포함 800자 이내).

▶ '선정 이유'는 각 도서별로 띄어쓰기를 포함하여 400자 이내로 작성

▶ '선정 이유'는 단순한 내용 요약이나 감상이 아니라, 읽게 된 계기, 책에 대한 평가, 자신에게 준 영향을 중심으로 기술

선정 도서		선정 이유
도 서 명	건축 개념의 네 가지 기둥	평소에는 그냥 지나쳤던 계단참이나 보이드 같은 공간도 이 책을 통하여 각자의 역할이 있는 의미 있는 공간이라는 것을 알게 되었습니다. 건축으로써 공간의 활용과 요소의 배치가 가지는 의미를 새롭게 알며 전문적인 지식을 쌓을 수 있었고, 이것을 토대로 학교 건물을 공간으로 분석하여 발표해보기도 하였습니다.
저자/역자	James Tait	또한 "건물은 사람과 상호작용하는 것이 중요하다."라는 부분이 인상적이었습니다. 이를 통해 도로에만 치중된 우리나라 도시와 건물에 대해 고민해보고, 행인에게도 어울릴 수 있는 건물에 대해 생각해보
출 판 사	spacetime	는 계기가 되었으며 건축의 진정한 아름다움은 유기적인 상호작용에 있음을 깨달았습니다. 이는 '친환경을 주제로 사람, 자연과 어울리는 건축'이라는 저만의 목표의식을 세우도록 해주었습니다.
도 서 명	프랭크 게리와의 대화	학문으로서의 건축과는 달리, 건축가 자신은 어떤 삶을 살고 어떤 영감을 받아 이름난 건축물을 만들 수 있었는지에 대한 의문이 늘 있었는데, 이 책을 통해 해소할 수 있었습니다. 오래된 거장임에도 3D 프로그램을 이용한 설계 등 새로운 시도를 두려워 않는 태도와 업계에서 그만의 스타일을 고수한 이야기를 보면서 개성에 대한 자신감과
저자/역자	바버라 아이젠버그 /이상근	그것을 밀어붙이는 뚝심이 건축가로서 필요한 자질이라는 것을 알게 되었고, 다른 것에서 영감을 받는 것을 넘어 그것을 토대로 저만의 개성을 만들어내고 싶다는 각오를 다졌습니다.
출 판 사	위즈덤피플	그리고 스케치를 통해 건물의 분위기를 그려내는 그의 모습을 보면서 취미로 그림을 그리는 제 모습을 돌아보고 제가 즐기는 일로도 건축을 표현할 수 있으며, 그 일의 일부가 될 수 있다는 것이 인상 깊었습니다.

☞ 강평

해보지 못하고 가보지 못하는 곳들이 책에 있다고 생각하여 독서를 통해 건축가의 꿈을 꿈꾸게 되었다. 독서는 진로 뿐 만이 아니라 학업에도 적잖은 영향을 끼치는 것을 알고 있었다. 책을 아무리 추천해 줘도 결국 읽는 것은 본인 스스로 하는 일이라는 것과 직접 내용을 받아들인다는 것을 알아 실천하였다.

2022 대입 면접후기

대학명	서울대학교	학과(부)	건축학과
수시/정시	2021년 12월 3일 오전	합격유형	최초합격
전형유형	서류 기반 면접	전형명	학생부종합 지역균형선발전형

면접개요	면접형식 및 면접인원	대면 면접 (평가자 2명 / 학생 1명)
	평가내용	기본소양평가, 교과(학업)적성 평가 제출서류를 토대로 서류내용을 확인하고 기본적인 학업 소양을 평가함
	문항유형	서류 기반 면접
	면접절차	면접 대기실 – 중간 대기실 – 면접실 – 퇴실
	면접시간	10분
	유의사항	대면 면접
	유의 사항	모든 전자기기제출

질문 답변 내용

- 자기소개 해주시죠.
  넵. 저는 어릴 적부터 시내의 백화점이나 랜드마크 사진을 보고 그곳에서 나오는 특유의 분위기를 좋아했습니다(지원 동기를 말하려 했으나 끊김)

- 백화점이 랜드마크라고요? / 백화점도 랜드마크가 될 수 있죠 (교수 두 분이 나오시는데 분위기가 밝으심) / 그렇군요. 혹시 랜드마크를 무엇이라고 생각하나요?
  랜드마크는 지역을 떠올리며 아하고 생각날 수 있는 건물이라고 생각합니다. 그렇기 때문에 랜드마크에는 그 지역의 지역성이 갖추어져야 한다고 생각합니다.

- 넵. 혹시 왜 지역인재균형전형을 선택하셨나요?
  우선 건축을 전문적으로 배울 기회가 없어서, 개인적으로 건축을 공부해야 했습니다. 3년간 그러한 공부를 열심히 해왔고, 그것을 최대한 드러내고 싶어서 이 전형을 선택했습니다.

- 구체적으로 어떤 활동을 했나요?
  과목별 시간에 자유발표시간이 주어지는데, 이를 건축을 큰 틀로 하여 다양한 주제로 발표했습니다.

- 정확히 어떤 식으로요?
  예를 들자면 일본어 시간에는 일본의 건축사에 대해 발표하거나, 영어 시간에는 지역의 방언과 같이 특색을 가진 건물들을 우리나라의 여러 외국 레스토랑으로 해석해보는 시간을 가졌습니다.

- 레스토랑이요?
  예. 제가 아까 랜드마크는 그 지역성을 반영하고 있다고 했는데, 그것이 저는 일상 속의 여러 외국 레스토랑이 그 점을 잘 반영하고 있다고 생각합니다. 예시로 이탈리안 레스토랑은 베네치아 형식의 건물을 띠고 있고, 인도 레스토랑의 경우에는 색감이나 안의 화려한 장식들이 인도 문화를 드러내고 있습니다.

- 백화점도 그렇고, 레스토랑도 그렇고, 일상 속의 건물을 많이 이야기하시네요. (웃음)
  시내에 나갈 일이 많아서인 것 같습니다.

- 건축에 대한 책은 무엇을 읽으셨나요?
  우선 건축에 대한 기본 개념을 쌓기 위해 '건축 개념의 네 가지 기둥'같은 책을, 그리고 건축가의 실제 삶에 대해 알아보기 위해 '프랭크 게리와의 대화'같은 책을 읽었습니다.

- 건축가의 삶이 어떻던가요?
  애로사항이 많다고 생각했습니다. 예산과 건축주 사이에서 자신의 미적 가치를 최대한 실현시켜야 하는데, 프랭크 게리도 그런 점이 있었습니다. 구겐하임 미술관을 지을 때 티타늄으로 외관을 깔았는데, 저는 비싼 티타늄을 어떻게 조달했는지 궁금했습니다. 그런데 원래 두께에서 절반 가량을 줄여서 간신히 예산을 맞추었다고 하더군요.

- 거기서 구체적으로 무얼 느꼈나요?
  예산 관리부터 착공, 완공까지 전체적인 흐름을 맡고 감독한다는 인상을 받았습니다.

- 지금은 무슨 책을 읽고 있으신지? 르 코르뷔지에의 '건축을 향하여'를 다시 읽어보고 싶습니다.

- 어떤 내용이 기억에 남던가요? 사진은요?
  책을 읽어보니 코르뷔지에 본인은 당시 혼란스런 현대 도시에 반감이 많은 것 같았습니다. 생각나는 사진보다는 그림이 생각나는데, 코르뷔지에가 차도와 인도가 정갈하게 정돈된 주택 단지를 그렸던 것이 기억에 남습니다.

- 만약 코르뷔지에가 지금 도시를 본다면 어떤 그림을 그릴 것 같나요?
  제가 알기론, 코르뷔지에는 차도와 인도의 균형잡힌 조화를 의도했던 것 같습니다. 다만 현대 도시에서는 인도가 차도에 매몰된, 자동차 중심의 도시 구조를 띠고 있습니다. 그래서 결국 보행자는 소외될 수 밖에 없고, 따라서 코르뷔지에가 지금 도시를 본다면 인도에 좀 더 많은 비중을 두지 않을까 싶습니다.

- 답변 잘 들었습니다. 다른 책은 뭐가 기억나시나요?
  '한국의 고궁'이 기억에 남습니다.

- 구체적으로는요?
  저는 어릴 때부터 경복궁 같은 궁궐을 좋아했는데요, 조선의 정궁은 5개잖습니까? 그래서 다른 궁궐을 보는 것도 재밌었습니다. 최근에는 덕수궁을 방문했는데, 책을 읽은 덕에 흥미로운 부분이 많았습니다. 개인적으로는 석조전을 보면서 고종이 전통과 미래 사이의 줄타기에서 실패했다는 인상을 받았습니다.

- 구체적으로 설명 가능하신가요?
  석조전은 그간의 전통 건축물과는 다릅니다. 그리스나 로마의 고전주의, 기둥 같은 것에서 그 기조를 느낄 수 있는데요, 덕수궁이 애초에 여러 공사관이 많은 지역, 그러니까 일본의 탄압을 피할 수 있는 지역에 지어졌다고 알고 있습니다. 또 자주국임을 천명하는 대한 제국의 정궁이 석조전이었으나, 결국 유럽 열강을 선망하여 그리스 로마의 고전주의 양식이 드러나지 않았나 싶습니다. (조금 횡설수설)

- 만약 진학한다면 이후 뭘 할 건가요?
  제가 건축으로 어디까지 할 수 있을까 도전해보고 싶습니다. 개인적으로 해보고 싶은 아이디어가 많은데, 자연친화적인 집이라거나, 스머프 마을같이 개방적인 학교를 설계해보고 싶습니다. 제가 읽은 한 기사에 건축가는 성공보다는 계속 시도를 지향하는 것이 올바르다는 이야기가 있었는데, 그래서인지 제가 건축으로 어디까지 해낼 수 있을지 보고 싶습니다.

- 만약 그걸 한다면 언제쯤 완성할까요?
  음, 제가 알기론 건축가가 정상에 오르는 나이가 대략 5~60대?라고 알고 있는데 한 20년쯤 걸리지 않을까 싶습니다.

- 정상이라. 그럼 그 다음에는 뭘 하실 건가요? (한분이 '정상갔으면 이제 내려와야지'라고 농담하심)
  아마 계속 건축을 하고 있지 않을까요? 그보다는 좀 개인적인 방향으로 해볼 것 같습니다. 제 집이나 아이들 집처럼요.

- 원하는 집이 있나요?
  저는 뻥 뚫려있는, 개방적인 집을 지을 것 같습니다. 한 번 한옥을 방문했는데, 대청마루와 정원이 뻥 뚫려있어서 건물 안에 있는데도 밖에 있는 것 같은 느낌이 참 좋았습니다. 그래서 그걸 이어서 정원이라던가 마루가 있는 집을 지을 것 같았습니다. 사계절이 뚜렷한 우리나라에서 사계절을 보는 것도 큰 재미가 되겠죠.

<table>
<tr><td>질문
답변
내용</td><td>
• 그럼 집을 짓고 싶어서 건축학과의 꿈을 꾸게 된건가요?
집을 짓고도 싶지만, 저는 공간 안에 있을 사람들에게 인생에 남을만한 체험을, 분위기를 주고 싶었습니다. 동대문디자인플라자를 방문한 적이 있는데, 굉장히 독특하더라고요. 그처럼 사람들에게 건축으로 기억에 남을 경험을 주고 싶습니다.

• 건축 외로는 그걸 느낄 수 없을까요?
음, 물론 건축 외의 방법도 있겠지만, 저는 건축이 사람이 만들고 사람이 그 안에 사는 점에 주목했습니다. 인간이 만든 것 중 가장 상호작용이 만든 것 중 하나가 건축이고, 그 점이 마음에 들었습니다. (좀 횡설수설함. 이후 면접시간 종료)
</td></tr>
<tr><td>기타
특이사항</td><td>
• 면접보다는 서로 이야기하는 것에 가까웠는데(개인적인 이야기라던가, 건축에 대한 사견 등) 이것이 잘 해낸 것인지 좀 분간이 가질 않는다.
• 교수님들 분위기가 굉장히 밝다. 거의 끝자락 순번이어서 지쳐있지 않으실까했는데 서로 농담도 주고받고 분위기 자체는 화기애애했다.
• 생기부 활동에 대해 많이 준비해갔는데 그보다는 개인적인 이야기를 많이 물어보셔서 떨떠름하기도 했고, 아쉬운 면도 있었다. 교수님들 성향에 따라 다를 수 있으니 우선적으로는 생기부나 독서 활동 등, 진로를 위해 자신이 한 모든 활동들을 숙지하고 이해해두는 것이 좋을 것 같다.
</td></tr>
</table>

합격 수기

1. 내신을 어떻게 챙겼는지 간략하게 설명해 주세요.

내신의 가장 큰 장점은 좋은 결과를 얻지 못해도 그 다음 기회를 잡을 수 있다는 겁니다. 그러니 끝까지 포기하지 말고 충실히 내신을 챙기라는 말을 하고 싶습니다.

내신 시험을 대비하는 가장 확실한 방법은 수업 시간에 집중하는 것입니다. 특히 국어나 영어 같은 경우에는 선생님이 어느 부분을 강조하시는지 반드시 귀 기울여 들으세요. 저는 선생님이 짚어주신 문장이나 지문에는 형광펜을 그어두는 식으로 표시하여 이를 집중적으로 공부했는데, 시험 당일에 덕을 톡톡히 볼 수 있었습니다. 여기 관련해서 한 가지 팁이 있다면 친구들과 정보를 공유하는 것도 뜻밖의 도움이 될 수 있습니다. 각자 중요하게 생각하는 부분에서 차이가 날 수 있고, 이를 통해 미리 준비해두면 허를 찔릴 확률이 훨씬 줄어듭니다.

수행평가는 보통 시작하기 전에 평가 기준을 미리 주시는 경우가 대다수입니다. 그럴 때 평가 기준을 꼼꼼히 보고 준비하는 것이 좋습니다. 추가로 수행평가는 시험과 다르게 과정도 평가된다는 것임을 잊지 마세요. 생기부를 위해 수행평가 도중의 과정을 자신의 진로와 엮어 독창적으로 진행하는 것도 좋은 방법입니다.

2. 학교생활기록부 관리에 대한 나름의 노하우를 알려주세요(부연: 전공진로 적합성을 위해 학생부 항목간 연계를 어떻게 했나요?).

꿈과 진로를 찾고 여기에 노력하는 것도 중요하다는 것을 느끼고 활동하였습니다.

꿈에 대한 열정과 노력을 드러낼 수 있을 기록과 경험을 만드는 것으로 중요하므로 저는 이를 위해 가능한 교내 활동을 활용하려 노력했고, 교내 대회부터 과목별 발표 시간까지 대다수의 활동을 진로와 엮어 수행하였습니다.

1학년 때부터 건축가로 진로를 굳게 정해두었기 때문에 일본어 시간에도 일본의 건축사에 대해 발표한다거나, 물리 동아리 시간에서는 건축 구조의 일종인 텐세그리티를 직접 조사해보며 경험을 쌓았습니다. 만약 진로를 정하지 못했더라도 어느 정도의 방향성을 잡아두는 것을 추천합니다.

3. 학교 생활에서 특별히 관심을 두고 했던 활동이 있다면?

독서 활동과 동아리 활동입니다.

건축이라는 학문을 고등학교에서 전문적으로 배울 기회가 없다 보니 저는 이를 독서 활동으로 해결하였습니다. 기본 개념을 다루는 것부터 직접 집을 짓는다거나, 답사 탐방기까지 다양한 형식의 책을 읽었는데, 이것이 면접에서 건축에 대한 저만의 의견을 말하는데 매우 큰 도움이 되었습니다.

동아리 활동을 통하여 물리 교과에 관심을 가지게 되면서 고전역학, 전기 · 전자공학 등에 대한관심과 학습의욕을 갖게 되었습니다. 간단한 도구로 직접 여러 구조물의 예시를 제작해 본 후 이를 통해 구조물의 역학적 구조와 평행 관계를 연구해 보기도 하였습니다.

4. 자기소개서를 작성할 때에 가장 정성을 기울인 문항은 몇 번이고 이유는 무엇인가요?

3번 문항에 가장 정성을 기울였습니다. 저는 어릴 적부터 책 읽는 걸 즐겼습니다. 해보지 못하고 가보지 못하는 곳들이 책에 있었고, 건축물과 건축가를 알게 되었습니다. 독서는 진로뿐만이 아니라 학업에도 적잖은 영향을 끼쳤습니다. 최근까지도 미적분과 물리를 엮은 책을 읽으며 두 과목을 동시에 학습함으로써 이런 독서 습관의 영향을 적잖게 받게 되었습니다.

전문위원이 바라보는 합격의 비결

▶ 교과와 학생부 종합을 끝까지 놓지 말자.

권병진 학생의 키워드는 전공 관련 일관성 있는 활동으로 교과 성적 뿐 아니라 동아리 활동, 봉사활동 등이 우수한 편으로 종합전형을 중심으로 준비를 하였다. 모든 과목의 성적이 우수한 학생임에도 불구하고 다른 학생들과는 달리 이기적이나 경쟁적인 의식 없이 주위의 친구들과 함께 어울리기를 좋아하여 친구들이 에워쌀 정도로 신망이 높아 리더십을 인정받았다. 장래 희망을 학교생활과 진로 탐색을 통해 전략을 세워 학생부 종합 전형에 대비하였다.

지방 거주 학생으로 국립거점 대학 의대를 지역 인재 전형에 지원할 수 있으므로 수능 최저기준을 고려하여 과학 II 과목도 철저히 준비했다. 합격을 목표로 수능 최저기준 충족을 위해 선택과 집중을 하였다. 6월과 9월 모의고사 국어, 수학에서 나온 성적(1등급)을 유지하면서 최종적으로 4개 영역에서 합 5내지 6을 목표로 공부하였다.

▶ 비교과에 대한 평가를 바탕으로 비교과 전략 세우기

교과 우수상 이외에도 교내 행사에 적극적으로 참여한 결과 받은 수상과 모범 학생 표창 등이 있어 학업 역량뿐만 아니라 인성측면에서도 좋은 결과를 받을 수 있는 강점을 가지고 있다. 3년 동안 전공과 관련된 동아리 활동으로 학업 역량과 전공 적합성 및 발전 가능성 측면에서 좋은 평가를 받을 수 있는 조건을 갖추고 있다.

독서 부분에서는 40여 권의 독서로 일반교양과 전공 관련 부분이 적절히 조화를 이루고 희망 전공 관련 심화 독서까지 이루어졌다.

전반적으로 학생부 종합전형 평가 요소인 학업 역량, 전공 적합성, 인성, 발전 가능성에서 좋은 평가를 받을 수 있는 조건을 갖추고 있다고 판단된다.

▶ 전문위원이 바라보는 최종 합격의 비결은?

조용하고 매사에 차분한 성격으로 자신이 해야 할 일을 신중하게 처리하는 성격으로 본인의 진로 목표가 뚜렷하고 심리적 준비가 잘 되어 있었다. 건축과 관련하여 건축물에 관심이 많으며 항상 자신의 진로와 연계하여 생각하는 등 확고한 신념으로 학교생활과 진로 탐색을 위한 다양한 활동에 적극적 참여하였다. 친구들에게 먼저 다가가는 자세에서 협동심 및 리더십을 겸비한 인성을 알 수 있게 하였다. 그리고 늘 책을 손에 쥐고 있어 배우고 익히는 일을 게을리 하지 않으며 교과서 외에도 다양한 교양서나 수준 높은 전문도서를 읽는 것이 서울대 합격의 비결이라고 생각한다.

인수공통 감염병과 동물복지를 연구하여
동물과 함께 하는 행복한 세상을 꿈꾸는 동물전문가

서울대학교 학생부종합 전형 수의예과 합격
경남 고성고등학교 김경범

김경범 학생은 동물에 관심이 많아 수의사의 꿈을 가지고 학교 프로그램을 적극적으로 활용하고 더 나아가 개인 탐구 활동에서 자기 주도적 학습역량이 뛰어난 학생이다. 김경범 학생은 경남 고성 농어촌 생활에 익숙한 학생이기도 하지만, 도서를 통해 One health의 중요성을 깨달아 축산업의 변화를 꿈꾸며 인수공통 감염병과 동물복지를 연구하여 동물과 함께하는 행복한 세상을 가꾸는 동물전문가로 성장하고 싶다는 포부를 가지고 있다.

내신성적에서 전 교과를 볼 때 1학년 1학기 1.29등급, 2학기 1.71등급, 2학년 1학기 1.75등급, 2학기 1.63등급, 3학년 1학기 1.33등급이 평균이고, 계열 교과인 국어, 영어, 수학, 과학에서 평균 등급이 1학년 1학기 1.50등급, 2학기 1.71등급, 2학년 1학기 1.60등급, 2학기 1.60등급, 3학년 1학기 1.20등급이다. 전 학년 성취수준이 높지만, 3학년 1학기에 내신성적이 향상되어 계속 발전하는 학생으로 기대할 수 있다. 특히 3학년 1학기 온라인 공동교육과정으로 고급 생명과학을 이수한 점이 전공 적합성 부분에 좋은 평가를 받았을 것으로 보인다. 아울러 물리학Ⅱ에 원점수 100점으로 학업 의욕이 있는 학생으로 평가가 되었을 것으로 생각한다.

교과 경시대회(수학) 2위, 교과 경시대회(생명과학2)에서 수상하여 수학과 과학에 특화된 학생으로 보이지만, 1학년 시화전 글 부문에서 3위로 수상하고 영어에서도 능력을 드러내 다양한 부분에서 도전정신과 능력을 갖춘 학생이다. 이뿐 아니라 목표 지향적이고 주도적이고 적극적으로 봉사활동에 참여하여 인성과 사회성을 겸비한 타의 모범이 되는 모습을 가지고 있다. 더 중요한 것은 성실하고 적극적인 자세로 계속해서 성장하고 발전하는 학생이라는 것이다.

교과 활동만이 아니라 비교과 활동 전반에서 진로와 관련하여 열정을 가지고 꾸준히 노력하는 김경범 학생의 태도는 대학에서 매우 좋아하는 사례에 해당하기 때문에 학생이 원하는 결과를 얻었다고 볼 수 있다. 계속 성장하고 발전할 것이기에 앞으로가 더 기대되는 학생이다.

스펙 분석

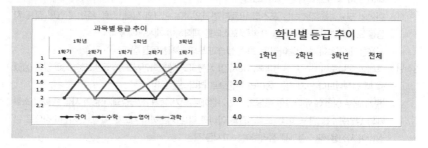

▶ 자율활동

1학년   생명존중특강(2019.04.17.)을 통해 인간은 물론 동물의 생명을 존중하고 더 나아가 복지를 증진의 필요성을 깨달아 국제 사회에서 활동하는 비정부기구를 찾아보면서 스스로 책임감을 느낌
학생자치법정(2019.07.05.)에 배심원으로 참가, 교칙 준수의 필요성을 주장하며 타당한 근거를 제시하여 판사의 결정에 기여, 공동체 의식을 함양

2학년	전교 학생회 부학년장(2020.03.02.~2021.02.08.) 급식시간에 발생한 문제에 진정성을 가지고 대화하며 갈등을 해결하기 위해 끊임없는 노력을 하여 공동체 의식과 더불어 책임감을 보임. 생명존중 교육(2020.10.30.)을 통해 생명존중의 중요성을 더욱 알게 되고, 유기동물과 축산동물 문제에 대해 더욱 관심을 가지고 조사하며 해결방법을 고민하면서 지속적인 탐구 자세를 갖춤
3학년	전교 학생 부학년장과 학급회장으로 선출되어 교내에서 공동체의 중요성을 알리며 공중보건을 지키는 분위기를 조성 학급 특색활동에서 '유전공학의 윤리적 문제'에 대한 토의를 계획하고 진행. '크리스퍼가 온다'라는 책을 읽고 CRISPR-Cas9의 원리와 유전자 재조합이라는 주제로 보고서를 작성하며 흥미를 채우고 지식을 확장
강평	자율활동에서 생명에 대한 지속적인 관심을 드러내며 꾸준한 탐구 자세를 보인다. 또한, 학생회 활동에 참여하여 직무에 대한 책임감과 공동체 의식을 잘 보여주고 있다.

▶ 동아리활동

1학년	보건동아리(26시간)에서 감염병의 정의, 유행 과정, 그에 따른 전파 차단 방법을 연구하고, 인간과 가축에게 각각 발생 가능한 감염병과 인수 공통감염병 등을 조사하고 발표. 축제 보건 부스를 운영하며 금연서약 나무, 금주 볼링 행사를 진행했다. 혈당 측정 활동을 하며 당뇨병에 대해 알아보고 인슐린을 조사함 자율동아리 '초아'(보건동아리)로 보건 실습과 토의 봉사활동을 함
2학년	보건동아리(27시간) 코로나 19로 인해 변한 삶의 모습을 보며 공중보건을 위해 힘쓰는 수의사가 되고 싶다고 발표함 감염병을 알아보는 활동을 통해 감기, 결핵 등 호흡기 감염병의 전파경로, 예방법, 치료법에 대해 조사 후 포스터를 만들어 발표함. 헌혈의 필요성을 강조하는 포스터 만들기를 제안하여 헌혈의 실태, 종류, 주변 헌혈의 집 위치 등을 조사하고 중요한 내용을 포함한 포스터를 제작하여 게시판에 부착. 자율동아리 '초아'(보건동아리)로 보건 실습과 토의 봉사활동을 함
3학년	그레이 아나토미 (보건, 생명과학) (18시간) 차분하고 냉철하면서도 따뜻한 모습으로 일이 생겼을 때 선생님보다 먼저 찾는 동아리 부장으로 리더십을 보임 '멸치 해부 실험'에서 다양한 동물의 소화기관에 흥미가 생겨 소, 닭, 돼지 등의 사업 동물의 소화계와 영양흡수를 탐구, 이후 소화기관뿐 아니라 다른 기관까지 사고를 확장, 전자현미경으로 관찰하여 사진을 찍어 결과를 정리하여 보고서를 작성 '돈 피 봉합 실험'을 하며 여러 봉사술을 알게 됨 '효모 알코올 발효 실험'을 하고 효모로 빵을 만들어 후배들에게 나누어 줌 동물복지 (자율동아리) 활동
강평	동아리 활동에서 코로나 19 상황을 겪으며 본인의 관심사인 감염병과 생명과학을 연결하는 활동을 지속하며 학문탐구 자세와 열정으로 발전 가능성을 충분히 보여주고 있다. 또한, 활동에 적극적으로 참여하며 리더십도 보여준다

▶ 봉사활동
1학년 47시간, 2학년 33시간, 3학년 41시간

▶ 진로활동
1학년　현장체험학습(2019.04.05.)으로 대학교에 방문하여 의학과 재학 중인 대학생에게 멘토 활동을
　　　신청하여 질의 응답시간을 갖고 뚜렷한 목표의식을 가짐
　　　진로 탐색 검사 (holland's SDS-고등용)의 결과로 관습형과 탐구형이 높게 나옴, 한 가지 주제를
　　　탐구하는 것은 물론 언어적 학습에도 흥미가 많다. 자신의 희망진로인 수의사가 EIC 유형에 맞
　　　는 것을 인지하고 대입정보 포털 사이트를 활용하여 구체적인 정보를 습득하고 계획수립
　　　과학기술 분야 드림 톡 콘서트(2019.07.18.) '4차 산업혁명과 함께 변화될 미래'를 주제로 생명공
　　　학 등에서 혁신적인 변화가 일어날 것이며 감성적 과학기술의 생성물이 중요하다는 강연을 들
　　　으며 시대의 흐름에 따르는 미래 역량을 계발하여 혁신적인 의료인이 되겠다는 포부를 가짐
2학년　과학기술 분야 드림 톡 콘서트(2020.11.25.)에서 유전자 치료 등의 바이오 기술이 나노기술 등과
　　　의 융합을 통해 더욱 발전될 가능성을 알고 생명과학의 미래가 밝는 것을 알게 되어 책 '한 권으
　　　로 정리하는 4차 혁명'을 읽으며 미래를 준비함
　　　아이 좋아 진학 박람회(2020.08.08.)에 참여해 수의학과가 있는 대학과 전형을 알아보고 상담을
　　　받으며 진로에 열정을 보임. 수시모집 전략을 세움
　　　전문 직업인과 만남(2020.11.13.) 수의사가 하는 일, 수의사의 현실 등을 파악하고 직업에 대한
　　　자부심을 느낌
3학년　진로 독서 소감문 발표회(2021.05.03.)에서 '수의사가 말하는 수의사'를 읽고 '대동물' 수의사로
　　　구체적 목표를 세우고 다양한 활동을 미리 계획
　　　과학 글짓기(2021.04.19.) 책 '원 헬스', '수의 정책 콘서트'를 읽어 배경 지식을 넓히며 준비하여
　　　'원 헬스'를 주제로 글짓기에 참여, 문제를 해결할 능력의 필요성을 인지함
강평　　진로 활동에서 미리 자신의 진로를 정했고 그 진로가 자신의 흥미 적성에도 맞아 진로에 적합함
　　　을 드러낸다. 그리고 그에 맞는 활동에 꾸준히 참여하고 독서를 하는 등 탐구 열정과 동시에 사
　　　회기여 가능성을 충분히 내포하고 있다.

▶ 수상경력
1학년　환경 미화 봉사상
　　　모범상
　　　과학탐구대회 3위 (장려)
　　　교과경시대회 수학 3위
　　　영어 3위
　　　통합과학 3위
　　　통합사회 3위
　　　축제 시화전 글 부문 3위

2학년   환경 미화 봉사상
         모범상
         독후감 쓰기 3위
         교과경시대회 수학 2위
         물리학 I 1위
         생명과학 II 2위
         과학 독후감 1위 (최우수)
3학년   모범상
         교과경시대회 생명과학2 1위
         물리학 II 1위
         영어 3위
         1학기 독후감 쓰기 대회 3위
         과학 독후감 2위(우수)

▶ 독서활동

1학년   평생 간직하고픈 시(윤동주), 인어가 잠든 집(히가시노 게이고), 댄 애리얼리 부의 감각(댄 애리
         얼리), 이중나선(제임스 왓슨), 이기적 유전자(리처드 도킨스), 당신의 꿈은 무엇입니까(김수영),
         사피엔스(유발 하라리), 파피용(베르나르 베르베르)

2학년   김소월 시집 진달래꽃(김소월), 바이러스 쇼크(최강석), 종의 기원(찰스 로버트 다윈), 의사와 수
         의사가 만나다(바버라 내터슨-호러워츠), 생명과학 신에게 도전하다(김응빈 외 4명), 바이러스
         폭풍의 시대(네이션 울프), 미움 받을 용기(가시미 이치로), 한 권으로 정리하는 4차 혁명(최진
         기), 12가지 인생의 법칙(조던 B.피터슨), 살아있는 것들의 눈빛은 아름답다(박종무), 거의 모든
         것의 역사(빌 브라이슨), 나는 풍요로웠고, 지구는 달라졌다(호프 자런)

3학년   미적분의 쓸모(한화택), 통계학 빅데이터를 잡다(조재근), 12 Rules for Life(Peterson, Jordan B.),
         크리스퍼가 온다(제니퍼 다우드나, 새뮤얼 스턴버그), 에코데믹, 끝나지 않은 전염병(마크 제롬
         월터스), 슈퍼버그(맷 매카시), 인류 역사를 바꾼 동물과 수의학(임동주)
         수의사가 말하는 수의사(김정민 외 22명), 광우병 논쟁(김기홍), 원 헬스 (로널드 아틀라스, 스탠
         리 말로이), 수의 정책 콘서트(김용삼), 모든 생명은 서로 돕는다(박종무), 동물 기계(루스 해리
         슨), 기후 변화와 환경의 미래(이승은, 고문현), 제4차 산업혁명(클라우스 슈밥), 생물과 무생물
         사이(후쿠오카 신이치), 육식의 종말(제레미 리프킨), 침묵의 봄(레이첼 카슨)

● 서울대학교 학생부종합전형(기회균형선발 특별전형 I 농어촌) (2022학년도 대입기준)

▶ 전형방법 및 최저학력기준

지원자격	〈저소득 학생〉 설명 생략 〈농어촌학생〉 2022년 2월 고등학교 졸업예정자로서 아래의 '가' 또는 ' 나'에 해당하고 소속 고등학교장의 추천을 받은 자 단, 고등학교별 추천 인원은 3명 이내이며 각 고등학교는 반드시 학교장 직인이 날인된 추천자 명단을 서류제출 기간 내에 공문으로 제출해야 함 가. 농어촌 재학 (중학교 3년+고등학교 3년)+ 농어촌 거주 6년(지원자 부ㆍ모) 「지방자치법」 제 3조에 의한 읍면(농어촌)지역 또는 「도서ㆍ벽지 교육진흥법」 제2조에 따른 도서ㆍ벽지 지역 소재 중 고등학교에서 전 교육과정을 이수하고 지원자와 부모 모두가 중학교 입학 시부터 고등학교 졸업 시까지 읍면(농ㆍ어촌 지역) 또는 도서ㆍ벽지 지역에 거주한 자 나. 농어촌 재학(초등학교 6년+중학교 3년+ 고등학교 3년)+농어촌 거주 12년(지원자) 「지방자치법」 제 3조에 의한 읍면(농ㆍ어촌)지역 또는 「도서ㆍ벽지 교육진흥법」 제2조에 따른 도서ㆍ벽지 지역 소재 초ㆍ중ㆍ 고등학교에서 전 교육과정을 이수하고 지원자 본인이 초등학교 입학 시부터 고등학교 졸업 시까지 읍면(농어촌 지역) 또는 도서ㆍ벽지 지역에 거주한 자 ※재학 기간과 거주기간은 연속된 연수만을 인정하며, 고등학교 졸업 시까지 자격을 유지해야 함 〈농생명계열 고교 졸업예정자:농업생명과학대학〉 설명생략
전형 방법	1단계 : 서류평가(100) 2배수 2단계 : 1단계(70%) + 면접(30%)
제출 서류	학교생활기록부, 자기소개서, 학교장 추천서
서류평가	평가 자료 : 학생부, 자기소개서 등 제출된 서류 평가 방법 : 다수 평가자에 의한 다단계 종합평가 – 평가 내용 ㆍ학업능력, 자기 주도적 학업태도, 전공 분야에 대한 지적 호기심 등 창의적 인재로 발전할 가능성을 종합적으로 평가 ㆍ주어진 여건에서 보인 교과 학습활동의 성취수준과 학업역량을 평가 ㆍ교과학습내용은 지원자가 이수한 교과목 특성, 수업내용, 학업 수행 내용, 이수자 수를 고려해 정성적으로 평가 – 지원자의 교육환경을 바탕으로 고등학교 전 과정에서 전 교과를 충실히 이수했는지와 서울대학교 교과 기준 충족 여부 등을 고려하여 평가함 ㆍ자기 주도적 학습경험에 따른 지적 호기심, 학업에 대한 열정 적극성 및 진취성, 학업 수행과정의 주도성, 논리적 사고력, 과제 수행능력 등의 학업 소양을 평가 ㆍ개인의 품성뿐 아니라 리더십, 공동체 의식, 책임감, 사회적 기여 가능성 등을 평가
면접 평가	평가 방법 : 지원자를 대상으로 복수의 면접위원이 10분 내ㆍ외로 실시함 평가 내용 : 제출 서류를 토대로 서류 내용 확인 후 기본적인 학업 소양을 평가

교과이수기준	모집단위	교과영역	교과이수기준
	전 모집단위 공통	탐구	사회(역사/도덕 포함) 교과 중 3과목+ 과학 교과 중 3과목 이수 또는 사회(역사/도덕 포함) 교과 중 2과목+과학 교과 중 4과목 이수
	전 모집단위 공통	생활 · 교양	제2외국어 또는 한문 중 1과목 이수

※교과 이수 기준은 지원자격과 무관하나 지원자가 이수한 교과 이수 내용을 평가에 반영함
※진로희망에 따라 과학Ⅱ과목 이수를 권장함

수능최저 학력기준	없음

▶ 수시지원 합격/불합격 여부

대학명	지원모집단위(학과)	전형명	최종 합격
서울대학교	수의예과	학생부종합전형(기회균형선발 특별전형Ⅰ농어촌)	합격
광주과학기술원	기초교육학부	학생부종합전형(고른기회전형)	합격
울산과학기술원	이공계열	학생부종합전형(고른기회전형)	합격
충북대학교	수의예과	학생부종합전형(학생부종합전형)	불합격
경상대학교	수의예과	학생부종합전형(농어촌학생전형)	불합격
경상대학교	수의예과	지역인재전형	불합격
전남대학교	수의예과	학생부종합전형(고교생활 우수자 전형)	불합격
건국대학교	수의예과	학생부종합전형(농어촌학생)	불합격
대구경북과학기술원	이공계열	학생부종합전형(고른기회전형)	불합격

자기 소개서

1. 고등학교 재학 기간 중 학업에 기울인 노력과 학습경험에 대해 배우고 느낀 점을 중심으로 기술 해 주시기 바랍니다(띄어쓰기 포함 1,000자 이내).

〈원 헬스 적 접근의 중요성을 배우다〉

'생명과학 Ⅰ' 수업 시간에 바이러스를 공부하며 이들이 유발하는 감염병에 관심이 생겼습니다. 책 '바이러스 쇼크'를 통해 사람과 매개 동물의 접촉 및 매개 동물에 의한

유전자 뒤섞임이 모든 감염의 시작이라는 것을 알게 됐고, 원 헬스라는 보건 체제가 대응 방식이 될 수 있다는 점에서 감염은 환경 요인과도 밀접한 관련이 있음을 깨달았습니다. '최근 문제가 되는 기후 변화도 감염병 발병률을 높일까'하는 의문이 생겨 한국에서 자주 보고되는 감염병 발생에 기후가 미치는 영향을 찾아보았습니다. 평균 강수량과 폭염 경보 횟수에 따라 비브리오패혈증이나 쯔쯔가무시병의 발생 빈도가 달라짐을 확인했습니다. 원인에 대해 알아보니 강수량이 많아지면 강 하구의 염도가 낮아져 세균 증식이 유리해지고, 여름의 고온다습한 환경은 진드기와 같은 매개체 개체 수를 증가시킬 수 있다는 것을 알게 되었습니다. 환경적 요인과 감염병이 매우 복잡하게 연관되어있음을 느낄 수 있었습니다. 기후 변화는 전 지구적 문제이기에 환경의 변화가 감염병 발병률을 높인다면 감염병 발병률이나 새로운 질병의 출현은 불가피할 것이라 예상했고, 앞으로 환경적 요인까지 고려하기 위해 원 헬스에 입각한 접근이 매우 중요해질 것이라는 생각이 들었습니다.

〈축산업의 변화를 꿈꾸다〉

'현대에 요구되는 원 헬스 분야에서 어떤 역할을 하는 수의사가 될 수 있을까'에 대한 해답을 얻기 위해 '나는 풍요로웠고, 지구는 달라졌다'와'동물 해방'이라는 책을 읽었습니다. 공장식 농장은 동물 복지가 보장되지 않으며 환경에도 부담을 준다는 사실을 알게 되었고, 이를 계기로 원 헬스에 관한 관심은 축산업으로 확대됐습니다. 3학년 '생활과 과학' 시간에 축산 업계의 항생제 문제를 접하고, 항생제 내성균으로 인해 인간이 큰 위험에 처할 수 있다는 심각성을 느껴 그 문제점과 대체 물질을 찾아보았습니다. 베타-락탐계 항생제는 펩티도글리칸 형태 유지에 관여하는 PBP와 결합하며 테트라사이클린은 세균의 리보솜 30s와 결합함으로써 전사를 억제해 항생제 효과를 나타낸다는 생물학적 지식을 얻었습니다. 또한, 축산 폐수의 관리 방법과 농가의 자가 진료 등이 문제를 더욱 악화시킨다는 점도 알게 되며 항생제 내성 유발을 막기 위해서는 대체 물질 개발 등의 과학적 접근뿐만 아니라 정책적, 사회적 변화가 선행되어야 함을 깨달았습니다. 자가 진료 제한 및 축산 폐수 방류 기준의 재설정과 같은 정책 마련과

무항생제 육류를 소비하고자 하는 인식의 확대가 수반된다면 불필요한 항생제 사용량
이 줄고 내성균의 출현을 늦춰 많은 생명을 지킬 수 있을 것입니다.

수업 시간에 배웠던 생명과학 지식을 접목하여 관심 분야에 관한 자발적 탐구를 진
행하면서 알수록 깊어지는 궁금증에 공부하는 즐거움을 느꼈습니다. 이처럼 다 학제
적 시각으로 바라보려는 노력을 통해 인간과 자연 모두에게 이로움을 주고, 궁극적으
로 대동물에 관한 연구를 바탕으로 지속 가능한 미래를 위해 축산업이 나아갈 방향을
제시하겠다는 목표가 생겼습니다.

☞ 연계 학생부 항목

학생부 항목	교과명(활동명)	활동내용
6. 교과학습 발달 상황	2학년 생명과학 I	교과 시간에 바이러스에 대해 배우고 알아보던 중 도서'바이러스 쇼크'를 읽었고, 인수공통 감염이 일어나기 위해서는 매개 동물의 변이가 필요함을 알고 조류인플루엔자, 사스 등 여러 매개 동물의 출연 환경, 기후를 가지고 과제탐구를 했다.
6. 교과학습 발달 상황	3학년 생명과학 II	수업 중 플라스미드와 펩티도글리칸 등 세균의 특징을 배우고 항생제와 항생제 대체 물질, 작용기전과 내성 기전, 대체 물질인 박테리오파지와 항생 펩타이드를 조사하고 그 원리에 대해 발표했다.

☞ 강평

1번 문항은 학생의 학교생활 중 교과와 비교과 활동의 학업역량과 진로와 연계한
발전 가능성을 알아보는 항목이다. 학생은 '생명과학' 교과 시간에 배운 것으로 그치지
않고 도서를 찾아보는 등의 탐색하여 원 헬스 적 접근의 중요성을 인식했다. 또한, 이
것을 수의사인 자신의 진로와 연계하여 다시 해답을 찾으려고 교과와 도서를 통한 노
력의 범위를 확대해 가고 있다. 이것은 학생부의 많은 부분에서도 계속해서 드러나고
있다. 배움에서 궁금증을 발견하고 자발적으로 탐색하여 발전적인 경험을 하고 깨달
음을 얻고 다시 보강하는 순서의 사이클로 계속 성숙해 나가는 태도를 자기소개서에
서도 잘 드러내고 있다.

2. 고등학교 재학 기간 중 본인이 의미를 두고 노력했던 교내활동을 배우고 느낀 점을 중심으로 3개 이내로 기술해 주시기 바랍니다. 단, 교외 활동 중 학교장의 허락을 받고 참여한 활동은 포함됩니다(띄어쓰기 포함 1,500자 이내).

〈타인의 시각으로 작은 실천을 끌어내다〉

분뇨로 뒤덮인 좁은 공간에서 생활하는 축산동물의 현실을 보며 자란 저는 자연스레 동물복지에 관심을 가졌습니다. 책 '동물 해방'과 유기견 실태에 관한 기사를 읽으며 동물복지를 위한 실천의 중요성에 대해 깨달았고, 저는 깨달은 바를 행동으로 옮기고자 교내 동아리를 만들려 했습니다. 하지만 동참하려는 친구들의 인식 부족으로 결성에 필요한 최소 인원을 채우지 못했습니다. 바쁜 수험 생활 중에 동물들까지 돌볼 겨를이 없다는 친구들의 말을 듣고, 많은 사람이 동물복지의 필요성을 느끼지 못하며 상당한 노력이 수반되는 거창한 것으로 인식하고 있다는 것을 알게 되었습니다. 실천의 장벽이 높지 않음을 알려주고 싶어 친구들이 쉽게 다가갈 수 있는 학교 주변의 길고양이 돌봄 활동을 계획했고 적은 시간을 들여도 참여할 수 있도록 기획해 홍보를 진행했습니다. 시간적 부담을 덜 느낀 친구들이 하나둘 활동 의지를 표했고, 차례로 돌아가며 밥을 주거나 분변을 처리하는 등 점차 친구들이 우리 사회의 작은 공동체인 동물에게 관심을 가졌습니다. 이후 동물복지에 관심이 깊어진 친구들과 유기견 입양 장려 포스터 제작 및 축산동물 현실에 대한 칼럼을 작성하며 동물들을 위한 관심과 실천을 전파하고자 노력했습니다. 이런 경험을 통해 타인의 행동 변화를 끌어내기 위해서는 충분한 소통을 바탕으로 구성원의 문제 상황을 살피고 그에 맞는 해결 방안을 제시해야 함을 알게 되었습니다. 더불어, 공동체를 위하는 마음과 행동은 거창한 것이 아니며 다수가 함께할수록 훨씬 수월해진다는 것을 크게 깨닫게 되었습니다.

☞ 연계 학생부 항목

학생부 항목	교과명(활동명)	활동내용
5. 창의적 체험활동 상황	3학년 자율동아리 '동물복지'	동물의 복지 향상을 실천하는 활동

☞강평

2번 문항은 학생의 공동체 속에서의 인성과 사회 기여 가능성을 알아보는 항목이다. 학생은 문제를 자신의 관심사인 축산동물의 현실과 도서를 통해 알게 된 유기견 실태를 연결하여 문제를 인식한다. 이것을 단순히 문제의식으로 그치지 않고 실제 동아리를 만들어 실천하려 하지만 친구들의 무관심에 봉착한다. 그러나 포기하지 않고 그 문제에 대해 상대방에서 생각해 봄으로 문제를 해결하였고, 친구들 또한, 이 활동에 관심을 가졌고 계속 노력하고 있다는 사례를 제시하고 있다. 문제 상황에서 상황분석, 해결 과정 그리고 해결 후 공동체에 미친 영향까지 자기소개서에 잘 나타냈다.

3. 고등학교 재학 기간 또는 최근 3년간 읽었던 책 중 자신에게 가장 큰 영향을 준 책 2권을 선정하고 그 이유를 기술하여 주십시오(띄어쓰기 포함 800자 이내).

▶ 선정이유는 각 도서별 띄어쓰기 포함하여 400자 이내로 작성

▶ 선정이유는 단순한 내용 요약이나 감상이 아니라, 읽게 된 계기, 책에 대한 평가, 자신에게 준 영향을 중심으로 기술

〈나는 풍요로웠고 지구는 달라졌다〉 호프 자런 저/ 김은령 역, 김영사

원 헬스를 접한 후 인류가 환경에 미친 영향에 대해 알고 싶어 책을 읽었습니다. 공장식 농장을 동물복지 문제와만 관련지었던 저는 가축 사육에 담수의 30%가 쓰이고 고기 생산을 위해 3배 많은 사료가 이용되며 가축이 지구온난화를 가속하는 메탄가스를 생성하는 등 환경에 미치는 부정적 영향이 상당함을 알게 됐습니다. 동물에 관심이 많다고 생각했으나 지금껏 환경과의 관계에 대해 무지했음을 깨달았습니다. 저처럼 사람들이 이러한 '구체적 현실을 알지 못해 실천하지 않는 것은 아닐까'라는 생각도 하게 되었고, 현실 문제를 직시하는 것이 변화를 끌어내는 데 효과적일 것으로 생각하게 되었습니다. '더 많은 것'을 위한 실천의 필요성과 축산업에서 나타나는 환경 문제를 알리고 해결하고 싶다는 목표가 생겼습니다.

〈크리스퍼가 온다〉제니퍼 다우드나, 새뮤얼 스턴버그 저/ 김보은 역, 프시케의 숲

과학 드림 톡 콘서트를 통해 유전자 가위가 미래를 바꿀 기술이라고 알게 되었고 구체적 역할을 알고 싶어 책을 읽었습니다. 유전공학의 원리는 물론, 크리스퍼를 활용한 가축의 품종개량으로 미래의 식량 및 축산 문제를 해결할 수 있음을 배웠습니다. 또한, 기술의 윤리적 문제를 간과하지 않는 저자의 태도에도 주목했습니다. 모든 기술에는 위험이 존재하며 이를 대비하는 책임감의 필요성을 느꼈고 일반인도 윤리적 측면에 대해 고민해야 한다고 주장하는 저자를 통해 진정한 과학자의 역할을 알게 됐습니다. 이후 축산물 연구에도 이러한 책임감이 있는지 돌아보며 '항생제와 성장 촉진제가 무해한가', '특정 위험 부위 이외에는 광우병으로부터 안전한가' 등 축산물 안전 기준에 관한 연구를 통해 위험을 검증하고 대비해야 함을 깨달았습니다.

☞강평

3번 문항은 자기소개서 자율항목이다. 두 도서 모두 배운 것에서 그치지 않고 궁금증을 해결하기 위해 독서를 하게 되었다며 동기를 밝히고 있다. 첫 번째 도서를 통해 수의학과에서 배우고자 하는 바를, 두 번째 도서에서는 저자의 태도를 통해 연구자의 윤리성을 깨달았다고 하며 자신에 미친 영향을 잘 기술하고 있다. 하지만, 주로 자신에게 미친 영향에만 주목하여 기술하여 항목에서 요구하는 책에 대한 평가가 없는 점은 아쉬운 점으로 남는다.

합격 수기

1. 서울대학교 수의예과를 선택하게 된 결정적 요인은 무엇인가요?

저는 3년간 수의예과를 지망하였고 이에 맞춰 학생부 활동을 계획하고 실천해 왔습니다. 또한, 수의사의 다양한 진로 중 대동물 관련 연구를 희망하였기 때문에 대동물실습이 가능하고, 연구를 주로 하는 서울대학교에 다니고 싶어 결정하게

되었습니다. 또한, 서울대학교만이 미국 수의사 자격증 시험 응시 자격을 주기 때문에 매우 좋은 제도인 거 같아 선택하게 되었습니다.

2. 학교생활기록부 관리에 대한 나름의 노하우를 알려주세요.

저는 3년간 수의사를 희망하였기 때문에 학년이 올라갈수록 점차 학문을 심화 구체적으로 진로를 설정하려고 노력했습니다. 교과 세부능력 및 특기 사항 부분에 그 교과 자체를 심화하고, 제 진로와 그 교과목이 관련되어있는 활동을 하려고 노력했습니다. 다양한 수의학 분야의 흥미를 나타내고 그중에 대동물과 환경, 동물복지에 초점을 맞추어 다양한 활동을 설계하고 진행하였습니다. 이렇게 크게 테마를 정한 뒤 각 교과에서 할 수 있는 활동을 생각하며 독서, 기사 등을 통해 보고서를 쓰거나 발표를 하는 등의 활동을 하였습니다.

3. 자기소개서의 작성과정을 설명해 주세요. 자기소개서를 작성할 때에 가장 정성을 기울인 문항은 몇 번이고 이유는 무엇인가요?

먼저 자기소개서를 작성하기 전 학생부에서 의미 있었던 활동과 제가 정했던 구체적인 진로에 맞는 활동을 선택하였습니다. 자기소개서를 작성하며 그 활동의 구체성을 더하고 저에게 어떤 의미가 있었는지를 설명하려고 했습니다. 저는 내신이 높은 편이 아니었기 때문에 학업역량을 보여줄 수 있는 자기소개서 1번 문항에 집중하였습니다. 여러 감염병과 환경의 관심을 두고 자료를 찾아보았던 활동과 이후 수의학 중에서 축산업에 관심을 드러내며 진로에 대한 설계와 항생제 문제의 생명과학 심화 개념 등을 풀어냈습니다.

4. 면접에서 어떤 질문을 받았고 어떻게 응답했는지 기억나는 대로 말씀해주세요.

질문 1. 온라인 공동교육과정으로 고급 생명과학을 들었는데 이 강의를 듣게 된 동기와 힘들었던 점에 대해서 말해주세요.

생명과학을 공부하며 유기성, 체계성에 흥미가 생겼고 생명과학을 더욱 깊이 있게 알고 싶어 듣게 되었습니다. 힘들었던 점은 토요일 4시간 연속으로 들어야 했기 때문에 집중력이 조금 부족해지기도 했습니다. 하지만 선생님과 활발하게 소통하는 것과 생명과학 자체에 대한 재미 덕분에 극복할 수 있었습니다.

질문 2. 윤리와 사상에서 동물권리에 대해 발표했는데 이 내용을 인생에 적용해보았나요?

동물의 권리가 아리스토텔레스부터 피터 싱어까지 발전하는 과정에 대해 알게 되었고 점차 동물의 권리도 중요한 가치가 되어감을 느낄 수 있었습니다. 이런 과정을 통해 동물권의 소중함을 알게 되었고, 동물복지가 가장 필요한 분야인 축산업에 관심이 커졌으며 그에 따라 축산업이 가진 문제도 해결하고 싶다는 인생의 목표를 가지게 되었습니다.

질문 3. 다양한 수의사의 분야 중 어떤 수의사가 되고 싶습니까?

저는 축산업의 변화를 꿈꾸고 있어서 임상보다는 연구를 통해 저의 꿈을 이루고 싶습니다. 산업 동물 의학에서 항생제 대체 항생 펩타이드 개발, 동물복지농장 생산성 관련 연구 또한 동물복지나 축산업 관련하여 정책적으로 많은 개정이 필요하다고 생각하기 때문에 전문지식을 바탕으로 정책안을 내는 그런 수의사도 되고 싶습니다.

질문 4. 축산업의 문제점에는 어떤 것들이 있다고 생각합니까?

저는 환경, 안정성, 동물복지 측면에서 축산업이 변화해야 한다고 생각합니다. 먼저, 환경적 측면에서 반추동물인 소에서 나오는 메탄가스가 전체 메탄가스의 30% 이상을 차지하며 지구온난화에 많은 영향을 끼치고 있는데, 이는 소의 사료와 미생물에 관한 연구로 해결할 수 있다고 생각합니다. 둘째, 안정성 측면에서 보자면 동물에게 사용한 항생제의 75%가 소화되지 않고 그대로 나온다고 합니다. 따라서 항생제를 과다사용한 소의 분뇨를 퇴비로 사용했을 때 안전한지와 같은 안전성 연구가 필요하다고 생각합니다. 마지막으로 동물복지 관련하여 한국의 90% 정도가 공장식 축산업입니다. 과연 공장식 농장이 가장 효율적인가에서 출발하여 동물복지와 경제성이 모두 보장된 축산설계에 대해 깊게 연구해보고 싶습니다.

질문 5. 동물복지에 관해 다른 나라에서 벤치마킹할 만한 사례가 있을까요?

영국과 미국 등 대부분의 나라에서도 공장식 축산업을 많이 사용하고 있는 것으로 알고 있습니다. 제가 일본어 시간에 발표한 내용에 벤치마킹할 사례가 있었습니다. 일본은 동물복지제도를 따로 운영하지 않고 유기동물 마크를 사용해 산에서 키운 동물을 인증하는 제도가 있습니다. 산이 많은 우리나라의 특성과도 맞고 산에 풀어 키우는 것만 하여도 동물복지에 큰 도움이 될 거 같아 좋은 사례인거 같습니다.

5. 서울대학교를 지원하려고 준비하는 후배 학생들에게 도움이 되는 이야기를 부탁드립니다.

서울대학교뿐만 아니라 대학입시를 준비하는 사람들에게는 최대한 다양한 준비를 하라고 말 하고 싶습니다. 최저, 내신, 면접, 학생부 등 다양한 것에 자신이 있다면 합격의 확률은 더욱더 올라가는 것 같습니다. 자신의 진로를 최대한 구체적으로 설정하고 그에 맞는 학습역량과 전공에 적합한 활동을 한다면 좋은 결과가 있을 것입니다. 꾸준하게 노력한다면 그에 맞는 보상은 따라온다고 생각합니다.

◆ 일찌감치 찾은 자신의 진로!

　김경범 학생은 미리 수의사로 진로를 구체적으로 정했고 진로 탐색 검사에서도 진로와 자신의 적성이 일치하였다. 그 후 대입정보 포털 사이트를 활용하여 구체적 정보를 얻고 전문 직업인과 만남 시간에 수의사를 만나 수의학의 연구대상, 수의사의 역할, 힘든 점, 보람을 알아보며 진로를 몰라 헤매는 시간을 줄이고 적극적으로 탐색하고 준비할 수 있었다.

◆ 서울대 수의예과가 바라는 인재상에 부합!

　서울대학교 수의예과는 급증하는 산업 동물 임상 교육, 반려동물 임상 수요 충족, 의생명과학의 비약적 발전 및 식품과 환경 안전, 동물의 복지 및 보존에 대한 국내의 높은 사회적 요구에 충족하기 위해, 인간과 환경의 보건, 전 지구적 보건을 통합으로 접근하는 'One Health' 개념 확산에 발맞추어 수의학 교육과 연구를 지속하는데 교육목표를 두고 있다.

　김경범 학생의 학생부 모든 내용이 서울대 수의예과의 연구 방향과 들어맞는다. 먼저, 코로나 19 상황을 겪으며 전염병을 인간과 농장 동물을 분리해 인식하지 않고 인수공통 감염병을 연구하겠다며 적극적인 탐구 자세를 학생부에 끊임없이 보여주었다. 면접과 자기소개서에서도 대학에서 이를 연구하고 싶다고 밝히면서 광범위한 분야에서 중추적 역할을 할 역량을 그대로 드러냈다.

　배경 지식을 넓혀 과학 글짓기에 참여, 식품 안전, 인수 공통감염병 등의 공중보건 분야에서 원 헬스가 가장 필요함을 논리적으로 설득하고 축산 폐수와 사료의 생산이 생태계를 위협하고 있다는 사실을 알게 되었다며 원 헬스 개념을 인지하고 있다는 사실과 자신의 연구 방향을 인재상에 맞게 밝혔다.

◆ 세부 전형 평가요소에 부합한 체계적 준비!

김경범 학생이 학생부 종합 전형 중에서도 세부 전형에서 〈기회균형 선발 전형 특별전형 I〉을 선택한 이유는 학생부와 자기소개서를 가지고 종합적으로 정성 평가하고 면접을 하는 전형이기 때문이다. 이 학생은 본인이 밝히듯 내신으로는 서울대 수의학과에 가기에는 조금 불안하다고 생각했다. 서울대 수의학과는 내신 평균 1.3은 맞춰두어야 하는데 평균 내신이 1.5였기 때문이다. 따라서 학생부와 면접에서 자신의 역량을 최대한 드러내려고 체계적이고 세밀하게 준비했다. 그리고 이 전형이 농어촌 지역 이점을 충분히 활용할 수 있다는 점, 수능 최저를 보지 않는 점도 고려했다.

세부 전형의 평가요소는 학업능력, 자기 주도적 학업태도, 전공 분야에 대한 지적 호기심 등 창의적 인재로 발전할 가능성이다. 그리고 이 평가요소에 맞춰 종합적으로 판단하고 있다.

(학업역량과 전공 적합성) 교과학습 내용은 지원자가 이수한 교과목 특성, 수업내용, 학업 수행 내용, 이수자 수를 고려해 정성적으로 평가한다. 그리고 지원자의 교육환경을 바탕으로 고등학교 전 과정에서 전 교과를 충실히 이수했는지와 서울대학교 교과 이수 기준 충족 여부 등을 고려하여 평가하고 있다.

김경범 학생은 교과 성적 면에서 전 교과를 충실히 수행하고 이수하여 높은 성취를 이루었다. 또한, 사회(역사/도덕 포함) 2과목과 과학 과목 4과목을 이수하며 교과 이수 기준을 맞췄다. 또한, 전공 관련하여 물리와 생명과학 과목은 II과정을 모두 이수했고 온라인 공동교육 과정을 활용해 전문교과인 고급 생명과학을 이수하며 깊게 학습하는 모습이 충분히 합격의 요인이 되었다.

(발전 가능성) 자기 주도적 학습경험에 따른 지적 호기심, 학업에 대한 열정과 적극성 및 진취성과 학업 수행과정의 주도성, 논리적 사고력, 과제 수행능력 등의 학업 소양을 평가하는 항목이다.

김경범 학생은 2년 연속 '생명존중 특강'과 '과학기술 분야 드림 톡 콘서트'에 참여하며 그 시간에 발생한 궁금증을 해결하기 위해 도서를 찾아보는 등 적극적으로 활동했음이 학생부에 보인다. 그리고 2학년 한국사 시간에 조선 시대 의학과 의료 시설에 관심을 가지고 전염병을 조사하여 탐구 발표한다. 일본어 시간에는 일본 문화에 대해 배운 후 일본의 동물 법을 알아보고 우리나라의 상황과 비교 분석하고, 윤리와 사상 시간에 데카르트 동물 기계론과 칸트의 동물 인식을 조사하고 공리주의에서 발전한 동물권리에 대한 사상을 정리한다. 이는 융합적인 사고능력을 드러내며 창의적 인재로 발전할 가능성을 충분히 보였다.

(인성) 개인의 품성뿐 아니라 리더십, 공동체 의식, 책임감, 사회적 기여 가능성 등을 평가한다.

김경범 학생은 전교 학생회 부학년장을 2학년과 3학년, 2년 연속하고 3학년에는 동아리 부장으로 활동하면서 문제가 발생할 때 선생님보다 먼저 찾는 학생으로 엄하면서도 따뜻한 리더십을 잘 보여준다. 그리고 학생 흡연 문제를 인식했을 때는 생각에 머무르지 않고 적극적으로 포스터를 붙이는 등의 활동에서 보인 자기 주도성, 학생회에서 정한 교칙의 친구들이 불만을 드러냈을 때 진솔하게 대화를 지속하며 끊임없이 소통해 주변의 동의를 얻어내는 등 공동체에서 주어진 자신의 직무에 따른 책임감, 유기견 관련 교내 동아리를 만들 때 발생한 문제를 인식의 전환으로 해결해 낸 창의적 문제 해결 능력이 그의 인성을 그대로 보여준다.

김경범 학생은 자기 주도적이고 빠른 진로선택 →적극적인 탐색→ 구체적이고 분명한 목표 수립으로 확실히 실천에 옮겼다. 그리고 서울대 수의예과에 적합한 인재상으로 합격을 거머쥐었다.

학습계획도 하나의 게임 퀘스트처럼
패션MD에서 자신만의 패션브랜드 CEO를 꿈꾸다

서울대학교 학생부종합 지역균형전형 의류학과 합격
경북 안동중앙고등학교 김도연

김도연 학생은 또렷한 목표 의식과 함께 자신의 꿈을 펼치고자 노력하며 친구들에게 자신만의 학습법을 알려주어 함께 꿈을 키운 학생이다. 매일 학습 플래너를 통하여 하루 공부 계획을 세워 꾸준히 공부하고 자신만의 학습법인 암기 노래나 마인드 맵 등 다양한 학습법을 공유함으로써 친구들에게 맞는 공부 학습방법을 찾을 수 있도록 용기를 주며 교내에서 열리는 대회를 적극적으로 참여했다. 자신이 꿈꾸는 패션MD가 되기 위해서 패션에 관련된 스크랩 활동으로 패션계의 동향을 파악하고 앞으로 자신이 나아가고자 하는 목표를 꾸준히 다져왔다. 패션업계에 일을 하면서 영어는 필수라고 생각하여 영어와 관련된 동아리 활동을 통해 패션MD로 거듭나고자 꾸준히 준비해왔다. 나아가 자신만의 브랜드를 만들고 싶다는 큰 포부를 가진 만큼 꼭 자신만의 브랜드를 만들어 크게 성장하기를 응원한다.

혼자 공부하는 것이 아니라 자신의 공부방법을 전하며 함께 공부해서 꿈을 이루고

자 하는 마음을 가진 모습이 특별하다. 자신의 꿈인 패션MD가 되고자 패션업계의 동향을 살피고 관련 서적을 읽으며 패션업계로 나아가 필요한 영어 관련 동아리를 통하여 영어 실력도 쌓아가는 등 다양한 활동으로 자신의 꿈을 펼치고자 적극적으로 활동을 해왔다.

패션업계 관련 기사를 스크랩 함으로써 브랜드와 브랜드의 가치에 대해 알아보고 명품 관련 소비욕구 설문조사를 통해 소비자 성향을 파악하는 등 관련 활동을 하는 것으로 보아 자신만의 브랜드를 만들고자 하는 목표로 지원한 '의류학과' 선택은 탁월하다.

스펙 분석

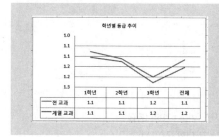
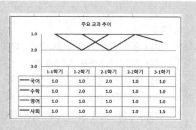

▶ 자율활동
1학년　3 · 1 운동 100주면 기념 찾아가는 역사이야기 특강
　　　　어울 마당 축구경기
　　　　자치활동 칭찬 릴레이
　　　　'하나는 모두를, 모두는 하나를' 학급자치회의
　　　　수학 여행 식사도우미
2학년　자치활동 칭찬 릴레이 I
　　　　문화체험(모자리폼)
　　　　자치활동 칭찬 릴레이 II
　　　　교내축제 – 벼룩시장 주최

▶ 동아리활동
1학년　BASEplus(생활실용영어반) : 전 세계의 시사적인 이슈를 찾아 동향을 파악
　　　　3D(developdirectorsdream) : 경제 경영 이론 학습 및 토의

2학년 영자신문동아리 : 영자신문의 구성요소 파악 및 오피니언 기사를 작성
　　　 세상에 이런 일이(사회문제탐구) : 사회적 이슈 탐구

▶ 봉사활동
1학년 78시간, 2학년 48시간

▶ 진로활동
1학년 산업통상자원부 지원 국제통상교육 특강
　　　 찾아가는 진로 특강
　　　 전공계열 체험학습 상경계열
　　　 Holland 직업적 성격적성 유형검사
2학년 패션분야MD를 알아보고 어떤 MD가 될 건지 알아봄
　　　 경제 관련 스크랩 활동
　　　 패션 관련 스크랩 활동
　　　 SW 융합교육

▶ 수상경력
1학년 CNN 듣기 따라잡기 탐구대회 우수상(2위)
　　　 국어 문법 올림피아드 우수상(2위)
　　　 사상, 철학과의 만남 탐구대회 장려(3위)
　　　 과학창의력탐구대회(통합과학) 장려(3위)
　　　 교과우수상(한국사, 국어, 수학, 영어, 통합사회, 기술·가정) 1등급
　　　 영어 말하기(Engilsh Speech Competition) 발표 대회 우수(2위)
　　　 수학탐구대회 장려(3위)
　　　 교내 영어 골든벨 상식 퀴즈 대회 장려(3위)
　　　 1년 개근상
　　　 교과우수상(한국사, 국어, 영어, 통합사회, 통합과학, 기술·가정)
2학년 수학논술마당 장려(3위)
　　　 국어 문법 올림피아드 최우수상(1위)
　　　 영어 포토 에세이 콘테스트 장려상(3위)
　　　 한국사 능력 탐구 대회 장려상(3위)
　　　 인문사회 탐구대회 장려상(3위)
　　　 자기표현 스피치 탐구대회 최우수(1위)
　　　 교과우수상 (수학, 영어, 정치와 법, 중국어)
　　　 수리창의융합마당 최우수(1위)
　　　 1년 개근상
　　　 교과우수상 (독서, 수학Ⅱ, 영어Ⅱ, 경제Ⅱ, 중국어Ⅰ)
　　　 표창장(선행부문)

3학년　수학 올림피아드(심화) 우수상(2위)
　　　　우리말 겨루기 우수상(2위)
　　　　영어 탐구대회 최우수상(1위)
　　　　수리논술탐구 우수상(2위)
　　　　교과우수상(화법과 작문, 확률과 통계, 영어독해와 작문, 사회·문화, 한문Ⅰ)
　　　　사회현상 지리로 해석하기(환경, 경제경영부문, 공동수상, 2인) 최우수상(1위)

최종합격 대학분석

● 서울대학교 학생부종합(지역균형선발)전형 의류학과 (2022학년도 대입 기준)

▶ 전형방법 및 최저학력기준

전형방법	소속 고등학교장의 추천을 받은 2022년 2월 국내 고등학교 졸업예정자(조기졸업 예정자 제외) (고교별 추천 인원은 2명) 서류평가 70% + 면접 30% (일괄합산)
제출서류	학생부, 자기소개서
서류평가	1. 서류평가 가) 평가자료 : 학생부 자기소개서 등 제출된 서류 나) 평가내용 : 학업능력, 자기주도적 학업태도, 전공분야에 대한 관심, 지적 호기심 등 창의적 인재로 발전할 가능성을 종합적으로 평가함 　- 주어진 여건에서 보인 교과 학습활동의 성취수준과 학업역량을 평가함. 교과 학습 내용은 지원자가 이수한 교과목 특성 수업 내용 학업 수행 내용 이수자 수 등을 고려하여 정성적으로 평가함 　※ 지원자의 교육환경을 바탕으로 고등학교 전 과정에서 국어, 영어, 수학, 사회, 과학뿐만 아니라 체육 등 전 교과를 충실히 이수하였는지와 서울대학교 교과이수기준 충족 여부 등을 고려하여 평가함 다) 평가방법: 다수의 평가자에 의한 다단계 종합평가 〈2022학년도 교과이수기준〉

모집단위	교과영역	교과이수기준
전 모집단위 공통	탐구	사회(역사/도덕 포함) 교과 중 3과목+과학 교과 중 3과목 이수 또는 사회(역사/도덕 포함) 교과 중 2과목+과학 교과 중 4과목 이수
	생활·교양	제2외국어 또는 한문 중 1과목 이수

※ 교과이수기준은 지원자격과 무관하나 지원자가 이수한 교과이수 내용을 평가에 반영함
※ 진로희망에 따라 과학Ⅱ 과목 이수를 권장함

면접평가	가) 평가내용 : 제출 서류를 토대로 서류 내용을 확인하고 기본적인 학업 소양을 평가함 (사범대학의 경우 교직 적성·인성면접 포함) 나) 평가방법 : 지원자 1명을 대상으로 하여 복수의 면접위원이 실시함

모집단위	교과이수기준
전 모집단위(미술대학 디자인과, 의과대학 제외)	10분 내외
미술대학 디자인과	15분 내외
의과대학	20분 내외

수능최저 학력기준	모집단위별로 적용과목, 최저학력기준의 별도 확인이 필요함 의류학과 기준, 4개 영역(국어, 수학(확통/미적/기하), 영어, 탐구(사탐/과탐)) 중 3개 영역이상 3등급 이내 / 탐구영역은 2개과목 모두 3등급 이내이어야 충족 인정 한국사, 제2외국어/한문 필수응시

● 서울대학교 학생부종합(지역균형선발)전형 의류학과 (2023학년도 대입 기준)

▶ 전형방법 및 최저학력기준

전형방법	소속 고등학교장의 추천을 받은 2023년 2월 국내 고등학교 졸업예정자 (조기졸업예정자 제외) (고교별 추천 인원은 2명) ** 전형방법(2023학년도 : 일괄합산 → 단계별전형으로 변경) – 1단계 : 서류평가 100% (모집인원의 3배수) – 2단계 : 1단계 성적 70% + 면접 30% (**지역균형전형 의과대학 변경 예고)
제출서류	학생부, 자기소개서

서류평가	**1. 서류평가**
	가) 평가자료 : 학생부 자기소개서 등 제출된 서류
	나) 평가내용 : 학업능력, 자기주도적 학업태도, 전공분야에 대한 관심, 지적 호기심 등 창의적 인재로 발전할 가능성을 종합적으로 평가함
	  – 주어진 여건에서 보인 교과 학습활동의 성취수준과 학업역량을 평가함. 교과 학습 내용은 지원자가 이수한 교과목 특성 수업 내용 학업 수행 내용 이수자 수 등을 고려하여 정성적으로 평가함
	  ※ 지원자의 교육환경을 바탕으로 고등학교 전 과정에서 국어, 영어, 수학, 사회, 과학뿐만 아니라 체육 등 전 교과를 충실히 이수하였는지와 서울대학교 교과이수기준 충족 여부 등을 고려하여 평가함
	다) 평가방법: 다수의 평가자에 의한 다단계 종합평가
	
	〈2023학년도 이후 교과이수기준〉
	교과이수기준은 지원자격과 무관하지만, 교과이수기준의 충족 여부는 수시모집 서류평가 및 정시모집 교과평가에 반영
	
	〈교과이수기준 I〉
	<table><tr><th>모집단위</th><th>교과영역</th><th>교과이수기준 I</th></tr><tr><td>전 모집단위</td><td>탐구</td><td>사회(역사/도덕 포함) 교과 중 3과목 + 과학 교과 중 3과목 또는 사회(역사/도덕 포함) 교과 중 2과목 + 과학 교과 중 4과목</td></tr><tr><td>공통</td><td>생활·교양</td><td>제2외국어 또는 한문 중 1과목</td></tr></table>※ 진로희망에 따라 과학II 과목 이수를 권장함
	
	〈교과이수기준II〉
	<table><tr><th>교과(군)</th><th>교과이수기준 II</th><th></th></tr><tr><td>수학</td><td>일반선택 4과목 또는 일반선택 3과목 + 진로선택 1과목</td><td rowspan="3">2개교과(군) 이상에서 충족</td></tr><tr><td>과학</td><td>일반선택 3과목 + 진로선택 2과목 또는 일반선택 2과목 + 진로선택 3과목</td></tr><tr><td>사회*</td><td>일반선택 3과목 + 진로선택 1과목 또는 일반선택 2과목 + 진로선택 2과목</td></tr></table>※ 사회는 국제계열 교과 포함

면접평가	면접평가 내용은 2022학년도 기준이며, 자세한 내용은 2023학년도 수시모집 요강을 확인해야 함 ** 2023학년도 수시모집 지역균형전형 의과대학 면접 변경 예고 [평가내용 및 방법] – 의학을 전공하는 데 필요한 자질, 적성과 인성을 평가함 – 상황/제시문 기반 면접과 서류 기반 면접을 복수의 면접실에서 진행함 ** 2022학년도 기준 면접 평가 가) 평가내용 : 제출 서류를 토대로 서류 내용을 확인하고 기본적인 학업 소양을 평가함(사범대학의 경우 교직 적성·인성면접 포함) 나) 평가방법 : 지원자 1명을 대상으로 하여 복수의 면접위원이 실시함 <table><tr><th>모집단위</th><th>교과이수기준</th></tr><tr><td>전 모집단위(미술대학 디자인과, 의과대학 제외)</td><td>10분 내외</td></tr><tr><td>미술대학 디자인과</td><td>15분 내외</td></tr><tr><td>의과대학</td><td>20분 내외</td></tr></table>
수능최저 학력기준	2023학년도 변경 – 모집단위별로 적용과목, 최저학력기준의 별도 확인이 필요함 의류학과 기준, 4개 영역(국어, 수학(확통/미적/기하), 영어, 탐구(사탐/과탐)) 중 3개 영역 등급 합 7등급이내 / 한국사, 제2외국어/한문 필수응시

▶ 수시지원 합격/불합격 여부

대학명	지원모집단위(학과)	전형명	최종 합불	비고
서울대학교	의류학과	지역균형	합	
고려대학교	경영대학	학생부교과(학교추천)	불	수능최저 미충족
서강대학교	경영학부	학생부교과(고교장추천)	합	
성균관대학교	경영학과	학교장 추천	합	
성균관대학교	경영학부	학생부교과(지역균형)	합	
한양대학교	경영학부	학생부교과(지역균형)	합	

자기 소개서

1. 고등학교 재학기간 중 자신의 진로와 관련하여 어떤 노력과 준비를 해왔는지 본인에게 의미가 있는 학습경험과 교내활동을 중심으로 기술해주시기 바랍니다(띄어쓰기 포함 1,500자 이내).

소비자의 더 나은 선택을 도와주는 패션MD는 소비자의 심리 파악이 중요하다고 생각합니다.

"왜 이른 아침 줄서면서까지 명품을 사려 하지?" "개성이지." 명품 오픈런 기사를 보고 친구와 나눈 대화는 패션MD를 거쳐 패션CEO를 꿈꾸던 제게 자극을 주었고 심리학을 수강하며 학우들의 명품소비에 대한 인식을 질문지법을 통해 알아보는 계기가 됐습니다. 먼저 배경지식을 얻기 위해 '대통령과 루이비통'을 읽었습니다. 책에서는 명품소비심리를 8개의 코드로 나누었는데 친구의 말처럼 명품소비를 개성표현이나 자기만족수단으로 보는 사람은 '자아표출형'에 속했습니다. 이들에겐 다양한 브랜드가 구비된 셀렉트숍과 튀는 콘셉트의 이미지전략이 유용하다고 설명돼 있었습니다. 책을 토대로 질문지를 만든 후 설문결과를 분석해 보니 응답자 중 61퍼센트는 자기만족을 위해 명품을 사고 싶어 했으며 구매기준으로는 내 개성을 잘 드러내는 브랜드라는 답이 가장 많았습니다. 이를 통해 친구들의 명품소비심리는 자아표출형이 많음을 확인했습니다. 한 가지 흥미로웠던 점은 명품을 갖고 있지 않은 친구 중 앞으로도 구매의사가 없다는 대답이 70퍼센트나 된다는 사실이었습니다. 그 이유는 중저가 브랜드 여러 개를 사는 게 낫다고 생각하기 때문이었습니다. 이 친구들도 소비에 대한 자기만의 고집이 뚜렷하고 자기만족적 소비를 하는 자아표출형이라고 판단했습니다. 따라서 명품구매의사와 상관없이 제 친구들은 개성을 중시하므로 자아표출형의 마케팅전략이 유용함을 추가로 알 수 있었습니다. 이 과정은 소비자의 다양한 욕구에 따라 소비자를 세분한 후 각기 다른 마케팅전략을 세워보는 의미 있는 경험이었습니다.

사회문화 시간 정보화의 영향과 대처방안을 배우면서 디지털마케팅시장에서 패션 CEO로 성공하려면 개인의 취향을 분석해 맞춤 정보를 추천하는 큐레이션이 중요하다고 판단했습니다. 디지털마케팅에서 이는 AI 추천 알고리즘의 역할로 고객 니즈에 최적화된 상품을 제안하는 미래 MD로서 이를 탐구할 필요성을 느꼈습니다. 교과에 없는 내용이라 진로가 비슷한 친구끼리 스터디를 꾸렸는데 알고리즘의 부작용인 필터버블에 특히 관심이 갔습니다. 소비자가 아니라 CEO 입장에서 필터버블의 부작용을 추론해보고 싶어 필터버블 관련 테드를 들었습니다. 추천 알고리즘이 확증편향을 일으킨다면 공급자 입장에서는 획기적인 신제품을 개발할 필요가 없어지고 중장기적으로는 결국 업계에서 도태될 것이라 판단했습니다. 이는 자연스레 필터버블 극복 기술에 대한 탐구로 이어졌고 CEO가 되어 어떤 기술이 좋을지 고민해 보았습니다. 자료조사를 통해 기존 스타일과 정반대 스타일을 교차해서 보여주는 방식과 가이드라인을 세워 편식 정도가 높을 때 경고 문구를 내보내는 알고리즘 방식이 소비자의 더 나은 선택을 도울 수 있다고 판단했습니다. 이 과정을 통해 디지털마케팅에서는 시즌을 앞서가는 패션의 특성을 고려할 때 소비자의 취향을 읽고 빠른 선택을 돕는 것보다 어떻게 소비자의 변화를 이끌지, 변화된 소비자의 욕구를 얼마나 질적으로 만족시킬지가 중요함을 깨달았습니다.

☞ 강평

패션MD를 거쳐 패션CEO가 되고자 하는 의지가 돋보인다. 패션MD로서 소비자 중심의 심리를 파악하고 소비자 중심의 마케팅 전략을 세워 보는 경험을 잘 담아냈다. 앞으로 발전할 AI 추천 알고리즘을 패션CEO로서 알아보는 모습도 보임으로써 패션을 다양한 관점에서 바라보는 모습을 담아내 의류학과에 진학할 동기가 충분하다. 앞으로 대세가 될 디지털 마케팅에 관심을 보이는 모습 또한 패션MD로서의 할 일을 잘 보여준다.

2. 고등학교 재학기간 중 타인과 공동체를 위해 노력한 경험과 이를 통해 배운 점을 기술해 주시기 바랍니다(띄어쓰기 포함 800자 이내).

점심시간에 고개를 푹 숙인 채 혼자 교실에 앉아있는 친구를 봤습니다. 트라우마로 학교생활이 순탄치 않은 친구였습니다. 그냥 지나칠 수 없어 왜 급식을 안 먹는지 물어봤습니다. '사람이 많아서'라며 한참을 망설이다 답했습니다. 그 모습이 계속 마음에 남아 학급회장에게 말하고 좋은 방법이 없을지 함께 고민했습니다. 조를 나눠 순번대로 급식을 받아와서 함께 먹는 '급식도우미제'를 생각해냈고 학급회의를 열어 친구들의 의사를 물었습니다. 밥 먹으면서 대화하다 보면 자연스레 친해질 것이라는 제 의견에 친구들도 동의했습니다. 순번이 되어 보건실에 쉬고 있던 친구에게 급식을 가져갔습니다. 무슨 말부터 해야 할지 머뭇거리다 '넌 뭐 하는 거 좋아해?' 물어봤습니다. '음악 듣는 거'라며 수줍게 답하는 친구에게서 그동안 아무도 관심을 갖지 않아 외로웠던 건 아닐까 안쓰러운 마음과 진작 도와주지 못해 미안한 마음이 엇갈렸습니다. 급식도우미제를 시작한 지 한 달쯤 됐을 땐 친구들의 태도도 달라져 있었습니다. 이동수업에 교과서를 챙겨 같이 데리고 가는가 하면 단체활동 때 의견을 물어보기도 했습니다. 그렇게 1학기를 보내고 2학기가 시작되던 날 그 친구 대신 어머니께서 햄버거를 가득 들고 교실에 들어오셨습니다. 비록 휴학을 결정했지만 친구들의 도움이 1학기를 버티게 해준 힘이 됐다는 말씀에 보람을 느꼈지만 한편으론 우리 도움이 부담이 된 건 아닌지 마음에 걸렸습니다. 이 경험을 통해 작은 관심이 주변을 긍정적으로 변화시키는 원동력이 될 수 있다는 것과 타인에게 도움을 줄 땐 상대방 입장에서 한 번 더 심사숙고 해야겠다고 생각했습니다.

☞ 강평

점심시간 홀로 교실을 지키고 있던 친구가 마음에 걸려 반 친구들에게 급식도우미제를 제안하는 따뜻한 마음을 가졌다. 한 친구를 위해 학급회의를 열만큼 열정을 보이며 타인을 돕고자 하는 마음으로 따뜻함이 전달된다. 또한 친구의 변화를 통해 뿌듯함을 느끼고 아픈 친구를 끌어안고 함께 나아가는 모습에 리더십이 뛰어남을 보여준다. 긍정적인 사고를 지녔으며 상대방에 입장에서 생각해보는 배려심도 돋보인다.

3. 대학별 문항(서울대학교) : 고등학교 재학 기간(또는 최근 3년간) 읽었던 책 중 자신에게 가장 큰 영향을 준 책 2권을 선정하고 그 이유를 기술하여 주십시오(띄어쓰기 포함 800자 이내).

▶ '선정 이유'는 각 도서별로 띄어쓰기를 포함하여 400자 이내로 작성

▶ '선정 이유'는 단순한 내용 요약이나 감상이 아니라, 읽게 된 계기, 책에 대한 평가, 자신에게 준 영향을 중심으로 기술

• 도서명 : 1그램의 용기
• 저자/역자 : 한비야
• 출판사 : 푸른숲

진로도 공부도 시들해진 2학년 '앞으로 한 발짝 내딛게 만드는 힘'이라는 작은 글씨를 만났습니다. 희생과 고통을 감내하며 구호현장을 누비는 저자의 열정의 근원엔 좋아하는 것을 계속하는 용기가 있었습니다. 제게 그런 일은 뭘까 고민한 결과 '옷'임을 깨달았고 고객의 니즈를 충족시킴으로써 보람을 얻는 패션MD가 되기로 했습니다. 처음으로 저와 미래에 대해 진지하게 생각한 후 내린 결정이었습니다. 또한 가능성을 두

고 망설여질 땐 시도조차 하지 않고 포기함으로써 후회를 남길 게 아니라 긍정적으로 생각하고 한 발 내딛어보자고 결심했습니다. 이는 학생회 부회장으로서 3학년 선생님 들과의 정기간담회를 실현하고 상시 자습공간 마련, 교실 내 스탠드 책상 추가 배치 등 학우들의 요구사항들을 앞장서 처리하는 배경이 되었습니다.

- 도서명 : 럭셔리 브랜드 No.1 샤넬의 마케팅 비법 샤넬전략
- 저자/역자 : 나가사와 신야, 스기모토 가나
- 출판사 : 랜덤하우스

　샤넬 오픈런 기사를 보면서 샤넬의 무엇이 이런 현상을 일으키는지 궁금했습니다. 샤넬의 정통성에 혁신을 추구하는 제조, 기술기업으로서의 백년을 다룬 내용에서 엄청난 비법이 따로 있는 게 아니라 제조기업 본연의 가치에 충실한 것임을 깨달았습니다. 하지만 젊은 연주가 지원, 초등학생 화장품 실습 지원을 예로 들며 샤넬의 사회적 책임을 긍정 평가한 내용에서 글로벌브랜드 위상에는 턱없이 빈약하다고 판단했습니다. 기업의 목적은 이윤 추구지만 변화하는 세상과 보조를 맞추지 못하면 향후 백년은 장담할 수 없다고 생각했습니다. 이는 지속가능성을 위한 패션기업의 ESG경영을 탐구하는 계기가 됐고 환경과 가치소비에 대한 소비자의 인식이 높아지는 현실에서 어떤 상품을 소싱할지 결정하는 패션MD의 역할이 중요함을 깨달았습니다.

☞ 강평

　자신이 꿈꾸는 패션MD이 어떤 것인지에 대해서 알아보고자 하는 의지가 강하다. 자신이 패션 MD로 나아가야 할 방향과 역할에 대해서 깊이 생각해보는 시간을 잘 드러낸다. 책을 읽는 것에 그치지 않고 나아가 실생활에 적용하여 문제를 해결해 나가는 모습이 탁월하다. 책을 통해 자신이 되고자 하는 패션MD의 역할과 목표를 세워 나감으로써 한 발자국 더 성장함을 고스란히 담고 있다.

합격 수기

1. 합격한 전형을 선택하게 된(결정적) 이유는 무엇인가요?

내신 등급이 1점 대 극초반으로 최저등급만 충족한다면 다른 지원 학생들보다 큰 경쟁력을 가질 수 있다고 생각하여 학생부 교과 전형으로 지원하게 되었습니다.

2. 학교생활기록부 관리에 대한 나름의 노하우를 알려주세요(학교생활에서 특별히 중점을 둔 활동).

진로와 연관이 있는 교내활동을 하거나 동아리에 들었지만 교과 세부 특기사항에서는 진로와 활동을 엮는 것에 초점을 두지 않고 그 과목에 얼마나 충실히 임했는지 그 과목에서 더 나아가 배우고 알고 싶은 것이 무엇이었는지에 초점을 맞추고 활동해 나갔습니다.

3. 자기소개서의 작성과정을 설명해 주세요. 자기소개서를 작성할 때에 가장 정성을 기울인 (문항/내용)은 몇 번이고 이유는 무엇인가요?

제가 한 활동을 누군가에게 자신 있게 설명할 수 있으며 최선을 다하여 한 활동들을 생기부에서 찾은 후 그 하나의 활동과 스토리 상 엮을 수 있는 활동이 무엇이 있는지 생기부를 끊임없이 보며 분석했습니다. 저의 경우는 자소서 문항 중 1번에 많은 노력을 기울였습니다. 저의 자소서에서 가장 먼저 평가될 문항이기도 하고 그 학과에 얼마나 관심이 있는지 그 학과에 가기 위해 어떠한 나만의 노력을 했는지를 보여줄 수 있는 문항이기에 많은 정성을 기울였습니다.

4. 어떻게 면접을 준비했는지와 면접에서 어떤 질문을 받았는지 궁금합니다.

먼저 제가 한 활동들 모두를 머리에 넣는 것이 중요하다고 생각했기에 생활기록부를 수 없이 정독 하였고, 그 후에는 활동 별로 그 활동이 어떤 것이었는지, 인상 깊었던 것은 없었는지 모두 기록하였습니다. 그리고 생활기록부에 담긴 내용 중 지원하는 학과와 관련 있는 내용들을 중심으로 한 활동 당 3~4개의 예상 질문을 만들어 답을 했습니다.

지역균형 면접이었기에 그 활동을 정말 했는지 확인하고자 하는 질문들이 많았습니다. 의류학과와 관련이 없더라도, 2학년 정치와 법 시간에 미·중 무역분쟁에 대해 탐구한 내용, 1학년 통합사회 시간에 경제적 불평등에 대해서 탐구한 내용들 등 세부적인 부분들에 대해 질문을 받았습니다. 또한 저는 면접 당시 준비한 만큼 말씀을 다 못 드린 것 같아 마지막 면접장에서 나오기 전 손을 들고 하고 싶은 말을 모두 하고 나왔습니다.

5. 후배들에게 도움이 되는 조언을 해 준다면... (학습관리 – 시간관리 – 멘탈관리 등등)

학습에 있어서는 자신만의 시간표와 계획을 짜는 것이 매우 중요하다고 생각합니다. 매일매일 플래너를 사용하여 계획적이고 체계적인 공부를 하려고 노력했습니다. 매일매일 체크 표시가 되어있는 플래너를 보면서 어떤 게임의 퀘스트를 하나하나 수행해 나가는 것이라고 생각하니 공부하는 것에 큰 원동력을 얻었고, 그리 힘들지 않았던 수험생 생활을 보냈던 것 같습니다. 매일 아침 스스로 정해 놓은 시간에 책상에 앉아 반복되는 하루를 시작하고 정해진 시간에 쉬는 시간을 가지며 정해진 시간에 잠에 드는 규칙적인 생활, 그리고 그 반복되는 지루한 생활을 이겨내야만 좋은 결과를 얻게 될 수 있다고 생각합니다. 학교생활 측면에서는 어떤 하나의 활동을 하고 그 활동에서 어떤 점이 인상 깊었는지, 어떤 부분에 또 호기심이 갔는지 바로바로 나만의 수첩에 기록하는 습관이 중요하다고 생각합니다. 멘탈 적인 부분에서는 3학년 시기 저는 어떤 문제가 생기고 힘든 부분이 생기더라도 '내가 열심히 했으니까 되겠지, 안되면 그건 이상한 거야.' 라는 생각으로 제가 열심히 한다면 다 이뤄질 것이라는 믿음과 자신감으로 그런 부분들을 극복해 나갈 수 있었습니다.

전문위원이 바라보는 합격의 비결

뚜렷한 목표의식을 갖고 자신의 꿈인 패션MD가 되기 위해서 진로활동도 열심히 임하고 패션업계의 동향을 파악하고 나아가 경제활동 신문 스크랩, 영어 동아리 활동을 통해 영어실력도 쌓고 패션업계로 나아가기 위해 노력하는 많은 활동들을 학생부에 담아내고 있습니다. 또한 꾸준히 열심히 하는 성실성, 자신의 공부법을 공유하여 함께 성장할 수 있도록 이끄는 리더십, 친구들의 이야기를 경청하고 배려하는 배려심, 자신의 꿈에 확신을 가지고 나아가는 적극성, 맡은 일에 최선을 다하는 책임감이 여러 항목에서 공통적으로 드러났습니다. 이 학생의 학생부를 들여다보면 패션MD에 대한 열정과 패션MD에서 패션CEO로 거듭나기 위해 해 온 자신만의 고민, 다양한 활동들을 통해 한 단계씩 성장하는 모습이 합격의 큰 비결로 보입니다.

독서를 통해서 배운 내용에 그치지 않고 패션MD의 역할과 목표를 설정하는 활동들도 해보고 소비자 심리를 파악하고 소비자 중심의 마케팅 전략을 세워보는 활동을 하는 모습을 통해 발전 가능성을 볼 수 있으며 자신의 꿈과 관련하여 교과과목과 연계 활동을 하는 노력들을 담아내고 있습니다. 자신의 꿈에 대해서 패션MD에서 자신만의 브랜드를 만드는 CEO가 되고 싶다는 당찬 포부와 노력들이 의류학과 진학에 높은 평가를 받은 것으로 분석하고 있습니다.

Chapter 20

"어려운 상황을 주도하여 극복하는 리더십을 갖춘 리더"

서울대학교 일반전형 생명과학부 합격
전라남도 광양시/광양제철고등학교 김재형

서울대학교 일반전형 생명과학부에 합격한 김재형 학생은 광양제철고등학교를 졸업했습니다. 광양제철고등학교는 전국단위 자립형 사립고등학교입니다. 김재형 학생은 전 교과 평균이 1.56이며 계열 교과 평균은 1.48로 매우 우수한 학업역량을 보여주고 있습니다.

김재형 학생의 가장 큰 특징은 서울대학교 인재상·학교 교육과정을 성실히 이수·학업능력 우수·적극적이고 진취적인 태도·글로벌 리더로 성장할 수 있는 자질·다양한 교육적 사회적 문화적 배경과 경험·사회적 약자에 대한 배려심과 공동체의식을 학교생활기록부의 다양한 항목에서 확인할 수 있습니다.

전국단위 자립형 사립고등학교에서 전 교과 평균 1.56이라는 성적으로 우수한 학업역량과 성실한 교육과정을 이수했음을 알 수 있습니다. 교실 안에서 배운 내용에 호기심을 느껴 관심 분야뿐만 다양한 독서와 탐구 활동으로 스스로의 한계를 넘어서려고 하는 노력을 하였습니다. 더 나아가 자신에게 의미 있는 지식으로 만들고자 적극적이고 진취적인 태도 또한 볼 수 있습니다. 동료들과 함께 하는 여러 학교 활동에서는 '리더십을 갖춘 리더'가 아니라 서로를 위한 배려심과 성숙한 공동체의식을 바탕으로 어려운 상황을 주도하여 리더십을 갖춘 리더가 될 수 있는 모습을 보여주었습니다. 꾸준한 봉사활동으로 사회적 약자에 관심과 문제해결을 하기 위한 노력과 앞으로의 포부를 통해 "SNU with People, SNU with Pride, SNU with World"인재상 또한 충족하는 평가를 받을 수 있었습니다.

스스로 도전하고 학교와 교실에서 배운 내용으로 나를 발전시킬 수 있는 선택과 독서를 통해 더 넓게 깊게 학습하여 실력과 역량을 한층 도약시킬 수 있는 학생이었습니다. 또한, 학교생활을 자신 있게 한 모습은 큰 사람이 되기 위해 충분한 학생으로 평가받을 수 있었습니다.

스펙 분석

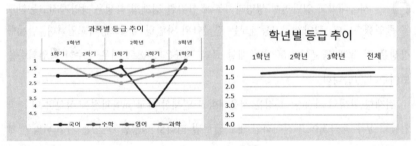

▶ 자율활동

1학년   2학기 학급 임원 부반장의 직책을 맡아 학급회의에서 안건을 결정하고 학생들의 의견을 수렴. 학급의 의견을 이끌어내고 학생들의 건의사항을 받아들여 학교에 건의하는 등 학급 의사결정 과정에 적극적으로 참여, 이끌어 감. 소극적인 학생들도 부담 갖지 않고 자신의 의견을 편하게 제시하도록 친구들끼리 이야기하는 것과 같은 편안한 학급회의 분위기를 만듦. 학생들 사이의 의견 충돌이 생기고 갈등 상황이 벌어졌을 때 갈등을 겪는 학생들의 의견을 최대한 들어보고 고려한 후 학생들이 모두 수용할 수 있는 절충안을 마련하여 제시함으로써 학급 전체의 이익을 위해 노력함. 타인의 말을 듣고 공감하는 능력을 기르고 갈등을 최소화하며 단체활동을 이끌어나가는 공동체적 의식을 기름.

축제 준비 위원회에서 영상미디어팀의 일원으로 축제 오프닝·엔딩 영상, 관객 교육 영상, 축제 프로그램 홍보 영상과 사전 인터뷰 등을 제작. 촬영 과정에서 카메라 조작법을 배우고 편집 과정에서 편집 담당 팀원을 도와 자막을 제작하는 과정에도 참여하여 담당 분야 이외에도 타 팀원들과 일을 협력하여 진행함으로써 서로 도와주며 작업을 진행하는 단체의식을 기름. 끝까지 맡은 역할과 임무에 최선을 다해 축제가 성공적으로 마무리되도록 노력하였고 그 과정에서 책임감과 희생정신을 기름.

2학년   '소풍 준비 위원회'에 자원해 '소외되는 친구 없이 모두가 함께하는 재밌고 활기찬 소풍'을 목적으로 계획, 준비, 실행함. 준비시간이 짧았지만 소풍 장소와 시간 계획, 점심식사 장소, 단체 게임 등 하루 일정을 동선, 예산, 실현 가능성을 구체적으로 따져가며 백업 방안까지 세우고 필요한 물건도 미리 넉넉하게 주문함. 전날 급우들에게 PPT를 보여주며 일정과 게임 방법을 설명하는 등 원활한 활동이 될 수 있도록 만반의 준비를 함. 학급 모두에게 기억에 남는 소풍이 됨.

OO제에서 학급 친구들과 추억을 만들고자 팀을 구성해 분식부스를 운영함. 재료구매, 수요량 예측까지 모든 과정에서 결정해야 할 요소들이 많아 수차례 토의를 하면서 입장차이로 갈등이 생김. 갈등 해소를 위해 앞에 나서기보다 할당된 분량 외에도 자진하여 조금 더 부담함으로써 갈등 원인을 묵묵히 해결함. 당일 전기가 끊기고 수요 폭발로 줄이 너무 길어져 일손이 더 필요해지는 등 예상하지 못한 문제가 생겼으나, 책임자를 통해 조치하고 급우에게 일일알바를 부탁해 이를 해결함으로써 다른 부스보다 더 빨리 준비한 양을 모두 판매함.

3학년   1학기 학급 내 1인 1 역할에서 교실 환기를 담당함. 매일 아침 일찍 등교하여 교실의 모든 창문을 열고 환기하는 것으로 하루를 시작함. 여름철 에어컨을 작동시킬 때 환기가 제대로 되지 않으면 공기의 질이 나빠지며 바이러스와 같은 병원균의 증식이 쉬워짐을 알고서 더욱 확실하게 환기하기 위해 노력함. 단순한 작업일 수 있지만 코로나 바이러스가 유행하는 시기이기 때문에 환기의 중요성을 느껴 책임감을 가지고 학급 역할의 의무를 다함. 매일 규칙적으로 환기를 하여 학급 친구들이 등교를 할 때쯤에 쾌적한 교실 환경을 만듦.

▶ 동아리활동

1학년   (Dream) (56시간) 영상제작의 기초인 카메라 조작 방법을 배움. 수동 모드, 자동 모드와 같은 사진 촬영 모드의 종류를 알고 각 모드의 활용법을 배움. 셔터가 닫히는 속도와 들어오는 빛의 양을 조절하는 셔터스피드를 이용해서 빛을 이용한 그림 그리기 활동을 함. 조리개의 조임 정도를 조절하는 피사계심도를 이용해 배경을 흐리게 하고 특정 대상을 강조하는 사진을 찍음. 학교에서 필요한 영상 제작 과정에 적극 참여함.

(가온누리 : 자율동아리) 학생자치회의 결정사항, 자율조회와 같은 학교 행사 및 중요 일정을 알려주는 학교 소식지를 제작함. 소식지를 인쇄하여 반마다 1부씩 배부하여 모든 학생이 기사를 읽고 소식을 접할 수 있게 함.

2학년 (모멘토) (56시간) 생명과학에 관심을 갖고 있는 학생으로 염색체의 말단에 있는 특정 염기서열의 반복구조인 텔로미어에 대해 탐구 활동을 함. 탐구한 내용을 바탕으로 DNA복제의 반복구조인 전반적인 과정ㅇ과 세포 말단이 소멸되는 원리에 대해 동아리 부원들에게 발표하였으며 DNA 종합요소, RNA 프라이머 등 복제 과정에 필요한 요소와 작용 기제에 대해 비교적 상세하게 소개하여 부원들의 관심을 이끌어 냄. 특히 텔로미어의 역할과 기능에 대해 조사하면서 염색체를 보호하고 유전 정보 보존을 하는 기능과 세포분열 시 염색체 양 끝단에 염기서열이 계속하여 줄어드는 특성을 이해하는 데 많은 공부가 되었음을 보고서 작성 후기로 발표함.

3학년 (BIUS(융합생명)) (51시간) 의료기기 구상 활동에서 체외막산소장치(ECMO)를 주제로 제시하고 조사활동을 함. 에크모는 급성 호흡기 질병으로 자가호흡이 불가능한 환자에게 적용되는데, 호흡만 보조하는 인공호흡기와 다르게 혈액에 산소를 주입하고 순환시키는 기능까지 갖추어 혈액 순환에 문제가 있는 환자에게도 사용할 수 있음을 알게 됨. 특히 코로나19가 단순히 호흡기 질병이 아니라 소화계나 순환계 등 신체 전반적인 영역에 영향을 미치는 것으로 밝혀져 코로나19 치료에 에크모의 활용 사례가 더 늘어나고 있음을 알고 이를 부원들에게 발표함. 에크모를 사용할 때 다량의 혈액을 체내로 빼내서 순환시키기 때문에 혈액의 응고가 일어날 수 있어 항응고제인 헤파린을 함께 투여하는데 이 과정에서 출혈성 합병증이 생길수도 있고 삽관부위 근처에 괴사가 생길 수 있음을 알고 보완할 점으로 제시함.

▶ 봉사활동

1학년 한톨나눔축제에 참여함. 기아 및 빈곤국가의 아이들이 겪는 고통에 대해 이해하게 됨. 동행 인형 만들기와 희망 키트 제작 활동을 하며 자발적 봉사활동의 의미와 빈곤국 아동 후원에 대한 세계시민의식을 깨달음.

헌혈에 참여하여 처음 해보는 헌혈이라 두려웠으나 의지를 가지고 극복해 냄. 헌혈 후 나타날 수 있는 증상과 대처법에 대한 교육을 받고 헌혈을 마침. 헌혈은 나의 건강으로 타인을 도울 수 있는 권리라는 문구를 보고 자부심을 갖게 되었고 앞으로 꾸준히 헌혈 봉사활동에 참여하겠다고 다짐함.

2학년 한 달에 한 번 주말을 활용해 노인요양센터에서 저녁 식사 시간에 맞춰 어르신들의 식사 준비와 말동무를 함. 식사 전에 도우미 분과 함께 침대 시트를 펴고 베개와 발받침용 베개를 바로잡고, 식사할 때 숟가락질을 직접 하실 수 없고 음식을 삼키지 못하시기 때문에 모든 음식을 죽처럼 갈아서 떠 먹여드림. 계속 뒤척이고 공격적인 행동을 하거나 소리를 지르는 어르신도 계신데다, 자신도 낯설고 익숙하지 않아 처음엔 거부감이 먼저 들어 소극적이고 수동적으로 행동함. 그러나 치매 환자분들은 스스로 걷거나 밥을 먹을 수조차 없는데 내가 이래도 되는가에 대한 자기반성과 도우미 분들의 도움과 조언에 힘을 얻어 어르신께 먼저 다가감. 결심 이전엔 말을 계속 거시는데 발음이 정확하지 않아 알아들을 수 없어서 대답을 하지 못했으나, 의기가 제대로 전달되지 않아도 대화를 하는 것 자체에서 어르신들이 위안을 받으심을 알게됨. 이후 편하게 말을 할 수 있는 상대가 되어드리기 위해 노력함. 지속적으로 활동하며 안타까운 마음이 많이 들었고 퇴행성 뇌질환은 너무 슬픈병이라 생각이 들어 이에 대한 연구와 치료법 개발이 시급함을 느낌.

▶ 진로활동

1학년   진로체험에서 신문방송학과에 재학 중인 대학생과 연계하여 전공 멘토링 강연을 듣는 프로그램
에 참여함. 강연을 통해 미디어, 의사소통, 신문방송학의 의미에 대해 알게 되었고 특히 언어에
제한되지 않고 몸짓, 비언어적 표현 등 다양한 방식을 통해 자신이 상대에게 말하고자 하는 바
를 청자에게 전달하는 모든 행위가 의사소통임을 알게 되어 이에 흥미를 느낌. 또한, TV, 라디
오, 휴대폰 뿐만이 아닌 메시지를 전달하는 모든 수단이 미디어이며, 일상생활에서 일어나는 다
양한 의사소통 상황과 그에 따른 미디어 사용을 분석하고 효율적인 의사소통 방법을 탐구하는
것이 신문방송학과임을 알게 됨.
가치관 명료화 집단 상담프로그램에 참여함. 자신을 소개하는 간단한 그림을 그리고 집단원들에
게 발표하는 활동을 통해 자신의 성격과 특성에 대해 알아봄. 친화력이 좋아 새로운 환경에 적
응을 잘 하는 성격임. 상황에 대한 이해가 빠르고 현실적인 문제 파악 및 해결 능력 등의 특성을
가짐. 가치관 경매 활동을 통해 중요하게 여기는 가치관과 실제로 추구하는 가치관의 차이를 파
악하고 자신의 진정한 가치관을 정립해 봄. 직업 선택에 있어서 흥미라는 가치관을 중요시 여김.
스스로 흥미와 관심을 느껴 즐기면서 할 수 있는 직업을 선택하는 것이 중요하다는 것을 깨닫고
이 결과를 토대로 진로에 대해 고려해봄. 추구하는 가치관에 적합한 진로와 현재 진로가 자신의
가치관에 부합하는지를 고민해봄으로써 더 다양하고 폭넓은 진로 탐색이 필요함을 깨달음.

2학년   미래대학 의생명 실험 강좌에서 돼지장기의 육안해부 실험을 함. 돼지 장기가 사람의 장기와 생
리해부학적으로 가장 유사하기 때문에 동물실험에서 자주 사용됨을 알게 됨. 심장에서 상아색
을 띠는 가장 큰 구멍 형태인 대동맥과 비교적 검붉은 색의 얇은 구멍 형태인 대정맥을 발견함.
동맥과 정맥이 각각 심실과 심방에 연결되어 있음을 직접 손을 넣어보고 해부용 가위를 통해 횡
단면으로 절개해서 확인함. 대동맥과 좌심실이 전신으로 혈액을 전달하기 때문에 다른 부위에
비해 두께가 두꺼움을 이해함.
심층연구 프로그램에서 충수염 수술 경험에서 생긴 궁금점을 바탕으로 '전신마취가 신체에 미
치는 영향'이라는 주제로 탐구함. 전신마취에 사용되는 마취제와 수술 과정이 신체에 직간접적
으로 미치는 작용을 알기 위해 관련 도서를 읽음. 마취제의 종류와 각각의 장단점과 현재 상용
되는 마취제, 미래에 사용될 이상적인 마취제에 대해 알게 됨. 마취제의 직접적 부작용은 극히
작지만 수술이 인위적인 침습적 의료행위라는 면에서 부작용이 있다는 결론을 얻음.
진로체험에서 대학병원에 방문해 탐방을 하고 의사분들과 면담을 진행함. 응급환자를 이송하는
데 사용되는 엠불런스의 내부에 탑승해 보고 응급외상환자를 치료하는 응급실, 전염병 의심 환
자를 전문으로 하는 센터 등 병원의 전반적인 시설을 탐방함. 레지던트분들과 면담을 하며 의사
라는 직업이 어려운 점도 많지만 생명을 살린다는 의미와 가치가 크기에 만족도가 더 높다는 대
압과 노력하면 할 수 있다는 격려를 들었고, 레지던트나 펠로우분들의 모습을 실제로 보며 동기
를 부여받음.

3학년   미래대학〈병원성 미생물과 감염병(의, 생명, 생화학)〉 강의를 수강함. 한천 배지에서 구강 내 미
생물을 채취한 후 배양하여 관찰해보고 작은 조직에도 수많은 미생물이 상주하고 있음을 이해
함. 체내에 수 조 마리의 미생물이 있고 미생물 유전물질의 총량이 인간의 것보다 훨씬 많아 미
생물이 신체에 갖는 영향이 상당함을 느낌. 이를 바탕으로 제2의 유전자라 불리는 인체 미생물

321

총, 마이크로바이옴이라는 개념을 새로이 알게 됨. 마이크로바이옴을 조종함으로써 면역성 질환, 비만, 소화기장애 등의 질병을 치료할 수 있음을 알고 이에 대해 더 자세히 알아보고자 탐구 활동을 진행함.

주제탐구 프로젝트에서 마이크로바이옴을 중심으로 평소 호기심이 있던 주제인 항생제와 인체의 상관관계 등의 주제로 보고서를 작성함. 인간을 포함한 모든 동물은 자기 세포뿐만 아니라 수많은 미생물과 공생 관계가 있음을 이해함. 항생제를 과다 복용하거나 남용했을 때 병원균뿐만 아니라 장내 미생물까지 훼손하여 인체에 해로운 미생물이 번성할 환경을 만들 가능성이 높아진다는 점에서 문제가 됨을 이해함. 마이크로바이옴의 중요성을 깨닫고 건강을 유지하기 위해서는 미생물을 배제의 대상이 아닌 공생 관계에 있는 하나의 생물체로서 대해야 한다는 결론을 이끌어 냄

▶ 수상경력

1학년 수학 창의력 대회 장려상 - 1학년 중 참가자 / 148명

English Speech Contest 장려상 - 1학년 / 300명

교과활동우수상 (영어) - 수강자

교과 수위상 (영어) - 수강자

학력상 (종합 내신 성적 5% 이내) - 수강자

모의재판 경연대회 금상 - 전학년 중 참가자 / 260명

11월 모범학생 표창장 (봉사) - 1학년 중 참가자 / 294명

English Essay Writing Contest 장려상 - 1학년 중 참가자 / 294명

서평쓰기 대회 장려상 - 1학년 중 참가자 / 102명

일본어 자기소개 경연대회 동상 - 전교생 중 참가자 226명

00제 준비위원상 (영상미디어부문) 우수상 - 전교생 중 참가자 / 220명

2학년 5월 모범학생 표창장 - 2학년 중 참가자 / 290명

수학 창의력 대회 은상 - 2학년 중 참가자 / 66명

과학 경시대회 금상 - 2학년 중 참가자 / 35명

학력상 (종합 내신 5% 이내) - 수강자

수학 창의력 대회 (수학 1) 동상 - 2학년 중 참가자 / 100명

11월모범학생 표창장 - 2학년 중 참가자 / 286명

English Reading Comprehension Contest 장려상 - 2학년 중 참가자 / 42명

수학 창의력 대회 (확률과 통계) 장려상 - 2학년 중 참가자 / 66명

교과수위상 (영어 독해와 작문) - 수강자

학력상 (종합 내신 성적 5% 이내) - 수강자

3학년 과학 경시대회 (생명과학 부문) 금상 - 3학년 중 참가자 / 41명

과학 경시대회 (화학 부문) 동상 - 3학년 중 참가자 / 53명

수학창의력 대회 장려상 (미적분, 기하 부문) 장려상 - 3학년 중 참가자 / 55명

교과수위상 (수학과제 탐구, 영어 2, 화학 2) – 수강자
학력상 (종합 내신 성적 5% 이내) – 수강자
교과수위상 (독서, 고급화학, 고급 생명화학) – 수강자

최종합격 대학분석

● 서울대학교 학생부종합전형(일반전형) (2022학년도 대입 기준)

▶ 전형방법 및 최저학력기준

전형방법	1. 전형 요소 및 배점

1. 전형 요소 및 배점

모집단위	1단계	2단계
전 모집단위 (미술대학, 사범대학, 음악대학 제외)	서류평가(100) (2배수)	1단계 성적(100) + 면접 및 구술고사(100)
사범대학*		1단계 성적(100) + 면접 및 구술고사(60) +교직적성·인성면접(40)

* 사범대학 체육교육과는 1단계 합격자 중 단체종목 지원자에 한하여 실기평가를 실시하고
그 결과는 면접 및 구술고사에 반영함

2. 전형요소별 평가방법

1) 서류평가
   가) 평가자료: 학생부, 자기소개서 등 제출된 서류
   나) 평가내용: 학업능력, 자기주도적 학업태도, 전공분야에 대한 관심, 지적
   호기심 등 창의적 인재로 발전할 가능성을 종합적으로 평가함
   • 주어진 여건에서 보인 교과 학습활동의 성취수준과 학업역량을 평가
   함. 교과 학습 내용은 지원자가 이수한 교과목 특성, 수업 내용, 학업
   수행 내용, 이수자 수 등을 고려하여 정성적으로 평가함
   * 지원자의 교육환경을 바탕으로 고등학교 전 과정에서 국어, 영어, 수학,
   사회, 과학뿐만 아니라 음악, 미술 체육 등 전 교과를 충실히 이수하였
   는지와 서울대학교 교과이수기준 충족 여부 등을 고려하여 평가함
   * 사범대학 체육교육과는 실기능력을 평가에 반영함
   • 자기주도적 학습 경험에서 나타나는 지적 호기심, 학업에 대한 열정,
   적극성 및 진취성, 학업수행 과정에서의 주도성, 논리적 사고력, 과제
   수행능력 등의 학업소양을 평가함
   • 개인의 품성뿐만 아니라 리더십, 공동체 의식, 책임감, 사회적 기여
   가능성 등을 평가함
   다) 평가방법: 다수의 평가자에 의한 다단계 종합평가

1) 면접 및 구술고사
   가) 평가방법: 지원자 1명을 대상으로 하여 복수의 면접위원이 실시함. 제출
   서류를 참고하여 추가질문을 할 수 있음
   나) 평가내용
   (1) 공동 출제 문항 활용 모집단위
   면접 및 구술고사는 고등학교 교육과정 상의 기본 개념 이해를 토대로
   단순 정답이나 단편 지식이 아닌 종합적인 사고력을 평가하는 데 중점을
   두고 있음. 주어진 제시문과 질문을 바탕으로 면접관과 수험생 사이의
   자유로운 상호작용을 통해 문제 해결 능력과 논리적이고 창의적인 사고
   력을 종합적으로 평가함

전형방법	모집단위		평가내용	시간	
				답변 준비	면접
	사회 과학 대학	인문대학 전 모집단위 (경제학부 제외)	• 인문학, 사회과학 관련 제시문을 활용하여 전공적성 및 학업능력 평가(영어 또는 한자 활용 가능)	30분 내외	
		경제학부	• 사회과학, 수학(인문) 관련 제시문을 활용 하여 전공적성 및 학업능력 평가(영어 또는 한자 활용 가능)		
	자연 과학 대학	수리과학부 통계학과	• 수학(자연) 관련 제시문을 활용하여 전공적성 및 학업능력 평가		15분 내외
		물리· 천문학부 (물리학 전공/천문학 전공)	• 물리학 관련 제시문을 활용하여 전공적성 및 학업능력 평가		
		화학부	• 화학 관련 제시문을 활용하여 전공적성 및 학업능력 평가	45분 내외	
		생명과학부	• 생명과학 관련 제시문을 활용하여 전공적성 및 학업능력 평가		
		지구환경과학부	유형 ①~③ 중 택 1 ① 물리학 관련 제시문을 활용하여 전공적성 및 학업능력 평가 ② 화학 관련 제시문을 활용하여 전공적성 및 학업능력 평가 ③ 지구과학 관련 제시문을 활용하여 전공적성 및 학업능력 평가		

• 제시문별 출제 범위 안내

구분	출제범위
수학(인문)	수학, 수학 I, 수학 II, 확률과 통계
수학(자연)	수학, 수학 I, 수학 II, 확률과 통계, 미적분, 기하
물리학	통합과학, 과학탐구실험, 물리학 I, 물리학 II
화학	통합과학, 과학탐구실험, 화학 I, 화학 II
생명과학	통합과학, 과학탐구실험, 생명과학 I, 생명과학 II
지구과학	통합과학, 과학탐구실험, 지구과학 I, 지구과학 II

3. 합격자 선발
   1) 단계별 전형을 실시함. 각 단계 내에서 전형요소별 점수를 합산하여 합격자를 선발함
   2) 수능 최저학력기준(수능 응시영역기준 포함)은 적용하지 않음. 단, 사범대학 체육교육과 합격자는 2022학년도 수능에서 모집단위별 수능 응시영역기준을 준수해야 하며, 수능 최저학력기준을 충족해야 함
   3) 동점자 처리 기준은 아래와 같음
      • 1단계 전형: 동점자 전원 합격자 선발
      • 2단계 전형: 면접 및 구술고사, 교직적성·인성면접(사범대학), 서류평가 결과 순으로 합격자 선발
      ※ 해당 기준에 의하여도 동점자가 발생할 경우 본교에서 정하는 기준에 따라 우선순위를 결정함

제출서류	서류구분 지원자유형	지원자				고교
		① 학생부 (온라인제출)	② 학생부 (서면제출)	③ 자기 소개서	④ 실기능력 증빙서류	⑤ 조기졸업 예정자 명단(공문)
	학생부 온라인 제출자	○	×	○	△	△
	학생부 온라인 제출이 불가능한 자	×	○	○	—	—
	2014년 1월 이전 고등학교 졸업자	×	○	○	—	—

전형	적용 모집단위
지역균형선발전형	전 모집단위
일반전형	미술대학, 사범대학 체육교육과

수능최저 학력기준

※ 일반전형 미술대학, 사범대학 체육교육과에 지원한 외국 소재 고등학교 전 과정 이수자 (졸업예정자 포함)는 수능 최저 학력기준(수능 응시영역기준 포함)을 적용하지 않음

● 서울대학교 학생부종합전형(지역균형선발전형) (2023학년도 대입 기준)

▶ 학생부종합전형(지역균형전형) 방법 및 수능최저학력기준

지원자격

소속 고등학교장의 추천을 받은 2023년 2월 국내 고등학교 졸업예정자(조기졸업 예정자 제외)
※ 고등학교별 추천 인원은 2명 이내이며, 각 고등학교는 반드시 학교장 직인이 날인된 추천자 명단을 서류제출 기간 내에 공문으로 제출해야 함

전형방법

* 전형요소 및 배점

1단계	2단계	
서류평가	1단계 성적	면접
100%(3배수)	70점	30점

※ 전 모집단위에서 수능 최저학력기준을 적용하며, 모집단위별 수능 응시영역기준을 준수 해야 함
※ 사범대학은 면접에서 교직적성·인성면접을 포함함

수능최저 학력기준

*수시모집 지역균형전형 수능 최저학력기준

모집단위	수능 최저학력기준
전 모집단위	4개 영역(국어, 수학, 영어, 탐구)중 3개 영역 등급 합이 7등급 이내

※ 수능 응시영역기준 유형II(25쪽 참고)에 해당하는 모집단위에 지원하는 경우 과학탐구 영역 2개 과목을 서로 다른 분야의 I + II 또는 II + II 조합으로 응시해야 함
※ 탐구 영역의 등급은 2개 과목 등급 평균을 반영함

면접평가

가) 평가내용: 제출서류를 토대로 서류내용을 확인하고 기본적인 학업 소양을 평 가함(사범대학의 경우 교직적성·인성면접 포함)
나) 평가방법: 지원자 1명을 대상으로 하여 복수의 면접위원이 실시함

모집단위	면접시간
전 모집단위(미술대학 디자인과, 의과대학 제외)	10분 내외
미술대학 디자인과	15분 내외
의과대학	20분 내외

※ 의학을 전공하는 데 필요한 자질, 적성과 인성을 평가함.
※ 상황/제시문 기반 면접과 서류 기반 면접을 복수의 면접실에서 진행함.

● 서울대학교 학생부종합전형(일반전형) (2023학년도 대입 기준)

▶ 학생부종합전형(일반전형) 및 수능최저학력기준

지원자격	고등학교 졸업자(2023년 2월 졸업예정자 포함) 또는 법령에 의하여 고등학교 졸업 이상의 학력이 있다고 인정된 자(고등학교 졸업학력 검정고시 합격자, 외국 소재 고등학교 졸업(예정)자 포함)

전형방법

* 전형요소 및 배점

전형단계	1단계	2단계		
모집단위	서류평가	1단계 성적	면접 및 구술고사	교직적성·인성면접
인문대학	(일반전형) 100 (2배수)	100	100	–
사회과학대학				
자연과학대학				
간호대학				
경영대학				
공과대학				
농업생명과학대학				
생활과학대학				
수의과대학				
약학대학				
의과대학				
자유전공학부				
치의학대학원 치의학과				
미술대학*	–		100	–
사범대학**	100		60	40

* 미술대학 디자인과는 수능 최저학력기준을 적용하며, 모집단위의 수능 응시영역기준을 준수해야 함
** 사범대학 체육교육과는 수능 최저학력기준을 적용하며, 모집단위의 수능 응시영역기준을 준수해야 함. 1단계 합격자 중 단체종목 지원자에 한하여 실기평가를 실시하고 그 결과는 면접 및 구술고사에 반영함

수능최저 학력기준

*수시모집 지역균형전형 수능 최저학력기준

모집단위	수능 최저학력기준
미술대학 디자인과	4개 영역(국어, 수학, 영어, 탐구)중 3개 영역 등급 합이 7등급 이내
사범대학 체육교육과	4개 영역(국어, 수학, 영어, 탐구)중 2개 영역 이상 4등급 이내

※ 외국 소재 고등학교에서 전 과정을 이수한 졸업(예정)자는 수시모집 일반전형에서 수능 최저학력기준(수능 응시영역기준 포함)을 적용하지 않음
※ 미술대학 디자인과 탐구 영역 등급 충족 인정 기준
 · 탐구 영역의 등급은 2개 과목 등급 평균을 반영함
※ 사범대학 체육교육과 탐구 영역 등급 충족 인정 기준
 · 탐구 영역의 4등급 충족 인정 기준: 2개 과목 모두 4등급 이내

면접평가	모집단위			평가내용		시간	
						답변 준비	면접
	사회 과학 대학	인문대학		• 인문학, 사회과학 관련 제시문을 활용하여 전공적성 및 학업능력 평가(영어 또는 한자 활용 가능)		30분 내외	15분 내외
		전 모집단위 (경제학부 제외)					
		경제학부		• 사회과학, 수학(인문)관련 제시문을 활용 하여 전공적성 및 학업능력 평가(영어 또 는 한자 활용 가능)			
	자연 과학 대학	수리과학부 통계학과		• 수학(자연) 관련 제시문을 활용하여 전공 적성 및 학업능력 평가		45분 내외	
		물리· 천문학부	물리학 전공	• 물리학 관련 제시문을 활용하여 전공적성 및 학업능력 평가			
			천문학 전공				
		화학부		• 화학 관련 제시문을 활용하여 전공적성 및 학업능력 평가			
		생명과학부		• 생명과학 관련 제시문을 활용하여 전공적성 및 학업능력 평가			
		지구환경과학부	유형 ①~③ 중 택 1	① 물리학 관련 제시문을 활용하여 전공적성 및 학업능력 평가			
				② 화학관련 제시문을 활용하여 전공적성 및 학업능력 평가			
				③ 지구과학 관련 제시문을 활용 하여 전공적성 및 학업능력 평가			
	간호대학		유형 ①~② 택1	① 화학, 생명과학 관련 제시문을 활용하여 전공적성 및 학업능력 평가		45분 내외	
				② 인문학, 사회과학 관련 제시문을 활용하여 전공적성 및 학업능력 평가(영어 또는 한자 활용 가능)		30분 내외	
	경영대학			• 사회과학, 수학(인문) 관련 제시문을 활용하여 전공적성 및 학업능력 평가 (영어 또는 한자 활용 가능)		30분 내외	
	공과대학			• 수학(자연) 관련 제시문을 활용하여 전공적성 및 학업능력 평가		45분 내외	
	농업 생명 과학 대학	농경제사회학부		• 수학(자연) 관련 제시문을 활용하여 전공적성 및 학업능력 평가		30분 내외	
		식물생산과학부		• 사회과학,수학(인문) 관련 제시문을 활용하여 전공적성 및 학업능력 평가 (영어 또는 한자 활용 가능)		45분 내외	
		산림과학부		• 생명과학 관련 제시문을 활용하여 전공적성 및 학업능력 평가			
		식품동물 생명공학부		• 수학(자연) 관련 제시문을 활용하여 전공적성 및 학업능력 평가			
		응용생물화학부	유형 ①~② 택1	① 화학 관련 제시문을 활용하여 전공적성 및 학업능력 평가			
				② 생명과학 관련 제시문을 활용 하여 전공적성 및 학업능력 평가			
		조경·지역 시스템공학부		• 수학(자연) 관련 제시문을 활용하여 전공 적성 및 학업능력 평가			
		바이오시스템· 소재학부					

면접평가	모집단위		평가내용	시간	
				답변준비	면접
	사범대학	교육학과	• 인문학, 사회과학 관련 제시문을 활용하여 전공적성 및 학업능력 평가 (영어 또는 한자 활용 가능)	30분 내외	
		국어교육과			
		영어교육과			
		독어교육과			
		불어교육과			
		사회교육과			
		역사교육과			
		지리교육과			
		윤리교육과			
		체육교육과			
		수학교육과	• 수학(자연) 관련 제시문을 활용하여 전공적성 및 학업능력 평가	45분 내외	
		물리교육과	• 물리학 관련 제시문을 활용하여 전공적성 및 학업능력 평가		
		화학교육과	• 화학 관련 제시문을 활용하여 전공적성 및 학업능력 평가		
		생물교육과	• 생명과학 관련 제시문을 활용하여 전공적성 및 학업능력 평가		
		지구과학교육과	• 지구과학 관련 제시문을 활용하여 전공적성 및 학업능력 평가		
	생활과학대학	소비자아동학부 소비자학전공	• 사회과학, 수학(인문) 관련 제시문을 활용하여 전공적성 및 학업능력 평가(영어 또는 한자 활용 가능)	30분 내외	15분 내외
		소비자아동학부 아동가족학전공	• 인문학, 사회과학 관련 제시문을 활용하여 전공적성 및 학업능력 평가(영어 또는 한자 활용 가능)		
		식품영양학과	• 화학, 생명과학 관련 제시문을 활용하여 전공적성 및 학업능력 평가	45분 내외	
		의류학과 유형 ①~② 택1	① 화학·생명과학 관련 제시문을 활용하여 전공적성 및 학업능력 평가	45분 내외	
			② 사회과학, 수학(인문) 관련 제시문을 활용하여 전공적성 및 학업능력 평가(영어 또는 한자 활용 가능)	30분 내외	
	약학대학	약학계열	• 수학(자연) 관련 제시문을 활용하여 전공적성 및 학업능력 평가	45분 내외	
		자유전공학부 유형 ①~③ 택1	① 인문학, 수학(인문) 관련 제시문을 활용하여 전공적성 및 학업능력 평가(영어 또는 한자 활용 가능)	30분 내외	
			② 사회과학, 수학(인문) 관련 제시문을 활용하여 전공적성 및 학업능력 평가(영어 또는 한자 활용 가능)		
			③ 수학(인문),수학(자연) 관련 제시문을 활용하여 전공적성 및 학업능력 평가		

제시문별 출제 범위		
수학(인문)	수학, 수학Ⅰ, 수학Ⅱ, 확률과 통계
수학(자연)	수학, 수학Ⅰ, 수학Ⅱ, 확률과 통계, 미적분, 기하
물리학	통합과학, 과학탐구실험, 물리학Ⅰ, 물리학Ⅱ
화학	통합과학, 과학탐구실험, 화학Ⅰ, 화학Ⅱ
생명과학	통합과학, 과학탐구실험, 생명과학Ⅰ, 생명과학Ⅱ
지구과학	통합과학, 과학탐구실험, 지구과학Ⅰ,지구과학Ⅱ

● 서울대학교 수능위주전형(지역균형전형) (2023학년도 대입 기준)

▶ 정시모집 '나'군 지역균형전형

지원자격	소속 고등학교장의 추천을 받은 국내 고등학교 졸업자(2023학년도 2월 졸업예정자 포함, 조기졸업예정자 제외)로서 2023학년도 수능에서 모집단위별 수능 응시영역기준을 충족한 자 ※ 고등학교별 추천 인원은 2명 이내이며, 각 고등학교는 반드시 학교장 직인이 날인된 추천자 명단을 서류제출 기난 내에 공문으로 제출해야 함.

전형방법

* 전형요소 및 배점

전형단계 모집단위	수능	교과평가
인문대학 인문계열		
사회과학대학 (정치외교학부, 경제학부, 인류학과)		
공과대학 광역*	60점	40점
약학대학 약학계열		
의과대학 의예과**		
치의학대학원 치의학과**		

* 공과대학 입학생은 광역으로 선발하며 입학 후 1개 학기 경과 후 아래 학과(부)의 선택권을 보장함
 – 항공우주공학과, 전기·정보공학부, 컴퓨터공학부, 화학생물공학부, 산업공학과
** 의과대학 의예과, 치의학대학원 치의학과는 '적성·인성면접'을 실시하며 결격 여부를 판단하는 방식으로 활용함
 (2022학년도 정시모집 일반전형 적성·인성면접 방식과 동일)

수능최저 학력기준

① 국어, 수학, 탐구 영역(수능 성적표에 기재된 표준점수를 활용함)

영역	국어	수학	사회/과학/직업탐구
상대 반영비율	100	120	80

② 영어 영역(1등급 감점 없음. 2등급부터 아래와 같이 차등 감점함)

등급	1	2	3	4	5	6	7	8	9
감점	0.0	0.5	2.0	4.0	6.0	8.0	10.0	12.0	14.0

③ 한국사 영역(3등급 이내 감점 없음. 4등급부터 아래와 같이 차등 감점함)

등급	1	2	3	4	5	6	7	8	9
감점	0.0	0.0	0.0	0.4	0.8	1.2	1.6	2.0	2.4

④ 제2외국어/한문 영역*(2등급 이내 감점 없음. 3등급부터 아래와 같이 차등 감점함)

등급	1	2	3	4	5	6	7	8	9
감점	0.0	0.0	0.4	1.0	1.5	2.0	2.5	3.0	3.5

* 2023학년도 수능 응시영역기준 유형 I 지원자에 한하여 적용함

수능 영역별 반영방법	*점수 산출 방법 【수능】수능 영역별 반영 비율과 감점 기준을 적용한 표준점수 총점을 아래 점수 산출 방법으로 환산한 점수 ① 모집단위 지원자 중 최고점 – 모집단위 지원자 중 최저점이 15점 이상인 경우 　15점 × {(지원자 점수 – 모집단위 중 최저점)/(모집단위 중 최고점 – 모집단위 중 최저점)} + 45점 ② 모집단위 지원자 중 최고점 – 모집단위 지원자 중 최저점이 15점 이상인 경우 　60점 – (모집단위 중 최고점 – 지원자 점수) 【교과평가】 ① 평가 등급 : A(10점) > B(6점) > C(0점) ② 2명의 평가자가 독립적으로 평가하여 등급을 부여하고 아래 조합에 따라 점수를 부여함 ③ 교과평가 점수 = 2인 평가 등급 조합 + 30점

등급 조합 예시	A · A	A · B	B · B	B · C	C · C
배점	10	8	6	3	0

● 서울대학교 수능위주전형(일반전형) (2023학년도 대입 기준)

▶ 정시모집 '나'군 일반전형

지원자격	고등학교 졸업자(2023학년도 2월 졸업예정자 포함) 또는 법령에 의하여 고등학교 졸업 이상의 학력이 있다고 인정된 자(고등학교 졸업학력 검정고시 합격자, 외국 소재 고등학교 졸업(예정)자 포함)로서 2023학년도 수능에서 모집단위별 수능 응시영역기준을 충족한 자

전형방법

* 전형요소 및 배점

전형단계	1단계	2단계	
모집단위	수능	1단계 성적	교과평가
전 모집단위 (미술대학, 사범대학 체육교육과, 음악대학 제외)	100% (2배수)	80점	20점

※ 사범대학 '교직적성 · 인성면접'은 가산점 부여 방식으로, 수의과대학, 의과대학, 치의학대학원 치의학과 '적성 · 인성면접'은 결격 여부를 판단하는 방식으로 활용함.

수능 영역별 반영방법

① 국어, 수학, 탐구 영역(수능 성적표에 기재된 표준점수를 활용함)

영역	국어	수학	사회/과학/직업탐구
상대 반영비율	100	120	80

② 영어 영역(1등급 감점 없음. 2등급부터 아래와 같이 차등 감점함)

등급	1	2	3	4	5	6	7	8	9
감점	0.0	0.5	2.0	4.0	6.0	8.0	10.0	12.0	14.0

수능 영역별 반영방법	③ 한국사 영역(3등급 이내 감점 없음. 4등급부터 아래와 같이 차등 감점함)

③ 한국사 영역(3등급 이내 감점 없음. 4등급부터 아래와 같이 차등 감점함)

등급	1	2	3	4	5	6	7	8	9
감점	0.0	0.0	0.0	0.4	0.8	1.2	1.6	2.0	2.4

④ 제2외국어/한문 영역*(2등급 이내 감점 없음. 3등급부터 아래와 같이 차등 감점함)

등급	1	2	3	4	5	6	7	8	9
감점	0.0	0.0	0.4	1.0	1.5	2.0	2.5	3.0	3.5

* 2023학년도 수능 응시영역기준 유형 I 지원자에 한하여 적용함

*점수 산출 방법
【1단계】 수능
① 수능 영역별 반영 비율과 감점 기준을 적용한 표준점수 총점

【2단계】 1단계 성적 환산
① (1단계 합격자 최고점 - 1단계 합격자 최저점)이 20점 이상인 경우

20점 × (지원자 점수 - 1단계 합격자 최저점)/(1단계 합격자 최고점 - 1단계 합격자 최저점)} + 60점

② (1단계 합격자 최고점 - 1단계 합격자 최저점)이 20점 미만인 경우

60점 - (모집단위 중 최고점 - 지원자 점수)

【2단계】 교과평가
① 평가 등급 : A(5점) > B(3점) > C(0점)
② 2명의 평가자가 독립적으로 평가하여 등급을 부여하고 아래 조합에 따라 점수를 부여함
③ 교과평가 점수 = 2인 평가 등급 조합 + 15점

등급 조합 예시	A·A	A·B	B·B	B·C	C·C
배점	5	4	3	1.5	0

▶ 정시모집 교과평가

• 2015 개정 교육과정 시행과 맞물려 서울대학교 2022학년도 정시모집 일반전형에 학생이 학교에서 나타낸 교과이수 충실도를 반영하는 '교과이수 가산점'을 도입하였고, 이를 본격적인 평가요소로 활용하기 위하여 2023학년도부터 교과평가를 실시함.

• 교과평가는 학교생활기록부의 교과학습발달상황 (① 교과 이수 현황, ② 교과 학업성적, ③ 세부능력 및 특기사항)만 반영하여 모집단위 관련 학문 분야에 필요한 교과 이수 및 학업수행에 충실도를 평가함.

교과평가 활용 전형	【정시모집 지역균형전형】		【정시모집 일반전형】		
	수능	교과평가	1단계	2단계	
			수능	1단계 성적	교과평가
	60점	40점	100%	80점	20점

평가 자료	학교생활기록부, 교육과정 편성표, 학교생활기록부 미보유자 대체서류 (대교협 양식 등)

평가 항목

① 과목 이수 내용

평가내용	교과학습발달상황 영역
• 교과(목)별 위계에 따른 선택 과목 이수 내용 • 진로 · 적성에 따른 선택 과목 이수 내용 [예시] 공과대학 평가 : 수학, 과학 교과 이수 현황 등을 고려하여 평가 [예시] 경제학부 평가 : 수학, 사회 교과 이수 현황 등을 고려하여 평가	교과(목) 이수 현황

② 교과 성취도

평가내용	교과학습발달상황 영역
• 기초 교과 영역 및 모집단위 관련 교과 성취도 의 우수성을 평가함 • 과목 수준, 수강자 수, 원점수, 평균(표준편차), 성취도별 분포비율 등을 고려함	교과(목) 학업성적

③ 교과 학업 수행 내용

평가내용	교과학습발달상황 영역
• 교과(목)별 수업 활동에서 나타나는 학업수행 의 충실도를 평가함	세부능력 및 특기사항

평가기준(절대평가)

등급	기준
A	• 모집단위 학문 분야 관련 교과(목)을 적극적으로 선택하여 이수하고 전 교과 성취도가 우수하며 교과별 수업에서 주도적 학업태도가 나타남 A 등급 평가 사례(공과대학 지원자) • 모집단위 관련 진로선택과목 2과목 이상 선택하여 이수(물리학 II, 화학 II, 기하 등)하면서 • 기초 교과 영역(국어, 수학, 영어 등) 및 모집단위 관련 교과목 성적 이 1~2등급, 성취도 A 수준이고 • 이수한 각 교과 수업에 충실히 참여한 내용이 나타난 경우
B	• 대학 학업 수행에 필요한 일반적인 수준의 교과 성취도 및 교과 이수 내용, 학업 수행 능력이 나타남
C	• 교과 성취도 및 교과 이수 내용이 미흡하여 충실히 고교 생활을 하지 않은 것으로 판단할 만한 경우

▶ 2023학년도 수능 응시영역기준

수시모집	• 지역균형전형(전 모집단위) • 일반전형(미술대학, 사범대학 체육교육과)
정시모집	• 지역균형전형(전 모집단위) • 기회균형특별전형II(전 모집단위) • 일반전형(전 모집단위) • 기회균형특별전형III(전 모집단위(음악대학 제외))

*위 전형으로 지원하는 자는 아래 '2023학년도 수능 응시영역기준'을 준수해야 함

유형	모집단위	2023학년도 수능 응시영역 기준	
1	인문대학 사회과학대학 간호대학 경영대학 농업생명과학대학 농경제사회학부 사범대학 교육학과, 국어교육과, 영어교육과, 독어교육과, 불어교육과, 사회교육과, 역사교육과, 지리교육과, 윤리교육과 생활과학대학 소비자아동학부, 의류학과	국어, 수학, 영어, 한국사, 탐구, 제2외국어/한문	[수학 선택] · 확률과 통계 · 미적분 ┐ 중 택1 · 기하 ┘ [탐구 선택] · 사회탐구 · 과학탐구 ┐ 구분 없이 택2 ┘
2	자연과학대학 간호대학 공과대학 농업생명과학대학(농경제사회학부 제외) 사범대학 교육학과, 국어교육과, 영어교육과, 독어교육과, 불어교육과, 사회교육과, 역사교육과, 지리교육과, 윤리교육과 생활과학대학 소비자아동학부, 의류학과	국어, 수학, 영어, 한국사, 탐구 〈과학탐구 영역 응시 기준〉 서로 다른 분야의 I + II 및 II + III 두 조합 중 선택 [예] · 물리학I + 화학II, 생명공학II + 지구과학II 등 (동일 분야 I + II는 인정하지 않음)	[수학 선택] · 미적분 · 기하 ┐ 중 택1 ┘ [탐구 선택] · 과학탐구 8과목 중 택2
3	미술대학 사범대학 체육교육과 음악대학 자유전공학부	국어, 수학, 영어, 한국사, 탐구	[수학 선택] · 확률과 통계 · 미적분 ┐ 중 택1 · 기하 ┘ [탐구 선택] · 사회탐구 · 과학탐구 ┐ 구분 없이 택2 ┘

※ 유형I 지원자는 '제2외국어/한문'을 응시해야 하며
   유형II 지원자는 '과학탐구 영역 응시 기준'을 준수해야 함

▶ 수시지원 합격/불합격 여부

대학명	지원모집단위(학과)	전형명	최종 합불
서울대학교	생명과학부	학생부종합 일반전형	합격
고려대학교	생명과학부	학생부종합 계열적합형	합격

▶ 서울대학교 인재상

• '세계사적 소명을 실천하는 창의적 지식 공동체'
• 학교 교육과정을 성실히 이수하고 학업능력이 우수한 학생
• 학교생활에서 적극적이고 진취적인 태도를 보인 학생
• 글로벌 리더로 성장할 수 있는 자질을 지닌 학생
• 다양한 교육적, 사회적, 문화적 배경과 경험을 지닌 학생
• 사회적 약자에 대한 배려심과 공동체 의식을 가진 학생

자기 소개서

1. '고등학교 재학 기간' 중 자신의 진로와 관련해 어떤 노력을 해왔는지 본인에게 의미 있는 학습 경험과 교내 활동을 중심으로 기술해 주시기 바랍니다(띄어쓰기 1,500자 이내).

생명과학 수업을 통해 항생제가 신체에 예상치 못한 해를 끼칠 수 있음을 알고 그 원인을 알아보고자 주제탐구 활동을 진행했습니다. 미생물 관련 도서를 읽고 항생제가 표적 병원균뿐만 아니라 체내 정상 미생물도 파괴하는 것이 그 원인임을 알게 되었습니다. 특히 장내 미생물의 조성 변화가 소화의 전반적인 부분에 지대한 영향을 줄 수 있음을 깨닫고, 과거에 수술을 받은 경험을 떠올렸습니다. 수술 직후 체중감소와 영양 결핍에 걸린 원인이 장내 미생물의 파괴일 수 있겠다는 생각이 들었고 장내 미생물이 신체 기능 전반을 좌지우지할 수 있음을 깨달았습니다. 나아가 미생물이 인체에 미치는 영향에 대한 자료를 찾아보았고 생쥐의 체중에 따라 에너지 효율이 서로 다른 미생물이 장내 미생물에서 우점을 이루었다는 내용의 연구를 접했습니다. 먹이나 영

양 환경에 따라 생쥐의 장내 미생물 조성에 변화가 생겼다는 연구 결론을 통해 사람의 생활환경이나 식습관에 따라 미생물총이 변화할 수 있을 알게 되었고 미생물이 마치 우리의 장기와 같은 기능을 한다는 생각이 들었습니다. 미생물과 우리 몸의 이 같은 관계가 우연히 형성된 것은 아닐 것이라는 추측을 할 수 있었고 이를 책을 통해 확인하며 흥미롭게 탐구를 이어나갔습니다. 에드 용의 저서를 보면서 미생물이 어떤 과정을 통해 신체에 들어와서 정착했는지, 어떻게 군집을 이루어 장기처럼 기능을 하며 인간과 관계를 맺는지를 더 잘 이해할 수 있었고 이러한 관계가 형성될 수 있었던 인간과 미생물과의 공진화 과정에 대한 호기심이 생겼습니다. 그리고 인간과 미생물의 공진화 과정은 신체 기관이 진화를 통해서 더욱 발전하여 정교해지고 더 질 기능하게 된 것과 매우 유사하다는 생각이 들었습니다.

한편, 인체를 바라보는 진화적 관점을 과거에 진행했던 심장 해부 실험에 적용하며 탐구를 복기해보았습니다. 처음에는 심장의 해부학적 구조와 기능에만 집중했었지만, 그런 구조적 복잡성이 어떤 진화적 과정을 거쳐 구축되었는지에 대해 관심이 생겼습니다. 기본적인 구조는 유사하지만, 세부 구조의 복잡성에서 차이를 보이는 다른 종의 심장 구조를 보면서 서로 다른 구조를 가졌음에도 불구하고 같은 기능을 수행한다는 점에서 흥미가 생겼고 종에 따라서 어떤 유전적 차이가 심장의 구조적 차이를 만드는지에 대해 호기심이 생겼습니다. 심장 형성에 관여하는 유전자에 대한 자료들을 찾아보다가 포유류 심장이 정상적으로 형성될 때 억제되는 특정 유전자가 파충류에서는 배아 초기에 발현되다가 이후에 억제된다는 연구를 보았습니다. 이를 통해 서로 다른 종들에서 다른 유전자들이 발현하는 양상을 연구하면 인간의 유전적 질병 치료의 실마리를 상당수 발견할 수도 있겠다는 생각이 들었습니다. 또한, 단순한 구조의 심장일수록 변이나 부전 등의 문제가 발생할 가능성이 적을 수 있다는 생각이 들었고 구조적 복잡성에서 얻어지는 이점은 무엇이 있을지에 대해 더 깊이 공부해 보고 싶다는 뜻을 가지게 되었습니다.

☞ 강평

서울대학교는 우수한 학업능력과 적극적인 학업태도를 지닌 학생을 선발하고자 합니다. 김재형 학생은 우수한 학업능력을 바탕으로 교실 안에서 배운 내용에 호기심을 가지고 자신만의 의미 있는 지식으로 만들고자 노력하였습니다. 교과수업 내용을 이해하고 스스로 깊이 있게 공부하는 자세로 교과수업 내용을 이해하는 것을 넘어 서울대에서 성공적인 대학 생활을 위한 탐구하는 자세의 필수적인 모습을 보여주었습니다. 서울대학교를 준비하는 학생이라면 독서는 기본입니다. 지식을 확장할 수 있는 경험은 교과 공부만을 요구하는 것이 아닙니다. 독서는 호기심을 해결하고 나의 실력과 역량을 한층 도약할 수 있는 시간입니다. 더 나아가 관심 있는 분야에서 소명의식을 실천하며 창의적 지식 공동체의 구성원으로서 역할을 기대할 수 있다는 평가를 받을 수 있었습니다.

2. '고등학교 재학 기간' 중 타인과 공동체를 위해 노력한 경험과 이를 통해 배운 점을 기술해 주시기 바랍니다(띄어쓰기 포함 800자 이내).

반 대항 축구 토너먼트 대회에서 골키퍼로 뛰었습니다. 팀의 최후방을 맡는 역할로서 책임감과 부담이 상당했고 불안감 역시 컸습니다. 이것이 결정적인 실수로 이어졌고 제 역할을 하지 못했다는 자책과 팀원들에게 피해를 주었다는 부담감이 커졌습니다. 팀의 전반적이 분위기에 좋지 않은 영향을 끼쳤고 팀워크도 무너졌습니다.

스스로에 대한 자책과 불안이 더 커질 때쯤 팀원들도 격려를 해주었습니다. 위로의 말 한마디가 저에게 큰 도움으로 다가왔고 그만큼 부담감을 덜어낼 수 있었습니다. 처진 모습을 보이지 않기 위해 노력했고 팀원과의 협력을 통해 각자의 역할을 더 확실히 해낼 수 있었습니다. 이는 향상된 퍼포먼스로 이어졌고 좋은 성과를 이뤄낼 수 있는 동력이 되었습니다.

팀을 지키고 이끌어야 하는 위치에서 느낀 불안과 부담을 혼자 떠맡으려 했던 모습이 팀원에게도 악영향을 미쳤고 이것이 어떤 역효과를 내는지 깨달았습니다. 이런 부분을 일찍이 팀원과 공유하고 나누었다면 심기일전하여 훨씬 좋은 결과를 얻었을 수도 있겠다는 생각도 들었습니다. 책임감은 고립을 뜻하는 것이 아닌, 오히려 서로 간의 소통 속에서 해결해나가야 하는 문제임을 느꼈습니다. 또한, 소통하지 못하는 팀은 끝없이 불안과 부담에 시달려야 하며 결코 문제를 해결해낼 수 없다는 생각이 들었습니다. 팀의 리더는 팀의 문제를 협력을 통해 해결하려는 책임감이 있어야 함을 깨달았습니다. 그리고 이러한 깨달음을 깊이 새겨 훗날 연구자로서 팀원들과 협력해 연구를 수행하는 과정에서 실천해 나가겠다고 다짐했습니다.

☞ 강평

서울대학교가 생각하는 리더십은 과제수행을 성공적으로 이끌 수 있는 능력, 결론을 이끌어내며 설득력 있게 자기 의견을 주장할 수 있는 능력, 구성원의 갈등을 조화롭게 해결할 수 있는 능력, 구성원들을 행복하게 만들 수 있는 능력, 주저하는 상황에서 주도할 수 있는 능력입니다. 단순히 '앞에서 이끄는 리더'가 되는 것이 아니라 '리더십을 갖춘 리더'가 되는 것은 차이가 있습니다. 김재형 학생은 서울대학교가 추구하는 리더십으로 서로를 위한 배려심과 성숙한 공동체 의식뿐만이 아니라 어려운 상황을 주도하여 리더십을 갖춘 리더가 될 수 있는 모습을 보여주었습니다. 의지를 가진 선한 인재는 자신의 주위에 관심을 가지고 할 수 있는 범위에서 성실하게 꾸준하며 적극적인 문제해결 의지를 가진 인재를 의미합니다. 자신의 미흡한 점을 성찰하고 미래에 자신이 이루고자 하는 목표를 위해 끊임없이 노력하는 현재를 만들어 가는 김재형 학생의 모습은 서울대학교의 인재상에 부합하는 모습을 충분히 보여주었다고 할 수 있습니다.

3. 고등학교 재학 기간(또는 최근 3년간) 읽었던 책 중 자신에게 가장 큰 영향을 준 책 2권을 선정하고 그 이유를 기술하여 주십시오(띄어쓰기 포함 800자 이내).

1. 10퍼센트 인간

이 책을 통해 미생물을 바라보는 새로운 생각과 관점을 갖게 되었습니다. 흔히들 비만균을 비만의 원인으로 규정하고 제거하는 데만 집중하는데 이것이 과연 옳은 생각인지 의문이 들었습니다. 미생물이 진화하는 과정에서 비만균이 인간과 깊은 관계를 갖고 공존해왔다면 그럴 만한 이유가 있을 것으로 생각했습니다. 예컨대 비만균은 에너지 저장 효율을 높여주는 것으로 해석할 수도 있다는 점에서 환경에 따라 도움이 될 수도 있습니다. 이처럼 미생물의 작용을 하나의 관점으로만 바라보는 것은 옳지 않으며 다양한 시각에서 바라보는 열린 자세가 필요함을 느꼈습니다. 나아가 생명 현상에 대한 이해에서도 단편적인 이해보다 환경이나 생물체의 다양한 특성을 종합적으로 이해하는 시야가 필요함을 느꼈습니다.

2. 질병 정복의 꿈, 바이오 사이언스

생명과학 기술을 통해 사람들에게 행복하고 건강한 삶을 가져다주는 것이 목표라 이 책을 읽게 되었습니다. 심각한 장애나 질환을 유발하는 유전자는 공학 기술을 통해 완전하게 제거하는 것이 옳다고 생각했지만, 이것이 예상치 못한 부작용을 가져올 수 있음을 느꼈습니다. 적혈구의 기형을 일으킨 유전자는 빈혈을 유발하지만, 특정 지역에서는 말라리아 원충에 감염되는 것을 막아주는 기제로 작용하고 있음을 알고 하나의 유전자가 가진 다양한 기능을 이해하는 것이 중요하다고 생각하게 되었습니다. 이는 미생물에 대해 가졌던 관점과도 연결되어, 유전자 기술의 편리함을 누리면서도 그 이면에 있는 유전자의 복잡성과 임의의 유전자 변경이 초래할 수 있는 결과에 대한 새로운 관점과 깊이 있는 이해가 동반되어야 함을 깨달았습니다.

☞ 강평

서울대학교 자기소개서 독서항목은 지원자의 독서 경험을 통해 지원자의 생각을 보여주는 자기소개서 안의 또 다른 자기소개서입니다. 자신에게 어떤 영향을 주었으며, 어떤 생각을 하게 하였는지, 어떤 변화를 주었는지 등의 내용이 구체적으로 표현될 수 있어야 합니다. 김재형 학생은 '10퍼센트 인간'에서 단편적인 생명 현상의 이해보다 환경, 생물체의 다양한 특성을 종합적이고 입체적으로 이해할 수 있는 역량이 필요하다는 느끼고 배운 점이 주목됩니다. 또한, '질병 정복의 꿈, 바이오 사이언스'에서는 공동체의 행복하고 건강한 삶을 위해 함께 생각해야 하는 새로운 관점을 제시하며 간학문적 역량을 갖추어야 한다는 모습을 보여주고 있습니다. 서울대학교는 지식정보화사회에서 강조하는 독서의 활동에서 얻게 되는 '지적 성숙', '정서적 감동'은 그 어떤 교육적 활동을 통해 이루어지는 학생의 성장보다 이상적인 가치를 지니고 있다는 사실을 인정하고 있습니다. 김재형 학생은 두 권의 책을 통해 지적 성숙과 앞으로의 깊이 있는 연구 자세를 미리 엿볼 수 있다는 좋은 평가를 받을 수 있었다고 볼 수 있습니다.

합격 수기

1. 서울대학교 생명과학부를 선택하게 된 결정적 요인은 무엇인가요?

진로 결정에 있어 '의생명 캠프'는 터닝포인트가 되었습니다. 고1, 2 내신성적을 고려해 '의대에 진학할까'라는 막연한 생각도 했습니다. 그러던 중 고2 때 의생명 캠프에서 항암제를 처리한 암세포와 그냥 암세포의 유전자 발현 정도를 PCR로 확인하는 실험을 하면서 분자생물학과 항암제의 매커니즘을 탐구하는 과정에서 구조생물학에도 관심이 생겼습니다. 교내 과학탐구보고서 대회나 동아리 활동을 기획할 때도 관심 분야의 실험을 진행했습니다. 안정된 약대 진학도 생각해 보았지만 연구원으로서의 오랜 꿈을 실현해보자는 마음으로 최종 서울대 생명과학부를 선택했습니다. 또한, '질병 정복의 꿈, 바이오 사이언스'라는 책을 통해 생명과학 기술이 사람들에게 행복하고 건강한 삶을 가져다주는 것이라는 사실을 알게되었으며 좀 더 깊이 있게 공부를 하고 싶다는 생각을 하게 되어 서울대학교 생명과학부를 지원하게 되었습니다.

2. 학교생활기록부 관리에 대한 나름의 노하우를 알려주세요.

학교생활기록부를 관리하며 가장 중요하다고 생각하는 것은 '구체적인 나의 꿈'입니다. 저는 생명의 가치를 중요하게 여기면서 저의 구체적인 꿈인 '생명과학자'로서 고등학생이 학습하고 경험할 수 있는 것들에 대해 최선을 다해 노력했습니다. 생명과학은 사람의 생명을 다루는 일인 만큼 하나의 실수나 오차도 허용하지 않을 것이라는 편견을 깨고 관련 분야의 탐구의지를 지속적으로 꾸준하게 노력하려는 모습을 잃지 않으려 했습니다. 무엇보다 중요한 것은 '무엇을 알아야 한다'는 것보다 '과정에서 어떻게 성장할 수 있을까?'라는 생각을 가지고 학교생활에 충실하고 스스로 변화하면서 성장할 수 있는 과정을 보여 줄 수 있게 하나하나의 활동에 스스로 의미를 부여하며 최선을 다하는 모습이 학교생활기록부에 잘 기록되어 있었다고 생각합니다. '구체적인 나의 꿈, 학교생활을 통해 나의 성장한 모습' 2가지가 학교생활기록부 관리의 핵심이며 저의 노하우라고 생각합니다.

3. 자기소개서의 작성과정을 설명해 주세요. 자기소개서를 작성할 때에 가장 정성을 기울인 문항은 몇 번이고 이유는 무엇인가요?

저는 3학년이 되고 나서야 급하게 자기소개서를 작성하기 시작했습니다. 처음 자기소개서 문항을 보고서 무작정 자기소개서를 작성하니, 완성도가 떨어질 뿐만 아니라 전체적으로 응집력이 떨어진다는 느낌을 받았습니다. 이후 시간이 다소 걸릴지라도 완성도가 높은 글을 쓰자고 마음먹은 후, 천천히 제 고등학교 생활을 뒤돌아보며, 그 과정에서 제가 제 꿈을 위해 노력한 활동을 나열하였고, 그 노력 과정에서 배우고 느낀 점 등 저의 성장한 모습을 중심으로 다시 글을 써 내려간 결과 완성도뿐만 아니라 진실성까지도 갖추어진 자기소개서를 완성했습니다. 자기소개서를 작성하며 1번 문항에 가장 정성을 기울였습니다. 학업에서 배우고 느낀 점이라는 포괄적인 문항의 주제에 적절한 소재를 찾아가는 과정이 만만하지 않았기 때문입니다. 그러던 중, 사립고등학교지만 지방고라는 지리적 및 교육적 특징에 굴복하지 않고 꿋꿋이 노력해나간 '학업역량과 관심 분야의 활동'이 가장 저를 잘 나타낼 수 있다는 주제라는 생각이 들었고 해당 소재를 통해 적극적이며 주체적으로 공부해나간 저를 어필할 수 있는 1번 문항을 작성할 수 있었습니다.

4. 면접에서 어떤 질문을 받았고 어떻게 응답했는지 기억나는 대로 말씀해주세요.

　[질문1] 단백질의 기본 구성 요소인 아미노산의 성질이 주어졌을 때 물과의 상
　　　　　호작용을 바탕으로 단백질의 접힘 현상, 접힘으로 인한 3차 구조 형성
　　　　　변화가 기능에 미치는 영향 설명

　[질문2] 단백질이 세포소기관(핵)으로 이동할 때 필요한 인자들이 작용해야하
　　　　　는 단계를 표를 보고 분석

　[질문3] 번역 과정에 사용되는 코돈을 해석, 돌연변이로 인한 기능의 결함으로
　　　　　단백질의 세포 내 위치가 어떻게 달라질 수 있는지 분석 후 2번 문항과
　　　　　연계하여 단백질이 위치 결정에 중요한 정보를 포함하고 있는 것을 유추

　[질문4] 효소와 기질 간의 관계를 이해하여 자료를 통해 외부 신호가 효소의 활
　　　　　성도를 어떻게 조절하는지 이해

　각각의 질문에 대해 주어진 그림, 표, 그래프를 문제에서 주어진 질문의 내용과 함께 분석하고 해석하여 고등학교 교과과정에서 배운 내용을 중점으로 답변을 준비해 면접에 임했습니다. 학교에서 배운 개념과 공부했던 내용을 점검하며 면접에 대비했던 과정에서 교과서의 내용을 넘어서거나 제시문 속의 내용을 벗어나는 답변을 하지 않기 위해 제시문에만 집중했습니다. 질문이 많아 준비시간 45분이 길지 않았으며 15분 답변 시간 역시 저에게는 짧았습니다. 4번 문항까지 준비한 답변을 다 하기 전에 15분이 지나 교수님이 중간에 멈추게 했고 수고했다는 말씀을 하시면서 그만 퇴실해도 좋다고 했습니다. 면접장을 나오면서 떨어졌다 생각을 하게 되었습니다.

여기서 저는 중요한 사실을 알게 되었습니다. 제시문 면접은 답변을 모두 한다고 해서 면접을 잘 본 것이 아니라 답변을 다 하지 못했더라도 준비한 답변의 내용이 제시문의 내용과 교과 개념을 벗어나지 않게 답변한다면 좋은 결과를 얻을 수 있다는 것을 경험하며 알게 되었습니다.

5. 대입을 준비하는 후배 학생들에 도움이 되는 이야기를 부탁드립니다.

생활기록부가 수시 지원에서 가장 중요한 서류임에는 틀림없습니다. 모든 대학에서 필수적으로 확인하는 서류이기 때문이죠. 그만큼 고등학교 3학년 동안 생활기록부를 가꾸어내는 것이 최우선 순위일 것입니다. 하지만 너무 생활기록부에 집착하는 것은 오히려 독이 될 수 있다고 생각합니다. 역설적이지만 지나치게 서류의 관점에서 다가가면 나를 확실히 드러낼 수 있는 생활기록부가 될 수 없다고 생각합니다. 생활기록부를 위해 활동을 하고 내용을 만들어내기보다 정말 자기가 관심 있는 것이나 하고 싶은 활동을 스스로 찾아 해보면서 그 속에서 생활기록부에 녹여낼 수 있는 부분을 찾는 것이 더 적합한 순서라고 생각합니다. 전공적합성이 중요하다고 하지만 대학에서는 학생의 학습능력이나 자기주도성 및 발전 가능성도 중요하게 평가해줄거라고 생각합니다.

흔히 비교과 활동이라고 부르는 영역도 중요한 것은 사실입니다. 하지만 저의 개인적인 의견은 어찌되었든 가장 우선시 되어야 하는 것은 학업역량인 것 같습니다. 제 경우를 고려해보면 다른 친구들에 비해 비교과영역은 훨씬 떨어진다고 생각합니다. 교내 여러 가지 활동을 관심 있게 찾아 나서지도 않았고 다양한 분야에 발을 들여 보는 것에 마음이 전혀 없었습니다. 귀찮은 마음이 가장 컸고 정기고사나 모의고사에 집중해서 공부나 하는 것이 저에게는 더 맞는 스타일이었습니다. 그러다보니 생활기록부나 자기소개서를 쓰는 시기에 와서는 후회가 밀려왔습니다. 친구들은 화려하게 여러 활동을 써가며 서류를 채워나가는데 저는 딱히 내세울 만한 게 없는 느낌이었습니다. 그리고 실제로 서류를 쓰는데 어려움을 겪었고 크게 메리트 있는 자소서를 써내지도 못했죠. 하지만 그나마 제가 강점이 있었던 건 학과성적이라고 생각합니다. 어찌 보면 대학도 공부를 위해서 가는 곳인데 나의 학업 역량이 최우선되어야 하는 것 아닐까? 하는 생각이 들면서 어느 정도는 위안이 되었습니다. 그리고 좋은 결과를 받고 나서는 학업성적을 잘 가꾸어 놓은 것이 다행으로 여겨졌습니다.

학업성적을 위해서 중요한 부분은, 가장 기초적이지만 수업시간에 집중하는 것 같습니다. 어쨌든 내신 시험은 선생님들의 권한이고 수업시간과 연계될 수밖에 없습니다. 실제로 저는 적어도 수업시간에는 최고의 집중을 끌어내자는 마음으로 최대한 수업 내용을 담아내고자 노력했습니다. 그런 점이 이점으로 작용했던 것 같습니다. 덕분에 상위권의 내신 성적을 받을 수 있었던 것 같습니다. 물론 정규수업 이외에 자습이나 추가 공부 등 자신의 노력이 뒷받침되어야 합니다. '노력은 배신하지 않는다'는 말이 공부에 있어서 가장 잘 적용된다고 생각합니다. 당장은 공부하는 만큼 성적이 나오지 않을 수 있지만, 제가 느끼기에 공부는 성과가 바로 나타나지 않고 어느 정도 시차가 있는 것 같습니다. 지칠 때가 분명히 오겠지만 그걸 이겨내고 꾸준히 하는 것이 가장 중요한 것 같습니다.

꾸준함에 있어서도 고민하는 학생이 많을 것으로 생각이 듭니다. 저도 의지가 그렇게 강한 편은 아니라서 매일 플래너를 쓰고 계획을 짜서 지켜보려는 노력을 수없이 했지만 번번이 실패한 기억이 있습니다. 그러면서도 좌절을 느꼈었지만 조금 다르게 생각해서, 굳이 완벽한 계획에 매달릴 필요는 없다고 생각했습니다. 그날그날 해야 할 일만 정해놓고 자기 전에 그것들만 완료하면 오늘의 계획은 지킨 것으로 생각했습니다. 굳이 플래너일 필요도 없이 자그마한 포스트잇이나 공책에 to-do list를 만들어 끄적여놓고 하나씩 지워나가는 겁니다. 나름의 성취감도 있고 크게 부담되지 않는 선에서 목표의식을 끌어낼 수 있었습니다. 이게 저에게 가장 맞는 방법이라고 느껴졌고 이를 실천했습니다. 그런데 이것도 매일 이어가기란 어렵습니다. 하루도 빠짐없이 그날의 할 일을 모두 처리하고 싶은 마음은 크지만 그렇지 못한 날도 분명히 생길 겁니다. 그럴 때 좌절하고 포기하고 싶은 마음이 들겠지만 그건 그날로 털어버리면 그만입니다. 내일은 내일의 할 일이 생기니 내일부터 열심히 하면 된다는 마인드를 저는 가지고 살았습니다. 작심삼일이라는 말처럼 내 계획이 채 3일을 가지 못하더라도 다음 3일을 도전해 보는 겁니다. 그러다가 하루를 실패하면 다시 다음 3일을 도전하고 그걸 반복하다 보면 3일이 계속 모여 10일이 되고 한 달이 되고 1년이 될 수 있습니다. 이게 저의 마음가짐이었습니다. 물론 습관을 잡고 하루도 빠짐없이 꾸준한 것이 최고이겠지만 현실적으로 힘든 일이라고 느꼈고 실현 가능한 방법을 찾다가 제가 도달한 결론입니다. 요약하자면 나에게 맞는 방법이 무조건 있으니 그걸 찾고 나름대로 실천해보기, 완벽한 계획에 매달리지 말고 그날그날 열심히 해보기, 한 번 실패했다고 놓아버리지 말고 조금씩 해나가기 정도가 될 수 있을 것 같습니다.

저는 글을 쓰는데 큰 소질이 없고 흥미도 없습니다. 특히나 자기소개서를 써야 할 때는 진짜 미친 듯이 하기 싫었습니다. 그래서 자기소개서를 어떻게 써야 잘 쓰는지, 어떤 내용을 어떻게 녹여내야 하는지에 대해서는 할 수 있는 조언이 거의 없다고 생각합니다. 하지만 분명한 한 가지는, 자기소개서에 매몰될 필요가 전혀 없다는 것입니다. 내가 못하니까 정당화하는 것으로 느껴질 수 있겠지만 어느 정도는 사실인 것 같습니다. 실제로 자기소개서의 비중은 연마다 줄어가고 있고 이미 자기소개서를 보지 않는 대학도 많이 생긴 것으로 알고 있습니다. 하지만 어쨌든 자기소개서를 써야한다면 최대한 빠른 시일에 처리해버리고 치우는 것이 베스트입니다. 고등학교 3학년 때 자기소개서 시즌에 거의 몇 주를 자기소개서 하나를 끌어안고 끙끙대는 친구들을 수도 없이 보아왔습니다. 물론 그것이 도움이 될 것입니다. 하지만 그렇게 많은 시간과 고민을 투자할 만큼의 가치가 있는지에 대해서 저는 회의적인 입장입니다. 입시를 자기소개서만으로 할 수 있는 것도 아닙니다. 수시도 있지만 모의고사도 있을 테고 수능을 봐야하는 고3 입장에서는 다른 중요한 일도 산더미 같을 것입니다. 따라서 저의 주장은 자기소개서는 최대한의 효율로 최대한 빠르게 끝내자 입니다. 하루에 많은 시간을 할애할 필요도 없이 최대 2시간이 적당하다고 생각합니다. 실제로 오랜 시간 잡아놓고 고민해봤자 크게 달라지는 부분은 없었습니다. 시간에 비례하지 않는다는 것입니다. 다시 강조하지만 자기소개서가 안 중요한 것은 아니나 적당한 투자가 필요하다는 생각입니다.

그리고 모든 것에 있어서 가장 중요한 것은 내가 알아서 스스로 하는 태도라고 생각합니다. 내가 궁금해서 직접 찾아보고 직접 해보고 직접 챙겨야 합니다. 다른 사람이 챙겨주기를 기다리고 바라면 아무것도 되지 않습니다. 저는 후자에 가까웠습니다. 스스로 뭔가를 챙기기 매우 귀찮아했고 입시에 대해서도 모르는 것이 많았습니다. 그러면서 느낀 것이 모든 것은 '스스로'가 가장 중요하다는 것입니다. 내가 가고 싶어 하는 대학인만큼 나의 노력이 수반되어야 한다고 생각합니다. 학업에서와 마찬가지로 직접 눈에 띄는 성과가 없을지라도 그 노력은 절대 헛되지 않고 반드시 언젠가는 결과가 되어 내 앞에 나타날 것입니다.

전문위원이 바라보는 합격의 비결

김재형 학생이 합격했던 서울대학교의 일반전형은 학생부, 자기소개서 등의 서류를 종합적으로 정성 평가합니다. 수능최저학력기준이 없고, 1단계 서류평가 100, 2단계 서류100 + 면접 및 구술평가 100으로 학생을 선발합니다. 서울대학교 일반전형의 평가내용은 제출서류를 바탕으로 학업역량, 전공적합성, 인성, 발전 가능성을 종합평가하며 이러한 모두를 충족시켰기 때문에 합격할 수 있었다고 생각합니다. 첫째, 학업역량은 학업을 충실히 수행할 수 있는 기초 수학 능력을 평가요소로 학업성취도, 학업태도와 학업의지, 탐구활동을 평가합니다. 김재형 학생이 졸업한 고등학교는 전국단위 지방 자립형 사립고등학교로 모든 교과목 수업에서 적극적이고 성실한 태도로 공부한 모습이 학교생활기록부 세부 능력 특기 사항에 자세히 기록되어 있습니다. 주요 교과목 모두에서 교과 우수상을 할 정도로 뛰어난 학업 역량을 잘 보여준 점이 첫 번째 합격비결이라고 할 수 있습니다. 둘째, 개인역량은 교과 성취 수준, 관심 및 열의, 활동 내용 등을 고려하여 지원 모집단위에 수학할 만한 재능과 열정을 가지고 있는가를 평가합니다. 김재형 학생은 교과 성적이 매우 우수할 뿐만 아니라, 지속적인 관심 분야에 대한 학교생활과 다양한 탐구활동을 통해 자신의 진로를 끊임없이 탐색하며 구체화 해 나가는 모습을 자기소개서에 잘 녹여낸 점이 두 번째 합격비결이라고 볼 수 있습니다. 셋째, 잠재 역량은 자기주도성, 성실성, 십, 역경극복, 의지, 봉사, 인성 등을 고려하여 글로벌 인재로서 자질 및 발전가능성이 있는가를 평가합니다. 김재형 학생은 자기 주도형 과제 연구방식으로 스스로 문제 상황의 원인과 쟁점을 파악하고 해결 방안을 모색하고자 노력하는 모습을 보였습니다. 1학년 때, 학업에 어려움을 겪는 친구들에게 멘토 역할을 자청하여 수학 및 영어 교과를 친절하게 알려주는 모습이 타의 모범이 되었으며, 2학년 때는 학급 임원이 아님에도 불구하고 학급행사를 원활하게 운영될 수 있게 자기 역할에 충실한 리더십과 예상하지 못했던 상황에서도 어려움을 주도적으로 이끌며 이겨내는 리더십을 보여주었습니다. 또한, 꾸준하고 성실한 모습으로 한 봉사기관에서 활동하였습니다. 봉사활동을 통해 나눔과 배려의 의미를 알 수 있었으며 학업뿐만 아니라 인성도 훌륭한 학생임을 잘 어필한 점이 세 번째 합격비결이라고 할 수 있습니다.

혁신적이고 역량있는
생명공학자를 꿈꾸다!!

DGIST 학생부위주(종합) 일반전형 무학과 합격
대전 대신고등학교 신건호

○　　남희연 학생은 항상 밝은 모습으로 정서적으로도 안정되어 있고 어떠한 경우에도 평정심을 잃지 않는 학생이다. 성격이 차분하고 인내심과 책임감이 강해서 내가 내준 과제에 대해서 언제나 약속을 잘 지키는 학생이다. 학교에서는 학급반장으로 활동하면서 부드러운 대인 관계 형성 능력을 기반으로 학급이 단합할 수 있도록 도움을 주고 코로나 상황에서 학력격차가 발생하지 않도록 지속적인 학습을 할 수 있도록 리더십을 발휘한 학생이다.

　　우리 학생은 진로희망인 생명공학 분야 연구원이 되기 위해 스스로 학습의 부족한 점을 인지하고 그것을 메꾸기 위한 학습을 게을리하지 않았으며 특히 유전자 편집 기술에 많은 관심을 갖고 도서를 깊이 있게 탐독하며 관련된 실험을 진행하여 진로역량을 키우기 위한 활동을 고등학교 내내 진행하였다. 또한 생명공학 연구에서 발생할 수 있는 윤리적인 측면에도 많은 관심을 기울이는 인간에 대한 따뜻한 마음을 지닌 학생이기도 하다.

스스로 목표를 설정하고 창의적이고 논리적인 사고로 문제를 해결하는 능력이 뛰어난 남희연 학생은 DGIST의 인재상에 부합한 학생으로 최종합격하였다. 무한한 발전 가능성이 있는 우리 남희연 학생의 DGIST에서의 대학생활을 응원한다.

스펙 분석

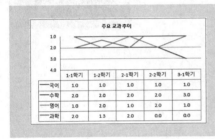

주요 교과추이	1-1학기	1-2학기	2-1학기	2-2학기	3-1학기
국어	1.0	1.0	1.0	1.0	1.0
수학	2.0	2.0	2.0	2.0	3.0
영어	1.0	2.0	1.0	2.0	1.0
과학	2.0	1.3	2.0	0.0	0.0

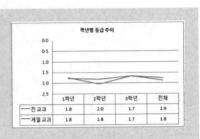

학년별 등급 추이	1학년	2학년	3학년	전체
전 교과	1.8	2.0	1.7	1.9
계열 교과	1.8	1.8	1.7	1.8

▶ 자율활동

1학년　새내기 우정다지기
　　　　무감독시험에 임하는 다짐 작성하기
　　　　학급 대청소
　　　　응답하라 대한민국 민주의거
　　　　차별과 편견 없는 사회를 만들기 위한 활동
2학년　앵글로 담는 무지갯 세상 '앵무세' 활동에서 삶과 죽음이라는 주제로 철학적인 사고를 확장하고
　　　　'유전자 편집 기술'에 대해 심화 탐색함
　　　　자율탐구 활동 – '유전자 재조합 기술에서 사용되는 제한효소의 역할과 특성'의 주제로 탐구
　　　　　　　　　　보고서 작성
　　　　학교폭력 관계 회복 및 화해 분쟁 조정을 위한 학생자치 모임의 일원으로 학생 간 편지쓰기 활동
3학년　진로 탐구 매체 활용 프로젝트
　　　　자율주제탐구활동 – '코로나 변이 바이러스의 종류와 백신 개발' 주제로 탐구한 자료 급우들과
　　　　　　　　　　공유
　　　　모니이스피치 활동에서 플라스미드 특성과 활용분야 발표함

▶ 동아리활동

1학년　과학나비(33시간)에서 찾아오는 실험실 활동으로 생명과학 분야에 실험 탐구 활동을 진행함
　　　　'스마트폰 현미경' 만들기, '초파리 침샘 염색체 관찰실험'에서 침샘 안에 존재한 DNA특징에
　　　　대해 탐구함

피구왕 세븐틴(자율동아리-17시간)에서 방과 후 스포츠클럽에서 활동함

2학년   과학나비(33시간)에서 노벨생리의학상을 수상한 과학자, 수용액에서 DNA와 결합하는 약물 구조의 분광학적 연구에 대해 소식지를 작성함. 'DNA와 약물 사이 반응 실험' 주제로 DNA를 추출하고 약과 반응시키는 내용의 실험 탐구 활동을 진행함. '적외선 리모컨 만들기'활동으로 전자기적인 회로와 신경망을 비교한 심화탐구를 진행

걷기좋아(자율동아리-7시간)에서 방과 후 스포츠클럽에서 활동함

3학년   바이오켐(20시간)에서 동아리 반장으로 '중간엽 줄기 세포 이용 세포 기반치료 연구 진행'의 준제로 기사 작성함.'산화-환원 반응 실험'을 진행하고 결과를 도출함. COVID19 항체 검사 시뮬레이션 실험을 통해 검사법과 진단키트의 원리에 대해 탐구함.

▶ 봉사활동
1학년 65시간, 2학년 52시간, 3학년 41시간

▶ 진로활동

1학년   '진로독서 아카데미' 활동에서 '청소년을 위한 의학 에세이', '서민 교수의 의학 세계사'를 읽고 역사적 인물과 의학사 발전 과정을 깊이 탐구함.

'인문과학 독서 아카데미' 활동에서 '오늘도 우리 몸은 싸우고 있다', 'The end of Alzhimer's', '누구를 어떻게 살릴 것인가'를 읽고 의료 관련 다양한 분야에서 고민하고 보고서를 작성함.

'진로진학 주제 탐방' 종합병원 영상의학실 방문

'진로진학 자유주제 탐구학회'에서 유전자 편집기술에 대한 국제 및 국내 가이드라인의 방향성에 대한 진로 심화탐구 보고서 작성함

'약물 부작용 예방 캠페인'을 통해 약에 대한 사고를 확장하고 그에 따른 보고서를 작성함

2학년   집콕 진로진학 E-campus 활동에서 '생명 공동체와 생명과학 기술의 도전' 강연을 듣고 발표 활동을 진행함

'진로희망홀씨 날리기'에서 생명공학 강연을 듣고 크리스퍼 유전자 가위 연구 내용 발표

'자연과학아카데미'에서 강연을 듣고 생명공학 기술의 원리와 효과를 이해하고 추가적인 탐구 계획을 계획함

'과학 진로 게시판'에서 본인 진로와 관련된 내용을 기사로 작성하여 게시하는 활동을 함

'학점제형 교육나눔실천학교 솔베이 꿈나무 프로젝트 교육과정(40시간)'을 이수함

3학년   '진학로드맵 연구회'에서 생물학의 여러 연구 영역의 주제를 확장함

'진로진학 전공독서아카데미'에서 '이중나선'을 읽고 과학자들의 업적과 생명과학 분야에 구체적인 지식을 습득

'다큐 미디어 진로스쿨'에서 줄기세포에 관한 영상을 시청 후, 줄기 세포 치료의 사례와 첨단재생바이오법 등에 대해 인지함

'JOB학사전 전공학과연구회'에서 유전자를 주제로 학문적 연구 성과와 생물학적 의의를 이해함

▶ 수상경력

1학년　독서주제발표대회 (동상-3위) – 1학년 중 참가자 (26명)

　　　과학탐구경진대회/통합과학부분 (은상-2위) – 1학년 중 참가자 (53명)

　　　교과우수상(국어, 영어, 음악) – 수강자

　　　진로설계 경진대회 (동상-3위) – 1학년 중 참가자 (23명)

　　　OO다독상 (동상-3위) – 1학년 중 참가자 (197명)

　　　교과우수상(국어, 통합과학) – 수강자

2학년　교과우수상 (문학, 영어Ⅰ) – 수강자

　　　자기주도적학습우수상 – 전교생(550명)

　　　영어어휘력경진대회 (동상-3위) – 2학년 중 참가자 (66명)

　　　공로상 – 전교생(551명)

　　　교과우수상 (독서, 화학Ⅱ) – 수강자

　　　다독상 – 2학년 (198명)

3학년　교과우수상 (문학, 영어Ⅰ) – 수강자

　　　자기주도적학습우수상 – 전교생 (550명)

　　　영어어휘력경진대회 (동상-3위) – 2학년 중 참가자 (66명)

　　　공로상 – 전교생(551명)

　　　교과우수상 (독서, 화학Ⅱ) – 수강자

　　　다독상 – 2학년 (198명)

최종합격 대학분석

● DGIST(대구경북과학기술원) 학생부종합 일반전형 무학과 (2022학년도 대입 기준)

▶ 전형방법 및 최저학력기준

전형방법	1단계 : 서류 100%(5배수) 2단계 : 서류 50% + 면접 50%
제출서류	학교생활기록부, 자기소개서, 교사추천서 폐지
서류평가	• 평가내용 : 지원자의 제출서류를 바탕으로 학업 및 탐구역량, 사회적 역량을 종합적으로 평가함. • 평가방법 : 다수 평가자에 의한 다단계 종합평가 • 선발인원 : 모집인원의 5배수 내외를 2단계 면접대상자로 선발
면접평가	• 평가내용 : 학업 및 탐구활동의 충실성, 진로계획, 사회관 및 가치관, 인성 등을 종합적으로 평가함. • 평가방법 : 비대면 면접(온라인) • 면접시간 : 15분 내외 (제출서류 기반, 개별 심층면접 시행)
수능최저 학력기준	수능 최저 학력기준 적용하지 않음

● DGIST(대구경북과학기술원) 학생부종합 일반전형 무학과 (2023학년도 대입 기준)

▶ 전형방법 및 최저학력기준

전형방법	1단계 : 서류 100%(5배수) 2단계 : 서류 50% + 면접 50%
제출서류	변동없음
서류평가	제출서류를 바탕으로 학업역량, 탐구역량, 발전가능성, 인성, 영재성 및 잠재력 (특기자전형에 한함) 등을 종합적으로 평가
면접평가	학업 및 탐구활동의 충실성, 진로계획, 사회관 및 가치관, 인성, 영재성 및 잠재력 (특기자전형에 한함) 등을 종합적으로 평가
제출서류	변동없음

※ 위의 내용은 2023학년도 입학전형 시행계획 기준이며, 정확한 내용은 대학에서 발표하는 수시모집요강을 확인하시기 바랍니다.

▶ 수시지원 합격/불합격 여부

대학명	지원모집단위(학과)	전형명	최종 합불
DGIST	무학과	일반전형	합격
동국대학교	생명공학과	Do Dream전형	합격

○ **자기 소개서**

DGIST에 자신을 소개하여 주십시오(띄어쓰기 포함 3,000자 이내).

　3년간의 DNA 탐구는 제가 생명현상에 대한 집중적 탐구력과 도전력을 지닌 과학도로서의 소양을 키울 수 있었던 활동이었습니다. 1학년 생명과학1에서 DNA로 다양한 유전자의 조합이 만들어진다는 사실이 흥미로웠습니다. 복잡한 유전 현상을 이해하기 위해 '초파리 침샘 염색체 관찰실험'을 진행했습니다. 실험에서 관찰한 염색체의 밴드 형태로 DNA의 상대적 위치를 파악할 수 있었고, 퍼프가 존재하는 부분을 보며 조직 특이적 유전자 발현을 깨달을 수 있었습니다. 이후 책 '물질에서 생명으로'를 읽어 DNA의 구조적, 화학적 특징을 학습했고, 염색체와 DNA, 유전 정보의 유기적 관계를 알아보며 유전의 과정에 대해 정확하게 이해할 수 있었습니다.

　이후 2학년 때 관련 자료를 통해 DNA와 약물의 결합을 알게 되어 둘의 관계성을 더 탐구하기 위해 자료에서 언급되지 않은 '주변에서 구할 수 있는 약과 DNA의 상호작용은 어떤 방식으로 이루어질까?'라는 호기심으로 'DNA와 약물 사이 반응실험'을 진행했습니다. DNA를 추출해 항생제와 반응시켰으나 외적 변화가 생길 것이라는 예상과 달리 관찰된 변화는 없었고, 원인 파악을 위해 DNA, 항생제 관련 영상과 자료를 살펴보았습니다. 이 과정에서 저희가 선택한 항생제는 퀴놀론계 항생제가 아니었기에 DNA에 영향이 없을뿐더러 결합 구조 파악을 위해선 분광법을 활용해야 한다는 것을 보고 실험 자체에 오류가 있었음을 깨달았습니다. 비록 상호작용을 파악하지 못했으나 세균의 DNA에 관한 심화 탐구를 할 수 있었고, 3학년 때 책 '이중나선'에서 과학계의 불합리한 상황을 극복한 로잘린드 프랭클린을 보며 고등학교 실험실이라는 제한된 상황에서의 새로운 실험에 대한 도전 그 자체가 진정한 과학도로서의 도약이었음을 깨달았습니다.

2학년 때 코로나 19로 엘리베이터에 부착된 구리 필름을 보며 '과연 구리 필름으로 항균, 항바이러스 효과를 얻을 수 있을까?'라는 의문이 들었습니다. 기사를 통해 항균, 항바이러스의 성능을 가진 구리가 과거에서부터 활용되며 효능이 과학적으로 검증되었다는 사실을 알게 되었습니다. 이 사실을 친구들에게 소개했고 구리 살균 메커니즘을 살펴본 후 세균 배양을 통한 구리 필름의 효과를 확인할 수 있는 실험을 진행했습니다. 배양된 세균에 구리 필름을 덮어 세균의 개체 수 변화를 관찰했지만, 예상과는 달리 세균의 개체 수가 많이 감소하는 모습을 보지 못했기에 구리 필름의 효과가 크지 않다고 생각했습니다. 그러나 실험 내용을 정리하던 중 관련 논문을 통해 구리의 살균 효과 분석을 위해서는 세균의 개체 수 관찰뿐만 아니라 불활화 효능 평가를 통한 활성 제거율을 파악해야 한다는 사실을 깨달았습니다. 다시 실험을 진행하려 했으나 고등학교 수준에서 활성 제거율 파악을 위한 지식적, 도구적 측면에 어려움이 있었기에 직접 구리 필름의 효과를 보긴 힘들었습니다. 실패가 아닌 과정에서 얻은 학습에 의의를 두고 관련 자료를 보며 엘리베이터의 구리 필름은 관리의 한계와 쉽게 산화되는 성질로 항균, 항바이러스 효과를 기대하긴 어렵다는 사실을 확인했습니다. 이후에도 코로나 변이 바이러스와 백신을 탐구하며 효과적인 바이러스 제거에 대한 방안을 고민했습니다. 일상에서 얻은 호기심으로 시작한 심화 탐구로 인류의 건강 사회를 이끌 수 있는 연구를 진행하고 싶은 열망을 느낄 수 있었습니다.

한편, 인문학 관점에서 바라본 유전자 편집 탐구 활동은 제게 연구에 대한 새로운 패러다임을 제시했고 이를 통해 올바른 생명관을 정립시킬 수 있었습니다. 책 'GMO 사피엔스의 시대'에서 유전자 편집 기술의 무한한 발전과 활용 가능성을 더 탐구해 보았습니다. 하지만 '누구를 어떻게 살릴 것인가'를 읽고 해당 기술의 윤리적 문제를 알게 된 후 통합사회에서 공부한 배아의 생명권 문제와 인권 문제로 연결하여 탐구했습니다. 생명윤리법에서 '임신 외의 목적으로 배아를 생성하는 것을 금지한다.'와 같은 법의 적용을 앎과 동시에 기술이 제기하는 표적 이탈 현상과 같은 의학적 문제와 사회적 격차 문제를 인식했습니다. 이후 연구 규제에 대한 가이드라인의 필요성을 느껴 '유전자 편집 기술에 대한 국제 및 국내 가이드라인의 방향성'을 탐구하는 과정에서 전 세계적으로 일관되지 않은 가이드라인이 심각한 윤리 문제를 초래한다고 생각했습니다. 혁신적인 기술일지라도 문제에 대한 사회 구성원 간의 협의가 없다면 무의미하다는 것을 깨달았습니다. 이를 계기로 과학기술의 발전만을 보는 단편적인 연구가 아닌 사회적 책임감을 지니고 윤리적 관점에서 고찰하여 모든 인류의 건강과 안녕에 이바지하는 생명공학 연구원이 되겠다고 다짐했습니다.

저는 공공의 이익에 대한 공헌을 가치관으로 삼고 꾸준히 유전자 편집 기술을 탐구했습니다. 그 과정에서 HIV의 진화에 따른 표적 부위의 변이로 생기는 크리스퍼 유전자 가위에 대한 저항성을 인식했고 해결방안을 고민하며 영어 강연과 관련 서적을 통해 HIV 변이와 크리스퍼를 탐구했으나 현재의 지식수준에서 어려움을 겪었습니다. DGIST는 연구원으로서의 사회 기여 실현에 원동력을 제공해줄 조력자이자 동반자라고 생각합니다. 그래서 고등학교에서 해결하지 못한 크리스퍼 기술의 한계 극복 방안 연구를 DGIST에서 펼치고자 합니다.

DGIST에 재학하게 된다면 1학년과 2학년 때 연구원의 기초 역량뿐만 아니라 사회적 책임을 배우겠습니다. 기초 학부에서 폭넓은 과학 지식 함양과 동시에 진정한 리더십과 사회 구성원으로서의 바람직한 역할에 대해 고민해보고 이를 FGLP 프로그램에서 실천하고 싶습니다. 3학년과 4학년 때는 유전공학 기술과 유전변이 메커니즘에 대한 심화 학습을 진행하여 고등학교 과정에서 이해하기 어려웠던 지식을 습득하고, 슈퍼컴퓨터를 통한 바이러스 변이 예측 시뮬레이션의 원리를 학습해 UGRP 프로그램의 장영실 코스에서 슈퍼컴퓨팅을 활용한 HIV 변이 예측의 가능성에 관한 연구를 진행해보고 싶습니다. 이후에 다양한 국제교류 프로그램에 참여하여 연구역량을 키우고, 슈퍼컴퓨팅을 바탕으로 크리스퍼 기술의 한계를 넘는 방안을 연구하여 인류의 삶의 질을 향상시킬 새로운 혁신을 이뤄내고 싶습니다.

☞ 강평

　본인이 3년간 의미를 두고 노력한 교내 활동을 바탕으로 작성한 자소서이다. 1학년 때부터 시작한 DNA 탐구는 학년이 올라 갈수록 주제와 탐구 과정이 심도 있게 확장되었다. 이는 학생 본인이 3년 동안 기획한 대 주제를 바탕으로 이와 관련된 다양한 내용의 주제에 대해 어떻게 고민하고 탐구 했는지를 여실히 보여준다. '의문-탐구 설계-탐구 과정-느낌점-추후 확장 내용'의 과정을 통해 동아리 활동부터 교과목 관련한 활동 등에서 보여준 주제탐구 내용들이 DNA활동과 연관 되어 있고, 구체적으로 활동 하게 된 동기와 과정이 잘 드러나 있으며 본인의 역할이나 배우고 느낀 점에 대해 잘 서술하였다. 의문을 가지고 시작한 활동은 탐구 과정을 통해 전공에 대한 열정과 학업 역량을 보여주었고 이를 통해 과학도로서의 기본적 자질과 생명공학 연구원으로서 갖춰야 할 윤리관까지 잘 표현하여 각각의 활동에 따른 의미와 변화의 내용을 잘 녹여냈다. 또한, 대학 진학 후 어떤 분야에서 어떻게 공부할것인지 자신의 진로에 대해 구체적으로 작성하고 자신의 포부를 밝혀 대학에 진학하고자 하는 자신의 의지를 피력했다. 3000자 이내의 자율성 자기소개서를 작성하기 쉽지 않았을텐데 긴 호흡의 글임에도 불구하고 각 주제를 선정하여 맥락에 맞게 작성한 부분에서 학생의 노력이 엿보인다.

자기소개서 첫 번째 episode 학교생활기록부 연계항목 (Key Word: DNA)

학년	학생부항목	활동내용
1학년	교과(생명과학1)	DNA로 다양한 유전자의 조합이 만들어진다는 사실에 호기심
	동아리활동	초파리 침샘 염색체 관찰 실험을 통해 DNA의 특징을 탐구하며 초파리와 인간의 DNA 비교연구
2학년	동아리활동	동물세포와 식물세포의 DNA를 추출하고 DNA와 약물 사이의 반응을 살펴보는 실험을 진행
	교과(물리학2)	파동의 회절을 이용한 DNA 이중나선구조를 조사하여 발표
	독서활동	'이중나선'이라는 책을 통해 DNA에 대한 흥미를 더함

자기소개서 두 번째 episode 학교생활기록부 연계항목 (Key Word: 코로나)

학년	학생부항목	활동내용
2학년	교과(생명과학1)	미분을 활용한 코로나19 확진자 수의 증가를 예측할 수 표현할 수 있음에 흥미
	동아리활동	'세균배양을 통한 구리 항균 필름의 효과'라는 제목으로 실험을 진행
3학년	동아리활동	코로나19 진단 키트 원리가 셜록이라는 유전자 편집 기술을 이용한 진단방법도 있음을 추가 탐구함

자기소개서 두 번째 episode 학교생활기록부 연계항목 (Key Word: 생명윤리)

학년	학생부항목	활동내용
1학년	독서활동	'누구를 어떻게 살릴 것인가'를 읽고 유전자 편집 기술의 윤리적 문제 고민
	교과(통합사회)	배아의 생명권 문제와 인권 문제로 연결하여 탐구. 심화·확장으로 '생명윤리법' 및 '유전자 편집 기술에 대한 국제 및 국내 가이드라인의 방향성'을 탐구

1. 디지스트 무학과를 지원하게 된 결정적 요인은 무엇인가요?

저의 고등학교 정시 성적은 수시 성적보다 좋게 나오는 편이 아니었습니다. 또한 과학기술원 특성상 수시 원서 6개 이외에도 지원이 가능하다는 점과 수능 최저 등급이 없었기 때문에 저에게는 더욱 좋은 기회로 다가왔습니다. 디지스트는 1차 서류와 2차 면접을 마친 후 불합격이 되지 않는 이상 추합이 대부분 돈다는 이야기를 듣고 합격률이 높아질 것이라는 생각을 했습니다. 이외에도 코로나 상황에 따라 디지스트의 면접

방식이 직접 대학교에 가 제시문을 통한 수학, 과학 문제 풀이와 인성 면접을 하는 것
에서 비대면 줌으로 간단한 수과학 개념 질문 및 인성 면접으로 바꿔어 면접 준비 과
정이 더욱 수월할 것으로 생각하여 지원하게 되었습니다.

2. 학교생활기록부 관리에 대한 나름의 노하우를 알려주세요.

학교생활 기록부 관리에 있어서 가장 중요한 것은 학년마다 의미 있는 활동을 하고
그 활동들을 연결하는 것입니다. 생활기록부를 채우기 위해 학교는 다양한 활동들을
진행할 것입니다. 그때 자신에게 의미 없는 활동은 굳이 참여할 필요는 없습니다. 저
는 고등학교 2학년 당시 저에게 도움이 되지 않는 활동이라도 대부분 참여를 하여 생
활기록부에도 큰 도움이 되지 않는 글들이 적혀있고 오히려 정신적, 체력적으로 힘들
었던 경험이 있습니다. 활동을 하는 것에 욕심을 부려 2학년 내신 공부에 집중하지 못
해 성적은 떨어질 수 밖에 없었습니다. 모든 활동에 참여하는 것은 내신 성적을 떨어
뜨리는 지름길이 될 수도 있습니다. 항상 선택과 집중을 잘하는 것이 중요합니다. 자
신의 진로가 정확히 정해져 있다면 1학년부터 생활기록부의 흐름을 잡아도 좋습니다.
엄청 자세한 활동들은 정하지 못하더라도 어떤 분야의 활동을 점점 구체화시킨다 라
는 느낌으로 자신에게 도움이 될 활동들을 설계 및 정리해보면 좋을 것 같습니다. 활
동을 설계할 때, 자신의 분야만을 고집하는 것이 아닌 다양한 분야와 접목시키는 것이
굉장히 중요하다고 생각합니다. 예를 들어, 저는 유전자 편집 기술의 사회적, 윤리적
문제를 생각하여 통합사회 시간에서 이와 관련한 보고서를 작성하여 과제를 제출했습
니다. 이렇게 분야를 연결시켜 사고를 확장했다는 것을 자소서에서 어필한다면 플러
스 요인으로 작용할 수 있습니다. 또한, 고등학생 수준에서의 지식이나 조금 더 높은
수준의 지식을 생활기록부에 넣는 것이 좋습니다. 너무 어려운 내용을 생활기록부에
넣고 면접에서 질문을 받게 되면 더욱 마이너스의 상황이 만들어질 수 있습니다. 자신
이 이해할 수 있는 정도의 지식을 생활기록부에 잘 풀어내는 것이 좋습니다. 마지막으
로, 선생님과의 친밀한 관계를 형성하는 것이 좋습니다. 이것은 단순하게 선생님과 친

해지면 좋은 생활기록부를 얻는다는 것은 아닙니다. 자신이 좋은 활동을 하고 선생님에게 조언을 구하거나 이 활동에 대해 어필을 한다면 대부분의 선생님들은 그 활동의 포인트를 알게되시고 학생이 활동을 하며 주제에 대해 고심하고 성실하게 활동한 점을 생각하여 생활기록부를 더욱 깔끔하고 구체적으로 잘 작성해주시는 경우가 많습니다. 다시 한번 정리해 말한다면, 자신에게 도움이 되는 활동을 다양한 분야와 연결시켜 설계 및 진행하고, 활동 진행 과정에서 선생님께 잘 어필한다면 좋은 생활기록부를 얻을 수 있습니다.

3. 자기소개서의 작성과정을 설명해 주세요. 자기소개서를 작성할 때에 가장 정성을 기울인 문항은 몇 번이고 이유는 무엇인가요?

저는 자신의 생활기록부를 외울만큼 자세하게 생기부를 살펴보아야 한다고 생각했습니다. 생기부에서 중요한 활동을 밑줄치고 각 활동을 하게 된 계기와 결과, 깨달은 점을 썼습니다. 자기소개서는 자신이 성장한 내용을 쓰는 것이 중요하기 때문에 활동의 내용 측면보다 활동을 진행한 뒤의 나의 생각에 있어서의 변화를 중점적으로 작성하였습니다. 4번 항목은 대학교마다 인재상을 잘 참고하여 작성하려고 노력하였습니다. 제가 가장 정성을 기울인 문항은 1번입니다. 1번은 자신이 지원한 분야에 관련해 어떤 활동을 하였는지에 대해 작성하는 항목입니다. 입시사정관분들이 자기소개서를 볼 때 1번 항목을 당연히 처음으로 보실 겁니다. 처음 볼 때 특색 없는 자기소개서라면 학생에 대해 흥미와 관심을 보이지 않을 것입니다. 특색 있는 자기소개서를 만들기 위해 1번의 첫 문장을 3년 동안 자신의 분야와 관련된 구체화 시킨 활동을 통해 제 자신이 어떻게 변화하였는지 정리하여 시작하였습니다. 1번을 작성할 당시 저는 제 생활기록부에서 관심있던 분야와 관련된 활동들을 모두 밑줄치고 공통된 주제를 가지고 있어 연결시킬 수 있는 활동을 3가지로 추려보았습니다. 이때 한 학년에 하나의 활동을 뽑아 총 3개의 활동을 연결시켰습니다. 활동을 진행하게 된 계기, 성과, 깨달음을 중점적으로 작성하는 것을 계속 의식하면서 작성하려고 하였습니다.

4. 면접 준비 과정을 설명해 주세요. 면접을 준비 하는 요령을 설명해 주세요.

저는 각 대학교마다 면접의 방식 및 특성을 잘 살펴보았습니다. 면접이 몇 분이고, 대체로 어떠한 질문이 나오며 면접관님들의 반응이나 분위기는 어땠는지 샅샅이 알아 보았습니다. 이후에는 생기부와 자소서를 살펴보며 질문이 나올만한 부분들을 밑줄 을 치고 직접 면접관이라고 생각하며 어떤 질문을 할 것인지 고민해보고 면접 준비 보 고서를 만들어 그곳에 제가 만든 질문지들을 작성했습니다. 또한, 저는 면접 관련 팁 들을 알려주는 책을 사서 면접의 자세나 좋은 답변의 사례를 살펴보아 여러 상황에 있 어 당황하지 않고 답변을 잘 할 수 있도록 준비하였습니다. 직접 작성한 질문지에 대 해 좋은 답변을 마련하였고 이를 잘 숙지한 뒤 예비 면접을 진행하였습니다. 학교뿐만 아니라 여러 곳에서 예비 면접을 진행하는 것에 도움을 줄 것입니다. 이 기회를 놓치 지 말고 도움을 받아서 최대한 많이 예비 면접을 해보는 것이 중요합니다. 예비 면접 을 많이 할수록 다양한 상황에서의 대처 능력이 생기고 자신의 발음, 목소리 크기 등 을 인지하고 이를 조절할 수 있는 등 실제 면접에서 도움이 될 수 있을 만한 것들을 얻 을 수 있습니다. 그러나 자신의 생기부나 자소서에 있는 활동을 이해하지 못하고 답변 이 준비되지 않은 상태에서 무작정 예비 면접을 하는 것은 오히려 시간만 뺏기는 일이 될 수 있다는 점을 유의하셔야 합니다.

5. 대입을 준비하는 후배학생들에게 도움이 되는 이야기를 부탁드립니다.

저는 제가 디지스트에 합격했다는 것이 기적이라고 생각합니다. 공부를 엄청 잘하 거나 과학을 중점적으로 하는 일반고도 아니었고 학교에서 디지스트를 가는 것은 제 가 처음이었습니다. 그리고 제 성적이나 생기부 면에서 서성한 이상을 가는 것은 솔직 하게 힘들 것이라고 생각했습니다. 저는 모의고사 성적이 그리 좋지 않았고 1점대 초 중반처럼 엄청 좋은 성적을 가지고 있지 않았습니다. 그러나 입시 준비를 하면서 입 시는 끝까지 포기하지 않는 사람이 만족할 수 있는 결과를 얻을 수 있다고 깨달았습니 다. 입시를 준비하면서 점점 지쳐가고 지루하면서도 불안한 마음이 클 텐데 이것도 자신이 성장하는 과정이라고 생각하면 조금 더 힘이 나고 열심히 해보자는 마음이 생깁니다. 이러한 마음을 가지고 고등학교 생활을 하다 보면 정말 시간이 금방 지나갈 것입니다. 지금 이 말의 뜻을 이해하지 못할 수도 있는데 대학교를 합격하고 고등학교를 졸업한 뒤에 다시 되돌아보면 제가 한 말의 뜻을 깨달을 수 있을 것입니다. 그리고 정말 중요한 것은 입시를 하면서 과도한 부담감을 버려야 한다는 것입니다. 주변에서 입시를 주제로 많은 관심을 보낼 것이고 이렇게 생긴 부담감 때문에 자신이 열심히 노력했어도 그것을 100% 발휘하지 못하게 되는 아쉬운 상황이 발생할 수도 있습니다. 스스로의 마인드 컨트롤은 꼭 필요합니다. 또한 고등학교를 너무 대학교 입시만을 위한 수단이라고 생각하는 것은 오히려 입시에서는 좋지 않은 자세라고 생각합니다. 고등학교에서 배울 수 있는 것은 공부뿐만이 아닙니다. 그러니 자신이 하고 싶은 활동을 다양하게 진행하고 친구들과 어울리면서 자신만의 사고와 가치관을 얻는다면 자연스레 대학교에서도 이 사람은 어떤 사람이라는 것을 알아볼 수 있을 것입니다. 정시든 수시든 입시를 즐긴다는 생각으로 포기하지 않고 꾸준히, 끝까지 가는 사람이 만족스러운 결과를 얻을 수 있다고 생각합니다. 입시를 즐긴다는 것은 어렵겠지만 한 번이라도 입시를 즐겨보자! 라는 마음가짐을 가져보시면 부담감을 조금이라도 버릴 수 있을 것입니다. 여러분은 할 수 있습니다. 다들 원하는 결과를 이루시길 바랍니다!

전문위원이 바라보는 합격의 비결

남희연 학생의 합격비결은 다음 세 가지로 요약할 수 있다.

첫째, 고교 3년간 뚜렷한 진로를 가지고 학업역량을 바탕으로 교과 및 비교과 활동을 충실히 하였다.

우리 남희연 학생은 기본 교과목과 전공(계열)과 관련된 과목의 등급 및 성취수준의 추이가 안정적인 모습을 보이고 있다. 3년간 꾸준하고 성실하게 학교생활을 자기주도적으로 생활하였으며 생명공학자에 대한 진로를 설계하고 목표를 이루기 위해 교과 및 비교과활동의 연계성을 가지며 계열관련 역량을 착실히 쌓았다. 3년간 DNA에 관심을 가지며 관련 도서 및 문헌 조사, 실험 탐구활동을 통해 심화·확장시키려는 노력을 지속적으로 하였다.

둘째, DGIST 교육 방향에 가장 적합한 학생이었다.

우리 남희연 학생은 DGIST 교육 방향인

첫째, 사고의 폭을 넓히고 창의성을 진작하는 "문제 해결형 교육"

둘째, 학생 스스로 교육과정을 설계해나가는 "자기 주도형 융복합 교육"

셋째, 좁은 울타리를 벗어나 넓은 세계의 다양성을 추구하는 "글로벌 역량강화 교육"에 적합한 학생이다. 일반고에 다닌 우리 학생은 여러 어려운 역경속에서도 수업시간에 생긴 지적 호기심을 자기주도적으로 실험 설계를 하여 진행하는 등 사고의 폭을 넓혀 문제를 해결하려고 노력하였다.

셋째, 긍정적인 성격을 지닌 회복 탄력성이 아주 강한 학생이었다.

마지막으로 우리 학생의 긍정적이면서도 차분하고 인내심이 강한 성격이 합격비결 중의 하나이다. 자소서와 면접을 준비하면서 불안한 마음이 생길수도 있었지만 차분한 마음으로 본인의 부족한 부분을 하나씩 하나씩 개선해 나가는 발전적인 모습을 보면서 합격의 가능성을 볼 수 있었다.

Chapter 22

인문학적 소양과 인성으로 폭넓게 인간을
이해하는 신약개발자의 꿈을 키우다

성균관대학교 학생부종합전형/이웃사랑전형 약학과 합격
국제고 청심국제고 하채원

하채원 학생의 서류 전체를 검토한 후에 느낀 점은 본인의 진로에 관련된 학업과 활동에 집중된 노력을 한 것은 물론 다양한 분야의 활동에 열정적으로 참여하고 소통하며 학업 적 우수성 뿐 아니라 풍부한 인문학적 소양과 인성을 두루 갖추어 최종 합격한 성균관 대학교와 중앙 대학교의 학생부 종합 전형의 인재상에 부합했다고 보인다. 두 대학의 학생부 종합 전형은 서류평가를 중심으로 성적뿐 아니라 재능, 적성, 잠재력 등 다양한 특성을 종합적으로 고려하여 학업역량 50% (우월성 250, 충실도 250), 개인역량 30% (전공적합성 150, 다양성 150) 잠재역량 20% (자기주도성 100, 발전가능성 100) 등을 평가하는데 생기부의 창의적 체험 활동 부분과 세부능력 및 특기사항 등에서 전체적으로 학생의 역량이 구체적으로 잘 기술되어 있어 이에 적합한 소양을 갖춘 서류로 평가되었다고 생각한다. 주요 합격 요인을 두 가지로 요약해 본다.

합격 소감과 후배들에게 하고 싶은 말

목표에 대한 확신과 욕심이 있었기 때문에 지난 2년을 그렇게 치열하게 보낼 수 있었습니다. 저는 재수를 하던 삼수를 하던 약학대학을 목표로 공부할 각오로 수험생 시절을 보냈고 동기들에 비하면 많이 부족하지만 운이 따라주어서 1지망이었던 학교에 합격할 수 있었던 것 같습니다. 제가 공부하는 동안 주변에서 도와주신 분들이 너무나도 많아서 합격했을 때는 감사한 마음이 가장 컸고 또 한편으로는 너무 팍팍하게 살았던 고등학교 시절이 조금은 후회되기도 했습니다. 응원의 메시지를 전달하기 위해 제 이야기를 조금 해보겠습니다. 저는 수학을 뒤에서 전교 30등 하던 수포자였습니다.

1학년 때는 기자를 꿈꾸다가 2학년 때 이과로 전향하여 약학도가 되는 것을 목표로 삼았습니다. 1학년 겨울방학부터 약학대학에 진학하기에는 턱없이 부족한 수학, 과학 성적 끌어올리기에 집중했고 3학년 1학기에는 수학 과목에서 석차 1을 찍고 교내 수학 올림피아드에서 수상을 하는 등 수학에 가장 큰 자신감을 갖게 되었습니다. 후배분들도 저처럼 남들이 쫓는 것을 따라가고 막연한 목표를 갖기보다는 더 찾아보고 공부해서 본인이 충분히 확신하고 만족할 수 있는 것을 목표로 삼으셨으면 좋겠습니다.

스펙 분석

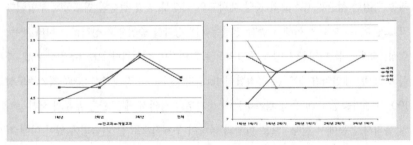

▶ 자율활동

1학년   1학기 학급 자치회 부회장으로 학급에서 소외되는 학생들이 없도록 따뜻한 학급 분위기를 만듦, 2학기 학급 영어교과 부장으로 반 공지사항 전달 및 수행평가 준비 도움, 경기 꿈의 대학 17시간 이수

2학년　학생자치회 학생 소통 부 소속으로서 온라인을 통한 멘토링 콘서트 진행.

　　　　2학기 학급 자치회 회장으로 학우들의 의견을 수렴하여 학급 시사 토론회 개최 등 다양한 활동을 책임감 있게 진행.

3학년　생명존중 교육 – 생명공학기술의 발달에 따른 생명윤리에 대한 가치관 정립. '한 손에 잡히는 생명윤리'를 읽고 학급 게시판에 '생명윤리 생각거리'라는 주제로 배아줄기세포에 관한 다양한 이슈를 게시하여 친구들과 공유.(자소서 기술)

　　　　학급 핸드폰 관리 부장

　　　　'생활 속 클라우드와 커피링 효과'와 '스타리 밀러의 초기 지구 조건에서의 아미노산 합성 실험'을 제목으로 하는 기사문 작성

▶ 진로활동

1학년　정치부 기자 인터뷰 진행 – 법과 사회, 미디어에 대한 본인의 관심을 살려 인터뷰 후 시사 이슈와 과학 분야의 NIE를 꾸준히 작성.

2학년　DDS와 MEMS를 이용한 불치병 치료법 보고서 작성 – 약학, 생명공학에 대한 관심을 살려 공학과 의학의 융합으로 정상세포에는 피해를 주지 않는 획기적 난치병 치료법에 대해 탐구하여 보고서로 정리함.(자소서 기술)

　　　　주제 선택강의 수강을 위해 오픈 강의 수강(미생물의 항균화성, 약 동학, 약리학 기초)

　　　　UCC 제작을 통해 신약개발연구원으로서의 진로 희망의지 밝힘.

　　　　'인류의 운명을 바꾼 약의 탐험가들'을 읽고 추가 조사하여 기사문 작성

3학년　약학대학원 재학 선배 인터뷰 – 약학, 생명공학에 대한 관심을 가지고 약학 대학원에 재학 중인 선배를 인터뷰함. 그 결과 약학 지식을 다른 분야와 접목시키는 적용력이 중요 역량이라는 점을 알고, 생명공학, 바이오 약학 분야를 소재로 영문 칼럼을 꾸준히 작성함.

　　　　식물추출물 항균활성 비교 실험 보고서 수정 – 2학년 때 진행한 비교 실험의 유효성을 밝히기 위한 검증 실험과 설문조사를 진행하여 실험 보고서를 수정함.

▶ 동아리활동

1학년　사회과학 연구/자율동아리–방송부 CBN

　　　　'PD가 되어 프로그램 만들기'활동—올바른 소비 습관을 장려하고 수익성을 고려한 재무 활동을 추천하는 재무설계 방송 '돈 잘 쓰는 예쁜 누나' 기획.

　　　　'판결문 분석으로 세상 바라보기'활동—몰카 범죄와 연명치료 중단에 대한 판결문 분석. '판결 VS 판결' 독서로 추가 탐구 진행.

2학년　응용과학탐구 2–'진로 잡지 만들기'를 통해 생명공학 관련 주제로 자료를 조사하여 영문 잡지를 구성, 정리하여 'My_ology'라는 제목으로 발표함.(자소서 기술)

　　　　나만의 칼럼 작성하기 – 통계로 본 국제문제에는 회귀분석이 가능한 주제를 조사하여 가난할수록 의료 서비스를 받기 어려운 현상의 심각함을 인지하고 추가조사를 통해 '대한민국 건강 불평등 보고서' 칼럼을 작성함.

　　　　탐구쟁이 자율동아리 – 탐구실험 진행 및 보고서 작성.

3학년   응용과학탐구 3—'톡톡 바이오 노크'를 읽고 독서 토론을 수행 후 항생제 내성 인식과 폐의약품에
        대한 올바른 폐기를 권고하는 '항생제 내성 인식 고취 캠페인', '폐의약품 캠페인'으로 이어 진행함.
        HappyTimes 기사 게재—학교의 유행어 happytime을 변형해 수능특강 독서와 평가원 기출에
        등장한 생명과학 분야 관련 이슈를 요약한 기사를 매달 화장실 문에 부착하여 막간을 이용한 국
        어 학습을 도움. 다른 주제의 기사를 써달라는 친구들의 요청도 받음.(자소서기술)
        재난안전 동아리(SOS)—교내 심폐소생술 활동 진행

▶ 수상내역
1학년   물리 및 공기역학 응용 경진대회(멀리 날리기 부문) 은상(3위)
        제2외국어 고전 및 현대문학 독후감 대회(일본어 현대문학부문) 금상(2위)
        표창장(선행부문)
        교과 우수상(통합과학, 체육)
        독서능력 표창제(Bronze부문)
2학년   독서능력 표창제(Silver 부문)
        스팀 융합독서대회 은상(3위) 자소서 기술
        교과 우수상(AP 환경과학)
        ACG 표창(이타적 품성 부문)
        ACG 표창(창의적 지식 부문)
        융합과학탐구대회 동상(4위) 자소서기술
        독서능력 표창제(Gold 부문)
        교과 우수상(스포츠생활)
        표창장(봉사부문)

최종합격 대학분석

● 성균관대학교 학생부 종합 전형/학과 모집/이웃사랑전형

▶ 전형방법 및 최저학력기준

전형방법	전형요소별 반영 비율 : 서류평가 100% – 학업역량, 자기 주도적 학업태도, 전공분야에 대한 관심과 열의, 글로벌 창의 리더로서의 발전 가능성을 종합적으로 평가
제출서류	서류(학생부, 자기소개서)를 종합적으로 정성 평가함
서류평가	학생의 성적뿐 아니라 재능, 적성, 잠재력 등 다양한 특성을 종합적으로 고려하여 학업역량 50%(학업 우월성 250점, 학업 충실성 250점), 개인 역량 30%(전공적합성 150점, 활동 다양성 150점), 잠재역량 20%(자기주도성 100점, 발전 가능성 100점) 반영하여 선발
면접평가	없음
수능최저 학력기준	없음

● 성균관대학교 – 학생부 종합전형 (2023학년도 대입 시행계획 기준)

▶ 전형방법 및 최저학력기준

모집인원	학생부 종합 전형(학과 모집 630명, 계열 모집 417명) 약학부–학생부 종합 30명
전형방법	전형요소별 반영 비율 : 서류평가 100% 지원 모집단위가 속한 계열(인문/자연) 및 학과(약학) 별 서류평가 취득 총점 순으로 최종 합격자를 선발함
제출서류	서류(학생부, 자기소개서)를 종합적으로 정성 평가함
서류평가	변동 없음 *우선순위 영역 학업 수월성 → 학업 충실성 → 전공적합성 → 활동 다양성 → 자기 주도성 → 발전 가능성
면접평가	없음
수능최저 학력기준	없음

● 중앙대학교/학생부 종합 전형/고른 기회 전형/기초생활수급자 및 차 상위 계층

▶ 전형방법 및 최저학력기준

전형방법	전형요소별 반영 비율 : 서류평가 100% – 학업역량, 자기 주도적 학업태도, 전공분야에 대한 관심과 열의, 글로벌 창의 리더로서의 발전 가능성을 종합적으로 평가
제출서류	학교생활기록부, 자기소개서 등을 근거로 지원자의 학업 및 교내 다양한 활동을 통한 성장 가능성을 종합적으로 평가
서류평가	1) 학교 교육과정을 성실히 이수하며 쌓아온 자기 주도적 활동 경험을 평가 2) 교과 성적뿐만 아니라 각종 교육 활동에서 발휘한 학업 소양 3) 교육 활동의 결과도 중요하지만 과정 중에 배우고 느낀 점을 중요하게 평가 인재상 – 학교생활에서 학업과 교내의 다양한 활동을 통하여 균형적으로 성장한 학생
면접평가	없음
수능최저 학력기준	없음

● 중앙대학교 – 학생부 종합전형 (2023학년도 대입 시행계획 기준)

▶ 전형방법 및 최저학력기준

모집인원	학생부 종합 전형 (다빈치형 인재 526명,탐구형 인재 408명,사회통합 20명,고른 기회 438명) 약학부–다빈치 인재 12명, 탐구형 인재 15명, 고른 기회(기초생활수급자 5명)
전형방법	전형요소별 반영 비율 : 다빈치형 인재(1단계 : 서류 100, 2단계 : 1단계 성적 70+면접 30), 그 외 종합 전형(서류100)
제출서류	서류(학생부, 자기소개서)를 종합적으로 정성 평가함

변경 사항	• SW 인재 전형 폐지(소프트웨어학과만 모집) → 다빈치형 인재, 탐구형 인재로
	  분할하여 선발
	• 고른 기회 수시모집 확대 및 자격별 별도 전형으로 선발
	  − 농어촌학생 전형, 기초생활 수급자 및 차상위계층 전형으로 분할하여 선발
	  − 2023학년도 농어촌학생전형 총 132명, 기초생활수급자 및 차상위계층 66명
	• 사회통합전형 지원 자격 일부 변경
	  − 다자녀의 가정(2022학년도 3자녀 이상 → 2023학년도 4자녀 이상)

서류평가 면접평가	변동 없음 / 없음
수능최저 학력기준	없음

▶ 수시지원 합격/불합격 여부

지원대학	지원전형	지원모집단위	1단계 합불	최종 합불
성균관대학교	이웃사랑전형	약학과	합	합
중앙대학교	고른기회전형	약학과	합	합
덕성여자대학교	기회균등전형	약학과	불합	불합
카톨릭대학교	기회균등전형	약학과	불합	불합
단국대학교	기회균등전형	약학과	합	불합
전북대학교	기회균등전형	약학과	합	불합

◯ 인터뷰 내용

1. 본인이 대학 학과 전형 선택한 이유?

저는 성균관대학교 약학대학에 재학 중인 하 채원 이라고 합니다.

성균관대학교 약학대학은 QS 세계 약학대학 43위로 평가된 최 상위 연구 중점 학교로 신약개발연구원을 목표로 하고 있는 제가 1순위로 합격하길 바라던 대학교 입니다.

저는 턱과 팔에 혈관 종을 달고 태어났고 이는 학창 시절 큰 콤플렉스였습니다. 저와 같이 불치병으로 고통 받는 사람들이 생각보다 훨씬 더 많다는 것을 알았고 치료물질을 발견, 개발하고 싶다는 생각에 약학과에 진학하게 되었습니다.

2. 고등학교 시절 학생부 관리를 위해 한 노력

저는 학교에서 이루어지는 모든 활동들을 진로와 연결하려 노력했습니다. 예를 들어 한국사 발표에서 향약구급방이라는 고려의학 서적의 내용을 주제로 다루거나, 일본어 시간에 면역항암제 개발에 큰 기여를 한 혼조 다스코 교수의 이야기를 발표하는 등 한국사나 일본어와 같이 약학과는 거리가 멀다고 생각되는 과목에도 과제가 주어지면 약학이라는 넓은 범주에 포함되는 약법, 물리 약학, 임상약학, 면역학, 인공지능 등 약학과 관련 있는 주제로 연결시켰습니다.

또 저는 유기화학이나 세포생물학, 생명과학, 화학, 창의 융합 과제 연구, 통계로 바라보는 국제문제 등 제 진로와 관련이 깊은 과목에서는 수업에 열의를 갖고 참여하고 활동에도 적극적으로 임했습니다. 내신이 아쉬운 과목에 대해서는 그 과목과 관련된 교내 대회에서 수상을 하거나 해당 과목에 대한 우수성을 부각할 수 있는 활동을 하는 등의 노력을 통해 충분한 약학도로서의 자질을 갖추고 있음을 보이려 노력했습니다.

3. 고등학교 시절 가장 기억에 남는 활동

2학년 2학기에 진행했던 천연추출물의 항균력 측정 실험이 가장 기억에 남습니다. 쑥, 어성초, 하고초, 병풀 등 항균력을 갖는 것으로 알려진 식물 7종을 열수 추출, 알코올 추출, 감압 추출하여 얻은 추출물의 항균력을 확인하고 측정하는 실험이었는데 모르거나 궁금한 것들을 과학 선생님들께 여쭤보고 또 여러 논문들을 찾아보고 실험 노트도 작성해 보고 또 과정에서의 오류를 찾고, 결과를 분석하면서 스스로가 성장하고 있다는 것을 느낄 수 있었고 신약개발연구원이라는 목표에 확신을 갖게 되었습니다.

4. 자기소개서 항목 중 가장 힘들었던 항목과 이유

가장 작성하기 힘들었던 항목은 중앙대학교의 3번 문항이었는데요. '지원자의 우수성을 보여줄 수 있는 사례를 기술하시오'라는 질문이 제게는 "네 자랑을 좀 해볼래?"

로 해석되었고 저는 일상에서 자랑을 해본 적이 없어서 제 자랑을 어떻게 진정성 있게 할 수 있을지 많이 고민했던 기억이 있습니다.

합격 소감과 후배들에게 하고 싶은 말

목표에 대한 확신과 욕심이 있었기 때문에 지난 2년을 그렇게 치열하게 보낼 수 있었습니다. 저는 재수를 하던 삼수를 하던 약학대학을 목표로 공부할 각오로 수험생 시절을 보냈고 동기들에 비하면 많이 부족하지만 운이 따라주어서 1지망이었던 학교에 합격할 수 있었던 것 같습니다. 제가 공부하는 동안 주변에서 도와주신 분들이 너무나도 많아서 합격했을 때는 감사한 마음이 가장 컸고 또 한편으로는 너무 팍팍하게 살았던 고등학교 시절이 조금은 후회되기도 했습니다. 응원의 메시지를 전달하기 위해 제 이야기를 조금 해보겠습니다. 저는 수학을 뒤에서 전교 30등 하던 수포자였습니다. 1학년 때는 기자를 꿈꾸다가 2학년 때 이과로 전향하여 약학도가 되는 것을 목표로 삼았습니다. 1학년 겨울방학부터 약학대학에 진학하기에는 턱없이 부족한 수학, 과학 성적 끌어올리기에 집중했고 3학년 1학기에는 수학 과목에서 석차 1을 찍고 교내 수학 올림피아드에서 수상을 하는 등 수학에 가장 큰 자신감을 갖게 되었습니다. 후배분들도 저처럼 남들이 쫓는 것을 따라가고 막연한 목표를 갖기보다는 더 찾아보고 공부해서 본인이 충분히 확신하고 만족할 수 있는 것을 목표로 삼으셨으면 좋겠습니다.

전문위원이 바라보는 합격의 비결

차별성 있는 교육과정과 선택과목, 부족한 과목을 극복하기 위한 노력

하 채원 학생의 청심 국제 고는 1학년 정원이 100명 정도로 학년 당 인원이 적고 대부분의 우수한 학생들이 경쟁하는 구조이므로 내신 성적이 절대적으로 불리하다. 그래서 국제고의 장점을 살린 AP 미적분학, AP 화학, AP 환경과학 등 다양한 국제

관련 교과와, 심화과정의 이수 등 차별성 있는 학습뿐 아니라 다양한 학습과 활동에 적극적으로 참여하고 성장하며 학생부 종합 전형에 집중하여 내신 성적의 불리함을 극복했다. 특히 1학년 말~2학년 진로를 바꾸는 과정에서 수학 I, II 과목 등 자연계열의 새로운 과목의 개념을 학습하는데 어려움이 있었지만 부족한 점을 파악하고 조건을 바꾸어 보거나 여러 가지 예와 반례를 들어 선생님에게 질문하는 등 부족한 점을 극복하기 위하여 꾸준히 노력하여 성적 향상을 보여준 것도 주요했다고 생각한다.

진로 관련 심화 탐구활동에의 열정적인 참여와 성장

교내의 다양한 활동에 적극적으로 참여하고 그 과정에서 탐구와 연구를 통해 진로 역량을 키웠을 뿐 아니라 성숙한 인성과 소통 능력을 보여주어 글로벌 창의리더로서의 역량을 보여주었다. 그중 인상적인 것은 '약효를 나타내는 지표는 무엇일까?'(자소서 거론)라는 지적 호기심을 해결하는 과정에서 수 2에서 배운 미분방정식을 활용하여 변인들을 함수로 표현하여 확장 탐색하며 궁금증을 해결하여 융합탐구대회 수상을 하기도 하였다.

또한 AP 환경과학 시간에 마이크로 로봇을 이용한 환경정화기술(자소서거론)을 인식하고 관련 독서와 연결하여 확장, 심화 탐구하여 DDS 분야의 연구 동향과 약물이 신체에 적용, 전달하는 시스템을 탐구하여 스팀 융합독서 대회에서 수상하는 등 관심 분야의 지적 호기심을 해결하는 탐구과정에서 신약개발자로서의 창의성과 역량을 키워온 것에 대해 좋은 평가를 받았다고 생각한다.

IT와 건축의 만남

성균관대학교 학과모집전형 건축학부 합격
인천 인천고등학교 성민수

○ 1학년 때부터 꾸준히 관심이 있었던 코딩과 관련한 활동을 다양하게 진행한 학생으로, 3학년때 본격적으로 프로그램 코딩을 실생활에 접목하여 생활 환경적 요소 개선을 위한 탐구활동을 진행했다. 관심 있는 분야의 흥미와 역량을 키우기 위해 진로 교과목 선택에서도 프로그래밍, 기하 등을 수강하였고, 교과 활동에서도 빅데이터, 인공지능을 활용하여 통계를 내고 예측해보는 활동을 꾸준히 진행했다. 또한 동아리와 학급 내에서 크고 작은 역할을 맡아 성실하게 수행해내고 구성원들과의 화합이 잘 이끌어내어 리더십 및 공동체 활동에 대한 긍정적 평가도 눈에 띈다.

1~2학년때는 '코딩'이라는 활동에 집중했다면 3학년 때부터는 인공지능, 빅데이터 등의 요소를 활용하여 예측 시스템을 접하고 이를 코딩프로그램과 연결하여 직접 탐구해보는 등 코딩을 어떻게 실생활에 접목시킬지 고민한 흔적이 잘 드러난다. 또한 실생활과 밀접한 관련이 있는 건축 환경 등의 분야에서 이를 적용해보는 활동을 통해 향후 자신이 개발하고 싶은 프로그램이 어떤 목적과 효과를 낼 수 있는지를 드러냄으로써 기술 접목에서의 새로운 관점, 발전 가능성 등에서 좋은 평가를 받은 것으로 보인다.

1학년 때에 비해 2~3학년 때 성적이 우수한 편으로, 주요 과목이 1~2등급을 꾸준히 유지하고 있다. 미적 재능을 엿볼 수 있는 미술 과목에서도 우수한 성적과 선생님의 평가가 있었고 전반적으로 주요/비주요 과목들의 성적 편차가 적어 학교생활을 성실하게 참여했음을 알 수 있다

○ 스펙 분석

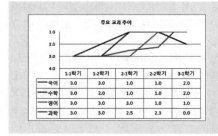

주요 교과 추이

	1-1학기	1-2학기	2-1학기	2-2학기	3-1학기
국어	3.0	3.0	1.0	1.0	2.0
수학	3.0	2.0	1.0	1.0	2.0
영어	3.0	3.0	3.0	1.0	1.0
과학	3.0	3.0	2.5	2.3	0.0

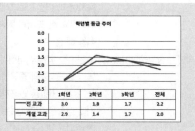

학년별 등급 추이

	1학년	2학년	3학년	전체
전 교과	3.0	1.8	1.7	2.2
계열 교과	2.9	1.4	1.7	2.0

▶ 자율활동

1학년   창의융합형 미래상상 과학캠프에 참가하여 로봇 작동을 위한 코딩을 비롯한 다양한 과학 실험을 수행
        과학의달 행사 및 과학특강을 듣고 향후 과학기술의 발전과 인재상을 이해하고 창의적 사고력을 함양
        학교폭력 예방 공연을 준비하면서 급우 및 선후배 사이의 이해심과 배려심을 키움
        수학 디자인 만들기 활동에서 다양한 수학적 원리를 접하고 수학 디자인을 스스로 설계해 봄
2학년   과학의달 Ted 과학 영상을 찾아보고 소감문 작성
        수학 체험전에서 교과, 구조, 도형, 게임 영역의 다양한 수학교구를 접해보고 수학의 심미성과 유용성 등 수학에 대한 호기심이 커지는 계기가 됨.
        디자인씽킹 프로그램에서 사람 중심의 문제해결 활동을 직접 체험하고 미래 인재의 핵심역량을 함양함
        학습클리닉 프로그램에 참여하여 목표에 따른 학습 계획을 실천한 뒤, 전문가들의 피드백을 수용하여 올바른 학습습관을 기르기 위해 재도전 함
3학년   학급 부반장 및 정보화기기 관리 도우미 역할 수행
        지구온난화와 관련된 다큐멘터리를 시청하고 지구온난화의 심각성에 대해 조별 토의를 진행하고 이를 알리기 위한 포스터를 제작함.
        사회과학적 이슈 특강을 통해 과학기술 관련 사회쟁점과 SSI 탐구 방법 및 연구사례를 조사함
        Good Morning N.I.E 프로그램에서 아침 자투리 시간을 활용하여 꾸준히 신문을 읽고 일지를 작성함.

'Iot, AI의 대중화로 인한 해킹과 사생활 침해 문제의 해결 방안'을 주제로 학급토의를 진행하고 블록체인을 이용하여 해킹 방지 방안을 제시함. 현재 발전된 과학기술로도 풀기 힘든 암호화 방식의 도입이 필요하다고 의견을 냄.

▶ 동아리활동

1학년 창의공학기술부 : 드론 자율주행 및 로봇 행동 프로그램을 코딩하여 실행해보고 수분감지 센서 아두이노를 제작해 봄. 동아리발표회에서 아두이노 사격장을 제작함.
'광섬유 램프'를 제작할 수 있는 체험 부스를 운영

2학년 창의공학기술부 : 동아리 부장으로 마이크로비트를 이용한 쥐잡기, 만보기 만들기 등 코딩을 이용하여 다양한 프로그래밍 활동을 진행함. 인공지능, 머신러닝의 작업 순서를 이해하고 한 도시의 최저기온과 최고기온의 데이터를 이용한 탐색적 자료 분석을 해 봄.

3학년 창의공학기술부 : '인공지능 학습법 머신러닝'을 조사하여 발표하였고, 이에 관심이 생겨 머신러닝과 인공지능의 종류에 대해 추가 학습함. 동영상 알고리즘, 문서 키워드 검색, 날씨 패턴 등 인공지능이 실생활에 적용된 사례들을 조사하며 미래 정보화 시대 상황을 예견해보는 높은 통찰력을 보여줌. 동아리 반장의 역할을 성실하게 수행해 냄.

▶ 봉사활동
1학년 911시간, 2학년 24시간, 3학년 1학기 5시간

▶ 진로활동

1학년 MCI 다면적진로탐색검사 결과 진로확신도와 진로 준비도가 높음
과학터치의 '일반인이 모르는 줄기 세포 이야기', '왜 기후변화가 문제일까?, 잃어버린 감각을 다시 찾을 수 있을까?, 온실가스를 자원으로'라는 활동 참여
'공학교실'에 참여 4차산업 혁명과 더불어 컴퓨터, AI발전 방향에 대해 배움

2학년 홀랜드 적성탐색 검사와 포스트 코로나 시대의 나의 진로에 관한 주제로 조사 연구하여 포스터를 제작함
학습성향진단 프로그램에 관심을 가지고 집중하여 자기주도학습을 다짐함
진로검사 해석강의를 통해 자신의 흥미와 적성을 고려한 진로, 진학의 방향을 탐색하고 성공적인 진로 설계가 될 수 있도록 현재 진로 장벽을 점검하고 학과와 전공에 대한 정보 탐색 능력을 성장시킴
고등 전공진로 체험활동에서 코딩 과정 분야의 스마트홈 교구와 스마트폰 코딩앱을 이용하여 간단한 사물 인터넷을 구현하는 체험을 통해 전문지식을 접하고 전공에 대해 깊이 있는 진로 탐색을 함

3학년 '양자컴퓨터로 비트코인을 깰 수 있다?'라는 기사를 통해 RSA암호를 통해 기술의 발전과 패러
다임의 변화에 따라 발전해야 함을 이해하고 해킹을 통한 피해보다는 도움을 줄 수 있는 프로그
래머가 되고 싶다는 진로 희망을 밝힘
'나 자산이 암호인 세상, 생체인식 보안' 관련 기사를 읽고 기존의 암호화 방식을 보완할 수 있는
생체인식의 장점에 대해 알게 됨
사물인터넷을 위한 새로운 임베이드 메모리 시스템 관련 자료를 읽고 네트워크 표준과 플랫폼
의 구현 과정에 대해 알게되고 IOT에 대한 전반적인 이해도를 높임
이진 분류문제에서의 딥러닝 알고리즘의 활용 가능성 평가에 관한 자료를 통해 이진 분류문제
에서 딥러닝 알고리즘을 활용할 수 있는 가능성에 대해 알게 됨, 또한 컴퓨터 공학에서 AI 관련
실험 방법, 개념, 확인 과정 등을 이해할 수 있는 계기가 됨

▶ 수상경력

1학년 봉사상
서평공모전 (장려 3위)
특색있는 학급활동우수학생
2학년 교과우수상(한국사,문학,수학 I)
봉사상
과학 연구활동 발표대회(공동수상, 5인)
교과우수상(언어와매체,수학 II ,기하,영어 II)
지도봉사상
3학년 과학 논술대회(동상 3위)
과학 물리경시대회(동상 3위)
AI&디지털 융합탐구 활동대회(공동수상,4인,은상 2위)
교과우수상(한국사,영어,독해와작문,화학 II ,지구과학 II)
모범상(봉사부문)

최종합격 대학분석

● 성균관대학교 건축학부 학과모집 전형 (2022학년도 기준)

▶ 전형방법 및 최저학력기준

전형방법	서류 100%
제출서류	학교생활기록부, 자기소개서
서류평가	• 학업역량, 자기주도적 학업태도, 전공분야에 대한 관심과 열의, 글로벌 창의 리더로서의 발전가능성을 종합적으로 평가 • 종합적 평가 : 학생의 성적 뿐 아니라, 재능, 적성, 잠재력 등 다양한 특성을 종합적으로 고려 • 개별적 검토 : 학생 개개인에 대하여 점수가 말해주지않는 맥락(context)을 해석 • 학업역량 50% + 개인역량 30% + 잠재역량 20%
수능최저 학력기준	수능 최저학력기준 적용하지 않음

● 성균관대학교 건축학부 학과모집 전형 (2023학년도 기준)

▶ 전형방법 및 최저학력기준

전형방법	서류 100%
제출서류	학교생활기록부, 자기소개서
서류평가	변동없음
수능최저 학력기준	수능 최저학력기준 적용하지 않음

※위의 내용은 2023학년도 전형계획 기준이며, 정확한 내용은 대학에서 발표하는 수시모집요강을 확인하시기 바랍니다.

▶ 수시지원 합격/불합격 여부

대학명	지원모집단위(학과)	전형명	최종 합격
성균관대학교	건축학(5년제)	학과모집전형	합격
서강대학교	컴퓨터공학	학생부종합	불합격
숭실대학교	소프트웨어학부	학생부우수자	불합격
경희대학교	응용수학과	학생부교과(고교연계)	불합격
중앙대학교	건축공학	학생부종합	불합격
중앙대학교	소프트웨어학부	학생부종합	불합격

자기 소개서

1. 고등학교 재학 기간* 중 자신의 진로와 관련하여 어떤 노력을 해왔는지 본인에게 의
미 있는 학습 경험과 교내 활동을 중심으로 기술해 주시기 바랍니다(띄어쓰기 포함
1500자 이내).

어릴 적부터 좋아하고 관심을 가졌던 컴퓨터공학, 프로그래밍 분야에 대한 확신이
있었기에 고등학교에 입학하여 관련 과목들을 적극적으로 선택 및 이수함과 동시에
동아리를 활용하여 파이썬, C++, C언어와 같은 언어를 실제로 활용해보고, 알고리즘
을 설계하는 경험을 할 수 있었습니다. 진로에 관련된 공부를 하다 보니 IT 분야에서
수학의 중요성을 지속적으로 느꼈으며 RSA 암호화 알고리즘에대하여 2학년 수학주
제발표를 통해 깊이 있는 이해를 시도해보았습니다. 해당 RSA공개 암호 시스템 과정
중 RSA 키 생성 시스템에페르마 소정리, 오일러 함수, 유클리드 알고리즘 등의 수학
적 원리가 사용되었음을 확인할 수 있었습니다. 이를 통해 기존 알고리즘의 경우 암호
키와 해독키가 동일하여 보안에 취약하였지만, RSA암호는 서로 다른 공개키와 비공
개키가 따로 존재하여 공개키를 알더라도 공개키와 비공개키의 조합이 다양하게 나올
수 있기에, 키를 알아내기 어렵게 하여 보안이 더욱 강력해짐을 알았습니다. 그렇다
면 현재에는 더 발전된 암호화 방식이 있지 않을까 하는 접근으로 암호화 방식의 발전
현황에 대해 조사하였고, 양자컴퓨터가 점차 현실화되며 RSA 암호화 방식도 위협받
고 있으며, 이에 대응하기 위한 양자내성암호가 개발되고 있다는 것을 추가적으로 알
수 있었습니다. 개발되고 있는 여러 양자내성암호 알고리즘으로 다변수 기반 암호, 코
드기반 암호, 격자기반 암호, 아이소제니기반 암호, 해시기반 전자 서명 등이 있고, 이
알고리즘이 Google의 Canary서비스에 적용되었다는 것도 알 수 있었습니다. 2학년
진로활동에는 'COVID-19으로 인한 IT 산업의 변화와 개발' 포스터를 제작하며 재택
근무, 스마트홈, 사물인터넷 등에 관심을가지게 되었고, 이에 3학년 과학 융합 과목에
서 IoT와 AI 연동을 통한 건축물 내 공기질 관리시스템에 대해 보고서를 제작하며 스
마트건물 자동제어 시스템을 위해 사용되는 기술 중 영상 감지 기술, 측정 정확도 향

상을 위한 앙상블 학습기술, 복합 제어를 이용한 알고리즘, 결함 탐지 시스템에 대해서 배울 수 있었습니다. IoT에 추가적인 관심을 가지게 되어 뉴로모픽 모델과 기계학습 모델을 지원하는 자율형 IoT 프로그래밍 패러다임을 제시하는 논문을 추가적으로 학습하였습니다. 이를 통해 사물인터넷의 종류 중 서버(게이트웨이)뿐만 아니라 클라이언트(센서)단에도 인공지능이 탑재되어 스스로 의사결정을 하고 물리 세계를 자율적으로 제어할 수 있는 자율형 IoT 기술이 발전되고 있음을 배울 수 있었습니다. 현재 IoT기술의 데이터 처리적 측면에서의 한계점과 이를 극복하기 위해 제시된패러다임에 대해서도 확인할 수 있었습니다.

고등학교 3년간 공학전반, IT산업 관련 활동을 하며, 4차산업시대를 맞이한 지금 패러다임의 변화가 무척이나 빠른 속도로 이루어지고 있음을 체감할 수 있었습니다. 이러한 변화에 발 맞추어 IoT, 보안, 인공지능 등에 대해 보다 깊이 있게 탐구하며 설계부터 시스템구축까지 건축산업 전반에 기여해보고 싶습니다.

☞ 강평

지원자는 진로 탐색을 통해 공학적 전문성과 창의성을 갖춘 공학인 모습이 자소서에 나타나 있다. 과학융합 과목에서 건축물 내 공기질 관리시스템에 대해 보고서에서 현대 건축과 도시가 안고 있는 문제들을 유기적으로 총체적으로 읽어내어 해결하려는 모습이 보인다. 그리고 지원자의 의미있는 학습 경험에서 건축적 시각과 상상력은 인문,사회,과학,기술,예술 분야를 총체적인 학문인데 인문, 예술분야 교과목인 세계사, 미술창작, 미술감상과비평 등 교과이수가 없다. 다만 1학년 MCI다면적진로탐색결과 그리고 2학년 홀랜드 적성탐색검사와 진로검사 해석강의 등 꾸준한 진로탐색으로 지원자 전공에 대한 탐색이 열정을 나타내 주고 있다. 마지막으로 지원자의 자소서에 일관성 있게 친구들과 원만한 관계를 이루며 동아리 리더와 학급 리더의 역할에서 다양한 삶을 수용하고 해결하는 역량에서 발전 가능성을 본다.

2. 고등학교 재학 기간* 중 타인과 공동체를 위해 노력한 경험과 이를 통해 배운 점을 기술해 주시기 바랍니다(띄어쓰기 포함 800자 이내).

저수학 성적이 오르게 된 제 경험을 바탕으로 고교 생활 동안 수학을 어려워하는 친구들을 도와주었고 이에 대해 친구들과 선생님들께긍정적인 피드백을 받아왔습니다. 수학은 기본개념에 대한 이해가 핵심이라는 것과 문제 풀이 시, 문제를 분석하여 개념적으로 공략하는 방법 등을 알려주었습니다. 하지만 2학년 수학 I을 시작하며 수학에 어려움을 겪는 친구들이 늘기 시작했고, 저는 이 친구들에게 지수함수 개념을 설명해주고자 코로나 바이러스에 적용된 사례를 발표했습니다. 감염자 한 명이 바이러스를 옮기는 환자 수를 뜻하는 기초감염재생산지수를 기반으로 바이러스 발생 초기 감염 예측모델이 지수함수의 모형을 따르고 있음을 그래프와 함께 설명하였습니다.

많은 친구들이 관심을 가져주어 3학년 발표는 전염병 예측에 가장 많이 쓰이는 SIR 모델의 수학적 원리를 주제로 진행하였습니다. 시간에 따른 변화를 예측할 수 없다는 한계점이 존재하는 기초감염재생산지수 방식과 달리 SIR 모델은 시간에 따라 감염에 노출된 취약자(S), 감염자(I), 감염에서 회복한 사람(R)의 비율을 고려하여 예측할 수 있고, S, I, R을 각각 시간(t)으로 미분하여 변화율을 구하는SIR 모델에 대해 탐구하여 알려주었습니다. 친구들에게 조금 더 친밀하게 수학을 알려주고자 시작한 일이었지만, 기본개념 정리, 응용문제 풀이에서 더 나아가 기초감염 재생산지수, SIR 예측모델까지 심화탐구를 진행하며 스스로도 발전한 계기가 되었습니다. 특히 예측모델링은 건축학과에 진학하여 능동적 건물유지에 관련된 여러 모델들을 실제로 구현해보고 싶은 동기부여까지 되었습니다.

☞ 강평

지원자만의 강점인 수학교과목을 통해 공동체에 노력한 경험이 잘 기술되어 있다. 그리고 수학교과목 연계한 실생활 적용사례가 진로와 연계까지 이어진다. 학생은 전문적 지도 기반을 성실히 추구하는 실재형을 보이고 있다. 좋은 사람, 완벽하고 훌륭한 사람이라는 가면으로 자유로진 모습이다. 진솔한 자기만의 색깔이 있는 글로 표현

되었다. 평가자 입장에서 이 과정을 통해 진실한 자신을 찾아가기 위한 부분이 추가되었으면 어땠을까? 여운이 남는다.

3. 성균관대학교와 해당 모집단위에 지원하게 된 동기와 관련하여 본인의 노력을 구체적으로 기술해 주시기 바랍니다(띄어쓰기 포함 800자 이내).

저는 평소 수학과 4차산업에 관심이 많았기에 인공지능과 수학의 연관성에 대한 이해는 물론, 그것을 건축에 어떻게 적용할 수 있을지 고민하였습니다. 인공지능의 경우 베이즈 추론의 원리 탐구를 시작으로 베이즈 추론이 왜 인공지능 학습법으로 채택이 되었는지 궁금증을 가지고 탐구를 진행하였습니다. 그 과정에서 기존 확률론과 비교하며 베이즈 정리가 가지는 원리와 장점에 대해서 알게되었고, 그 결과 연역적 추론에 기반하는 기존의 확률과 달리 베이즈 추론은 경험적, 귀납적이기에 확률값이 고정적이지 않고 새로운 데이터에 따라 그 확률수정이 가능하기에 방대한 수집 데이터를 통해 학습하는 인공지능의 학습방식에 적합하다는 결론을 얻었습니다. 여기서 더 확장하여 인공지능의 여러 학습법과 분류 기준에 대한 추가적인 탐구도 진행하였습니다. 이처럼 저는 표면적인 부분만 이해하는 것이 아닌 깊이 있는 학습 방법을 지향하고, 궁금증을 통해 생각을 확장하며 단계적으로 지식을 쌓는 학습을 해왔습니다.이후 스마트홈 구현 활동을 하면서 앞으로 건축 역시 빠른 속도로 변화할 것을 확신할 수 있었고, 이에 학교생활 동안 탐구한 인공지능, 사물인터넷 기술, 암호화 기술들을 융합하여 쾌적한 환경은 물론 보완성 또한 갖춘 스마트 건물에 대해서 공부해보고 싶다는 목표를 가지게 되었습니다. 성균관대학교 건축학과에 진학하여 빠르게 변화하는 4차산업 패러다임에 맞춰 건물 사용자들의 편의성과 삶의 질 향상은 물론, 보안문제까지도 통합적으로 다룰 수 있는 사람이 되어 스마트 건물의 운용 시스템의 미래에 대해서 고민해보고 직접 설계하는 인재로 성장하고 싶습니다.

☞ 강평

　인간의 삶의 담는 건축의 역사에 패러다임 변화의 시대가 도래하였다. 학생의 자소서에는 4차 산업에 맞춘 건물 사용자의 편의성 및 삶의 질 향상, 물론 보안 문제까지 통합적으로 다루는 부분이 기술되어 있다. 새로운 영역의 도전인 기존(건축)과 융합(컴퓨터)이 전문성 확장 부분이 인상적이다. 다만 모집단위에 지원하게 된 동기와 구체적인 노력인 활동과정을 통한 자기극복의지와 역경극복 나타나 있지 않은 부분이 아쉬움이 있다. 지원자 관심 분야인 컴퓨터에 대한 호기심을 갖고 지속적 학습을 통해 새로운 영역의 도전에 높이 평가한다.

합격 수기

1. 성균관대학교 건축학과 학과모집 전형을 선택하게 된 결정적 요인은 무엇인가요?

　원래는 프로그래머라는 목표를 가지고 1학년 때부터 컴퓨터 공학과, 소프트웨어학과에 진학하는 것을 목표로 활동을 해왔습니다. 그러던 중 2학년 때 학교 활동을 통해서 스마트홈 기술을 접하게 되었고, 발전된 기술을 건축물에 적용하여 사람들의 삶의 질을 직관적으로 높일 수 있다는 점에서 저에게 큰 흥미를 안겨주어서 건축물, 건축물에 적용된 기술에 관심을 가지게된 계기가 되었습니다. 이후에도 컴퓨터 공학 관련 활동을 계속 해오던 중 정진규 선생님을 만나게 되었습니다. 선생님과 원서 제출할 학교를 정할 때 제가 가장 가고싶은 대학교는 성균관대학교였지만 제 내신은 2초반대로 컴퓨터 공학과에 진학하기에는 턱없이 부족한 성적이었습니다. 그렇기에 선생님께서 제 생기부 활동을 기반으로 건축학과를 추천해주셨고, 저 또한 건축에 관심을 가지고 있었기에 성균관대학교 건축학과 학과모집 전형을 선택하게 되었습니다.

2. 학교생활기록부 관리에 대한 나름의 노하우를 알려주세요.

먼저 학교 선생님들과 친근한 관계를 가지고 성실한 이미지를 형성하는 것이 가장 중요한 것 같습니다. 학생에게 생기부 작성을 해오라고 맡기는 선생님들도 계시지만 보통 선생님이 직접 작성하시기 때문에 평소 수업 때 열심히 참여했던 학생들의 생기부를 더 신중하게 작성해주시고, 한글자라도 더 적어주시는 경우가 많습니다. 또한 선생님께 자신이 원하는 생기부 내용에 대해서 어필할 때도 이런 학생들의 경우, 기분 좋게 승낙해주시는 경우가 많았습니다.

다음으로 ppt 발표나 보고서 작성 수행평가나, 활동이 있을 때 되도록 다 참여하여야 하고, 자신의 진로와 관련된 소재를 잡는 것이 좋습니다. 꼭 쌤이 하라고 이야기하지 않아도 개인적으로 여쭤봐서 보고서를 제출하거나 발표하는 것도 괜찮습니다. 또한 점점 심화되어가는 과정이 보이는 것도 중요한 것 같습니다.

3. 자기소개서의 작성과정을 설명해 주세요. 자기소개서를 작성할 때에 가장 정성을 기울인 문항은 몇 번이고 이유는 무엇인가요?

자기소개서를 작성하기 전에 먼저 생기부에서 지원학과와 관련 지을 수 있는 소재들을 찾아서 표시를 했고, 이 소재들을 가지고 어떤 활동이었는지, 무엇을 깨닫고 얻게 되었는지에 대해서 정리하는 활동을 했습니다. 그 후에 개연성 있는 자기소개서를 완성시키기 위해서 정리했던 소재 중, 연결될만한 소재들을 가지고 자기소개서 작성을 시작했습니다.

저는 자기소개서 문항 중에서 1번문항에 가장 정성을 기울였던 것 같습니다. 저는 1학년 때부터 컴퓨터공학에 목표를 두고 활동을 해왔기 때문에 건축학과에 지원하게된 이유를 자기소개서를 통해서 풀어야하는 입장이었습는데, 문항 사이에서 1번 문항이 이러한 이유를 가장 잘 녹여낼 수 있는 문항이었기에 가장 정성을 들여서 작성했습니다.

4. 성균관대를 지원하려고 준비하는 후배학생들에 도움이 되는 이야기를 부탁드립니다.

물론 열심히는 해야겠지만, 내신이 다소 부족하다고 기죽지 않았으면 좋겠습니다. 성균관대학교에 학종으로 온 친구들과 이야기해 본 결과 내신은 조금 부족했지만 활동을 열심히 해서 추가합격된 친구들이 꽤나 많았습니다. 희망 잃지않고 끝까지 열심히 준비했으면 좋겠습니다.

저희 대학교는 대부분의 다른 대학들과 달리 오티를 오프라인으로 진행하고, 새터(새내기 배움터)까지 진행합니다. 그렇기 때문에 처음 본 친구들과 게임을 하면서 금방 친해질 수 있고, 선배님들과 좋은 관계를 형성할 기회가 자연스럽게 생겨서 좋습니다. 또한 선배님들과의 밥약 문화가 잘 활성화 되어있어서 선배님들께 밥을 얻어 먹으면서 자연스럽게 친해질 수 있는 기회가 자주 생기기 때문에 성균관대학교에 진학하게 된다면 정말 재미있는 학교생활을 할 것이라고 장담할 수 있습니다.

그리고 건축학과 한정해서 어시라는 문화가 있는데 1학년과 고학년이 서로 도와주는 어시스트 관계를 맺어서 고학년은 1학년에게 작품에 대한 조언을 하고 도움을 주고, 1학년은 고학년에게 노동력을 제공하게 되는데 선배님이 작업 외에도 여러 학교활동에 관련된 조언들도 많이 해주셔서 정말 편하게 학교생활 하실 수 있을겁니다.

전문위원이 바라보는 합격의 비결

성균관대학교는 건축 · 도시 분야의 글로벌 리더양성을 목표로하는 만큼 학생의 재능, 적성, 잠재력등을 포함하여 학업역량, 자기주도적 학업 태도, 전공분야에 대한 관심과 열의, 글로벌 창의 리더로서의 발전 가능성 등을 종합적으로 평가하고 있다. 이에 높은 점수를 받기 위해서는 위와 같은 인재상에 부합하며 학업 역량과 전공 적합성, 인성, 그리고 발전 가능성 또한 훌륭한 학생을 드러내야한다. 성민수 학생의 학교생활기록부는 얼핏 봤을 때 소프트웨어학과를 준비하는가 싶을 정도로 코딩과 관련된 활동이 집중적인데, 이러한 활동을 자기소개서에서 건축과 어떻게 접목시켜 풀어나갈 것인지 잘 보여주고 있다. 특히 빠르게 변화하고 있는 현대인의 삶에 건축물에 다양한 스마트 건물 운용 시스템을 적용하여 사용자들의 편의성은 물론 삶의 질 향상과 보안 문제까지도 통합적으로 다룰 수 있는 인재로 성장하고 싶다는 포부는 학생의 뚜렷한 목표를 보여주어 좋은 결과를 얻은 것으로 보인다.

1) 학업 역량

전과목의 학업성적이 고른 편으로, 학교생활에 성실히 임했음을 보여주고 있다. 특히 1학년에 비해 2, 3학년때 전과목 성적이 향상되어 학업 성취도에서 좋은 평가를 받을 수 있었을 것이다. 진로교과목 선택에서 프로그래밍을 선택하여 코딩을 꾸준히 학습하면서 문제점을 인식하고 개선하기 위해 기술적인 노하우들을 터득해나가는 모습을 엿볼 수 있다. 또한 여러 교과목에서배운 내용과 접목하여 빅데이터, 인공 지능과 관련된 탐구활동을 진행하고 예측가능한 시스템에 대한 관심을 드러내고 코로나시대에 급격히 발전한 IOT 스마트홈 기술에 대한 탐구를 진행하며 자신의 관심 분야에 대한 지적호기심과 이를 충족시킬 수 있는 학업 역량 등에서 좋은 점수를 얻었다고 볼 수 있다.

2) 전공적합성

지원자는 창의융합 미래상상 과학캠프 자율활동 고 창의공학 기술부 동아리활동 등 프로그래밍을 비롯한 공학분야 지적호기심이 있다. 예들 들면 한 도시의 최저기온과 최고 기온의 데이터를 이용해 탐색적 자료분석 사례가 있다. 그리고 인공지능이 실생활에 적용한 다양한 사례들을 조사하여 4차산업 혁명에 따른 미래 정보화 시대 상황을 예견해 보기도 하였다. 마지막으로 사물인터넷을 위한 새로운 임베이드 메모리 시스템 관련 자료를 읽고 네트워크 표준 과 플랫폼의 구현 과정과 IOT 학습에 대한 호기심이 나타나 있다. 이렇듯 다양한 지적호기심이 자율활동, 동아리 활동에 나타나 있다.

3) 인성

동아리 부장으로 활동과 학급 반장 활동을 통해 책임감과 리더십 발휘하였다. 그리고 3년 내내 봉사활동을 꾸준히 하였다. 행동특성 및 종합의견에서 전반적으로 타인에 대한 배려와 이해심이 깊으며 따뜻한 학생으로 수업태도가 바르다는 것이 일관성 있게 기술되어 있다. 특히 다만 역경극복의지나 지식의 탐구를 통한 성찰하는 부분이 미비한 부분이 있다.

4) 발전가능성

수학 과목에 대해 열의와 탐구심을 높고 독창적인 사고방식과 수학적 통찰력이 있다. 수학과목이 1학년 3등급, 2학년 1등급, 3학년 2등급으로 성적이 변화하였다. Zimmerman, Bandura 연구 논문에서 학업성취도가 자기효능감에 영향을 주는데 수학 교과목이 40.2% 가장 큰 영향을 주는 것으로 나타났다. 이렇듯 지원자는 수학 교과목 성취의 성공경험을 통해 대학생활에 발전가능성이 예상된다.

"인류의 삶에 도움을 주는
신소재 공학도"

연세대학교 학생부교과(추천형) 신소재공학과 합격
인천시 동인천고등학교 강송현

○   강송현 학생은 매사에 요령을 찾고 빠른 길을 찾기보다는 정도를 찾고, 순리
대로 행동하고 실천하는 학생이다. 스스로 사람들의 바닥이 되어 받쳐주는 느낌이 강
한 학생이지만, 학급 반장과 동아리 회장 등을 하며 강한 리더십을 발휘하기도 한다.
대부분의 과목에서 멘토활동을 하면서 친구들의 학습에 대해 답변을 해주는데, 친구
들이 무안해 하지 않을까 배려하며 이해하기 쉽게 설명해 주는 모습이 보인다는 의견
들이 생활기록부 곳곳에서 보인다.

일찍부터 신소재공학도로서 진로를 정하고, 장기간의 계획을 세우고 다양하게 노
력하는 모습이 담임선생님의 의견처럼 '진국인 학생'이라는 말이 절로 나오게 한다.

어린이 도서관 자원봉사를 2년간 꾸준히 하며 인성적인 면에서도 부족함이 없는
모습이 보인다. 또한 학급 반장과 부반장, 동아리 부장, 동아리 회장, 학교 행사 도우
미, 축제 행사 진행요원 등, 다양한 책임을 맡아 활동하며 교내 활동에 매우 적극적
이었다.

공부만 잘하는 학생이 아니라 '살아있는 백과사전'이라는 별명을 얻으며 다양한 분야에서 박학다식한 모습을 보이지만, 스스로 머리가 되는 것이 아니라 조용한 가운데 친구들과 어울리는 모습은 지켜보는 이로 하여금 감동을 주기까지 한다.

'삶에 충실할 수 있게 돕는 소재'를 연구하겠다는 신소재공학도로서의 꿈에서도 공공의 편리한 삶을 먼저 생각하는 순수한 모습을 엿볼 수 있다. 신소재공학도가 되기 위해 고등학교 3년간 계획을 갖고 차곡차곡 이뤄나갔듯이 인류의 삶에 도움을 주는 공학자가 되기를 응원한다.

스펙 분석

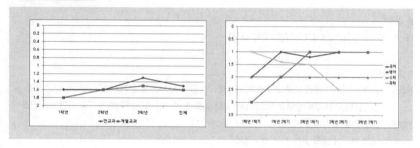

▶ 자율활동

1학년   교과 융합의 날 '항공 우주, 기초 과학 코스'에 참여,
　　　　기초 과학 지원 연구기관 방문
2학년   '지속 가능한 발전을 통한 세계시민으로 성장하는 우리'를 주제로 소감문 발표
　　　　4차산업 시대에 지속 가능한 발전에 이바지할 화학 공학 분야의 전문가를 꿈꾸는 세계시민으로서의 노력에 대해 발표
　　　　1학기 학급 반장
3학년   '과학클래스 업!' 프로그램 참여. '세상을 바꾸는 힘, 신소재' 강연을 듣고, 신소재 원천기술의 확보의 중요성에 대해 소감문 작성 및 발표
　　　　1학기 학급 부반장
　　　　지구 환경 보존을 위해 자신이 할 수 있는 일들에 대해 활동지 장성

▶ 동아리활동

1학년 물리 학술동아리

일상생활에서의 파동 현상을 연구하고자 수면파 발생장치를 이용한 파동의 간섭을 알아보는 실험을 함 – 하위헌스 원리와 굴절 법칙에 대해 발표함.

슬릿 실험에서 빛의 파동성을 알아보고자 이중 슬릿을 제작함

'광섬유 램프'를 제작할 수 있는 체험 부스를 운영

2학년 물리부 (동아리 부장)

염료 감응형 태양전지의 염료별 전압 차에 의한 효율성 차이를 탐구함.

태양관 자동차 만들기를 타 동아리 학생들에게 발표하는 과정에서 광전효과에 대해 설명함.

3학년 물리부 (동아리 회장)

기후변화 자원순환과 관련하여 분리수거를 실천하자는 환경신문 제작

'우리의 실천으로 새로운 미래가 온다'라는 환경 글을 발표함

닥터블레이드 공정 방법의 문제점을 조사한 후 해결방안을 고안하고, 열처리의 역할에 대해 토의 활동을 함.

▶ 봉사활동

1학년 911시간, 2학년 24시간, 3학년 1학기 5시간

▶ 진로활동

1학년 청소년 기업가 체험 프로그램 참여, 4명의 모둠을 구성하여 창업 아이템과 계획서 작성 제출

진로탐탐 아카데미 '발명과 특허'에서 '심의 배출과 보관이 용이한 샤프펜슬'을 고안하여 발표

2학년 진로 멘토 특강에 참가.

미래 메이커 창의 융합 진로 캠프 참여.

3학년 진로탐탐 아카데미 '개념탄탄 물리학 실험'에 참여, 전자기파 발생장치를 이용하여 제작한 자동차에 전류를 흐르게 하여 조작.

시교육청에서 주관한 고교대학 연계프로그램 중 00대 수시 모의 전형 참가

'논문 읽기 활동 발표 한마당'에 학술동아리 '심층 신소재연구반'의 동아리장으로 참가하여 'X선 회절 패턴 등을 이용한 결정구조 분석'이라는 주제로 이차원 X선 회절 패턴 및 분자모자 방법을 이용한 고분자 결정구조 분석 등의 논문을 읽고 보고서 제출

▶ 수상경력

1학년   진로체험학습 감상문 경진대회 (우수상 2위)

           1학기 교과 우수상 (통합사회, 세계사, 통합과학, 생명과학1, 한문1, 과학탐구실험. 음악)

           표창장(봉사부분)

           나의 꿈 발표대회 (장려상 3위)

           학생발명품경진대회 (장려상 3위)

           창업경진대회 (최우수상 1위)

           창의 독서 대회 (우수상 2위)

           창의구조물 CAD 경진대회 (장려상 3위)

           2학기 교과 우수상 (국어, 통합사회, 세계사, 통합과학, 공학일반, 음악)

2학년   서평 쓰기 대회 (장려상 3위)

           과학 퍼즐링 대회(화학부분) (최우수 1위)

           창의 발명 아이디어 대회 (우수 2위)

           1학기 교과우수상 (문학, 영어1, 화학1, 일본어1)

           표창장 (지도 봉사부분)

           우리말 겨루기 대회 (우수상 2위)

           논문 읽기 활동 보고서 발표대회(자연 이공부 부문 (최우수상 1위)

           SW 해커톤 챌린지 대회 (우수 1위)

           창의 독서 발표 대회 (장려상 3위)

           2학기 교과 우수상 (화법과 작문, 독서, 영어2, 운동과 건강, 정보, 일본어1, 정보처리와 관리)

           표창장(지도봉사부문)

3학년   STEAM 페임 랩대회

           1학기 교과 우수상(한국사, 영어독해와 작문, 생명과학2)

           표창장(지도봉사부문)

최종합격 대학분석

● **연세대학교 학생부교과(학교장추천형)전형 신소재공학부 (2022학년도 대입 기준)**

▶ 전형방법 및 최저학력기준

전형방법	1단계 : 학생부 교과성적을 정량평가로 100% 반영함 2단계 : 평가대상자에 한하여 면접평가를 실시하고 1단계 점수와 합산하여 　　　　최종합격자를 선발함 (학생부교과 60% + 면접평가 40%)
제출서류	학교생활기록부, 자기소개서
서류평가	가) 평가내용 : 제출서류를 바탕으로 학업역량, 전공적합성, 인성, 발전가능성 등을 종합평가함 　– 비교과영역은 학교생활기록부에 기록되어 있는 내용만 평가에 반영함(비교 　　과에 관한 증빙 서류 및 기타서류는 제출 불가) 　학업역량 (학업성취도, 학업태도와 학업의지, 탐구활동) 　전공적합성 (전공 관련 교과목 이수 및 성취도, 전공에 대한 관심과 이해, 전공 　관련 활동과 경험) 　인성 (학업능력, 나눔과 배려, 소통능력, 도덕성, 성실성) 　발전가능성 (자기주도성, 경험의 다양성, 리더십, 창의적 문제해결력) 나) 평가방법 : 다수의 평가위원에 의한 종합평가
면접평가	가)평가내용 : 제시문을 바탕으로 대학 수학에 필요한 기본 학업역량을 평가함 나) 평가방법 : 면접 당일 지원자가 현장에서 녹화한 영상을 복수의 평가위원이 평가함 다) 출제 교육과정 과목명 안내 : 수학, (수학, 수학1, 수학2, 미적분, 확률과 통계, 실용수학, 기하, 경제수학, 수학 과제 탐구) 과학 (물리학1, 물리학2, 화학1, 화학2, 생명과학1, 생명과학2, 지구과학1, 지구과 학2, 통합과학, 과학탐구실험, 과학사, 생활과 과학, 융합과학) (2015 개정 교육과정 보통교과(공통 과목, 일반 선택, 진로 선택 2015 개정 교육과정 내의 타 교과(군)의 보통 교과 내용이 포함될 수 있음) ※ 수리, 통계자료 또는 과학관련 제시문이 포함될 수 있음
수능최저 학력기준	없음

● **연세대학교 학생부교과(학교장추천형)전형 신소재공학부 (2023학년도 대입 기준)**

▶ 전형방법 및 최저학력기준

전형방법	전년도와 같음
제출서류	전년도와 같음
서류평가	전년도와 같음
면접평가	전년도와 같음
수능최저 학력기준	없음

▶ 수시지원 합격/불합격 여부

지원대학	지원모집단위(학과)	지원전형	1단계 합불	최종 합불
서울대학교	재료공학부	지역균형선발전형	1단계 없음	불합격
연세대학교	신소재공학과	학생부교과(추천형)	1단계 합격	합격
고려대학교	신소재공학부	학교추천	1단계 없음	불합격
한양대학교	신소재공학부	학생부종합(일반)	1단계 합격	합격
성균관대학교	공학계열	학생부종합(계열모집)	1단계 없음	불합격
중앙대학교	화학신소재공학부	지역균형	1단계 없음	불합격
유니스트	이공	일반전형		불합격
디지스트	기초학부	일반전형		합격

자기 소개서

1. 고등학교 재학 기간 중 자신의 진로와 관련하여 어떤 노력을 해왔는지 본인에게 의미 있는 학습 경험과 교내 활동을 중심으로 기술해 주시기 바랍니다(띄어쓰기 포함 1500자 이내).

저는 좋은 기술이 우선시해야 하는 것은 최고 성능이나 효율보다 '필요한 이와 필요한 곳'이라고 생각해왔습니다. 1학년 때 지역마다 다른 지구촌의 상황과 환경에 대해 배우면서 처음 적정기술에 대해 알게 되었습니다. 개발도상국 지역 및 소외계층의 필요에 맞춰 활용 가능한 기술과 솔루션을 공급한다는 것이 흥미로웠고, 그와 관련된 라이프스트로우에 대해 조사하였습니다. 필터와 활성탄을 단계별로 사용해 오염수를 정화시키는 라이프스트로우의 구조와 소재, 물 정화 방법 등을 조사하며 적정기술을 만들어낸 기술과 첨단 소재가 인간의 삶에 미치는 영향에 대해 생각하게 되었습니다. 2학년 때는 '지속 가능한 발전을 통한 세계 시민으로 성장하는 우리' 활동에 참여하였습니다. 현재의 성장을 이유로 미래세대가 사용해야할 자원까지 파괴하지 않아야 한다는 목표를 가지고 활동에 적극 참여하면서 특히 선진국의 환경보호, 빈곤 구제, 지역 간 불균형 해소를 위한 노력이 중요함을 알게 되었습니다.

3학년이 되어 화학 시간에 삼투 현상에 대해서 배우면서 역삼투 현상을 이용한 해수 담수화에 대해 조사했습니다. 그 과정에서 오염된 식수로 어려움을 겪는 지역을 위해 라이프 스트로우가 보급되고 있지만, 바닷물의 담수화는 여전히 어려워 식수 문제로 고통 받는 지역이 많다는 것을 알게 되었습니다. 이에 해수 담수화에 이용되는 RO필터의 여과 기능을 더 향상시킬 수 있지 않을까 하는 의문이 생겼고, 필터의 구조와 사용된 소재의 물성을 중심으로 탐구하였습니다. RO필터를 구성하는 폴리아미드 활성층의 우수한 투과 분리 성능과 pH에 대한 안정성, 폴리설폰 지지층의 높은 가수분해 안정성이 해수 담수화에 큰 역할을 함을 알게 되었습니다. 하지만 기존 RO필터보다 더 높은 성능을 끌어낼 수 있는 방법의 존재여부는 여전히 의문이었습니다. 이에 나노 소재의 성질을 고려, 지지층 첨가 물질로 친수성 기능기와 소수성 기능기를 도입한 두 종류의 CNT를 설정해 소재 개량 사고실험을 진행했습니다. 진행한 결과, 친수성 기능기를 도입한 CNT가 더 효율적일 것이라는 결론을 내렸습니다. 이후 같은 조건을 설정한 연구 논문을 조사하였고, 실제로는 개질 유무와 관계없이 CNT가 첨가된 지지체의 플럭스가 증가함을 알게 되었습니다. 나노 물질 첨가 아이디어는 좋았으나 고효율을 위해서는 설정한 2차 가설이 아닌 다른 방향의 개량이 필요하다는 결과를 얻어낸 것입니다. 또한 논문을 통해 표면 다공성의 향상, 폴리설폰 이외의 지지체 소재 탐구라는 심화 목표를 세우게 되었습니다. 제가 생각하는 '좋은 기술'의 조건에 부합하는 적정 기술 중 라이프 스트로우에 대한 탐구에서 더 나아가 RO필터의 향상방안을 탐구하면서, 소재는 우리에게 상생과 성장의 가능성을 준다는 생각이 들었습니다. 또한 실생활에 쓰이는 소재들의 물성을 분석, 향상 방안을 제시하는 과정에서 다양한 물성을 응용, 결합하는 신소재공학 분야를 더 공부해 '좋은 기술'을 만들어내는 공학자가 되겠다는 목표를 가지게 되었습니다.

2. 고등학교 재학 기간 중 타인과 공동체를 위해 노력한 경험과 이를 통해 배운 점을 기술해 주시기 바랍니다(공포 800자 이내).

저는 2학년 때 물리부 부장으로서 '반짝반짝 광전효과' 라는 이름의 실험 나누기 부스 활동을 이끌었습니다. 이 활동에서 "리더는 밀지 않는다네. 다만 앞에서 당길 뿐이지"라는 아이젠하워의 말처럼, 대화하고 분주히 움직이며 사람들을 앞에서 이끌어가는 리더십을 배운 경험이 있습니다.

선배들의 선례를 봤었기에 주제만 정해진다면 부스가 원활하게 운영될 것이라고 생각했는데, 코로나 사태를 만나게 되었습니다. 격주 등교는 소통을 단절시켰고, 의논을 위한 자리조차 어렵게 해 서로 익숙해질 수 없었습니다.

이를 해결하기 위해 저는 팀원과의 소통에 줌(ZOOM)을 이용했고, 조립법을 잘 설명하는 친구는 조립, 실험을 잘하는 친구는 실험, 원리를 잘 설명하는 친구는 설명 조로 나누었습니다.

저는 설명 조의 조장이 되어 부스 참여자들이 모두 물리를 잘 아는 것도 아니고, 이 부스의 목적은 참여자의 흥미를 이끄는 것이기에, 모두에게 쉬운 설명을 해야 한다는 과제를 제시했습니다. 과제 해결을 위해 저는 광전효과를 우화로 표현한 브라이언 그린처럼 간단한 꽁트로 광전효과를 표현하자는 아이디어를 냈습니다. 이에 금속의 파장보다 짧은 파장의 빛의 에너지를 받아 전자가 방출되는 것을 외부에서 들어온 팀원이 줄을 서 있던 팀원들을 밀어내는 연극을 이용해 설명했습니다. 각 팀원이 미는 힘에 따라 줄을 서 있는 사람들이 밀려나가거나 버티는 모습을 보며 물리를 몰랐던 체험자들도 광전효과를 잘 이해할 수 있었습니다. 예상치 못한 공동체의 소통 단절도 해결하고, 물리를 처음 접하는 사람들을 창의적인 방법으로 배려하며 유연하게 이끄는 리더십과 배려를 배웠습니다.

3. 고등학교 재학 기간(또는 최근 3년간) 읽었던 책 중 자신에게 가장 큰 영향을 준 책 2권을 선정하고 그 이유를 기술하여 주십시오(띄어쓰기 포함 800자 이내).
   - 선정 이유는 각 도서별로 띄어쓰기를 포함하여 400자 이내로 작성
   - 선정 이유는 단순한 내용 요약이나 감상이 아니라, 읽게 된 계기, 책에 대한 평가, 자신에게 준 영향을 중심으로 기술

선정 도서		선정 이유
도서명	빽넘버	자신감을 가지고 본 첫 시험에서 기대만큼 성적이 나오지 않았고, 좌절에 빠져 무기력했던 적이 있었습니다. 계속 좌절하며 멈춰있을 수는 없기에 동기부여가 필요했고, 그렇게 이 책을 접했습니다. 몇 권의 자기 개발서를 읽는 동안 좌절만 했었던 때가 후회스러웠는데, 살 날이 얼마 남지 않음을 모르는 채로 원치 않는 일을 하며 슬퍼하는 이 책의 인물들이 제게 '후회 없는 삶'에 대한 생각을 하게 했습니다. 특히 등에 얼마 남지 않은 숫자를 보인 채 가기 싫은 학원에 가는 아이는 너무나 주변에서 본 듯한 모습이어서 한 동안 생생히 떠올랐습니다. 그래서 '그 때 노력했으면 달라졌을까?'라는 후회를 하지 않도록 좌절만 하지 않고 주어진 상황에 충실히 노력하며 발전하는 사람이 되자는 모토가 생겼습니다.
저자/역자	임선경	
출판사	들녘	
도서명	신소재, 4차 산업혁명을 이끄는 힘	'4차 산업 혁명은 인간 중심의 산업혁명이다'. 제일 강렬했던 문장입니다. 이 책은 '신소재 연구'라는 막연한 목표만 있던 제게 디스플레이와 IoT라는 구체적 방향성을 잡아준 이정표 같은 책입니다. 과학 시간에 그래핀의 가치에 대해서 배우며 생긴 '결국은 반도체 소자가 끝이야?'라는 의문이 그래핀 6대 전략으로 해결되었습니다. 제가 몰랐던 분야들이 재료의 가치를 한정하지 말라는 말을 하는 듯했습니다. 이에 책을 읽으며 '이 재료로 이런 것도 할 수 있지 않을까?'라는 생각을 하며 읽을 수 있었습니다. 이 책을 통해 건강 상태 모니터링, G-FET를 이용한 DNA 판독기라는 그래핀의 가능성을 알게 되었고, 건강을 실시간으로 관리하는 디스플레이를 만들어 사람들의 건강을 지키는 데 일조하겠다는 목표를 세웠습니다.
저자/역자	한상철, 한영희, 최철, 김도형, 유재은	
출판사	홍릉과학출판사	

합격 수기

1. 연세대학교 신소재공학과(학교장추천) 를 선택하게 된 결정적 요인은 무엇인가요?

기본적으로 신소재, 디스플레이에 관한 관심이 있었음. 또한, 제시문 면접이라는 점에서 면접만 잘 해결한다면 내신이나 교내 활동 등에서의 불리함이 조금 메꿔질 것으로 생각했습니다.

또한, 연세대 공대는 평판이 좋다고 생각해서 연세대학교 신소재공학과를 선택하게 됐습니다.

교과 전형의 경우에는 과를 바꿔서 넣는 것과 관련된 고민을 하는 경우가 많은데, 대학 원서를 넣을 때 본인은 '그냥 내가 배울 과인데, 내가 관심 있던 과로 굽히지 말고 다 넣자'라는 생각으로 지원하였습니다.

2. 학교생활기록부 관리에 대한 나름의 노하우를 알려주세요.

① 자신의 진로와 관련된 부분에서 주도적으로 뭔가를 한 부분을 어필

② 지원하려는 학과와 관련된 경험을 1-2-3학년 순으로 발전시켜가는 과정이 있으면 좋음.

③ 그와 동시에 인문학적 소양도 일부 포함되면 좋음

④ 자신의 관심 분야와 맞는 전공 관련 트렌드에 관한 내용이 있으면 좋음(물론 면접 등에서 제대로 관련 답변을 할 줄 알아야 함)

⑤ 학년이 올라가면서 전문성도 올라가야 함.

⑥ 학종 면접 시 교수님이 연구하는 분야라면 그보다 더 심화한 개념들을 면접에서 물어보실 수 있음. 그러므로 생기부를 채워 넣을 때는 수박 겉핥기식으로 했더라도. 면접 준비할 때는 인터넷의 내용만을 숙지해서는 안 됨. 그러다가 면접에서 '그것까지는 잘 모르겠습니다….'라는 말만 하고 나올 수 있음.

3. 연세대를 지원하려고 준비하는 후배 학생들에 도움이 되는 이야기를 부탁드립니다.

① 어디까지나 본인 느낌이지만, 작년 연세대학교 학교장추천 전형은 내신으로 변별이 된다는 느낌보다는 면접에 관련된 부분이 변별 요소가 되는 느낌을 많이 받았습니다. 전형 소개 자료 등에 나온 면접/내신 반영 비율 같은 것은 많이 신경 안 쓰는 것이 좋습니다. 그러므로 자신의 내신이 안정권이라고 대충 준비해서는 안 됩니다. 내신이 안정권이라도 면접을 조금만 잘못 본다면 예비번호 뒤쪽이나 불합격이 될 수 있습니다.

② 면접은 제시문 면접, 즉 학종 면접과는 달리 단순히 '문제를 잘 풀면 되는' 면접입니다. 그렇기에 면접을 준비할 때는 과학 개념을 잘 읽어봐야 합니다.

③ 2020년의 면접에는 오전/오후반이 비교적 비슷한 주제로 진행되었으나, 작년 면접의 경우에는 오전/오후 면접의 내용이 아예 달랐습니다. 만약 오후반 면접을 보게 된다면, 입시 커뮤니티 등에서 오전반 면접 내용을 알게 된다고 해도 신경을 쓰지 않기를 바랍니다.

④ 일단 자신 있게 이야기하는 것이 중요합니다. 코로나 사태가 끝나가는 시기라 올해의 면접 방식은 대면 면접 형태가 될 확률이 높지만, 비대면이든 대면이든 제일 중요한 것은 '아는 것을 전부, 그리고 자신 있게' 말하는 것임을 기억했으면 합니다.

4. 어떻게 면접을 준비했는지와 면접에서 어떤 질문을 받았는지 궁금합니다.

기본적으로는 기존의 자료들(면접 관련 학교 자료)을 풀어보았고, 당시 면접 방식은 방에 들어가 정해진 시간 동안 제시문들을 보고 난 뒤 제한 시간 동안 녹화를 하는 방식이었기 때문에 시간을 재서 연습합니다. 시선 처리 또한 중요하다고 생각해 실제로 녹화해 가며 자세를 교정합니다.

그와 동시에 물·화·생·지 + 통합과학의 내용을 훑어봅니다. 보통은 Ⅰ 과목의 범위 내에서 끊지만, Ⅱ 과목이 나올 수도 있어서 그 부분을 고려해 Ⅱ 과목도 훑어봅니다. (지 2 제외)

결국 제시문 면접은 (가)~(마) 등 여러 제시문의 내용을 '연결'해서 얘기하는 문제가 많아서, 서로 엮어서 나올 수 있는 개념들을 여러 번 봤던 기억이 있습니다.

전문위원이 바라보는 합격의 비결

   강송현 학생의 생기부를 보면, 강한 리더십을 가지고 이끌어 나가는 모습보다는 조용한 가운데서 자신의 일을 묵묵히 해나가는 머슴 같은 이미지가 떠오른다.

   학급 반장이나 동아리 회장을 하였을 때도 앞에서 이끄는 것보다 뒤에서 도와주고, 봉사하는 이야기들이 주를 이룬다. 봉사활동 또한 2년간 꾸준히 한 곳에서 해나가며 인성적인 부분에서 의심의 여지가 없음을 보여주고 있다. 그럼에도 학습적인 부분에서 꾸준히 1~2등급을 유지하며 학업 역량에서 부족함이 없어 보인다. 독서 활동에서도 약 30여 편의 진로 관련 서적을 읽으며 잠재역량을 키워나갔다. 3년간 신소재공학도로서 진로를 꿈꾸며 장기계획을 세우고 노력한 흔적들이 곳곳에 묻어나 있는 것이 합격의 비결이라고 할 수 있다.

• 진로 희망 사항 – 신소재 공학–디스플레이 신소재 연구 –신소재 연구로 일관성을 보여줌
• 세부능력 및 특기사항의 특이한 점
  신소재 공학과와 관련이 있는 화학 과목에서는 물론이고, 전반에 걸쳐 모든 과목에서 학습을 할 때 넓게 학습함으로써 진로 심화로 연결하여 진로에 대해 깊이 있는 탐구를 하였음

  모든 수업에 준비성과 발표력이 잘 드러나 있음

〈1학년〉
국어 : '빽넘버'를 읽고 수명을 알 수 있는 가상의 장비를 설계함. 마이크로니들과 PMMA 아크릴 등의 신소재를 활용해 장치 외관을 꾸미고 아두이노를 활용해 위험 신호를 주도록 구성함.
      작문 맥락을 고려한 설명문 쓰기에서 '전도성 고분자와 미래 개인 건강관리 디스플레이'를 주제로 설명문을 작성함

〈2학년〉
영어 : 디스플레이 연구를 통해 혁신적인 디스플레이를 개발하는 것뿐 아니라 연구의 성과를 매우 효과적으로 발표하는 연구원으로서 자신의 꿈을 묘사함.
화법과 작문 : 다독을 바탕으로 말하고 글을 쓰는 기본기가 단단한 학생임 '시장을 이끌어갈 디스플레이, 롤러블 디스플레이'를 주제로 정보를 전달하는 글을 작성하고, 롤러블 디스플레이의 정의와 신소재 그래핀의 활용, 연구 성과 및 발전 전망 등을 깊이 있는 내용으로 구성함.

〈3학년〉
심화국어 : 주제 탐구 활동으로 '플렉서블 디스플레이의 구조와 개선 방안'을 주제로 보고서를 작성함. 플렉서블 디스플레이 부품이 지는 문제점과 문제 해결 방안을 기판 소재, 구동 소자, 전극 소자로 나누어 제시함.

Chapter
25

제품 디자인 전문가
시대를 앞서가는 concept 제품디자인을 통해
개인의 삶의 질을 높이고 긍정적 영향을 줄 수 있는
디자이너를 꿈꾸다.

홍익대학교 학생부종합 전형 디자인학부 합격
부산시 한국조형예술고등학교 이나예

○   이나예 학생은 차분하고 단아한 성품을 지녔지만, 독창적이고 창의적 발상으
로 새롭고 다양한 시도에 거침없이 도전하여 결과물로 창출해내는 실천력을 지닌 준
비된 예술인이다. 삼 남매의 둘째로 또래보다 성숙한 모습으로 본인 스스로 진학에
대한 탐색과 준비를 통해 예술학교 진학준비를 스스로 마친 후 부모님께 말씀드릴 만
큼 본인의 목표에 대한 설계를 계획적이고 책임감 있게 실행하는 능력을 갖추고 있
다. 진로활동에서 '미술이 내 삶 속에' 인증제에 참여하면서 한 해 동안, 전시회 관람
보고서 10부, 미술 작품 보고서 10부, 미술 작가 보고서 10부 총 30부를 작성할 만큼
학교활동에 적극적이고 끝까지 파고드는 근성을 가졌다. 전공이론 수행평가에서 풍
부한 자료 준비와 꼼꼼한 정리로 책으로 출간해서 참고서로 활용해도 될 만큼 뛰어
난 자료로 평가를 받으면서 전문성을 가지고자 노력하는 학생이다. 예체능계열 특성

상 학업에 소홀할 수도 있지만 모든 과목 수업에 성실한 태도와 뛰어난 자기 주도적 학습능력, 면학분위기에 휘둘리지 않고 항상 일관된 학습태도를 보여주어 인정받기도 했다. 조형적 요소의 핵심적인 형과 형태에 대한 과제에서 25가지 '머그잔'의 형태를 조형적으로 분석하여 단순화시키는 과정에서 섬세한 표현, 형태를 식별하는 능력을 발휘하고 무채색 추가로 색상과 명도 단계가 잘 드러나는 색상환을 제작하여 독창적인 색상환을 보여주고 체계적 아이디어를 시각화하여 자신만의 방식으로 전개해나가는 탐구력을 보여주었다. 또래보다 타 교과와 융합하는 능력이 뛰어나고 다양한 과학원리를 디자인 안에서 통합할 수 있는 능력이 돋보이는 학생이다. 버려지는 빗물을 효율적으로 사용할 수 있는 손세정대 겸 가로등인 'Eco-Light'를 디자인하여 도시의 열섬현상과 건조화에 반응해 물을 배출하는 시스템을 설정하고 현대적으로 표현할 뿐 아니라 휴먼스케일을 고려하여 공공시설물로서의 완성도를 높이고 과학적 이론 분석, 탐구 후 과학적인 방법을 적용하여 설득력 있게 완성하여 우수한 평가를 받았다. 영어 수행평가를 자신의 작품인 수자원 재활용을 이용한 'Eco-Light'를 영어로 프레젠테이션하여 효율적 전달능력을 발휘했고 이후 수업시간에 디자인한 'Eco-Light'를 다듬어 공모전에 출품하여 'ㅇㅇ국제디자인어워드'에서 금상을 받아 디자인 출원을 스스로 할 만큼 배움에서 멈추지 않고 연계, 확장해 나가는 인재상이라 할 수 있다.

학급의 칠판 도우미를 지원하여 바람직한 학습 환경을 위하여 자신의 쉬는 시간을 기꺼이 희생할 만큼 봉사 정신이 강하고 학교에서 모래 조각 체험활동 모둠을 구성하고 본인이 의견을 내어 '즐거운 손'이라는 주제로 더운 여름 지친 모둠원들을 위해 힘든 역할을 솔선수범하여 사기를 북돋아 주며 조직력을 강화시켜 부산 해운대 백사장에서 3M 넓이의 완성도 높은 모래 조각 작품으로 관광객들에게 볼거리를 제공하고 대중과 소통하는 예술인의 진모를 보여주기도 했다.

목표를 향한 자기 주도적 자세로 탐색하고 세밀하고 체계적인 과정을 준비해 내는 자신만의 장점을 잘 살려 학업에 충실하고 학교행사, 교내 대회, 교과 연계 활동, 진로 연계 도서를 통한 배경지식 함양, 탐구보고서, 발표 등 교과와 비교과에 충실하게 임하였고 동아리, 진로 활동을 통해 본인의 역량을 키우고 확장해 나가는 능력을 발휘해왔다. 다양한 미술 분야의 이해를 통해 자신의 진로 탐색을 구체화하고 작품영역을 확장해 내는 능력을 보여 주었다. 과학, 인문 다양한 분야를 미술과 융합하여 사회문제를 통찰하고 공동체의 발전과 공공의 이익을 지향하는 특출함은 다가올 미래 예술분야에서 뛰어난 인재로 확신할 수 있을 것이다. 홍익대(서울) 미술우수자 전형에 합격하기에 적합하고 모범적인 사례이다.

스펙 분석

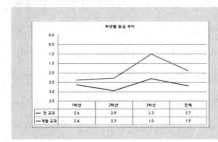

학년별 등급 추이

	1학년	2학년	3학년	전체
전 교과	2.6	2.9	2.3	2.7
계열 교과	2.4	2.3	2.3	1.9

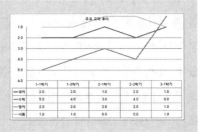

주요 교과 추이

	1-1학기	1-2학기	2-1학기	2-2학기	3-1학기
국어	2.0	2.0	1.0	2.0	1.0
수학	5.0	4.0	3.0	4.0	0.0
영어	2.0	2.0	1.0	2.0	1.0
사회	1.0	1.0	0.0	0.0	1.0

▶ 자율활동

1학년　　독도 교육 및 통일교육 참여
　　　　모래 조각 체험활동 참여
　　　　'2019 공예 비엔날레'의 작품을 관람함
　　　　'미래와 꿈의 공예'라는 주제로 전통과 융합의 이상적인 공예작품 감상함
　　　　○○ 전에서 다양한 예술 분야의 작품 제작 및 전시, 감상 활동을 함
2학년　　ten-ten-ten 문화 예술 프로그램에 참가해 연구 보고서를 작성함
　　　　(작품 분석 10편, 작가 탐구 10편, 전시 관람 10회)
　　　　부산을 대표하는 풍경을 직접 방문 후 교내 갤러리 전시함
　　　　미술작가 인턴제에 선발됨
　　　　문학 교과서 수록 작품을 분석하고 연구한 후 통합실습 활동을 계획함
3학년　　학급 총무부장
　　　　코로나19 예방수칙 교육 참여
　　　　'생각하는 십 대를 위한 토론 콘서트(예술 편)'에서 토론함

예술 작품에 대한 여러 주제에 대해 학습하고 토론함

미술사와 작품에 대한 분석을 통해 자신의 작품 세계를 설명하는 기회를 가짐

▶ 동아리활동

1학년　(예술과 감상 창작반)(32시간) 다양한 전시회의 미술 작품 관람과 예술적 안목 키움

　　　　OO전에서 다양한 작품을 제작하고 전시함

　　　　'앤디워홀:마릴린 몬로 '를 소재로 퍼즐 형식으로 완성함 (단체작품)

　　　　'방정아:맹인 이씨'를 입체적으로 재구성하여 제작함 (조별 작품)

　　　　'피카소:꿈'을 재구성하여 아크릴화로 제작함 (개인 작품)

2학년　(영어원서 북커버반)(31시간) 영어원서 읽고 스케치 아이디어 논의함

　　　　'달과 식스펜스'라는 원서를 읽고 그림을 분석함

　　　　'기억 전달자'라는 책을 주제로 단체작품 제작함

3학년　(시각 디자인 심화반)(28시간) 디자인 위크 관람함

　　　　'면'을 강조한 작품을 분석하고 보고서 작성함

　　　　공공디자인 제작을 위해 조사하고 탐구함

　　　　동물원 존폐논의로 '가상 증강현실 동물원'을 디자인함

▶ 봉사활동

1학년 28시간, 2학년 22시간, 3학년 24시간

▶ 진로활동

1학년　정서 행동 특성 검사 실시

　　　　'미술이 내 삶 속에' 인증제에 참여하여 작품 제출하고 인증받음

　　　　예술문화 특강과 전시 관람 체험 후 보고서 작성함

　　　　미술 문화 워크숍에 선발되어 다양한 작품 감상함

　　　　'제3회 앙데팡당전'에 참여함

2학년　'다누림 체험활동'에 참여함

　　　　'나의 꿈' 주제로 한 진로 저널 쓰기 참여함

　　　　'나는 어떤 삶을 살고 싶은가'를 주제로 진로 저널 쓰기 참여함

　　　　'Life-long, Life-wide 진로 집단상담에서 사진 매체 활용하여 진로 스토리 텔링을 함

　　　　'나의 진로와 성장 마인드 셋'을 주제로 진로 저널 쓰기 참여함

　　　　'나의 인생 진로 로드맵 만들기'를 주제로 한 진로 저널 쓰기 참여함

　　　　작가초빙 워크숍에 선발되어 실기작품 제작함

3학년　진로 디자인 주간에 참가함

　　　　'나의 진로 장벽 극복하기'를 주제로 한 진로 탄탄 집단 상담에 참가함

　　　　'조너선 아이브'의 디자인 철학을 분석하여 보고서 작성함

　　　　새롭게 변화하는 환경과 기술에 대응하는 조형 스타일을 재구성함

▶ 수상경력

1학년 교과우수상(통합사회, 미술이론, 디자인 공예)
　　　 한글 문자 디자인 대회 (장려 4위)
　　　 교과우수상 (통합사회, 디자인 공예)
2학년 교과우수상(문학, 생명과학, 지구과학Ⅰ)
　　　 융합 독서 포트폴리오 대회 (우량 3위)
　　　 교과우수상(한국사, 생명과학)
3학년 모범상(봉사 부문)
　　　 교과우수상(독서, 영어Ⅱ,사회·문화, 생활과 윤리)
　　　 교과우수상(화법과 작문, 생활과 윤리)

최종합격 대학분석

● 홍익대학교 학생부종합전형 미술우수자전형 디자인학부 (2022학년도 대입기준)

▶ 전형방법 및 최저학력기준

<table>
<tr><td rowspan="5">전형방법</td><td colspan="5" style="text-align:center"></td></tr>
<tr><td rowspan="2">전형단계</td><td rowspan="2">선발배수</td><td colspan="3">전형요소별 반영비율</td></tr>
<tr><td>학생부 교과</td><td>서류</td><td>면접</td></tr>
<tr><td>1단계</td><td>3배수</td><td>20%</td><td>80%</td><td>–</td></tr>
<tr><td>2단계</td><td>1배수</td><td>–</td><td>40%(1단계
서류평가점수 반영)</td><td>60%</td></tr>
</table>

*국내 고등학교 졸업(예정)자로, 미술에 관한 교과(진로선택과목 또는 전문교과1)를 1과목 이상 이수한 자. (코로나19 등으로 인한 지역과 고교의 여건 및 특수성을 고려하여 해당 고교에 미술에 관한 교과(진로선택과목 또는 전문교과1)가 개설되지않은 경우, 관련 소명자료에 근거하여 적격처리함)

제출서류	학생부, 미술활동보고서(유사도 검사○) (자소서 ×)

서류평가방법 및 평가요소

학교생활기록부 교과 반영방법

반영교과	반영학기	반영방법	활용지표
국어,영어 택1 (수학/사회/과학)	1학년 1학기 ~ 3학년 1학기	반영교과군의 전 교과목을 학년구분 없이 반영	석차등급

1) 석차등급이 있는 과목만 반영
2) 택1 과목은 이수단위 합이 큰 교과를 자동반영하며 이수단위 합이 같을 경우 교과점수 산출시 유리한 교과를 반영
3) 사회는 역사, 도덕을 포함함

석차등급	1	2	3	4	5	6	7	8	9
환산점수	100	99	97	95	93	90	70	40	0

평가요소	평가항목	평가내용	주요평가자료
학업역량 (20%)	학업성취도	교과의 성취수준이나 학업적 발전의 정도	* 학교생활기록부 교과학습발달상황, 세부능력 및 특기사항, 수상경력 * 미술활동보고서
	교과성적추이	교과성적의 상승, 하락, 유지 현황과 정도	
	학업태도와 학업의지	학업을 수행하고 학습해 나가는 자발적인 의지와 태도	
전공역량 (40%)	전공관련 소양 및 자질	미술에 대한 이해도와 열정 및 관련 특성	* 학교생활기록부 창의적체험활동상황, 수상경력, 교과학습발달상황, 세부능력 및 특기사항, 독서활동상황, 행동특성 및 종합의견 * 미술활동보고서
	전공관련 활동과 경험	미술관련 소양 및 자질을 갖추기 위해 노력한 과정과 경험	
	관련 교과목 이수 및 성취도	고교 교육과정에서 지원 전공(계열) 관련 과목의 수강 현황 및 성취 수준	
발전 가능성 (25%)	창의융합능력	학습한 내용을 바탕으로 폭넓게 사고하고 문제를 해결하는 능력	* 학교생활기록부 창의적체험활동상황, 수상경력, 교과학습발달상황, 세부능력 및 특기사항, 독서활동상황, 행동특성 및 종합의견 * 미술활동보고서
	리더십 및 소통능력	공동체의 목표 달성을 위해 구성원과의 소통을 통하여 화합과 단결을 이끌어가는 역량	
인성 (15%)	성실성	책임감을 바탕으로 꾸준히 노력하여 자신의 의무를 다하는 태도와 행동	* 학교생활기록부 출결상황, 창의적체험활동 상황, 행동특성 및 종합의견 * 미술활동보고서
	도덕성	공동체의 기본윤리와 원칙을 준수하여 옳고 그름을 분별하여 행동하는 태도	
	나눔과 배려	상대방을 존중하고 이해하며 타인을 위해 양보할 줄 아는 태도와 행동	

서류평가방법 및 평가요소

면접평가
지원자의 미술관련 소양, 창의성, 표현능력, 제출서류의 진실성 등을 종합적으로 평가

수능최저 학력기준
국어, 수학, 영어, 탐구(사회/과학) 4개 영역 중 3개 영역 등급 합 9이내(탐구영역 : 응시한 2개 과목 중 상위 1개 과목의 등급으로 반영, 한국사 4등급 이내)

● 홍익대학교 학생부종합전형 미술우수자전형 디자인학부(2023학년도 대입기준)

전형단계	선발배수	전형요소별 반영비율		
		학생부 교과	서류	면접
1단계	3배수	20%	80%	–
2단계	1배수	–	40%(1단계 서류평가점수 반영)	60%

전형방법

*국내 고등학교 졸업(예정)자로, 미술에 관한 교과(진로선택과목 또는 전문교과1)를 1과목 이상 이수한 자. (코로나19 등으로 인한 지역과 고교의 여건 및 특수성을 고려하여 해당 고교에 미술에 관한 교과(진로선택과목 또는 전문교과1)가 개설되지않은 경우, 관련 소명자료에 근거하여 적격처리함)

제출서류	학생부, 미술활동보고서(유사도 검사○) (자소서 ×)

학교생활기록부 교과 반영방법

반영교과	반영학기	반영방법	활용지표
국어,영어 택1(수학/사회/과학)	1학년 1학기 ~ 3학년 1학기	반영교과군의 전 교과목을 학년 구분 없이 반영	석차등급

1) 석차등급이 있는 과목만 반영
2) 택1 과목은 이수단위 합이 큰 교과를 자동반영하며 이수단위 합이 같을 경우
   교과점수 산출시 유리한 교과를 반영
3) 사회는 역사, 도덕을 포함함

석차등급	1	2	3	4	5	6	7	8	9
환산점수	100	99	97	95	93	90	70	40	0

평가요소	평가항목	평가내용	주요평가자료
학업역량 (20%)	학업성취도	교과의 성취수준이나 학업적 발전의 정도	* 학교생활기록부 교과학습발달상황, 세부능력 및 특기사항, 수상경력 * 미술활동보고서
	교과성적추이	교과성적의 상승, 하락, 유지 현황과 정도	
	학업태도와 학업의지	학업을 수행하고 학습해 나가는 자발적인 의지와 태도	
전공역량 (40%)	전공관련 소양 및 자질	미술에 대한 이해도와 열정 및 관련 특성	* 학교생활기록부 창의적체험활동상황, 수상경력, 교과학습발달상황, 세부능력 및 특기사항, 독서활동상황, 행동특성 및 종합의견 * 미술활동보고서
	전공관련 활동과 경험	미술관련 소양 및 자질을 갖추기 위해 노력한 과정과 경험	
	관련 교과목 이수 및 성취도	고교 교육과정에서 지원 전공(계열) 관련 과목의 수강 현황 및 성취 수준	
발전 가능성 (25%)	창의융합능력	학습한 내용을 바탕으로 폭넓게 사고하고 문제를 해결하는 능력	* 학교생활기록부 창의적체험활동상황, 수상경력, 교과학습발달상황, 세부능력 및 특기사항, 독서활동상황, 행동특성 및 종합의견 * 미술활동보고서
	리더십 및 소통능력	공동체의 목표 달성을 위해 구성원과의 소통을 통하여 화합과 단결을 이끌어가는 역량	
인성 (15%)	성실성	책임감을 바탕으로 꾸준히 노력하여 자신의 의무를 다하는 태도와 행동	* 학교생활기록부 출결상황, 창의적체험활동 상황, 행동특성 및 종합의견 * 미술활동보고서
	도덕성	공동체의 기본윤리와 원칙을 준수하여 옳고 그름을 분별하여 행동하는 태도	
	나눔과 배려	상대방을 존중하고 이해하며 타인을 위해 양보할 줄 아는 태도와 행동	

위 표의 행 머리글: **서류평가방법 및 평가요소**

면접평가	지원자의 미술관련 소양, 창의성, 표현능력, 제출서류의 진실성 등을 종합적으로 평가
수능최저학력기준	국어, 수학, 영어, 탐구(사회/과학) 4개 영역 중 3개 영역 등급 합 9이내(탐구영역 : 응시한 2개 과목 중 상위 1개 과목의 등급으로 반영, 한국사 4등급 이내)

대학명	지원모집단위(학과)	전형명	1단계 합불	최종 합불
홍익대학교(서울)	디자인학부	미술우수자전형	합격	합격
홍익대학교(서울)	캠퍼스자율전공	학생부우수자전형	불합격	불합격
홍익대학교(세종)	캠퍼스자율전공	학생부교과전형	없음	합격
고려대학교	디자인조형학부	실기실적-특기자전형(학종)	합격	합격
이화여자대학교	디자인학부	예체능서류전형(학종)	합격	불합격
경희대학교	산업디자인학과	학생부우수자전형	불합격	불합격

자기 소개서

1. 고등학교 재학기간 중 자신의 진로와 관련하여 어떤 노력을 해왔는지 본인에게 의미가 있는 학습 경험과 교내활동을 중심으로 기술해 주시기 바랍니다(띄어쓰기 포함 1,500자 이내).

좋은 디자인을 알아볼 수 있는 감성과 안목을 함양하기 위해 '예술과 감상창작' 동아리에서 활동하며 좋은 디자인이 무엇인지 고민하고 탐구했습니다. 다양한 분야의 전시회를 감상하고, 꾸준히 작품과 작가에 대해 추가로 연구하여 30편의 보고서를 작성했습니다.

많은 작품을 공부하면서 Good Design은 네 가지의 충족시킬 뿐만 아니라, 대중의 생각과 행동을 변화시킬 수 있다는 것을 깨달았습니다. 이것은 더 나아가 디자이너의 사회적 책임에 대한 고민으로 이어졌습니다. 2학년 영어 시간, 환경 프로젝트 과제를 준비하며 디자인은 환경을 살리기도 하지만 과도한 자원 소비, 폐기물 배출 등 환경오염의 원인이 된다는 것을 알게 되었습니다. 이를 바탕으로 환경과 사회를 고려하여 윤리적 책임을 다하는 디자이너라는 목표를 가졌습니다. 그래서 디자인 프로젝트 과제에서 사회공동체의 가치를 지키고 발전시키는 디자인에 도전했습니다. 현대인들이 즐기는 파티문화에 전통 놀이를 살리고, 놀이를 통해 남녀노소 모두가 소통할 수 있었으면 좋겠다는 바람으로 진행했고, 이를 통해 사회와 공동체를 위한 디자인 가치를 배울 수 있었습니다.

이러한 배움을 녹여내 3학년 과제에서 손세정대 겸 가로등인 'Eco-Light'를 디자인했습니다. 도시개발로 지표면이 포장되면서 여름철 많은 빗물이 땅속으로 스며들지 못해 바다로 버려지고, 홍수와 폭염이 발생한다는 기사를 접한 후, 이 문제를 해결하고자 빗물을 효율적으로 사용할 수 있는 'Eco-Light'를 구상했습니다. 여과 시스템과 여러 사례를 분석하여 'Eco-Light'의 작동원리와 내부구조를 구체화하여 디자인을 발전시켰습니다. 가로등 상단으로 유입된 빗물은 1차 여과를 거쳐 손을 씻는 물로 활용함으로써 야외에 서도 개인위생을 지킬 수 있게 하였고, 사용된 물은 2차 저장조에 저장된 후 도시의 건조화와 열섬현상을 감지해 땅속으로 스며들게 하여 열섬현상을 완화하도록 했습니다. 또, 가로등은 사용자층이 다양하다는 점을 고려해 상용화되고 있는 가로등과 같은 공공시설물의 규격을 조사하여 휴먼 스케일을 반영했습니다. 이처럼 여과 시스템 원리를 적용하여 빗물을 재활용하는 제품의 작동시스템과 구조를 디자인할 수 있었으며, 사용자의 특성을 고려하여 편리하게 사용할 수 있는 제품을 디자인했습니다. 또한, Eco-Light'dp 대한 대중들의 반응을 확인하고자, 영어 시간에 제품의 취지와 사용 방법에 대해 발표했습니다. 야외에는 개인위생을 지키기 어려워 외출을 꺼리던 친구들은 긍정적인 반응을 보였습니다. 이를 통해 디자인은 대중의 생각과 행동을 변화시킬 수 있다는 것을 확신했고, 이러한 디자인을 하기 위해서는 과학, 공학, 인문학 등 여러 학문의 지식이 필요하다는 것을 깨달았습니다. 앞으로도 디자이너로서 역량을 키우기 위해 다양한 학문에 관심을 갖고 공부하며 이를 바탕으로 사회를 변화시키는 디자인을 하고 싶다고 다짐했습니다.

☞ 강평

좋은 디자인에서 출발한 아이디어가 우리 삶에서 심각한 환경문제를 접목하는 시도를 한 부분에서 놀라웠다. 단순히 겉모습에 치우치지 않고 실용적인 부분을 고려한 디자인이라는 참신한 생각은 미래를 살아갈 우리 모두의 숙제라고 생각한다. 또한 손세정대와 가로등의 조합, 빗물의 재활용 등 미래 사회에 문제를 적극적인 태도를 높이 살 만하다.

2. 고등학교 재학기간 중 타인과 공동체를 위해 노력한 경험과 이를 통해 배운 점을 기술해 주시기 바랍니다(띄어쓰기 포함 800자 이내).

학교에서는 매년 선후배와 함께 모둠을 구성하여 모래 조각을 제작하는 행사를 개최합니다. 참신한 주제를 고민하다가, 해변의 즐거운 분위기를 피아노를 연주하는 손으로 표현해 보자고 제안했습니다. '즐거운 손'이라는 주제를 선정하고 조각을 시작했지만, 쉽지 않았습니다. 더운 날씨 속에서 건반을 세밀하게 조각하려다 보니 선배들과 친구들 모두 체력적으로 지쳐 의욕을 잃어 갔습니다. 제가 제안한 주제인 만큼 책임감이 생겨 모둠원들이 더 적극적으로 참여해 주면 좋겠다는 마음이 들었습니다. 하지만 얼마나 지치고 힘든지 알기에 선뜻 그만 쉬고 더 열심히 참여해 달라고 말할 수 없었습니다. 그래서 저는 먼저 체력소모가 큰일들을 나서서 했습니다. 모둠원들이 쉬고 있는 시간을 활용해 모래 조각에 필요한 물을 퍼오거나 본부에서 추가로 도구를 가져왔습니다. 작은 일이지만 모둠원들의 태도를 변화시키기에 충분했습니다. 제가 나서서 하는 모습을 본 모둠원들은 이번에는 본인들이 물을 퍼오겠다고 하는 등 더욱 적극적인 태도로 활동에 임했습니다. 그 결과, 서로 돕고 격려하며 좋은 분위기 속에서 모래 조각을 완성할 수 있었습니다. 이 경험을 통해 남을 위한 솔선수범이 다른 사람의 행동을 변화시킬 수 있다는 것을 직접 체험했고, 변화하는 모둠원들을 보며 저의 노력이 헛되지 않았다는 것을 알 수 있었습니다. 그리고 저 역시 남을 위한 배려를 통해 스스로 큰 만족감을 느낄 수 있었습니다. 또한, 처음 제작해보는 모래 조각 작품이라 부족했지만 완성된 작품을 즐겁게 관람하는 사람들을 보며 나의 재능이 다른 사람에게 기쁨을 줄 수 있음을 실감했습니다.

☞ 강평

'대사가 소사'라는 말이 있듯이 매사 작은 일도 소홀히 하지 않고 정성을 다하는 모습이 그려지는 학생이다. 20세기에는 앞장서서 이끌어가는 리더가 인재상이었다면, 솔선하여 자발적 동기부여를 하는 리더를 더 원하는 21세기에 꼭 맞는 시대적 인재상, 리더의 모습을 갖추었다. 명령하고 지시하기보다 솔선하는 이나예 학생을 보면서 어떤 일을 맡겨도 선한 리더십을 발휘해 팀 내에서 시너지를 낼 수 있는 핵심적 구성원의 모습이 엿보입니다.

3. 홍익대

해당 모집단위에 지원하게 된 동기와 지원하기 위해 노력한 과정을 구체적으로 기술해 주시기 바랍니다(띄워쓰기 포함 800자 이내).

제품디자인은 문제를 넌지시 해결하는 부드러운 힘을 가졌다고 생각합니다. 대상에게 강압적이지 않게 "이런 방법은 어때?"라며 대안을 제시하기 때문입니다. 일상에 스며들어 세상을 부드럽게 바꾸는 제품디자인의 매력에 빠져 디자이너의 길을 꿈꿔왔습니다.

디자인 경험이 쌓일수록, 사용자의 경험을 설계하고 변화를 유도하기 위해서는 여러 분야에 걸친 지식이 필요하다는 것을 깨달았습니다. 따라서 기초과학, 경제, 문화 등 주제를 가리지 않는 책을 읽고 디자인과 융합할 수 있는 점을 스크랩하는 습관을 길렀습니다. 30여 권의 책을 읽으며 포트폴리오를 만든 결과, 융합 독서 포트폴리오 대회에서 좋은 결과를 얻기도 했습니다.

꾸준히 다양한 생각들을 접하다 보니, 통념에서 벗어난 자유로운 사고방식도 익힐 수 있었습니다. 예를 들어 문어의 빨판 단위를 하나의 모듈로 만들어 벽에 탈부착하여 점묘화를 그릴 수 있는 장난감을 디자인한 사례가 있습니다. 디자인을 진행하기에 앞서 기존 사례들을 조사하며 흡착 원리를 보조적으로 쓴 사례가 대부분인데, 흡착 원리가 제품 그 자체가 될 수는 없을까? 라고 생각했던 것이 핵심적인 아이디어로 발전한 것입니다.

이처럼 통념에서 벗어난 생각들로 부드러운 디자인을 도출해내는 것은 저의 장점이 되었습니다. 앞으로 여러 분야의 지식을 쌓으며 자유로운 사고 습관을 지녀야겠다고 다짐하며 진로를 탐색하던 중, 홍익대학교 자율전공 학부를 알게 되었습니다. 디자인과 더불어 타 학문까지 심도 있게 배우며 쌓은 지식을 바탕으로 사회의 문제들을 부드럽게 해결할 수 있는 제품디자이너로 성장하고자 본교에 지원하였습니다.

☞ 강평

디자인이라는 분야가 단순히 그림을 잘 그리는 학생이 아니라 참신한 아이디어와 친환경 그리고 휴머니스트적인 요소를 두루 갖춘 인재라는 생각이 든다. 고등학교 시절을 정말 알차게 보내고 자신의 길을 정확히 이해하는 총명함을 느낄 수 있다. 앞으로 10년 20년 후, 아무리 트랜드가 바뀌어도 그 이상 시대를 앞서 가는 concept 제품 디자인을 통해 개인의 삶의 질을 높이고 긍정적 영향을 줄 수 있는 제품 디자인 전문가로서 자신의 길을 걸어가길 기대하고 응원을 보낸다.

■ 미술활동보고서

[교과활동]

과목명	디자인 공예	교과구분	미술교과
이수학기	1학년 1학기	이수단위	3단위
활동내용 및 자기평가의견 (600자 이내)	수업시간에 목재의 종류별 특성, 목재 가공법과 같은 목공예 이론을 학습한 후, 배운 내용을 응용해 나만의 벽시계를 디자인했다. 실습실에서 목공용 실톱 기계를 사용해 직선으로 재단하는 방법을 익히다 보니 '나무를 곡선으로도 자를 수 있지 않을까?'하는 호기심이 생겼다. 그래서 수업이 끝난 후 선생님께 곡선으로 재단하는 방법을 개인적으로 여쭈어보며 여러 재단 방법들을 꾸준히 연습하였다. 그 결과 내가 가공할 수 있는 디자인의 범위 또한 넓어져 그동안 내가 상상해왔던 벽시계를 내 손으로 직접 가공할 수 있게 되었다. 시계가 가리키는 방향이 총 12개라는 점에서 영감을 얻어 12개의 꽃잎으로 디자인한 시계였다. 꽃잎의 테두리를 따라 자유 곡선으로 재단 하고, 포스터칼라로 꽃잎들을 채색한 뒤 마무리로 검정색을 이용해 외곽선을 표현했다. 완성된 작품은 학교 복도에 걸려 실제 시계로 사용되었는데 전시된 시계를 보니 만약 고장이 나더라도 계속 그 자리에 그대로 놔두고 싶을 것 같다는 생각이 들었다. 비록 기능하지 않게 되더라도 하나의 예술 작품으로서의 의미가 있다고 느껴졌기 때문이다. 공예와 예술, 디자인의 경계에 대해서 진지하게 고민해볼 수 있었던 경험이었다.		

과목명	디자인 공예	교과구분	미술교과
이수학기	1학년 2학기	이수단위	3단위
활동내용 및 자기평가의견 (600자 이내)	핀란드 가구 브랜드를 홍보하는 광고영상을 일러스트레이터와 윈도우 무비메이커를 사용하여 제작했다. 가구로 유명한 브랜드이지만, 식기류, 침구류, 장난감과 같은 가구가 아닌 제품들도 판다는 점을 강조하고 싶었다. 그래서 브랜드의 슬로건인 "A better everyday life"와 연결지어, 가구부터 작은 사무용품들까지 우리 브랜드와 함께 더 나은 일상을 만들자는 메시지를 담았다. 파란색과 노란색으로 분할된 배경 위에 '브랜드의 의외의 상품들'을 순차적으로 보여주고, 하나하나 일러스트레이터로 작업한 프레임들을 시간차를 두고 연결하여 생동감 있게 움직이는 모션 그래픽처럼 표현하였다. 완성된 결과물을 본 친구들은 광고 덕분에 이 브랜드에서 이렇게 다양한 라이프 스타일 제품들을 판다는 것을 처음 알게 되었다고 말해주었다. 그동안의 나는 무언가를 디자인할 때마다 이 제품이 소비자에게 어떤 모습으로 어필될 수 있을지도 함께 고려해보는 습관을 지니게 되었다.		

과목명	디자인 공예	교과구분	미술교과
이수학기	1학년 2학기	이수단위	3단위
활동내용 및 자기평가의견 (600자 이내)	자유 프로젝트 과제에서 민속놀이 패키지 디자인을 했다. 온라인 게임에 익숙해짐에 따라 다 같이 모여 즐기는 우리의 전통놀이가 점점 잊혀가고 있음에 안타까움을 느낀 것이 계기가 되었다. 그래서 현대인들이 자주 즐기는 파티 문화에 전통놀이를 접목하여 새로운 전통놀이 문화를 기획하고 그 패키지까지 디자인했다. 여러 사람들이 각자 손에 먹을거리를 들고 서 있는 파티 장면에서 영감을 받아, 공기놀이, 실뜨기, 윷놀이 키트를 전통 과자와 함께 즐길 수 있도록 디자인했다. 두 부분으로 분할되는 삼각뿔 형태 패키지의 지기 구조를 직접 제작하여 상단에는 전통과자, 하단에는 민속놀이가 들어있는 구성으로 디자인했다. 전통 과자를 패키지에 담아 들고 먹으며 전통놀이도 하나의 파티처럼 즐길 수 있으면 좋겠다는 바람을 담았다. 일러스트레이터를 사용하여 제목,패키지 일러스트, 제작의도, 구성, 사용법 등을 보드로 정리했다. 우리의 전통 민속놀이를 사람들에게 알리기 위해 파티라는 현대문화를 가져오는 과정에서 문화도 디자인의 한 영역이 될 수 있음을 깨달았다. 내 작품이 어떤 상황 속에서 사람들에게 다가갈 수 있을지를 생각하며 문화도 함께 기획하는 것에 매력을 느꼈다.			

[비교과활동]

활동명	빗물 재활용 가로등 겸 손 세정대 'Eco-Light' 디자인	주관기관	교외(ㅇㅇ디자인진흥원)
활동참여기간	2021/03/16~2021/06/17	활동참여횟수	정기적(주)1회
활동내용소개 (100자 이내)	활동유형: 각종대회 자유 프로젝트 수업에서 디자인한 '빗물을 재활용하는 공공시설물'Eco-Light'를 다듬어 공모전에 출품하였고, 'ㅇㅇ국제디자인어워드'에서 금상을 받아 디자인 출원을 진행했다.			
자기평가의견 (300자 이내)	친환경적으로 수자원을 재활용하는 손세정대 겸 가로등 Eco Light를 디자인했다. 시설물 상단을 통해 유입된 빗물은 여과되어 손을 씻는 물로 사용되어, 야외에서도 개인 위생을 지킬 수 있다. 사용된 물은 2차 여과를 거쳐 다시 땅속으로 흘러들어가 도시의 건조화와 열섬현상을 잠재운다. 이러한 내부 설계를 위해 빗물 여과 시스템을 공부하며, 내부의 기술적인 원리에 대해 알고 있다면 제품의 심미성뿐 아니라 실용성까지 함께 고려할 수 있음을 느꼈다. 이를 통해 디자인을 위해 예술 외의 학문도 열린 마음으로 공부하는 태도를 갖게 되었다.			

활동명	(기억전달자)단체 작품 제작	주관기관	교내
활동참여기간	2020/06/26~2020/12/20	활동참여횟수	정기적(월)2회
활동내용소개 (100자 이내)	활동유형: 동아리 영어원서북커버반 동아리 부원들과 영어원서'기억 전달자'를 읽고, 책의 줄거리에서 영감을 얻어 부원들과 함께 아크릴화 단체 작품을 제작했다.			
자기평가의견 (300자 이내)	주인공이 점차 색을 보게 되는 '기억 전달자'라는 소설에 큰 감명을 받아 주인공의 시선을 입체작품으로 나타냈다. 여러 장의 투명 아크릴판에 물체를 하나씩 그린 후 그것들을 일정한 간격으로 서로 중첩되게 전시한 입체조형을 통해, 주인공의 시선에 물체가 하나씩 순차적으로 보여 가는 것을 표현했다. 작품을 바라보는 각도에 따라 결과물이 달라지는 작품을 제작해보며, 정적인 설계로 동적인 결과를 내는 방법 중 하나를 깨달을 수 있었다. 일반적인 캔버스 회화를 넘어 예술품 제작에 다양한 장치를 활용하며 표현의 스펙트럼을 넓혔던 경험이었다.			

활동명	앙데팡당전 스핀아트 작품 전시	주관기관	교외(○○○○○교육청)
활동참여기간	201911/02~2019/12/31	활동참여횟수	비정기적 1회

활동내용소개 (100자 이내)	활동유형: 동아리 ○○○○○교육청이 주최한 '앙데팡당전'에 미술 동아리 부원들과 함께 참가하여 스핀아트를 비롯한 다수의 단체작품을 제작하고 전시장에 직접 설치하였다.
자기평가의견 (300자 이내)	작품들 중 '스핀'으로 발생하는 우연성을 이용한 스핀아트가 가장 기억에 남는다. 원형 판위에 물감을 얹은 뒤, 판을 돌리는 역할과 붓을 조절하며 그리는 역할을 분담하여 협업으로 빚어낸 작품이기 때문이다. 판이 돌아가면서 동심원 모양이 그려지는 와중에, 예기치 못하게 색상들이 서로 섞이거나 물감이 튀며 나오는 우연적인 효과에서 큰 매력을 느낄 수 있었다. 생각지도 못했지만 의외로 더 만족스러운 결과물이 나오기도 했다. 처음 협업을 할 때 자연적으로 발생하는 서툴음조차 결국에는 예술 일환이 될 수도 있겠다고 느낀 활동이었다.

활동명	미술작가 인턴제 참여	주관기관	교내
활동참여기간	2020/07/03~2020/07/17	활동참여횟수	정기적(주)1회

활동내용소개 (100자 이내)	활동유형: 진로탐색 · 체험 학교에서 주최하는 미술작가 인턴제에 선발되어 실제 미술작가의 작품제작을 돕는 인턴으로 활동하였다. 한 달간 작가의 개인 작업실에서 작업을 도우며 디자이너로서의 꿈에 확신을 가졌다.
자기평가의견 (300자 이내)	3D 모델 프린팅을 활용한 예술 작업의 전반적인 과정을 경험하며 이를 토대로 개인 작품까지 만들어보는 시간을 가졌다. 직접 입체 캐릭터를 디자인한 후 블렌더를 이용해 모델링하고 3D 프린터로 출력을 하였다. 디자인, 모델링, 프린팅 과정에서 어려움을 겪을 때마다 작가님께서 여러 조언들을 해주셨는데 이를 통해 어떠한 방식으로 작업이 진행되는지 직접 체험할 수 있었다. 장기적으로 작가의 삶을 함께 체험해보며 작가에게 필요한 자질과 재능이 무엇인지 다시 한 번 생각해보고 디자이너가 되기 위한 구체적인 길에 대해 고민해볼 수 있었다.

활동명	예얼전 작품 출품	주관기관	교내
활동참여기간	2019/04/05~2020/12/20	활동참여횟수	정기적(월)2회

활동내용소개 (100자 이내)	활동유형: 자율창작 및 전시참여 동아리 부원들과 틈틈이 작품 활동을 하여 교내 축제인 예얼전에 단체 작품, 조별 작품, 개인 작품 총 3작품을 전시하였고 선생님들과 친구들로부터 호평을 받았다.
자기평가의견 (300자 이내)	단체 작품으로는 캔퍼스 25개를 퍼즐처럼 조합한 협동화를, 개인 작품으로는 '피카소:꿈'을 인테리어 소품으로 재구성하여 제작한 아크릴화를 제작하였다. 가장 기억에 남았던 것은 조별 작품이었다. 동아리 부원들과 회화 작가의 전시회를 감상한 후, 가장 인상적이었던 '맹인 이씨'를 입체적으로 재구성했다. 핸드코트, 레진, 스폰지와 같은 다양한 재료를 붓고, 오려서 붙이고, 바르는 기법을 이용하여 더욱 입체적이고 더 역동적인 경과물을 얻었다. 개인작업부터 대규모 협동화까지, 작업 인원에 따른 제작 과정의 차이를 느낄 수 있었다.

[미술활동종합]

모집단위에서 고려되어야 할 지원자의 재능과 지원동기를 중심으로 본교가 지원자를 선발해야하는 이유에 대해 설명하세요. (600자 이내)	산업디자인은 문제를 넌지시 해결하는 힘을 가졌다고 생각합니다. '이런 방법은 어때?'라며 세상을 부드럽게 바꾸는 산업디자인의 매력에 빠져 디자이너의 길을 꿈꿔왔습니다. 디자인 경험이 쌓일수록, 넓은 견문은 디자인의 좋은 밑거름이 된다는 것을 느꼈습니다. 따라서 과학, 경제, 문화 등 주제를 가리지 않는 책을 읽고 디자인과 융합할 수 있는 점을 스크랩하는 습관을 길렀습니다. 30여 권의 책을 읽고 포트폴리오를 만든 결과, 융합 독서 포트폴리오 대회에서 좋은 결과를 얻기도 했습니다. 꾸준히 다양한 생각을 접하다 보니, 자유로운 사고방식도 익힐 수 있었습니다. 예를 들어 문어 빨판을 모티브로 디자인을 할 때, '흡착 원리가 제품 그 자체가 될 수는 없을까?'라고 생각했던 것이 핵심 아이디어로 발전한 사례가 있습니다. 또한 '전통에서 벗어난 전통놀이'라는 발상으로 현대문화와 전통을 융합한 디자인을 하기도 했습니다. 이처럼 통념에서 벗어난 생각들로 디자인을 도출해내는 것은 저의 장점이 되었습니다. 홍익대학교 디자인학부에 진학한 뒤에도 자유로운 사고와 넓은 식견을 바탕으로 사회의 문제들을 '부드럽게', '넌지시'해결해줄 수 있는 산업디자이너로 성장하고 싶습니다.

합격 수기

1. 홍익대 미술우수자 전형을 선택하게 된 결정적 요인은 무엇인가요?

　　우선 홍익대학교 디자인학부로 입학할 수 있는 전형은 '미술우수자전형' 단 하나입니다. 그렇기 때문에 저도 당연히 미술우수자 전형으로 지원하게 되었습니다. 이 전형은 1차에 성적 20%와 서류(미활보+학생부)가 반영됩니다. 서류가 80%이기 때문에 서류에 대한 부담감이 큰 편이라고 생각합니다. 그래서 나만의 특색이 있는 서류를 만드는 것이 중요하고, 그것의 기본은 다양한 미술활동 경험이라고 생각합니다. 저는 예술고등학교에 재학 중이었기 때문에 비교적 다양하고, 심층적인 미술활동 경험이 있었습니다. 이러한 경험을 저의 진로와 연결해 서류에서 잘 보여줄 수 있을 것 같아 해당 전형이 저에게 적합하다는 생각을 했습니다.

2. 학교생활기록부 관리에 대한 나름의 노하우를 알려주세요.

　　(학교생활에서 특별히 관심을 두고 했던 활동도 좋음)

　　학생부의 다양한 영역 중 제가 가장 신경 썼던 부분은 과목별 '세부능력 및 특기사항'입니다. 기본적으로 모든 수업에 적극적으로 참여했고, 전공 외의 교과과목에서 하는 활동들에도 전공과 연관 시킬 수 있는 점을 찾아 생기부에 기록될 수 있도록 했습니다. 그리고 전공 시간에는 조금 더 구체적으로 '산업디자인'과 관련된 심화활동을 했습니다. 그리고 작품을 제작하며 참고했던 자료들이나 아이디어 스케치 등 저의 제작 과정을 전공 선생님과 공유하며 제작 과정에 대해 조금 더 구체적으로 기록될 수 있도록 했습니다. 세특 외에도 내신 공부에 무리가 없을 정도로, 너무 과하지 않게 조절하며 교내 활동이나 교내 대회들도 꾸준히 참가했습니다.

3. 미술활동보고서의 작성과정을 설명해 주세요.

우선 미활보를 작성하기 전 생기부를 꼼꼼하게 읽어보며 디자인과 관련된 활동들을 정리했습니다. 그리고 그 목록들을 미술적 기본 소양을 보여줄 수 있는 활동, 전공과 관련된 심화활동, 공동체 활동 등으로 분류했습니다. 그리고 이 분류된 활동들을 적절하게 구성하여 저의 개성을 살린 미활보를 작성했습니다. 그리고 홍익대 미활보에는 생기부에 기입되어 있는 교내활동뿐만 아니라 교외활동도 작성이 가능합니다. 그렇기 때문에 교외 공모전에서 수상한 활동도 첨가해 교내활동에서 한 번 더 나아가 전공에 관해 더 심화된 활동을 경험했던 것을 어필했습니다. 완성된 미활보는 여러 사람들에게 읽어보게 하고, 직접 소리 내어 읽어보면서 어색한 부분을 수정했습니다.

4. 어떻게 면접을 준비했는지와 면접에서 어떤 질문을 받았는지 궁금합니다.

[질문1] 1번 문제 풀이해보세요

[답변1] 우선 첫 번째 작품은 천으로 건물을 감싼 설치 작품입니다. 그런데 저는 이 작품을 실제로 길에서 본다면 예술 작품이라고 느끼기보단 '어, 여기 공사 중인가?', '오 여기 어떤 건물이 생길까~?' 뭐 이런 생각을 할 거 같습니다. 천으로 완전히 건물을 감싼 형태라는 점에서 이렇게 그 천 속에 어떤 것이 있는지 궁금증을 유발하고, 보는 사람마다 각자 다른 상상을 하게 한다는 점이 인상적이었습니다. 그런데 만약에 제가 작가라면 반전으로 저 천 속을 완전히 빈 공간으로 둘 것 같습니다. 왜냐하면, 겉에서 작품을 보고, 천 안에 무언가가 있을 거라고 예상하는 관람객들에게 '그거 아닌데?' 하고 자극과 충격을 줄 수 있고, 또, 천 속에 들어와서, 그러니까 작품 속에서 그 작품을 감상하는 상황을 연출하는 것도 재미있겠다고 생각하기 때문입니다. 그리고 두 번째 작품은 집 속에 집을 연속적으로 배치한 설치작품입니다. 저는 이 작품이 우리 사람들이 세대를 이어나가는 연속성을 시

각적으로 표현한 작품이라고 생각합니다. 처음에 부모와 자녀로 시작해서 그 자녀가 또 다른 가정을 만들고, 또 그 가정의 자녀가 또 다른 가정을 만들고, 이렇게 세대가 이어지는 가족의 연속성을 표현한 것 같습니다. 그리고 섬유로 한옥의 형태를 아주 세밀하게 표현했는데, 그런 섬세한 표현 방식이 멀리서 보면 투박해 보이지만 가까이서 보면 또 다른 아름다움을 느낄 수 있는 한국 전통 건축물의 특징을 잘 살린 것 같습니다. 그리고 두 작품이 공통적으로 섬유라는 재료를 사용했는데, 그 천의 재질이 아주 상반됩니다. 재질이 상반된다고 했는데, 그에 따른 표현 효과의 차이를 말해보세요. 1번 작품의 천은 2번에 비해 굉장히 두껍고, 불투명한 재질로 힘이 느껴집니다. 그리고 더 견고하고 강력한 느낌을 받았습니다. 2번 작품의 천이 한국 건축과 비슷하다면 1번 작품의 천은 서양 건축물과 닮았다고 생각합니다. 왕족들의 강력한 권력을 대변하는 하나의 건축물처럼 큰 규모와 웅장함으로 보는 사람을 압도하는 힘이 있다고 생각했기 때문입니다. 개인적으로 2번 작품은 얇고 투명한 천을 사용한 게 '신의 한 수' 라고 생각합니다. 천이 얇아서 섬세함이 극대화~~ 우아한 느낌~~(앞에 말했던 한국건축과 비슷하다는 얘기랑 중복)

[질문2] 그러면 이 두 가지 천 중의 하나를 사용해서 본인이 그린 드로잉을 작품으로 제작한다면 어떻게 할 건가요?

[답변2] 저는 1번 작품에서 사용된 굵은 천을 사용해서 제작할 것 같습니다. 일단 이 드로잉은 항해하는 배를 표현한 것인데, 이걸 얇고 투명한 천으로 표현한다면 굉장히 불안하고 위태롭고 막 당장이라도 침몰할 거 같은 느낌을 주는 작품이 될 거 같습니다. 그런데 저는 여기 캐릭터들을 그린 것처럼 이 배의 항해가 활기차고, 즐겁고, 어떤 긍정적이고, 강력한 힘을 가지고 있었으면 좋겠다고 생각하기 때문에 굵은 천을 사용해서 표현하고 싶습니다.

[질문3] 드로잉 설명해보세요.

[답변3] 제시된 작품은 코끼리와 악기가 결합된 조각 작품입니다. 이 두 물체는 굉장히 이질적이지만 '소리'라는 공통된 요소가 있습니다. 그런데 모순적이게도 이 작품에서는 '소리'라는 요소가 시각적으로만 보여질 뿐 '청각'으로 는 느낄 수 없습니다. 또, 정적인 작품이기 때문에 사람들이 일방적으로 작품을 관람할 뿐, 작품이 관객들에 의해 반응하거나 서로 쌍방향의 교류가 일어나지 못합니다. 이것이 이 작품의 한계라고 생각합니다. 그런데, 이러한 한계를 극복하고 보완할 수 있는 매개체 '가상공간'이라고 생각했습니다. 그래서 가상공간 속 저를 상징하는 캐릭터를 드로잉 했습니다. '배'라는 물체와 저의 가치관을 결합했습니다. 그럼 이 드로잉을 디지털 작품으로 제작한다는 건가요? 왜? 자세히 설명해주세요. 네! 맞습니다! 가상공간 속에서는 '나'라는 캐릭터를 사람, 동물, 사물, 물질적 가치, 정신적 가치, 성격 등등 제한 없이 나 스스로 규정하고, 결합할 수 있습니다. 이러한 점은 코끼리와 악기의 결합과 비슷하다고 생각했습니다. 저는 이 배처럼 '반응하는 사람'이 되고 싶습니다. 이 파도는 변화를 의미하는데, 이 변화 속에서 배는 두 가지 반응을 할 수 있습니다. 파도에 적응하거나. 대항하거나. 이 반응을 적절하게 할 수 있는 사람, 디자이너가 되고 싶습니다. 어떨 땐 변화에 순응하며 나아가고, 어떨 땐 변화에 대항하면서 새로운 파도를 일으키는 주체가 되고 싶습니다. 그래서 저는 이 이미지에서 파도의 움직임, 배의 움직임, 바람의 방향, 소리 등 자극과 반응이 즉각적으로 일어나는 것이 중요하다고 생각했기 때문에 다양한 인터렉션 효과를 자유롭게 사용할 수 있는 가상공간 속에서 구현하고 싶습니다.

[질문4] 우리 학교 입학하면 전공 뭐 선택할 건가요?

[답변4] 저는 산업디자인 전반에 관심이 많지만, 그중에서도 제품디자인을 집중적으로 배우고 싶기 때문에, 제품디자인을 선택할 것입니다.

[질문5] 우리 학교 입학하면 어떤 디자인을 하고 싶나요?

[답변5] 저는 기초가 탄탄한 디자인을 하고 싶습니다. 우선 저는 학교에서 '어린이를 위한 디자인', '환경을 위한 디자인' 등등 다양한 주제와 컨셉을 가진 디자인 프로젝트를 한 경험이 있습니다. 그런데 이렇게 각각 다른 컨셉, 주제를 가진 디자인을 하더라도 기본적으로 사용자 분석이나 관련 기술을 조사하고 공부하는 것처럼 공통적으로 기초를 탄탄하게 하는 작업이 아주 중요하다고 느꼈습니다. 그래서 저는 이런 기초, 기본이 잘되어 있는 디자인을 하는 것이 목표입니다. 또, 그것을 바탕으로 여러 컨셉의 디자인을 도전해보고 싶습니다

5. 수능최저가 있어서 부담이 되었을 텐데 어떻게 준비했는지 궁금합니다. 후배들에게 도움이 되도록 구체적으로 부탁드립니다(멘탈 관리도^^).

제가 지원한 6개의 전형 모두 수능 최저가 있었던 터라 수능에 대한 부담감이 컸습니다. 또, 평소 내신 중심의 공부를 하다 수능 대비를 늦게 시작해 더 걱정이 되기도 했습니다. 늦게 시작한 만큼 효율적인 방법으로 공부하는 것이 중요하다고 생각했습니다. 그래서 성적이 잘 나오는 과목에 더 시간을 투자하고, 그렇지 않은 과목은 성적 유지를 위한 공부를 했습니다. 또, 저는 수능 일주일 전 두 학교의 면접이 있었기 때문에 수능과 면접 준비를 함께 해야 했습니다. 너무 한쪽에 치우치지 않도록 학교에서는 면접을 준비를 하고, 하교 후 오후 시간은 수능 공부를 했습니다. 이렇게 시간을 잘 관리하는 것도 효율적인 공부에 매우 도움이 되었습니다. 그리고 멘탈를 위해서 너무 멀리 생각하지 않으려고 했던 것 같습니다. 아직 일어나지도 않은 일을 상상하니 불안감이 더 커지는 것 같아 그냥 눈앞에 있는 해야 할 일들을 열심히 했습니다.

이나예 학생은 예체능 계열이 가지는 실기와 교과를 함께 해야 하는 부담감을 깨고 본인이 가진 장점들을 잘 살렸다. 기본에 충실하고 계획적으로 관리한 교과, 타고난 재능과 다양한 분야를 융합하여 창의적인 실기 결과를 만들어 내면서 두 마리 토끼를 다 잡은 영리함을 보였다. 홍익대학교(서울) 학생부종합전형 미술우수자 전형은 전형요소 및 반영비율이 1단계 3배수로 교과20(학생부)와 서류80(미술활동보고서), 2단계 1배수 서류40(1단계 서류성적)과 면접60으로 대학수학능력시험 최저학력기준 국어, 수학, 영어, 탐구(사/과)영역 중 3개 영역 등급 9이내, 한국사 4등급 이내로 코로나 19로 인한 학업역량 저하와 지방 예술고등학교의 한계인 수능 최저도 수월하게 넘기고 내신도 1점대로 교과의 충실함을 엿볼 수 있다. 미술활동보고서의 반영비율이 높은 만큼 평소 자기주도적 사고 능력이 뛰어나고 전공 분야의 지속적인 탐색과 창의적 융합 활동을 바탕으로 작품 영역을 확장해 나가는 모습은 다가올 미래 예술분야에 뛰어난 인재로 판단되어 학생부종합전형에서 합격할 수 있었다고 생각한다.

1단계 반영80인 미술활동 보고서를 살펴 보면 전공 목공수업에서 배운 단순 직선 가공법을 심화 탐구하고 연구해서 곡선 가공법으로 호기심을 창의적 작품 '시계'로 만들어 작품을 학교에 걸어 끝까지 탐구해서 결과를 얻는 성취도를 보였다. 또 광고영상을 만들어 제품을 단일함을 다양함으로 전환하여 가구라는 제품의 한계를 'A better everyday life'라는 다양한 라이프 스타일 제품으로써의 브랜드 인식을 주어 창의성을 발휘하고 민속놀이를 패키지 디자인으로 만들어 파티 문화에 새롭게 접근하여 우리 문화를 현대문화로 디자인하는 폭넓고 독특한 발상으로 예술가로써의 다방면을 보였다. 빗물 재활용 가로등 겸 손세정대 'Eco-Light'를 디자인하여 기술적원리에 대해 공부하고 제품의 심미성과 실용성까지 고려해 작품을 만들어 이후 'ㅇㅇ국제디자인어워드'에서 금상을 수상하여 디자인 출원도 진행하였다. 과학적 원리를 미술에 융합하고 이 결과물을 공신력 있게 인증받는 과정까지 스스로의 역량으로 합격할 수 있었다고 생각한다. 영어원서북커버반에서 영어원서'기억 전달자'를 읽고 부원들과 함께 입체조형을 만들고 전시하여 정적인 설계로 동적인 결과를 내는 방법으로 다양한 장치를 활용하여 표현의 스펙트럼을 넓혀 미래 예술인의 진모를 볼 수 있었다. '앙데팡당전'에 참가하여 스핀아트를 비롯한 단체작품을 통해 역할, 조절, 협업으로 매력적인 작품활동을 하고 '미술작가 인턴제'에 선발되어 3D모델 프린팅을 활용한 작업을 경험하고 작가의 삶을 함께 체험하면서 자신이 필요한 자질과 재능을 키워 나가는 모습은 대견스러움을 보여 주었다. 이렇게 미술활동 보고서에서 나타나듯 교과, 비교과, 동아리, 진로, 자율 창작 활동등 자기 주도적 자세로 호기심과 창의적 능력을 좋은 결과로 발전시켜 얻어내는 높은 성취 능력은 배울 부분이고 이런 노력들이 모여 합격이란 큰 선물을 받을 수 있었다고 생각한다.

면접은 제시문 기반 심층면접과 서류기반 질문(생기부 질문)으로 면접시 질문에 따른 드로잉을 작품으로 제작하기 위한 면접을 보았고 드로잉 작품에서 드러나지 않는 청각적 요소를 과학적'가상 공간'을 융합하여 디지털 작품으로 소개하여 뛰어난 대처능력과 창의적이고 도전을 새로운 기회로 전환하는 특유의 기질을 발휘한 부분은 본받을 만한 자세이다.

수능 이틀 전 모의 수능 평가를 보고 함께 점심식사를 하면서 "긴장되지 않니?"라는 질문에 "긴장되고 떨리지만 뭔지 모를 설레임과 기대되는 것도 있어요"라는 대답은 차분하고 단아한 모습과는 달리 도전을 두려워하기보다는 즐기고, 탄탄한 준비로 기다리는 강인함과 외유내강의 모습은 지금 떠올려 보아도 참 대견하고 놀라웠다.

처음 보았을 땐 마냥 성실하고 참신한 학생이라 생각했지만, 시간이 지날수록 본인의 진로, 진학에 대한 뚜렷한 고민과 계획이 있었고 함께 고민하고 소통하는 동안 자신감 넘치는 에너지를 느끼기에 충분하여 더 큰 기대와 신뢰로 함께 준비했던 시간들이 감사하고 고마울 뿐이다.

예술고등학교이기에 수능 최저에 대한 심리적 압박도 많이 받았지만 한결같은 성실함과 계획적인 학습 방법으로 수능 최저도 극복할 수 있었다. 예체능이란 전공에서 오는 본인의 부족함을 스스로 인지하고 기본에 충실한 학습태도와 다양한 교과를 융합하여 창의적인 결과물을 산출하고 교내대회, 활동에도 적극적으로 참여하여 수상과 우수한 내신 성적으로 모범적 모습을 보여주었다. 학교생활에서도 힘든 일이나 희생이 필요한 일에는 솔선수범하여 친구들과 선생님께 봉사 정신을 갖춘 좋은 영향력 있는 사람으로 인정받아 다재다능한 인재로 합격의 기쁨을 가질 수 있었다고 생각한다.

한 번씩 부모님을 만날 때면 걱정 하나 끼치지 않고 스스로 알아서 해준 딸에게 부모님은 감사한 마음도 미안한 마음도 있는 미더운 자식이라고 하셨다. 함께한 시간 또한 전문가인 내게도 더 큰 성장과 사명감을 느끼게 해준 참 감사하고 고마운 학생이다. 이 글을 마무리하면서 힘들었던 시간도 좋은 결과로 보상받게 되고 이렇게 책 속에 소중한 시간을 담을 수 있어 행복하다. '사회 여러 계층에 좋은 영향력과 개인 삶의 질을 높여줄 수 있는 디자이너'가 싶다던 꿈을 펼치고 이 사회에서 멋진 예술인으로 살아가길 진심으로 응원한다.

"친환경적인 에너지 개발로
지구를 지키는 것입니다"

연세대학교 학생부종합(고른기회전형 농어촌학생) 전자전기공학과 합격
광양고등학교 이민혁

○ 　이민혁 학생은 3년 동안 학급 임원으로서 다양한 봉사활동을 통해 학생과 학교에 기여했을만큼 봉사 정신이 투철하다. 또한 작은 활동에도 적극적으로 나서고, 솔선수범하여 급우들이 동참할 수 있도록 장려하는 열정적인 학생이다. 그 중에서 학급 에코 챌린지 활동을 기획하여 환경오염 해결을 위해 학생들의 단체 참여를 유도했다. 이민혁 학생은 오염된 지구를 살리는 데에 많은 에너지가 필요하다는 것을 알리고, 분리수거와 에너지를 절약할 수 있는 작은 행동으로도 충분히 기여할 수 있다는 것을 알려주는 등 배운 지식을 실천하고 모두의 참여를 독려했다. 처음에는 학생들의 참여가 저조했지만, 이민혁 학생의 솔선수범하는 모습과 우수 학생에게 보상제도를 도입하는 등 단체참여를 위해 꾸준히 노력하는 모습을 보였기 때문에 앞으로의 성공이 기대되는 학생이다.

　친환경에 대한 관심은 신재생에너지로 이어졌다. 화력발전소에서 생산된 전기가 친환경 자동차인 전기자동차의 동력이 된다는 것을 알게 되면서 신재생에너지에 대하여 관심을 가졌다. 그러나 전기를 생산하는 효율이 낮으며, 생산된 전기를 변환하는 데에도 손실되는 전기가 많다는 것을 알게 되면서 이러한 부분에 대해 관심을 가지고 이를 탐구하는 활동을 하게 되었다.

그러면서 자연스럽게 대규모 발전보다 전송하면서 손실되는 전기를 줄이면서 버려지는 전기를 줄일 수 있는 차세대 전력망인 '스마트 그리드'에 관심을 확장시킬 수 있었다. 이러한 스마트 그리드 시스템을 적용하기 위해서는 하드웨어적인 부분뿐만 아니라 소프트웨어적인 부분에 대해서도 알아야 한다는 것을 알고, 코딩에도 관심을 가지고 효과적인 전력망을 구축할 수 있는 방법과 신재생에너지로 생산된 전기를 이웃집에 판매할 수 있는 가상 발전소의 필요성도 알게 되었다.

지구에서보다 달에서 태양광 발전을 하는 것이 더 효과적이라는 것을 알고, 생산된 전기를 무선으로 전력을 전송할 수 있는 '루나링 프로젝트'에 관심을 가지게 되었다. 송전이 단순히 지구 내에서만 국한되지 않는다는 것을 알고, 더 다양한 스마트 전력망의 연구가 필요하다는 것을 깨닫고 진로를 구체화하였다.

자신처럼 다양한 활동을 하면서 진로를 구체화하고, 탐구하면서 더 심층적인 탐구 활동을 한다면 꿈을 이룰 수 있을 것이라고 후배들에게 말을 전하였다.

스펙 분석

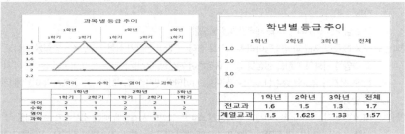

연세대학교는 Z점수 반영함 – 학생부교과전형[추천형] 1단계 정량평가 반영방법은 연세대 입학처 자료 참조

[수학과 과학교과의 성적 추이]

1학년 1학기: 수학(1) 통합과학(2)

1학년 2학기: 수학(1), 통합과학(1), 과학탐구실험(A)

2학년 1학기: 수학 I (2), 확률과 통계(1), 화학 I (2), 생명과학 I (1)

2학년 2학기: 수학(1), 확률과 통계(1), 물리학 I (1), 지구과학 I (1), 심화수학 I (A), 화학실험(A)

3학년 1학기: 미적분(2), 물리학 II (A), 지구과학 II (A), 생명과학 II (A)

▶ 자율활동

1학년   수련회 활동으로 단체생활의 중요성을 깨달음.

         생명 존중 및 자살 예방교육에 참여하여 고통을 없애는 것이 아니라 고통을 전가하는 일임을 깨
         달음.

         과학의 날 글쓰기 행사에 참여하여 미세 플라스틱에 관심을 가지고 플라스틱 쓰레기 처리에 관
         심을 가짐.

         학습 소공동체 활동에 수학 멘토로 참여하여 매주 참여하여 성적 향상에 기여함.

2학년   학급 부반장 수행, 학습 소공동체 활동 수학·물리 학습 멘토로 참여함.

         융합과학 활동과 과학 발명 아이디어 참여함. – 낙하물 속 내용물 보존을 위한 실험에서 보형물
         제작에 있어 벨트 제작 아이디어 참여함.

         과학탐구토론 활동 참여, 환경의 심각성을 통한 학급 임원진과 지역 환경 캠페인 참여 및 기획
         실천함.

3학년   토요 과학교실에 참여, 교내 수학축전에 참여, 2022 대입 전형 특강에 참여함,

         학습 소공동체 활동 수학, 물리 학습 멘토로 참여함.

▶ 동아리활동

1학년   NEXUS–A(물리. 지구과학) : 비행기의 원리인 베르누이 법칙을 실험을 진행하면서 비행기의 다
         양한 원리를 알게 됨. 골드버그 실험을 하면서 효과적인 과속방지턱을 창의적인 아이디어로 제
         작함.

         로봇 탐구반 로봇의 원리와 제작방법을 탐구함.

2학년   NEXUS(물리. 지구과학) : 동아리 부장으로 참여 – 간이 전동기 실험 기획, 옴의 법칙을 실험하
         고 다양한 사물의 저항을 실험을 통해 측정하여 계산함. 무선통신과 무선 이어폰의 원리를 조사
         한 후 전자기 유도의 송수신 실험을 진행함. 사이펀의 원리를 조사하여 실생활에서의 이용에 대
         해 알아봄.

3학년   NEXUS(물리. 지구과학) : 차세대 전력망인 스마트 그리드 시스템에 대해 조사하고 보고서를 작
         성함. 스마트 그리드의 근간이 되는 IT 기술에 대해 탐구함. '소리 나는 연필 라디오' 실험을 기획
         하여 실시한 후 결과를 도출함. 전류에 대한 자기장의 시각적 효과를 고려하기 위한 솔레노이드
         내부에서의 자기부상열차를 고안하여 실험하고 설명함.

▶ 봉사활동

1학년 　교내 환경정화 활동에 그치지 않고 대한적십자 RCY 환경활동을 서천변 환경정화 활동에 적극
　　　　참여하였음.

2학년 　1학년에서와 같이 환경정화 활동을 이어 갔으며 학급의 학습멘토로 활동하면서 더 나아가 전라
　　　　남도 청소년활동 진흥 센터에서 또래교사 멘토링을 통한 학습동아리 활동을 하였음.

3학년 　교내활동 중 소양교육 참여(봉사활동의 의의, 방법, 태도), 또래 학습멘토링에서 멘토로 활동, 환
　　　　경정화활동에 참여하였음.

▶ 진로활동

1학년 　진로진학체험박람회에 참여하여 정보통신공학을 체험하고 컴퓨터 프로그래밍과 인공지능까지
　　　　공부해야 함을 알게 됨.

2학년 　에코챌린지 프로젝트에 참여하여 화석연료로 얻어지는 전기의 부정적인 면을 알고 신재생에너
　　　　지를 효율적으로 생산할 수 있는 방법에 대해 탐구함.
　　　　적정기술로 페트병 전구를 만들 때 표백제를 넣는 이유를 조사하고, 더 나은 세상을 위해 기술
　　　　개발의 필요성을 느낌.
　　　　과학창의캠프에 참여하여 펠티어 소장의 개념과 활용에 대해 탐구하면서 다양한 발전소의 장단
　　　　점을 비교해보면서 전력변환에 관심을 가짐.

3학년 　토요 과학교실에 참여하여 전자기 유도현상에서 패러데이 법칙과 렌츠의 법칙을 이해하고, 무
　　　　선 스피커, 무선 이어폰, 무선 전력 송전장치 등을 제작하면서 실험을 통해 그 원리를 검증해봄.
　　　　교내 수학 축전에 참여하여 다양한 체험활동을 하고 수학퀴즈대회에서 우수한 성적을 보임.

▶ 수상경력

1학년 　수련활동 소감문 쓰기대회 장려상(3위)
　　　　영어캠프 소감문대회 장려상(4위)
　　　　교과우수상(수학)
　　　　모범학생표창(봉사부분)
　　　　인문사회 주제탐구프로젝트 발표대회 은상(2위)
　　　　시사토론대회 장려상(3위)
　　　　영어에세이 경시대회 동상(3위)
　　　　학력향상상

2학년 　수학창의성경진대회 동상(3위)
　　　　과학의 날 기념 창의성경진대회(융합과학부분) 최우수상(1위)
　　　　표창장(모범학생부문)
　　　　학력향상상
　　　　과학의 날 기념 창의성경진대회(발명아이디어부분)장려상(3위)
　　　　과학탐구프로젝트 수행결과 발표대회 우수상(2위)
　　　　서평쓰기대회 은상(2위)

3학년   과학탐구대회(물리학부문) 금상(1위)
         과학탐구대회(지구과학부문) 은상(2위)
         수학창의성 경진대회 동상(3위)
         표창장(모범부분)

상담분석

▶ 학생부 종합 전형을 우선하고, 모의고사 성적 추이 고려하여 지원 판단

이민혁 학생의 경우 친환경 전력 전문가로서 환경에 높은 관심을 가지고, 친환경 에너지를 생산하는 방법에 지속적인 탐구활동을 해 왔다. 친환경 전력 전문가라는 진로에 맞춰 고등학교 수학과 과학에서 우수한 성적을 유지하였으며, 관련 다양한 활동에도 적극적으로 참여하였다. 또한 새롭게 알게 된 내용을 자신만 아는 것이 아니라 친구들에게 알려주고, 함께 캠페인에도 참여할 수 있도록 적극적으로 행동하는 모습을 통해 대학에서 자신의 꿈을 위해 잘 활동할 수 있을 것이라고 판단하게 되었다. 그런데 다양한 활동은 많이 하였으나, 관련 내용이 학교생활기록부에 구체적으로 표현하지 못한 부분도 있었으며, 모의고사 성적이 다소 불안한 부분이 있어서 학생부 종합 전형(농어촌 전형) 학생부 교과 전형을 병행하여 동시 지원할 것을 권했다.

▶ 독서활동은 적당한 편이며 관심분야에 집중하면서도 인문 자연관련 다양한 도서를 진행함

독서의 양이 적당한 편이다. 독서를 통해 관심 분야에 지적능력과 탐구능력을 확장시켜 나가는 모습을 엿볼 수 있다. 1학년 15권, 2학년 20권, 3학년 9권의 독서를 하였다. 독서 목록중 '일렉트릭 유니버스 (데이비드 보더니스)'를 읽고 전기 관련 정보와 발전사를 통해 전문 이후 관련 분야의 이해에 도움을 받았으며 이를 바탕으로 서평을 작성하고 교과서에 수록된 '육지의 배설물은 쌓인다.(남종영)'을 학습하며 그 심각성을 느끼고 이에 대한 기술적인 해결방안, 국제적인 노력에 대해 조사해 보는 활동을 함으로써 이민혁 학생은 환경과 에너지, 반도체에 높은 관심을 가지고 있다는 것을 파악할 수 있다. 개인적으로 성실하고 적극적인 문제를 해결하려는 모습을 학생부를 통해 충분히 엿볼 수 있다. 활동한 내용을 바탕으로 확장된 사고를 통해 추가적인 탐구활동을 한다는 것을 엿볼 수 있다. 그러나 융합적인 모습을 보여줄 수 있는 모습을 보여줄 수 있도록 폭넓은 독서를 하면 좋을 것이라고 추천해주어 이를 3학년 때 보완하는 모습을 엿볼 수 있다.

● 연세대학교 전기전자공학부 (2022년)

▶ 전형방법 및 최저학력기준

전형방법	학생부교과전형 기회균형 I (농어촌학생) 1단계: 서류(100) 2단계: 1단계 평가(60) + 면접(40)
제출서류	학교생활기록부, 자기소개서
서류평가	• 학업역량: 학업을 충실히 수행할 수 있는 기초 수학능력, 학업을 수행하려는 자발적 의지와 태도, 호기심을 가지고 폭넓게 탐구할 수 있는 능력 • 전공적합성: 지원 전공(계열)에 필요한 과목 수강 및 취득한 학업 수준, 지원 전공에 대한 궁금증을 해결하기 위해 기울인 정도, 지원 전공에 대한 노력한 과정과 배운 점 • 인성: 공동체의 일원으로서 타인을 위하여 노력한 태도와 행동, 자신의 정보와 생각을 효과적으로 전달할 수 있는 역량, 책임감을 바탕으로 꾸준히 노력하여 의무를 다하는 태도와 행동 • 발전가능성: 목표를 설정하고 적절한 전략을 선택하여 계획을 수립하고 실행하는 성향, 학교 활동을 통해 얻은 성장 과정 및 결과, 창조적이고 논리적인 사고로 문제를 해결하는 능력
면접평가	현장 대면 면접 → 지원자 1명을 대상으로 복수의 평가위원이 면접을 실시함. 제시문을 바탕으로 논리적 사고력 및 의사소통능력 등을 평가함.
수능최저 학력기준	대학수학능력시험 최저학력 기준을 적용하지 않음

● 연세대학교 전기전자공학부 (2023년)

▶ 전형방법 및 최저학력기준

전형방법	학생부교과전형 기회균형 I (농어촌학생) 1단계: 서류(100) 2단계: 1단계 평가(60) + 면접(40)
제출서류	학교생활기록부, 자기소개서
서류평가	• 학업역량: 교과 성취수준이나 학업 발전의 정도, 학업을 수행하고 학습해 나가려는 의지와 노력, 지적 호기심을 바탕으로 사물과 현상에 대해 탐구하고, 문제를 해결하려는 노력 • 진로역량: 지원 전공(계열)에 필요한 과목을 선택하여 이수한 정도, 지원 전공에 필요한 과목을 수강하고 취득한 학업 성취 수준, 자신의 진로를 탐색하는 과정에서 이루어진 활동이나 경험 및 노력정도 • 공동체역량: 공동체의 목표를 달성하기 위해 협력하며, 구성원들과 합리적인 의사소통을 할 수 있는 능력, 상대방을 존중하고 이해하며 원만한 관계를 형성하며, 타인을 위하여 기꺼이 나누어 주고자 하는 태도와 행동, 책임감을 바탕으로 자신의 의무를 다하고, 공동체의 기본 윤리와 원칙을 준수하는 태도, 공동체의 목표 달성을 위해 구성원들의 상호작용을 이끌어나가는 능력

면접평가	현장 대면 면접 → 지원자 1명을 대상으로 복수의 평가위원이 면접을 실시함. 제시문을 바탕으로 논리적 사고력 및 의사소통능력 등을 평가함.
수능최저 학력기준	대학수학능력시험 최저학력 기준을 적용하지 않음

▶ 수시지원 합격/불합격 여부

대학명	지원모집단위(학과)	전형명	최종 합불
성균관대학교(수원)	전자전기공학부	학생부종합(학과모집)	충원합격
성균관대학교(수원)	전자전기공학부	학생부종합(농어촌)	합격
서울대학교(서울)	에너지자원공학과	학생부종합전형(수시모집 기회균형선발특별전형) 농·어촌학생)	불합격
연세대학교(서울)	전기전자공학부	학생부교과(추천형)	충원합격
연세대학교(서울)	전기전자공학부	학생부종합(고른기회전형[농어촌학생])	합격
중앙대학교(서울)	전자전기공학부	학생부교과(지역균형전형)	충원합격
카이스트	단일학부	학생부 종합(농어촌 전형)	불합격
지스트	기초교육학부	학생부 종합(학교장 추천)	합격
유니스트	무학과	학생부 종합	합격
켄텍	에너지 공학부	학생부 종합	충원합격

자기 소개서

1. 고등학교 재학 기간 중 자신의 진로와 관련하여 어떤 노력을 해왔는지 본인에게 의미 있는 학습 경험과 교내 활동을 중심으로 기술해 주시기 바랍니다(띄어쓰기 포함 1,500자 이내).

〈관심과 흥미는 저를 성장시키는 원동력입니다.〉

신재생에너지와 전력 시스템에 관심을 가지고 넥서스A(물리, 지구과학) 동아리에서 3년간 활동하면서 이론적인 것뿐만 아니라 실생활에서 적용된 사례까지 탐구하면서 진로를 구체화할 수 있었습니다.

넥서스 A 동아리는 학생들끼리 조를 이뤄 매주 조별로 돌아가며 탐구활동을 준비하고 토론하고, 실험하면서 다양한 사고의 폭을 넓힐 수 있는 동아리입니다. 1학년 때에는 선배들이 주로 실험 계획을 수립하여 제가 원하는 탐구활동을 많이 하지 못해 아쉬움이 많았습니다. 그러나 동아리에 누구보다 적극적으로 참여하였으며, 관련 실험에 참여하기 전에 책과 논문 등을 찾아보면서 그 원리를 익히고 실험에 임했습니다. 그리고 관련 데이터를 정리하여 발표하는 등 적극적으로 참여하는 모습을 통해 2학년 동아리 부장으로 추천받을 수 있었습니다. 동아리 부장으로 부원들이 원하는 실험을 추천받아 다양한 탐구활동을 진행할 수 있었으며, 실험 후 오차가 발생한 이유를 토론을 통해 알아보고 최종 탐구 보고서를 작성하면서 소통하며 문제를 해결하는 부장으로 인정받을 수 있었습니다. 다양한 실험활동을 진행하면서 교과 시간에 배우지 않았던 이론까지도 알게 되었으며, 배웠던 이론들을 직접 실험해 보면서 검증하면서 완전히 제 것으로 흡수할 수 있었습니다.

2년간 장기 탐구프로젝트에 참여하여 단편적인 실험에서 그치는 것이 아니라 장기적인 실험 수행능력과 결과를 분석 능력을 기를 수 있었습니다. 장기 탐구 프로젝트는 학기 초에 관심 분야가 비슷한 친구들이 모여 팀을 이룬 후 탐구할 주제를 정하여 탐구한 뒤 학기 말에 결과를 발표하는 활동입니다. 장기 탐구 프로젝트에는 인문사회 탐구 프로젝트와 과학 탐구 프로젝트로 나뉘었는데, 저는 양쪽 모두 참여하여 환경문제와 에너지 변환에 관한 깊이 있는 지식을 습득할 수 있었습니다. 이 중 인문사회 부문이 자료 조사와 설문조사의 비중이 비교적 컸다면, 과학 부문에서는 실험이 더욱 큰 비중을 차지했습니다. 인문사회 탐구를 수행할 때에는 다량의 자료를 바탕으로 원하는 자료를 찾아내기 위해 팀원과 임무를 분담하여 올바른 자료를 선별하는데 많은 시간을 할애하였으며, 이를 통해 필요한 논문을 효과적으로 찾아내는 방법을 익힐 수 있었습니다. 과학 탐구 프로젝트를 통해 실험을 설계능력과 진행하는 과정에서 변인을 조절하고 통제하고, 실험 결과를 분석능력을 기르는데 도움을 받게 되었습니다.

탐구활동을 하면서 보다 심층적인 지식이 필요하다는 것을 알고 '심화수학'과 '화학실험' 과목을 신청하여 수강하였습니다. 학교에서 진행할 수 없는 실험을 진행할 수 있었으며, 시행착오를 거듭하면서 실험을 성공할 수 있는 방법과 오차를 줄일 수 있는 분석 능력을 기를 수 있었습니다.

자기소개서 1번에 연계 반영된 학교생활기록부 항목

학생부항목	학년/교과명(활동명)	활동내용
5. 창의적 체험활동	1,2,3학년/친환경에너지에 관심을 가지고 탐구	에너지의 스마트 그리드 시스템에 관심을 가지고
6. 교과학습발달상황	2학년/진로선택과목	수준 높은 실험을 하고 싶어 공동교육과정으로 화학실험 수업을 이수함.

☞ 강평(소통융합형 인재)

이민혁 학생은 동아리 활동을 통해 다양한 실험활동 및 탐구 프로젝트를 진행했다. 그것을 통해 교과시간에 배우지 않은 이론까지 알게 되고 그런 이론들을 실험해 보면서 자신의 탐구 역량을 넓혀가는 모습을 보여주었다. 인문사회 탐구 프로젝트와 과학 탐구 프로젝트에 모두 참여하여 본인의 관심 분야인 환경문제와 차세대 에너지에 대해 연구해가는 융합적 인재로서의 면모를 확인할 수 있다.

2. 고등학교 재학 기간 중 타인과 공동체를 위해 노력한 경험과 이를 통해 배운 점을 기술해 주시기 바랍니다(띄어쓰기 포함 1,000자 이내).

〈먼저 실천하는 리더〉

3년 동안 학급 임원으로 학생들과 학교를 위해 다양한 분야에서 봉사를 할 정도로 나눔을 실천하였습니다. 또한 작은 활동에도 적극적으로 참여하고, 먼저 실천하면서 급우들도 참여할 수 있도록 노력하였습니다. 그 중에서 학급 에코 챌린지 활동을 기획하여 버려진 지구를 되살리는데 많은 에너지가 필요하다는 것을 알게 되었습니다. 이 에너지를 줄일 수 있는 방법으로 재활용만 잘하더라도 많은 에너지를 절약할 수 있다는 것을 알게 되었습니다. 철은 광산으로부터 얻는 것보다 75퍼센트 이상, 알루미늄은 85퍼센트 이상 절약할 수 있다는 것을 알고 이를 카드뉴스 등을 제작하여 함부로 버리지 않고 재활용을 할 수 있도록 지속적으로 캠페인을 진행하면서 많은 학생들이 함께 참여할 수 있도록 이끌었습니다. 이를 통해 지구를 되살릴 수 있는 방법이 간단한 행동 하나로부터 가능하다는 것을 알리고 모두가 참여할 수 있도록 독려하였습니다. 처음에는 학생들이 많이 참여하지 않았지만 지속적으로 활동에 참여하였으며, 우수 참여 학생에게 시상도 하면서 모든 학생들이 참여할 수 있도록 노력하는 등 목표를 위해 포기하지 않고 꾸준히 노력하는 능력을 길렀습니다. 이러한 능력을 바탕으로 에너지 변환효율을 높이는 전문가가 되겠습니다.

〈멘토링 활동을 통해 폭넓은 배경지식을 얻다〉

저는 1, 2, 3학년 때 모두 멘토로 참여하여 수학과 물리 내용을 알려주었습니다. 일괄적인 방법으로 알려주는 것은 의미가 없다는 것을 알고 학생이 알고 있는 수준에서 관심사와 관련된 예시를 들어 알려주는 것이 효과적임을 알게 되었습니다. 풀이 이후에는 멘티의 개인적인 궁금증에도 답변하면서 좋은 관계를 형성하면서 편하게 질문할 수 있는 분위기를 조성하였습니다. 이러한 방식으로 운영하여 최우수 멘토로 선정되었으며, 저와 멘티 모두 성적이 향상될 수 있었습니다.

학생부항목	학년/교과명(활동명)	활동내용
5. 창의적 체험활동	1,2,3학년/임원활동	에코 프로젝트 활동과 연계하여 지속가능한 지구을 위한 활동에 참여함.
5. 창의적 체험활동	1,2,3학년/멘토링활동	학생 수준에 맞는 예시를 들어 설명하면서 멘토와 멘티 모두 성적을 향상됨.

☞ 강평(섬김의 리더)

에코프로젝트 활동을 통해 지속적으로 환경문제에 관심을 갖고 캠페인을 통하여 지구를 되살리는 작지만 의미 있는 활동을 함으로써 학급원들을 이끄는 리더십의 면모를 보이며 학급원들에 대한 배려와 협력을 하는 모습을 나타낸다. 주어진 역할을 수행함에 있어서 나눔과 봉사와 실천의 리더십을 보일 뿐만 아니라 본인의 관심 분야인 에너지에 문제에 대해서 환경론적 관점으로 실천하는 모습을 볼 수 있다. 또한 수학과 물리 멘토로 자신뿐만 아니라 학급원들의 성적이 향상되는 과정에서 교우들과의 관계성이 돈독해짐을 엿볼 수 있다.

3. 해당 모집단위에 지원하게 된 동기와 지원하기 위해 노력한 과정을 구체적으로 기술
하시오(띄어쓰기 포함 1,000자 이내).

〈정전이 되더라도 전기를 사용할 수 있는 방법에 호기심을 가지고 탐구하다〉

저는 평소 다양한 종류의 전자제품에 높은 관심을 가지고 있습니다. 특히 새로 나
온 TV나 스마트폰이 발표될 때면 새롭게 적용된 기술에 관심을 가지고 그 원리를 파
악하였습니다. 이러한 첨단 기술들이야말로 현대사회를 이끄는 가장 중요한 원동력임
을 확신하게 되었습니다. 그런데 스마트폰 배터리가 방전되거나 태풍으로 인한 정전
되면 전자제품을 이용할 수 없는 것에 아쉬움을 느끼게 되어 이런 상황 속에서도 사용
할 수 있는 방법에 관심을 가지고 탐구하면서 대형 발전소 위주보다 소규모 발전소로
'스마트 그리드'를 구성하면 손실되는 전기도 줄일 수 있으며, 한쪽에서 정전이 되더라
도 전기를 공급받을 수 있는 방안이라는 것을 알게 되었습니다.

이후 지구보다 우주에서 태양광 발전을 하면 많은 에너지를 생산할 수 있다는 것을
알고, 달에서 지구로 무선으로 전력을 전송하는 '루나링 프로젝트'에 대해 알고 무선으
로 전력을 효과적으로 전송하는 방법에 관심을 가지게 되었습니다. 무선충전 서비스
는 자기유도 방식을 통해 수백 kHz 주파수 대역에서 무선으로 전력하는데 어려움이
있다는 것을 알고, 효과적인 방법에 대해 조사하면서 GHz 이상의 주파수 대역으로 높
아질수록 파장이 짧고 전파의 직진성도 높아 지향성 특성 제어가 쉬워 무선전력전송
이 가능하다는 것을 알게 되었습니다. 여기에 Retro-directive 빔포밍 신호로 제공할
경우 효율이 더 높아진다는 것을 확인하면서 더 연구할 부분이 많이 있다는 것을 알게
되었습니다. 이를 심층적으로 학습할 수 있는 방법에 관심을 가지고 전력 및 제어시스
템 연구실에게 제 꿈을 키울 수 있을 것이라고 학생하게 되어 연세대학교 전기전자공
학부에 지원하게 되었습니다.

학생부항목	학년/교과명(활동명)	활동내용
5. 창의적 체험활동	3학년/동아리활동	스마트 그리드 시스템에 호기심을 가짐. 무선 충·방전시스템에 관심을 가지고 탐구함.
6. 교과학습발달상황	3학년/물리학II	자기 유도방식, 자기 공진방식, 전자기파 방식 등을 통해 무선 전력충전 및 전송 방식의 차이를 조사하여 보고서를 작성함.
6. 교과학습발달상황	3학년/지구과학II	루나링 프로젝트에 관심을 가지고 무선 전력송신에 관심을 가지고 이를 효과적으로 전송하는 방법을 탐구함.

☞ 강평(가치창출형 인재)

평소에 관심을 가지고 있던 전자제품으로부터 에너지 문제에 대해 인식하고 차세대 에너지에 대해 단계적이고 지속적인 탐구활동을 통해 관심분야를 확장하고 심화해 가는 모습을 볼 수 있다. 단순한 관심이 호기심에 그치지 않고 대학에서 좀 더 깊게 연구하고 싶어 하는 표현을 통해 전공에 대한 관심의 정도와 열정 그리고 발전가능성을 확인해 볼 수 있다.

합격 수기

1. 연세대학교 전자전기공학부 학생부종합전형을 선택하게 된 결정적 요인은 무엇인가요?

선생님의 추천에 의해 학생부 교과전형(추천형)과 학생부 종합전형(농어촌 전형)에 동시에 지원하였습니다.

처음에 저는 학생부 교과전형(추천형)은 학교생활기록부의 내신이 차지하는 비중이 크며 면접에서는 생활기록부의 내용이 아닌 과학탐구 과목에 대한 소양을 테스트하는 제시문을 활용한 면접이었기 때문에 생활기록부 내용이 주가 되는 학생부 종합 전형보다는 유리할 것이라고 생각했습니다. 하지만 수능에 대한 부담감이 동시에 있었고 연세대학교에 꼭 합격하고자 하는 의지가 있었으며 선생님이 추천에 의해 학생부종합전형 (농어촌 전형)을 동시에 지원하였고 최초합격을 할 수 있었습니다.

2. 학교생활기록부 관리에 대한 나름의 노하우를 알려주세요.

학교생활기록부에서 가장 중요한 요소는 내신성적이기 때문에 내신 준비 기간 동안은 내신성적 관리에 신경을 많이 썼습니다. 시험이 끝난 직후와 같은 비교적 여유로운 시간에는 학교생활기록부를 관리했습니다. 교과목별 수행평가에서 하는 활동을 진행하면서도 최대한 희망하는 전공과 관련된 주제를 선정해서 진행하였습니다. 저는 이공계열로 진학할 것을 희망하였기 때문에 자연과학이나 수학 관련 학교행사가 있으면 적극적으로 참여했습니다. 전기공학과 직접적인 관련이 없더라도 이공계인으로서의 자질을 키우고 학교생활기록부를 다양한 내용으로 채워가기 위해서 적극적으로 참여했습니다. 인문계열 행사보다는 자연계열 행사에 선택과 집중을 함으로서 전공적합성을 표현할 수 있었습니다. 학교생활기록부에 심화된 내용을 추가하고 싶을 때에는 한 가지 주제를 선정하여 1~2 장 정도의 주제 탐구보고서를 작성했습니다. 주로 한 주제에 대한 보고서를 여러 개 작성하는 방식으로 학교생활기록부의 내용을 채워나갔습니다. 보고서 자체가 학교생활기록부에 들어가지는 않기 때문에 자유양식으로 편하게 작성하면 됩니다.

3. 자기소개서의 작성과정을 설명해 주세요. 자기소개서를 작성할 때에 가장 정성을 기울인 문항은 몇 번이고 이유는 무엇인가요?

2번 문항입니다. 1번 문항은 객관적인 사실들로부터 내용을 정리하여 본인의 강점을 돋보이게 정리하는 것이라면 2번 문항은 인성과 관련된 문항이기 때문에 더욱 힘들었습니다. 평소의 삶이 큰 갈등 없이 지내왔기 때문이며 이전의 경험을 금방 잊어버리기 때문이었습니다. 이전의 작은 경험들까지 기억하고 내용을 연결하여 문장으로 표현해 내는 것이 쉽지 않았습니다. 본인의 인성을 드러내는 문항이라서 문장의 어투까지 신경 써야 했던 것이 아직도 기억납니다.

4. 면접에서 어떤 질문을 받았고 어떻게 응답했는지 기억나는 대로 말씀해주세요.

> [제시문] 구체적인 제시문 내용은 연세대 선행학습평가에서 참조
> 1. 목성형 행성이 지구형 행성보다 수소와 헬륨이 많다.
> 2. 물은 비열이 높아서 온도가 쉽게 변하지 않는다.
> 3. 온도가 높아질수록 분자의 이동 속도가 빨라진다.
> 4. 연료 전지의 개념에 대한 지문
> 5. 수소와 산소만 넣어둔 통에서는 변화가 없었는데 거기에 백금을 넣으니 물이 생성되었다.

[질문]

Q1. 목성형 행성이 지구형 행성보다 수소와 헬륨이 많은 이유는?

A: 목성형 행성이든 지구형 행성이든 생성 초기에는 온도가 높아 유체 상태였을
것이다. 그 상태에서 밀도가 높은 물질은 가라앉고 수소나 헬륨 같은 가벼운 물
질은 떠올랐을 것이다. 제시문 3에서 언급되었듯이 온도가 높을수록 분자의 이
동속도가 빨라지니 수소나 헬륨의 속도가 빨랐을 것이다. 지구형 행성은 질량
이 작아 중력이 작아 속도가 빨라진 수소와 헬륨을 잡아두지 못했고 목성형 행
성은 질량이 충분히 커서 중력이 크므로 헬륨을 묶어둘 수 있던 것이다.

Q2. 지구의 물이 생명체가 살아가는 데 미친 영향은?

A: 제시문 2에서 말했듯 물은 비열이 커서 온도가 쉽게 변하지 않는다. 수증기 상
태에서도 마찬가지다. 지구는 밤이 되면 햇빛이 거의 도달하지 않게 되는데 이
때 물이 없었다면 온도가 급격히 변해 생명체가 살아갈 수 없었을 것이다. 온도
가 쉽게 변하지 않는 물의 존재 덕분에 생명체가 살아갈 수 있게 되었다.

Q3. 연료전지가 지구온난화에 기여할 수 있는 바는?

A: 연료전지는 현재 이용하는 화력 발전과 비교했을 때 효율이 높고 온실가스도
배출하지 않는다. 고효율인 연료전지의 특성상 상용화되고 널리 보급된다면 화
석연료의 사용량을 획기적으로 줄이고 온실가스를 감축할 수 있을 것이다.

Q4. 제시문 5의 현상이 일어난 이유는?

A: 백금을 집어넣기 전에는 연료전지에 전극 역할을 할 물질이 없어서 아무런 일
도 일어나지 않았지만 백금이 들어감으로써 전극 역할을 하여 연료전지와 같은
작용을 하게 된 것이다.

5. 전자전기공학부를 지원하려고 준비하는 후배 학생들에 도움이 되는 이야기를 부탁드립니다.

수학, 물리, 화학은 거의 필수적으로 공부를 해야 하고 제시문 면접을 생각하고 있다면 과학 탐구2 과목을 공부하면 훨씬 편하게 면접 질문에 대처할 수 있을 겁니다. 학교생활기록부를 너무 고등학교 수준을 넘어서는 전문적인 내용으로만 채우려고 하지 마세요. 진로와 약간이라도 연결되어있다면 어떤 내용이든 좋습니다. 개인적으로 학교생활기록부를 채우는 가장 편한 방법은 주제별로 2페이지 정도의 보고서를 작성하는 것입니다. 내용의 경우 학부에서 다루는 모든 분야에 대한 내용보다 학부 내 전공 중 하나에 포인트를 잡고 그와 관련된 내용을 집중적으로 파고드는 걸 추천합니다.

전문위원이 바라보는 합격의 비결

1. 대학이 요구하는 인재상에 부합함.

이민혁 학생의 학교생활기록부는 조금 미흡한 부분은 있다. 특히 1학년 자율이나 진로 활동들이 활동 나열식인 부분이 아쉬웠다. 하지만 이 학생은 바른 인성을 갖추고 배려와 나눔을 실천하며 성실히 자기주도학습을 진행해왔으며, 학교생활에서 할 수 있는 모든 활동을 열심히 해왔음을 볼 수 있으며 부족한 부분을 보완하기 위해 더욱 노력하는 모습을 볼 수 있다. 기독교 이념을 바탕으로 하는 진리와 자유의 정신에 따라 사회에 이바지할 지도자를 기르고자 하는 건학이념에 따라 창의력과 비판력을 지닌 혁신적 리더를 양성하고자 하는 연세대학교의 인재상에 부합한다고 볼 수 있겠다.

2. 전공적학성을 충족시키는 지속적인 전공관련 탐구 학습 및 활동

전공 교과에 필요한 수학과 과학 교과를 골고루 이수하였고(과학은 탐구Ⅱ 과목을 포함하여 9과목), 더 필요한 교과는 공동교육과정을 활용하여 이수하였다. 교과 성적

이 향상하는 추세를 보였으며 전공 교과와 가장 관련이 깊은 수학과 과학 교과의 성적은 골고루 지속적으로 우수하다. 교과 세부 능력 특기 사항을 통해서도 학교 교육과정에 충실하면서 본인의 관심 분야에 대한 꾸준한 탐구과정을 엿볼 수 있다.

학급 임원으로 꾸준히 봉사하고, 과학 동아리에서 3년간 활동하고 회장으로서 동아리를 이끌어가는 리더십을 보였으며 꾸준히 탐구 활동을 진행하면서 다양한 과학행사에 참여하여 폭넓은 이해와 창의력을 키우려고 노력하는 모습이 보인다. 인문학과 자연과학을 포함하여 폭넓은 독서 활동과 인문탐구 프로젝트, 과학탐구 프로젝트를 같이 진행하여 의미 있는 결과를 끌어내는 활동을 통해 융합적인 인재로서의 면모도 볼 수 있다. 관심 분야인 차세대에너지에 대한 다양한 활동을 하며 심화 탐구하는 모습을 통해 전공 적합성을 볼 수 있었다.

3. 모의 면접 프로그램을 활용한 철저한 면접대비와 다양한 전형을 활용한 수시지원

또한 모의 면접을 실전과 같이 여러 차례 준비하여 피드백을 진행하면서 면접 대비에 임하였다. 농어촌 지역의 학교에서 충실한 학교생활을 통해 내신과 학생부를 준비하였지만 수능에 대한 부담이 있어서 학생부 종합전형(농어촌 전형)을 적극 활용하였다. 한 대학 한 학과에 대해 학생부 종합전형(농어촌 전형)과 교과 전형을 동시에 지원하였고, 그리하여 농어촌 전형으로 최초 합격을 교과 전형으로는 추가합격을 할 수 있었다.

Chapter 27

성실함과 최선을 다하는 학교생활 활동과
수상실적으로 대학의 인재상을 관통하다!!!

한양대학교 물리학과 학생부종합일반전형 합격
동인천고등학교 박주환

○　　　고등학교 진학 후 주어진 기회에 늘 최선을 다한 학생이다.

꿈을 찾고자 진로 활동 '나의 꿈' 발표시간에 물리학 분야에 관심이 있음을 발표하고 양자역학 관련하여 발표 자료를 제작하여 지원 동기, 학과 소개, 학업 계획 등을 구체적으로 발표하였다.

또한 '학생부 종합 전형 탐색', '직업 적성 탐색', 수시 모집 요강 분석', 학과 정보 탐색', '전공 관련 독서', '자기소개서 작성' 등의 활동에 참가해 본인만의 학교 생활기록 관리 노하우가 분명하게 있을 만큼 학생부종학전형에 대한 이해와 준비가 돋보이는 학생이다. 전공적합성을 높이기 위해 수학, 과학 탐구 관련 경시대회 참여와 물리전 영역의 다양한 부분에서 프로젝트 발표 수업과 다양한 문제를 단순화시켜 풀이하는 창의력이 뛰어난 학생으로 미래 물리학자로서 잠재능력을 보여주었다.

또한, 인문사회 영역에서 창의적 글쓰기 등 다양한 비교과 활동에서도 적극적인 모습을 보여주었다. 이와 같이 우수한 학업역량과 전공적합성 및 교과과목과 비교과

활동간의 유기적인 연결성이 3년 내내 본인의 진로와 잘 부합되어 본인이 원하는 대학 및 학과에 입학 할 수 있는 결과를 만들었다.

스펙 분석

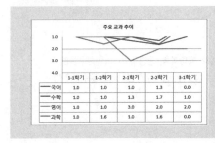
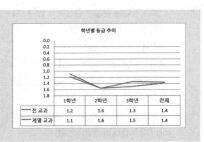

▶ 자율활동

1학년 1,2학기 학급반장, '핵에너지 탐방 코스'프로그램에 참가, 원자력연구기관과 과학기술 연구기관 탐방

2학년 1학기 학급반장, 2학기 학습부장(학급멘토링 프로그램 기획)

3학년 1학기 학급반장, 학급별특색사업에서 '혼자 걷는 것이 아니다'라는 모토로 입시정보 수집 참가

▶ 동아리활동

1학년 (WARAMATH 1)주말 과제 체험마당에서 스트링 아트 관련된 구조물 제작, 수학구조물 만들기 연수 참가, 알지오메스 프로그램을 배워 이를 활용한 수학적도형들을 제작 설명, 알지오메스의 블록코딩을 이용하여 포스터제작 (융합과학회:자율동아리) 화학, 생명 과학 분야 연구 동아리

2학년 (WARAMATH 2)로지스틱함수를 이용하여 코로나19종식을 예측, (의생명탐구반:자율동아리) CRISPR 관련 논문을 읽고, 고찰, 토의함

3학년 (WARAMATH 3) 'α형 스털링엔진과 에너지를 이용한 동남아시아지역의 에너지 발전방식의 고안'이라는 주제로 탐구

▶ 봉사활동

1학년 88시간, 2학년 19시간, 3학년 24시간

▶ 진로활동

1학년 2박3일 진로캠프참가, 환경공단 사업소 직업체험, 국립생물연구기관 직업체험, 기상대 청소년기상교실참가, 논설문작성법 특강참여, 2019선배와 함께하는 진로캠프참가, 생명과학의 현재와 미래 특강참가, 팀별 자율주제(여드름의 치료에 대한 안토시아닌의 특성연구 및 개발방향)연구수행, 청소년 기업가 체험 프로그램에 참가, 과학페임랩 대회 참가

2학년   진로검사-진로상담-진로체험 원스톱 상담캠프참여, 진로멘토특강(AI전문가, 데이터분석가, 암
         호수학자)등 다양한 직업세계 탐구, 미래메이커 창의융합 진로캠프에 참가
3학년   에너지 논술대회참가, 논문읽기활동보고서 발표대회참가, 학급특생활동인 '꿈으로 가는 하이웨
         이활동'에서 물리학에 관한 관심 있는 활동참가, 주1회 진로활동 참가

▶ 수상경력

1학년   진로체험학습 감상문 경진대회 장려상(3위)
         서평 쓰기 대회 장려상(3위)
         과학폐임랩 대회 우수상(2위)
         교과우수상(국어, 수학, 영어, 통합사회, 세계사, 통합과학, 생명과학1, 과학탐구실험,
         공학일반,음악), 수학 프로젝트 발표 대회 우수상(2위), 창의수학경시대회 우수상(2위)
         표창장(지도봉사부분)
2학년   과학퍼즐링대회(생명과학부분) 최우수(1위)
         에너지 논술대회 장려상(3위)
         창의수학경시대회 최우수상(1위)
         교과우수상(언어와 매체,문학,수학1,물리학1,화학1,정보,중국어1,생명과학 실험)
         표창장(지도봉사부분)
         우리말 겨루기 대회 최우수상(1위)
         논문읽기활동보고서 발표대회(자연이공부분,공동수상 5인) 장려상(3위)
         창의 독서 발표 대회(공동 수상, 2인) 우수상(2위)
         교과 우수상(독서,수학2,물리학1,생명과학 실험,중국어1,정보처리와 관리)
3학년   퍼즐링 대회 우수상(2위)
         STEAM폐임랩대회 우수상(2위)
         창의수학 경시대회 우수상(2위)
         융합심층면접발표대회 우수상(1위)
         교과우수상(한국사,미적분,기하,심화수학1,물리학2,지구과학2)
         표창장(지도봉사부분)

최종합격 대학분석

● **한양대학교 학생부종합(일반전형) 물리학과 (2022학년도 대입 기준)**

▶ 전형방법 및 최저학력기준

전형방법	**[일괄합산]** 학생부 종합평가100%
제출서류	**학교생활기록부(자소서,추천서,면접,활동목록표 모두 없음)**

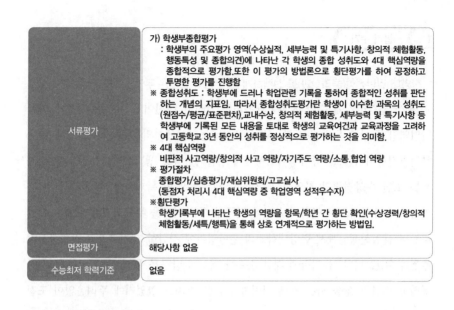

서류평가	가) 학생부종합평가 : 학생부의 주요평가 영역(수상실적, 세부능력 및 특기사항, 창의적 체험활동, 행동특성 및 종합의견)에 나타난 각 학생의 종합 성취도와 4대 핵심역량을 종합적으로 평가함.또한 이 평가의 방법론으로 횡단평가를 하여 공정하고 투명한 평가를 진행함 ※ 종합성취도 : 학생부에 드러나 학업관련 기록을 통하여 종합적인 성취를 판단 하는 개념의 지표임. 따라서 종합성취도평가란 학생이 이수한 과목의 성취도 (원점수/평균/표준편차),교내수상, 창의적 체험활동, 세부능력 및 특기사항 등 학생부에 기록된 모든 내용을 토대로 학생의 교육여건과 교육과정을 고려하 여 고등학교 3년 동안의 성취를 정상적으로 평가하는 것을 의미함. ※ 4대 핵심역량 비판적 사고역량/창의적 사고 역량/자기주도 역량/소통.협업 역량 ※ 평가절차 종합평가/심층평가/재심위원회/고교실사 (동점자 처리시 4대 핵심역량 중 학업영역 성적우수자) ※횡단평가 학생기록부에 나타난 학생의 역량을 항목/학년 간 횡단 확인(수상경력/창의적 체험활동/세특/행특)을 통해 상호 연계적으로 평가하는 방법임.
면접평가	해당사항 없음
수능최저 학력기준	없음

● **전형방법 및 최저학력기준 (2023학년도 대입 기준)**

▶ 전형방법 및 최저학력기준

전형방법	전년도와 같음
제출서류	전년도와 같음
서류평가	전년도와 같음
면접평가	전년도와 같음
수능최저 학력기준	수능면제가 전년도와 같음

▶ 수시지원 합격/불합격 여부

대학명	지원모집단위(학과)	전형명	최종 합불
서울대학교	물리학과	지역균등	불합
고려대학교	물리학과	학교장추천	불합(최저 미충족)
고려대학교	물리학과	일반전형	불합(최저 미충족)
연세대학교	물리학과	학교장추천	불합 (예비1번)
한양대학교	물리학과	일반전형	합격 .
서강대학교	물리학과	일반전형	합격

합격 수기

1. 한양대 일반전형(물리학과)를 선택하게 된 결정적 요인은 무엇인가요?

제가 생각하기에 수학과 과학과목들의 안정된 내신이 보여주는 전공에 대한 학업역량과 이를 뒷받침해주는 Waramath 동아리에서의 활동들이 한양대 학생 부일반전형이 원하는 종합성취도평가에 부합되었다고 생각합니다. 특히 제 생기 부를 보면 수상경력과 창의적 체험활동, 세부능력 및 특기사항, 행동특성 및 특 기사항이 유기적으로 연결되어 있어 전공에 대한 역량을 두드러지게 보여주고 있 다보니 담임선생님께서 한양대학교의 횡단평가에 적합한 생기부라고 말씀하시며 추천해주셨습니다. 물리학에 대한 순수한 열정과 탐구를 통해 사람들이 좀 더 안 전하고 편안한 삶을 사는 것에 기여하는 꿈을 가지고 있었기에 두려움없이 도전 하게 되었습니다.

2. 학교생활기록부 관리에 대한 나름의 노하우를 알려주세요.

가장 좋은 방법은, 1학년 때부터 3학년 때까지 여러분야들의 관심사를 점차 구 체화 시켜 나가는 것이라고 생각합니다. 그런데 제 경우, 2학년 때 진로를 틀었 기에 1학년 때부터 3학년 때까지 관심사를 구체화하기 보다는, 한 학년에서 여러 과목에 걸쳐 제 관심사를 구체화하는 전략을 세웠습니다. 특정 과목 A에서 시작 된 가벼운 궁금증과 탐구를 과목 B와 C에 걸친 상당히 무거운 주제를 포함한 관 심사 탐구가 제 전략이었습니다. 이렇게 관심사를 확대하다보니 모든 과목의 내 신에 관심을 가지고 더 집중할 수 있었습니다. 내신의 안정과 함께 본인의 관심 사에 대한 활동이 유기적으로 연결되다보니 탐구활동 모두가 빛을 보게 되었다고 생각합니다.

3. 한양대를 지원하려고 준비하는 후배학생들에 도움이 되는 이야기를 부탁드립니다.

저는 2학년때 진로가 바뀌며 불리하면 어떻하지? 라는 고민을 잠시 했었습니다. 진로가 바뀐다고 불리한 점은 없었지만 자신의 관심분야와 진로를 선택하고 고등학교에 입학한다면 좀 더 효과적인 활동을 할 수 있을거라 생각합니다.

한양대학교 학생부종합전형의 특성상, 여러분들을 어필할 수 있는 기회는 생활기록부밖에 없습니다. 따라서 지원자 여러분들은 당연하겠지만 내신을 정말 열심히 챙기고, '아 이건 좀 너무 오버한 거 같은데..?' 싶은 생각이 들 정도로 세부 능력 및 특기사항을 풍부하게 채워주세요. 동아리의 탐구활동이 창체활동과 연계되고 진로활동으로 확장된다면 자신의 진로에 대한 열정을 보여주는 좋은 소재가 될 것이라 생각합니다. 이렇게 여러분들의 열정과 의지, 노력이 생활기록부에 잘 묻어 나온다면 합격이라는 좋은 결과를 얻을 수 있을 것이라고 생각합니다.

전문위원이 바라보는 합격의 비결

한양대학교 일반전형은 2020년 2월 이후(2020년 2월 졸업자 포함) 국내 정규 고교 졸업(예정)자가 지원할 수 있는 전형으로, 삼수까지 지원 가능하고 학생부를 바탕으로 학생부 종합평가 100%로 선발하는 전형이다.

학생부의 주요 평가 영역인 수상 경력, 창의적 체험활동, 세부 능력 및 특기사항, 행동 특성 및 종합 의견을 토대로 정성 평가하며, 특히 교과 성적은 정량적으로 수치화하여 평가하지 않고 학생부에 기재된 모든 내용을 종합적으로 평가한다.

평가 요소로 종합 성취도와 비판적 사고 역량, 자기 주도 역량, 창의적 사고 역량, 협업 역량의 4대 핵심 역량을 제시하고 있다.

또한 한양대는 학생부에 기재된 여러 교사의 관찰과 평가 내용을 서로 연계해 학생의 역량을 평가 한다.

박주환 학생은 '창의수학경시대회'에서 참가하여 1,2,3학년 모두 수상을 하고 '창의 독서 발표 대회'에서도 수상하여 4대 핵심 역량 중 창의적 사고 역량을 확인 하였고 '원자력연구기관과 과학기술 연구기관 탐방', '학급별 특색사업' 등 평가 요소 중 자기 주도 역량, 교과를 중심으로 한 활동, 대회, 학교 행사등에 적극적으로 참여해 교과영역, 비교과 영역을 넘나들며 다양하게 연계하였다. 1학년에는 관심사를 구체화 하기보다는, 한 학년에서 여러 과목에 걸쳐 관심사를 구체화하는 전략을 계획하고 학년이 올라갈수록 전공적합성을 드러내기 위해 물리보고서 작성, 탐구 프로젝트 참여, 융합프로젝트 등에 참여하였다.

한양대학교 선발 철학 중 중요한 것을 꼽으라면 공정성, 투명성과 함께 지식적 다양성이라 할 수 있습니다. 누구보다 학교생활에 성실히 참여하고 학교에서 하는 다양한 활동에 참여하려고 노력했던 것이 합격의 비결이라고 하겠다.

"에너지 손실은 적고 효율은 높은 기계 개발의 꿈에 한 발짝 다가서다"

국민대학교 학생부종합 학교생활우수자전형 창의공과대학 기계공학부 합격
경남 진주 동명고등학교 황현성

○ 　황현성 학생은 일상생활에서 일어나는 사소한 현상 하나하나에도 큰 관심을 가지고, 문제를 해결하기 위해 과학적이고 주도적인 탐구를 하는 학생이다. 1학년 때부터 진로는 오직 기계공학이었고, 교내 학술제에서 핵에너지에 관심을 가지고 탐구를 하던 중, 토카막의 기계적 원리에 대해 궁금증을 가지고, 기계에너지 공학에 큰 관심을 가지게 되었다. 기계공학과를 희망하는 친구들과 소모임을 만들어 실험을 하고, 문제점을 해결해가는 과정에서 팀원들 간의 의견을 잘 조율하는 리더십이 뛰어난 학생이다. 교과 활동뿐만 아니라, 영어 동아리 활동에서 친구들을 배려하는 마음이 돋보이고, 공연과 같은 다양한 학교 활동에도 적극적으로 참여하여 다방면의 매력을 보여주는 학생이다.

　기계공학이라는 진로가 일찍부터 정해졌기 때문에 진로활동의 심화탐구과정과 과목(수학, 과학) 간 진로연계가 자연스럽게 순차적으로 잘 이루어졌다. 1학년 때는 '과

학발전의 미래 핵 융합에너지'라는 주제로 탐구를 진행하고, 2학년 때는 지게차를 조립하고 프로그래밍을 처음 배워 오류는 많았지만 지게차를 완성했다. 대학박람회에 참가하여 기계공학에 대한 궁금증을 해결하고 '3차원에서 힘의 합성과 정역학'을 주제로 교과 심화 발표대회에 참가하기도 했다. 3학년 때는 가우스-보네 정리에 흥미를 가지고 식을 분석하여 리만 다양체와 측지적 곡률을 공부하는 모습도 보였다. 이후 사이클로이드의 방정식을 활용하여 곡선의 넓이를 구하고, 이를 이용하여 하이포사이클로이드와 최단강하곡선에 대한 탐구도 진행했다. 교과에서는 물리학 I, II를 비롯하여 미적분 및 심화 수학까지 공부하면서 학업 역량을 높혔다. 이외에도 수학교과에 나오는 내용들은 고급수학과 대학 수학을 통해 다양한 증명을 하는 모습 또한 인상적이다.

성적이 높은 편은 아니지만, 학업뿐만 아니라, 다양한 분야에 적극적으로 참여하는 자기주도성이 엿보이고, 문제를 해결하기 위해 심화 탐구하는 모습에서 원하는 대학에 좋은 결과를 얻었다.

스펙 분석

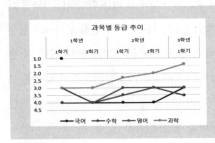
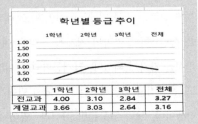

	1학년	2학년	3학년	전체
전교과	4.00	3.10	2.84	3.27
계열교과	3.66	3.03	2.64	3.16

▶ 자율활동

1학년   신입생 진로 및 학업역량 강화 캠프에서 과학관련 직업에 대해 조사·발표, 이를 실천하기 위한 학업계획과 고교생활목표 세움.

파이데이에 참가하여 수학에 대한 관심을 바탕으로 다양한 수학체험활동을 실시.

리더십 캠프에 참가하여 '남명에 칼 찬 선비들' 강연을 통해 남명의 실천 정신을 배웠으며, 남명의 사적지를 답사. 수련원 활동을 통해 협동의 중요성을 배우고, 자신을 표현하는 주체성을 배움.

미래지도자 캠프에 참가하여 학생자치활동을 주도하기 위한 리더의 자세 배움.

한글날을 맞이하여 두발 규제에 대한 찬반을 주제로 글을 쓰며, 우리말과 소중함을 느낌.

찾아가는 남명선비문화교실에 참여하여, 남명조식선생의 생애와 사상을 통해 실천하는 지식인의 자세를 배움.

도박예방교육 및 금연교육에 참여하여 자신의 노력을 통해 정당한 대가를 받는 것의 중요성을 배울 수 있었음.

2학년   1학기 사제동행 독서활동에서 '과학의 품격'과 '멋진 신세계'를 읽고 토론 활동을 함.

1학기 사제동행 인문학 특강 '최고의 1교시'에 참여하여 '영어공부법'특강을 듣고 자신에게 맞는 공부법을 찾고 실천함.

천체관측에 참여하여 천체 망원경의 조작법을 배우고, 망원경의 원리를 물리학에서 배운 빛의 굴절과 연관시켜 탐구함.

2학기 사제동행독서활동에서 '최무영의 물리학 강의'와 '침묵의 봄'을 읽고 토론활동을 함. 토론활동을 통해 여러 사람의 의견을 수렴하는 방법을 배움.

2학기 사제동행 인문학 특강 '최고의 1교시'에 참여하여 '영어공부법'특강을 들으며 1학기 때 실천했던 방법과 비교해봄.

3학년   사제동행독서활동을 통해 교사 및 친구들과 의견을 공유하며, 사제 간의 유대감을 기르고 다양한 생각을 경험함. '고기로 태어나서'를 읽고 동물윤리와 인간의 이기심 사이에서 깊은 고민을 하는 모습을 보였으며, '세상을 바꾼 방정식 이야기'를 읽으며 가우스-보데 정리에 흥미를 가지고 식을 분석해보면서 리만 다양체와 측지적 곡률을 공부하는 모습을 보여줌.

자기 주도적 탐구 경험 발표 활동에 참여하여 자신의 공부방법을 친구들과 공유함. '수업시간에 열심히 하자', '오답분석을 철저히 하자', '자만하지 말자'를 핵심내용으로 꼽아 자신의 공부법을 소개함. 나아가 친구들에게서 배울만한 점은 적극적으로 수용하고, 부족한 점은 수정·보완해 지속적인 성장을 보여줌.

대입역량강화를 위한 진학특강을 통해 다양한 입시전형과 전략에 대해 배우며 자신의 진로 및 진학 목표를 성찰함. 여러 대학 및 학과의 특성을 이해하고 학업목표를 구체화시키는 모습을 보여주었음.

강평   지역 특색프로그램에 남명 조식 선생의 실천하는 지식인의 자세를 배우며, 역사의식을 바로 세웠고, 사제동행 독서활동에서 관심 있는 분야의 책을 읽고, 토론활동을 통해 다양한 의견을 수용하는 등 소통하는 협력인의 자세를 잘 보여주었다. 관심이 있는 분야는 호기심에서 그치지 않고, 분석·탐구하는 모습을 보여주었으며, 자신의 진로를 학년을 거치면서 명확히 구체화하는 모습을 보여주었다.

▶ 동아리활동

1학년   (영어시사읽기) 영자신문 해석능력이 우수하고, 뒤처지는 팀원이 있으면 기사의 내용을 이해할 때까지 인내심을 가지고 친절하게 설명해줌. 트랜스지방과 치매 발병률에 관한 영자신문을 읽는 동안 식물성 지방유에 대해 관심을 가지고 그게 관한 논문을 찾아와 해석이 잘되지 않는 부분을 교사와 함께 상의하는 모습이 인상적임. 동아리 발표회를 준비하는 과정에서 영자신문기사 내용을 요약하는 4컷 만화를 제작하여 전시하고 먹거리 장터에서 체험부스를 운영하는 등 적극적으로 참여함.

(Volunteers : 자율동아리) 노인용양병원 봉사활동을 꾸준히 함.

(싸커볼) 방과후학교스포츠클럽

2학년　(Deep)EV3을 이용하여 지게차를 처음으로 조립하였고, 동작을 하도록 하는 프로그래밍을 하였으나 프로그래밍 지식이 부족하여 의도한 동작이 되지 않아, 인터넷 검색으로 기본적인 코딩부터 학습하였음. 이를 바탕으로 새로운 라이트레이서 로봇활동을 만들고, 색깔을 구별하는 센서를 부착하고, 흰색과 검정색을 구분하는 프로그래밍을 보완하여 완성하였음. 처음에는 로봇이 라인을 따라가는 것부터 프로그램의 오류가 생겨서 부원들의 도움과 협력으로 문제점을 찾아내어, 여러 번의 프로그램 수정과 로봇의 모양을 바꾸는 등의 시행착오를 거쳐 완성함.

3학년　(꿈나그네3) 사이클로이드의 방정식을 원이 회전한 각의 크기 θ를 매개변수로 하여 삼각함수를 이용해 나타냈으며, 치환 적분을 이용해 이 곡선의 넓이를 구해보임. 나아가 카발리에리의 원리를 학습하여 사이클로이드 곡선의 넓이를 구하는데 적용해 보았음. 극 좌표계를 공부한 후 직교방정식을 극방정식으로 변환시켜 보았으며, 극방정식이 나타내는 도형을 직접 그려보면서 심장형 곡선, n엽 장미 등 다양한 곡선의 형태를 파악함. 이 때 삼각함수의 주기와 n엽 장미의 잎의 개수 사이의 규칙성을 찾아 일반화했음. 또한, 무한집합의 농도(cardinality)에 대해 학습함. 자연수, 정수, 유리수 집합 사이에 일대일 대응이 존재함을 통해 세 집합의 농도가 같음을 확인했고, 귀류법을 통해 실수집합은 앞의 세 집합보다 농도가 크다는 것을 직접 증명해보이면서 무한집합이라도 그 크기가 다름을 이해함. 사이클로이드를 학습한 후 추가적으로 하이포사이클로이드와 최단강하곡선에 대한 탐구를 진행함. 하이포사이클로이드의 매개변수방정식을 직접 유도해 보였으며, 최단강하곡선이 사이클로이드라는 사실을 베르누이의 풀이를 통해 이해하고 그 증명과정을 재현해 보였음.

강평　잘 모르는 것에 대해 부끄러워하거나, 포기하지 않고 질문을 할 줄 아는 자세를 가지고 있고, 모든 활동에 적극적으로 참여하였다. 실패를 두려워하지 않고, 문제를 해결하기 위한 탐구와 협력의 자세를 모두 겸비하고 있었다. 수학 동아리 활동을 할 때 사이클로이드 방정식에서 사고를 계속 확장하며, 다양한 이론을 알아보고, 물리 이론까지 연계하는 모습에서 융합적인 사고를 엿볼 수 있었다.

▶ 봉사활동

1학년 37시간, 2학년 22시간, 3학년 7시간

주요활동 : 학교 선도위원(10시간), 학교 체육 도우미(8시간), 요양원(13시간), 헌혈(4회-16시간)

강평　선도위원과 체육도우미 활동을 하면서 적극적인 학교 생활을 엿볼수 있고 코로나19 이전에는 틈틈이 요양원을 방문하여 세탁보조 활동을 하였다. 또한 코로나19 장기화로 인해 혈액이 부족하다는 것을 인식하고 주기적으로 헌혈을 하면서 건강과 생명을 위협받는 사람들에게 도움을 주고자 하는 따뜻한 마음을 엿볼 수 있었다.

▶ 진로활동

1학년   진로체험활동으로 OO예술교육원에서 예술체험(댄스)을 실시함. 다양한 예술 체험을 통해 자신의
       삶속에서 예술의 의미에 대하여 성찰함.
       1학기 점보학술제 – 교과심화 : '화합물과 화학결합, 원자의 입체구조를 주제로 탐구하여 발표함.
       오비탈과 분자의 극성 등의 탐구를 통해 자신의 진로를 위해 준비하는 노력이 돋보였음. 이 활동
       으로 화학을 해석하는 눈을 넓히는 계기가 됨.
       2학기 점보학술제 – 교과심화 : 과학교과와 잭 와이너스미스의 '이상한 미래 연구소'라는 책을 읽
       고 '과학발전의 미래 핵 융합에너지'라는 주제로 탐구함. 플라즈마나 상대성 이론, 초전도체 등 핵
       에너지를 알기 위해 필요한 세부내용까지 탐구하며 물리에 더욱 흥미를 가질 수 있는 계기가 되
       었고, 현대과학기술에 대해 경외심을 배울 수 있었다고 발표. 스스로 문제를 이해하고 해결하는
       능력이 향상되었다고 함.
       의학 및 생명과학관련 직업에 대한 관심을 바탕으로 '의사가 말하는 의사(이현석)'를 읽고 진로독
       서를 실시하였으며, 이를 발표함. 우리나라 의사의 정신력과 인내심을 배울 수 있었고 미래에 대
       해서 생각함. 의료인의 자세를 고민하게 되었음.
       대학 전공체험활동에 참가함. 기계공학의 특징에 대하여 배움. 필요한 역량과 추천도서에 대하여
       들으며 진로목표 달성을 위한 구체적인 계획을 세움.

2학년   대학진학박람회에 참여하여 설명회를 듣고, 직접 상담을 받아보면서 자신이 몰랐던 부분에 대
       해 알게 되면서 학교생활을 더 열심히 하는 계기가 됨.
       기계공학과를 희망하는 친구들과 우공비라는 소모임을 만들어 기계공학 설계의 기초라고 할 수
       있는 달걀 낙하 보호 장치 제작을 함. 아이디어를 고안하는 과정에서 친구들과 의견을 나누면서
       배움이 넓어짐을 느낌. 시행착오를 겪으면서 문제점을 분석하고 해결해가는 과정을 통해 물리
       수업에서 배운 유체역학, 정역학 등의 개념을 더 깊이 있게 알게 됨. 친구와 팀을 이루어 '인터스
       텔라 속 과학 현상'을 주제로 교과심화발표를 함. 영화에 나오는 과학 현상을 탐구하여 발표하면
       서 지식의 확장을 경험함. '모든 순간의 물리학'을 읽고 자신의 진로와 연결 지어 발표함.
       '3차원에서 힘의 합성과 정역학'을 주제로 교과심화발표를 함. 벡터의 합성과 정역학에 대해 탐
       구하면서 자신의 진로를 구체화하는 계기가 됨. '엔트로피'를 읽고 자신의 진로와 관련지어 보고
       서를 작성하여 발표함. 과학발전으로 인한 환경문제에 대해 경각심을 가지게 됨.

3학년   수학과 물리학에 대한 배움을 확장하기 위해 미분방정식을 탐구하여 심화 연구 발표행사에 참
       여함. 상미분방정식과 편미분방정식 중 파동방정식의 풀이방법을 탐구함. 탐구과정에서 지속적
       으로 교사와 의견을 주고받으며 오개념을 점검하고, 지식을 체계적으로 구축했음. 또한 수리물
       리학(MARY L. BOAS)전공 책을 도서관에서 빌려 공부하는 등 능동적으로 탐구하는 모습을 보
       여줌. 이 과정에서 심화내용도 끈기 있게 파고들면 결국 이해할 수 있다는 자심감과 성취감을
       얻은 것으로 보여짐.
       기계공학에 대한 관심을 바탕으로 '도구와 기계의 원리'를 읽고, 독서경험 발표행사에 참여하여,
       변속기와 유압브레이크, 차동장치에 흥미를 갖게 되어 세부적인 원리까지 찾아 탐구했으며, 그
       원리를 학우들에게 설명함. 다른 학우들의 발표도 경청하며 다양한 진로와의 유기적 연관성을
       고민하고, 창의 융합적인 진로 목표를 세우기 위해 노력하는 모습을 보여줌.

배움품앗이 활동에서 '종단속도가 나타나는 이유와 공식유도'를 주제로 발표함. 낙하하는 물체가 받는 힘은 중력-(항력+부력)으로써 뉴턴 제2법칙을 이용해 미분방정식 $m*dv/dt=mg-kv^2$를 도출함. 변수 v와를 좌변, 우변으로 분리해 적분함으로써 속도 v를 구해냄. 이 때 식을 하이퍼볼릭탄젠트함수로 정리하여 시간이 흐를수록 일정한 속력으로 운동한다는 것을 정확히 보여줌. 또한, 가속도 $a(t)=g/cosh(\sqrt{(kg/m)}*t)$를 구해 t→∞일 때 a(t)→0이 됨을 보임으로써, 공기저항에 의해 일정시간이 지나면 가속도가 0이 되어 종단속도가 나타난다고 설명함. 자기 주도적 탐구를 통해 배움을 확장하는 모습과 학업역량의 성장을 잘 보여주었음.

강평   점보학술제 교과심화탐구에서 물리 과목에서 심화되는 주제로 학년 간 연계과정을 너무 잘 보여주었고, 과목 간(수학-과학) 융합 활동을 위해 미분방정식을 탐구하는 심화연구 발표에 참여하는 등 풍부한 전공지식을 얻기 위해 끊임없이 노력하고 도전하는 모습을 보여주었다. 소모임 활동에서 시행착오를 겪으며 문제를 해결해가는 과정에서 협동심과 소통능력을 갖추는 모습을 엿볼 수 있다.

▶ 독서활동

1학년   페르마의 마지막 정리(사이먼싱)
    미적분으로 바라본 하루(오스카 E 페르난데스)
    사피엔스(유발하라리)
    정재승의 과학콘서트(정재승)
    이상한 미래 연구소(잭 와이너스미스, 캘리 와이너스미스)
    종의 기원(찰스다윈)

2학년   박사가 사랑한 수식(오가와 요코)
    최무영 교수의 물리학 강의(최무영)
    모든 순간의 물리학(카를로로벨리)
    쉽게 배우는 기계공학 개론(유주식)
    엔트로피(제네미 리프킨)
    과학의 품격(강양구)
    과학혁명의 구조(토마스 쿤)
    공학이란 무엇인가(성풍현 외)
    이야기로 아주 쉽게 배우는 미적분(더글라스 다우닝)
    미적분에 빠진 하루(오스카 E. 페르난데스)
    미지수 상상의 역사(존 더비셔)

3학년   세상을 바꾼 방정식 이야기(다나 매켄지)
    도구와 기계의 원리(데이비드 맥켈레이)
    물리가 쉬워지는 미적분(나가노 히로유키)
    뉴턴의 프린키피아(정완상)
    열역학(스티븐베리)

강평	진로와 연관된 책을 많이 읽고, 탐구보고서를 작성하면서 풍부한 전공지식을 얻기 위해 노력한 모습이다. 1학년 13권, 2학년 28권, 3학년 11권, 총 56권의 책 중 절반이 과학과 수학에 관련된 책으로 미적분, 물리학, 기계공학 등에 집중적인 독서량을 볼 수 있다. 학생부에서 보았듯이 탐구역량이 강한 학생이라 전공 관련 서적을 읽으면서 문제를 해결하고, 확장된 사고를 하면서 끊임없이 새로운 가치를 창출하기 위해 노력하는 모습을 엿볼 수 있다.

▶ 수상경력

1학년	동아리발표회 스포츠활동(풋살)(공동6인) (2위)
	생활우수상
2학년	제14회 자기성장 점보학술제 (자기주도탐구활동 발표)
	2차 소프트웨어 교육주간 독서감상문작성 (우수상)
	제15회 자기성장 점보학술제 (자기주도탐구활동 발표)
3학년	제16회 자기성장 점보학술제(자기주도탐구활동 발표)

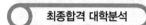

최종합격 대학분석

● 국민대학교 학생부종합전형(학교생활우수자전형) (2022학년도 대입 기준)

▶ 전형방법 및 최저학력기준

일괄합산전형을 실시하며, 전형요소별 반영비율(배점)에 따른 전형총점의 성적순으로 모집인원의 100%를 최종 합격자로 선발합니다.

전형방법	전형형태	선발인원	전형요소별 반영비율 및 반영점수			
			구분		서류평가	계
	일괄 합산	100%	전형요소별 실질 반영비율		100%	100%
			전형요소별 반영점수	최고점	1,000점	1,000점
				최저점	0점	0점

제출서류	**학교생활기록부 사본(출신학교장 직인 및 간인 날인)1부, 자기소개서 1부**

서류평가	평가항목	평가 주요 내용
	자기주도성 (30)	• 고등학교 생활에 적극적으로 참여하고 성장하였는가? – 수업능력, 교내활동 • 자신의 역량강화를 위해 스스로 노력하고 성취를 이루었는가?
	발전가능성 (20)	• 다양한 여건 속에서 포기하지 않고 노력, 발전하는 모습이 보이는가? • 고등학교 생활 전반에 걸쳐 발전적 변화의 모습이 우수한가?
	전공잠재력 (25)	• 진로탐색을 위해 어떠한 노력을 하였고 그 성과는? • 지원전공 특성에 맞는 역량이 있는가?
	학업능력 (15)	• 대학 학업 이수에 필요한 기초 학업능력을 갖추고 있는가? • 지원전공에 대한 이해와 학업능력이 어느 정도인가?
	공동체의식 및 협동능력 (10)	• 공동체 행동에서 나눔, 배려, 협력의 관계를 실천할 수 있는가? • 고등학교 생활을 성실하게 수행하였는가?

평가방법	입학사정관 3인의 정성적 종합평가
수능최저 학력기준	없음
동점자처리기준	모집단위별 합격선에 동점자가 있을경우 다음 기준에 의거 최종 합격자를 선발합니다. ① 서류평가 자기주도성 점수 상위자 ② 서류평가 전공잠재력 점수 상위자 ③ 서류평가 발전가능성 점수 상위자 ④ 서류평가 학업능력 점수 상위자

● 국민대학교 학생부종합전형(국민프런티어 전형) (2022학년도 대입 기준)

▶ 전형방법 및 최저학력기준

단계별 전형을 실시하며, 전형총점의 성적순으로 선발합니다.

전형방법	전형형태	1단계 선발 인원	구분					
				전형요소별 반영비율 및 반영점수				
				1단계		2단계		
				서류평가	계	1단계 성적	면접	계
	단계별	100%	전형요소별 명목 반영비율	100%	100%	70%	30%	100%
			전형요소별 실질 반영비율	100%	100%	70%	30%	100%
			전형요소별 반영점수 최고점	1,000점	1,000점	700점	300점	700점
			최저점	0점	0점	0점	0점	0점

제출서류	학교생활기록부 사본(출신학교장 직인 및 간인 날인) 1부, 자기소개서 1부

서류평가 (3배수)	평가항목	평가 주요 내용
	자기주도성 (30)	• 고등학교 생활에 적극적으로 참여하고 성장하였는가? – 수업능력, 교내활동 • 자신의 역량강화를 위해 스스로 노력하고 성취를 이루었는가?
	발전가능성 (20)	• 다양한 여건 속에서 포기하지 않고 노력, 발전하는 모습이 보이는가? • 고등학교 생활 전반에 걸쳐 발전적 변화의 모습이 우수한가?
	전공잠재력 (25)	• 진로탐색을 위해 어떠한 노력을 하였고 그 성과는? • 지원전공 특성에 맞는 역량이 있는가?
	학업능력 (15)	• 대학 학업 이수에 필요한 기초 학업능력을 갖추고 있는가? • 지원전공에 대한 이해와 학업능력이 어느 정도인가?
	공동체의식 및 협동능력 (10)	• 공동체 행동에서 나눔, 배려, 협력의 관계를 실천할 수 있는가? • 고등학교 생활을 성실하게 수행하였는가?

면접평가 (1배수)	평가항목	평가 주요 내용

	자기주도성
	및 도전정신
	(40)
		• 지원자가 수행한 교내활동의 진정성
		• 활동을 통한 인재로서의 발전가능성
		〈예시문항〉
		  – ○○활동을 통해 배우고, 느낀 점에 대해 말해보세요.
		  – ○○활동이 특별히 본인에게 의미가 있었던 이유는 무엇인지 말해보세요.

평가항목		평가 주요 내용
면접평가 (1배수)	전공적합성 (40)	• 지원전공에 대한 이해도 • 지원전공과 관련한 학업능력 및 태도 〈예시문항〉 － ㅇㅇ전공과 관련하여, 자신의 가장 우수한(뛰어난)역량은 무엇이 라고 생각하는지, 어떠한 활동들을 통해서 그 역량을 키워왔는 지 말해보세요.
	인성 (20)	• 지원자가 수행한 개인 활동의 진정성 • 면접 태도 및 의사소통 능력 〈예시문항〉 － 주위 친구들과 협력하여 좋은 결과를 얻어낸 적이 있다면 본인이 한 역할에 대해 말해보세요.

평가방법	1단계 서류평가	• 입학사정관 2인의 정성적 종합평가
	2단계 면접고사	• 제출서류(학생부, 자기소개서)확인 면접 • 입학사정관 3인과 수험생 1인의 개별면접

수능최저 학력기준	없음

동점자 처리기준	• 1단계 : 모집단위별 합격선에 동점자가 있을 경우 동점자는 모두 합격 처리합니다. • 2단계 : 모집단위별 합격선에 동점자가 있을 경우 다음 기준에 의거 최종 합격자를 선발합니다. ① 면접고사 성적(환산점수)상위자 ② 면접고사 자기주도성 및 도전정신 점수 상위자 ③ 면접고사 전공적합성 점수 상위자 ④ 서류평가 자기주도성 점수 상위자 ⑤ 서류평가 전공적합성 점수 상위자 ⑥ 서류평가 발전가능성 점수 상위자

● 국민대학교 학생부종합전형(학교생활우수자 전형) (2023학년도 대입 기준)

※ 아래 전형은 수시전형계획으로 2022년 5월 확정된 수시모집 요강이 발표 될 예정입니다.

▶ 지원자격

국내 고등학교 교육과정을 5개 학기 이상 이수한 국내 고등학교 졸업(예정)자

* 학력인정 평생교육시설, 방송통신고, 고등기술학교 등 관계 법령에 의한 학력 인정 학교 또는 유사한
  교육기관 등의 졸업(예정)자는 지원할 수 없음
* 검정고시, 국외 고등학교 졸업(예정)자는 지원할 수 없음

▶ 전형방법 및 최저학력기준

전형방법	전형형태	선발인원	전형요소별 반영비율 및 반영점수		
			구분	서류평가	계
	일괄 합산	100%	전형요소별 명목 반영비율	100%	100%
			전형요소별 실질 반영비율	100%	100%
			전형요소별 반영점수	최고점	1,000점	1,000점
				최저점	0점	0점

제출서류	학교생활기록부, 자기소개서		
서류평가	전형요소별 반영비율(배점)에 따라 전형총점의 성적순으로 모집인원의 100%를 선발		
	평가 항목	자기주도성, 발전가능성, 전공잠재력, 학업능력, 공동체의식 및 협동능력	
	평가 자료	학교생활기록부(또는 대체서식), 자기소개서	
면접평가	없음		
수능최저 학력기준	없음		

● **국민대학교 학생부종합전형(국민프런티어 전형) (2023학년도 대입 기준)**

▶ 전형방법 및 최저학력기준

전형방법	전형형태	1단계 선발인원	전형요소별 반영비율 및 반영점수					
			구분	1단계		2단계		
				서류평가	계	1단계 성적	면접	계
	단계별	100%	전형요소별 명목 반영비율	100%	100%	70%	30%	100%
			전형요소별 실질 반영비율	100%	100%	70%	30%	100%
			전형요소별 반영점수 최고점	1,000점	1,000점	700점	300점	700점
			최저점	0점	0점	0점	0점	0점

제출서류	학교생활기록부, 자기소개서		
서류평가	1단계 서류평가 성적으로 모집단위별 모집인원의 3배수(300%)를 선발		
	평가 항목	자기주도성, 발전가능성, 전공잠재력, 학업능력, 공동체의식 및 협동능력	
	평가 자료	학교생활기록부(또는 대체서식), 자기소개서	
면접평가	1단계 선발인원 중에서 모집단위별로 2단계전형요소별 반영비율(배점)에 따른 전형총점의 성적순으로 모집인원의 100%를 선발		
	평가 방법	입학사정관 3명의 평가자의 출제 지문 없이 제출서류를 통한 질의 응답(10분 내외)	
	평가 내용	제출서류 [학교생활기록부(또는 대체서식), 자기소개서]와 연계한 개별 확인 면접	
	평가 항목	자기주도성 및 도전정신, 전공적합성, 인성	
수능최저 학력기준	없음		

▶ 수시지원 합격/불합격 여부

지원대학	지원모집단위(학과)	지원전형	최종 합불
국민대학교	기계공학과	학생부종합(학교생활우수자전형)	합격
국민대학교	기계공학과	학생부종합(국민프런티어전형)	합격
서울과학기술대학교	기계·자동차공학과	학생부교과전형	불합격
서울과학기술대학교	기계·자동차공학과	학생부종합(학교생활우수자전형)	불합격
세종대학교	기계항공우주공학부	학생부종합(창의인재전형)	불합격
홍익대학교	기계·시스템디자인공학과	학생부종합(학교생활우수자전형)	불합격

자기소개서

1. 고등학교 재학 기간 중 자신의 진로와 관련하여 어떤 노력을 해왔는지 본인에게 의미 있는 학습 경험과 교내 활동을 중심으로 기술해 주시기 바랍니다(띄어쓰기 포함 1,500자 이내).

고장 난 스톱워치의 문제점을 발견하고 고치는 과정에서 기계의 관심이 커졌습니다. 단순하다고 생각했던 스톱워치의 부품들을 보고 기계의 원리가 궁금해져 4대 역학을 주제로 교과심화연구 발표회에 참가하였습니다. 힘의 합성과 정역학을 바탕으로 4대 역학에 대해 탐구하는 활동을 했습니다. 물리2를 배우지 않은 상태여서 물리2의 힘의 합성과 돌림힘에 대해서 먼저 공부하였습니다. '쉽게 배우는 기계공학 개론'이라는 책으로 정역학, 동역학, 재료역학, 유체역학에 대한 개념을 익히고 관련된 문제를 풀면서 기초 지식을 쌓았습니다. 그 중 정역학의 돌림힘과 자유물체도에 대해서 공부하면서 정역학에서 익힌 모델링 방법을 동역학의 도르래 문제에 적용시켜서 풀어보았고, 이를 발표하여 선생님과 친구들의 큰 호응을 얻었습니다. 이 과정을 통해 한 문제의 솔루션을 다른 문제나 다른 개념까지 확장시키는 능력을 기르고 4대 역학의 기초 개념들을 익힐 수 있었습니다. 하지만 1차원 자유진동에 대해 학습할 때 미분방정식을 몰라 1차원 자유진동운동방정식과 고유진동 공식을 도출하는 과정을 해결하지 못했습니다. 그래서 다음 해 교과심화연구 발표회에서 미분방정식에 대해 탐구했습니다. 그 중에서도 변수분리법을 공부할 때 편미분방정식에서의 변수분리법을 잘 이해하지 못했습니다. 이를 해결하기 위해서 선생님의 추천해주신 '고급수학II'에서 편미분에 대해서 공부하는 과정을 거쳤습니다. '수리물리학' 책으로 상미분 방정식 중 변수분리에 관한 문제를 풀면서 변수분리에 대한 감각을 익혔고 파동방정식을 유도해보면서 편미분 방정식에서도 변수분리법을 사용하는 방법 또한 알게 됐습니다. 이렇게 익힌 변수분리법을 종단속도를 유도하는 방정식에 직접 적용 해보았고, 이전에 해결하지 못했던 1차원 자유진동에서의 2계 선형미분 방정식에 관한 풀이도 해결 할 수 있었고 고유진동과 종단속도 공식 또한 유도할 수 있었습니다. 단순히 수학과 물리를 좋아해서 문제풀이를 많이 했던 저에게 4대역학, 미분방정식과 같은 탐구활동이 공학원리에 흥미를 느끼게 했고, 기계공 학을 더 알아가고 싶어졌습니다. 이후 대회나 수행평가가 아니더라도 베르누이 원리, 나비에-스토크스 방정식, 라그랑지언 운동방정식, 해밀토니언 운동방정식 등 을 탐구했습니다. 이때 나비에-스토크 방정식을 탐구할 때 같이 공부한 오일러 방정식이 라그랑지언 운동방정식에 활용되어 방정식을 더 쉽게 이해하고 해결됨을 경험하면서 탐구활동의 중요성을 깨닫게 되었습니다. 운동방정식으로 해결할 수 있는 문제들을 라그랑지언 연산자로 세워서 오일러-라그랑주 방정식에 넣어 해결하는 과정에서 라그랑지언 연산자와 운동방정식의 차이를 이해하지 못해 혼란을 겪는 경우도 있었습니다. 하지만 책과 강의를 찾아보고 선생님께 질문하며 이를 해결하는 과정을 반복하면서 문제분석력과 해결력이 길러지는 걸 느끼게 되었습니다. 문제를 해결하려는 집념, 연구를 즐길 수 있는 지적 호기심과 창의력, 지식을 실용화 시켜서 적용할 수 있는 설계능력으로 기계를 연구하고 설계하는 기계공학자가 되고 싶습니다.

자기소개서 1번에 연계 반영된 학교생활기록부 항목

학생부항목	학년/교과명(활동명)	활동내용
5. 창의적 체험활동	2,3학년/진로활동 (교과심화탐구 발표)	수학과 물리학에 대한 배움을 확장하고자 미분방정식을 탐구하여 심화 탐구 발표에 참여함. 탐구과정에서 지속적으로 교사와 의견을 주고 받으며 오개념을 점검, 지식을 체계적으로 구축함.
6. 교과학습발달상황	3학년/물리학II	2학년 때 공부한 정역학과 동역학 개념을 바탕으로 수준 높은 지식을 확장, 탐구함.

☞ 강평 (인재상 : 앞서가는 미래인)

　황현성 학생은 진로와 관련된 교과 심화활동– 4대 역학을 탐구하는 과정에서 학년에 구애받지 않고, 개념을 확장하여 탐구를 한 후, 필요한 부분을 스스로 찾아보고 적용하여 발표를 하는 모습이다. 어려운 내용을 포기하지 않고 심화과정을 찾아 탐구하는 모습에서 발전가능성을 찾아볼 수 있었다. 또한 대회나 학교에서 주는 과제가 아니더라도 스스로 의문을 가지고 공부를 하는 모습에서 도전정신을 엿볼 수 있었고, 문제를 해결하려고 하는 집념도 찾아볼 수 있었다.

2. 고등학교 재학 기간 중 타인과 공동체를 위해 노력한 경험과 이를 통해 배운 점을 기술해 주시기 바랍니다(띄어쓰기 포함 800자 이내).

　기계공학에 관심 있는 친구들과 소모임을 만들어 달걀낙하 보호 장치를 제작했습니다. 이 실험은 다양한 해법이 존재하지만, 기계나 구조물의 설계가 기계공학 설계의 기초라고 생각했습니다. 그래서 기존의 해법과 다른 구조물과 장치를 설계하여 저희만의 보호 장치를 만들고 싶었습니다. 구조물 설계를 위한 회의에서 계란을 담을 코어를 제작하여 구조물에 코어를 연결시켜 충격을 분산 시키자는 의견을 제시했습니다. 팀원의 제시로 낙하산도 제작했습니다. 구조물 설계 과정에서 팀원끼리 코어에 전해지는 충격을 더 흡수하는 수수깡과 부러지지 않고 코어를 보호하는 나무막대의 재료 사용에 대해서 의견이 맞지 않아 구조물을 만들지 못했습니다. 그래서 저는 해결을 위해 각자 제안한 모형을 축소하여 만들어 와서 모의실험으로 해답을 찾아 나무막대를 사용하여 코어가 직접 땅에 닿지 않도록 구조물을 만들었습니다. 보호 장치를 제작할 때 구조물 제작팀과 낙하산 제작팀으로 역할을 분담해서 제작하니 시간과 완성도가 좋아진 것을 보고, 구조물 설계같이 다 같이 하는 활동과 장치 제작과 같이 역할 분담을 하는 활동을 구별해서 효율성을 높이는 방법을 배웠습니다. 구조물로만 실험을 진행했을 때 4층까진 괜찮았지만 5층에서는 계란이 깨졌습니다. 혼자 만들었다면 구조물에 의존해서 실패했을 실험을 팀원이 제시한 낙하산과 함께 사용했을 때 성공한 것을 보고 팀 프로젝트의 중요성을 깨달았습니다. 이후 촬영한 동영상을 보고, 문제점을 팀원과 같이 분석해 5층에서도 이 실험을 성공할 수 있었습니다. 이 활동을 통해 공학도에게 필요한 의견 조율과 협동의 중요성을 알게 됐습니다.

자기소개서 2번에 연계 반영된 학교생활기록부 항목

학생부항목	학년/교과명(활동명)	활동내용
5. 창의적 체험활동	2학년/진로활동 (우공비-기계공학과를 희망하는 친구들의 소모임)	달걀 낙하 보호 장치를 제작하고 시행착오를 겪으면서 문제를 분석, 해결하는 과정에서 정해진 솔루션에 얽매이지 않고 창의성을 발휘함. 이 과정에서 물리수업 시간에 배운 유체역학, 정역학을 깊이 있게 탐구함.
6. 교과학습발달상황	2학년/물리학	

☞ 강평(인재상 : 소통하는 협력인/창의적인 전문인)

　리더십이 강한 황현성 학생은 같은 진로를 가지고 있는 친구들과 소모임을 만들어 실험을 하는 과정에서 의견충돌이 있었을 때, 적절한 해결방법을 찾고 대안을 제시하였다. 실험에 실패를 했을 때도 원인을 분석하여 최종적으로 완벽한 실험 결과를 만들었다. 팀원들 간의 역할 분담을 하여 좋은 결과를 얻을 수 있었고, 이 과정을 통해 공학도에 필요한 팀워크, 공동체 의식을 배우고, 협동심과 소통 능력을 갖추게 되는 과정을 엿볼 수 있다.

3. 전공 지원동기와 고등학교 재학기간 중 지원 분야의 진로 탐색을 위해 도전한 경험에 대해 기술해 주시기 바랍니다(띄어쓰기 포함 800자 이내).

　지게차 사고 기사를 보고 '왜 사고가 났을까?' 문제점을 고민한 후, 물리 동아리 시간에 사고를 피할 수 있는 지게차를 설계했습니다. 과도한 적재로 인한 시야 방해와 후면센서의 부재가 사고 원인이라 분석하여 장애물을 피해가는 로봇 지게차를 만들었습니다. 이때 EV3에 라이트 센서와 거리 센서를 이용하여 장애물과의 거리가 5cm이하가 되면 장애물을 피해가도록 설계했습니다.

　하지만 이미 만들어져있는 기계로 제작했다는 점과 센서의 인식 범위가 좁고 정교한 작동이 안 된다는 아쉬움이 남았습니다. 그래서 대학에 진학해서 기계로 인한 사고가 일어나지 않도록 기계를 설계하고 만들어야겠다고 다짐했습니다. 이를 위해 4대역학과 미분방정식, 미분기하학을 공부하며 기계공학 커리큘럼을 수행할 수 있는 소양을 쌓았고 차별화된 달걀 낙하실험을 통해 기계 시스템을 설계하면서 제 목표를 향한 추진력을 얻었습니다. 이후 예전에 탐구했던 토카막의 기계적 원리가 더 궁금해졌고, 기계공학의 세부분야인 기계 에너지 공학에도 관심이 기울어졌습니다. 열역학을 공부할 때 배터리의 효율에 열이 많은 비중을 차지한다는 것을 알게 되었고, 다면체교육의 어셈블리 과정에서 팀을 꾸려 배터리의 열관리 시스템에 대한 연구로 열에너지 손실이 적은 배터리를 설계 및 제작해 캡스톤 디자인 대회에 참가하고 싶었습니다. 그렇게 쌓은 열 시스템에 대한 지식과 열 손실이 적은 배터리를 만들어본 경험을 바탕으로 국민대학교 열 시스템 연구실에서 기계의 열관리 시스템에 대한 더 심층적인 연구를 하여 에너지 손실이 적게 나는 효율 높은 기계를 개발하는 기계에너지공학자가 되고 싶기에 이 학교에 지원하였습니다.

자기소개서 3번에 연계 반영된 학교생활기록부 항목

학생부항목	학년/교과명(활동명)	활동내용
5. 창의적 체험활동	2학년/동아리활동	EV3를 이용하여 지게차를 설계 및 제작함.

☞ 강평(인재상 : 앞서가는 미래인/소통하는 협력인/창의적인 전문인)

관심 있는 분야를 놓치지 않고 탐구하는 역량을 가진 황현성 학생은 사고를 피할 수 있는 지게차를 설계하지만, 기존의 설계방식이라는 아쉬움에 더 나은 탐구를 위해 사고를 확장하여 심화 단계 공부를 하는 모습이었다. 끊임없이 자신의 미래를 개척해 나가는 발전 가능한 모습을 보이는 황현성 학생은 배터리 효율에 열관리가 중요하다는 것을 깨닫고, 진로를 명확하게 정하여 국민대학교 열 시스템 연구실에서 심층적인 연구를 하고 싶다는 의지를 보여주었는데 이것은 자신에 대한 확고한 정체성과 도전 정신을 엿볼 수 있는 것 같다.

합격 수기

1. 국민대학교 학교생활 국민프런티어전형을 선택하게 된 결정적 요인은 무엇인가요?

고등학교 입학과 동시에 저의 목표는 인서울이였습니다. 그래서 처음부터 생활기록부 관리가 필요했고, 2점대 초반정도의 내신관리 목표를 세웠습니다. 하지만 계획에 못 미치는 내신 성적을 받고 슬럼프가 오기도 했지만, 우선은 저의 위치에서 최선을 다하자고 생각을 했습니다. 내신은 계열전공에 맞는 수학과 과학을 열심히 하기로 하고, 물론 다른 과목들도 최선을 다했습니다. 비교과에서는 저의 진로에 관심 있는 분야에 심화위주의 활동을 하기로 했습니다. 1학년 겨울방학 여러 대학을 보던 중 학생부종합의 평가 항목 중에서 자기주도성에 큰 비중이 있는 국민대 전형을 알게 되었습니다. 그때부터 국민대에 평가요소에 맞게 활동들을 했습니다. 발전가능성을 보이기 위해 많은 탐구활동을 했고, 그 속에서 전공 잠재력도 녹이게 되었습니다. 그리고 합격의 기쁨까지도 누리게 되었습니다.

2. 학교생활기록부 관리에 대한 나름의 노하우를 알려주세요.

저의 활동 내역들을 보면 심화 활동들이 많습니다. 그러다보니 혼자서 해결할 수 있는 부분들보다는 책이나 선생님들께 질문을 통해 관심 있는 내용들을 해결했습니다. 제가 물리선생님이나 수학선생님을 교무실에 찾아가면 교과수업을 들어오지 않는 선생님들도 제가 왔다는 것을 알 수 있을 정도로 많은 질문을 했습니다.

하나의 문제를 해결하면 또 다른 문제가 생겨 선생님들께 책을 추천받아 주말에는 하루 종일 전문교과 내용이나 대학 내용을 공부하기도 했습니다.

이러다 보니 제가 학생부 관리를 하지 않더라도 선생님께서 긍정적으로 봐 주셔서 좋은 생기부가 나올 수 있었습니다. 최근에 학생들은 오픈동영상 강의나 대학 강의를 통해 궁금증을 해결한다고 합니다. 저도 오픈 동영상은 많이 봤습니다. 하지만 오류가 있는 것들도 가끔 있어서 검증된 책을 활용하는 게 더 좋은 방법이라고 생각합니다.

저의 생활기록부는 모든 내용에서 심화 활동을 한 건 아닙니다. 선택적으로 저의 역량을 보일 수 있는 활동들에 최선을 다해 참가해서 좋은 보고서를 만들고 수상까지 한 것이 저의 생기부 관리 노하우입니다.

3. 자기소개서의 작성과정을 설명해 주세요. 자기소개서를 작성할 때에 가장 정성을 기울인 문항은 몇 번이고 이유는 무엇인가요?

저는 자기소개서를 2학년 겨울방학 때 작성을 했습니다. 지금 자기소개서랑 비교하면 초등학생이 쓴 것 같았습니다. 하지만 자기소개서를 한번 써 봄으로써 제가 부족한 역량들을 고3때 채울 수 있었습니다.

지금의 자소서는 기말고사를 치고 나서 일주일정도 작성을 한 후, 2분의 선생님께 부탁을 드려 피드백을 받았습니다. 생활기록부가 마감되기 전에 자소서를 쓴 이유는 기말고사 후 생활기록부에 쓸 수 있는 다양한 활동들이 있었습니다. 그래서 자소서에 부족한 부분이 있다면 그 활동으로 채우려고 했습니다. 하지만 그 전에 저 나름대로 만족한 자소서가 나와서 이후 심화 활동부분은 넣지 않고 마무리를 했습니다.

저는 대학을 미리 정해 놓았고, 자기소개서에 어떤 내용을 넣을까 고민을 계속 했기 때문에 쉽고, 빠르게 해결했던 것 같습니다.

자기소개서의 모든 문항에 최선을 다했습니다. 굳이 꼽는다면 1번 문항입니다. 저의 자기주도성과 발전가능성, 전공 잠재력까지 보여야했기에 누가 읽더라도 연결성이 필요하다고 생각하였고 부족함을 보안하기 위해 질문과 책을 통해서 발전해 나가는 저의 모습을 그려나갈 필요가 있었기 때문입니다.

4. 면접에서 어떤 질문을 받았고 어떻게 응답했는지 기억나는 대로 말씀해주세요.

[면접장 분위기]

면접도우미분이나 면접관님들께서 편안하게 해주시려고 했던 것 같습니다. 하지만 저는 개인적으로 많이 떨려서 진땀이 났습니다. 면접장을 나오고 나니 머리가 텅 비었습니다. 연습을 많이 했지만 질문에 제가 어떤 답변을 했는지 기억이 잘 나지 않습니다. 기억나는 몇 가지 질문만 정리하겠습니다.

[질문1] 본과에 지원한 지원동기가 무엇인가요?

[학생의 답변] 저는 에너지 효율이 높은 기계공학자가 되기 위해 국민대학교 기계공학과에 지원했습니다.

신문에서 지게차 사고 기사를 보고 기계로 인한 사고가 일어나지 않도록 기계를 설계하고 만들어야겠다고 생각을 했습니다. 그리고 기계공학과를 진학하기 위해 4대역학과 미분방정식, 미분기하학을 공부하면서 토카막의 기계적 원리에 관심을 가지게 되고 열역학을 공부하게 되었습니다. 배터리의 효율에 열이 많은 비중을 차지한다는 것을 알게 되었고 기계에 대한 에너지를 공부하고 싶어 열 시스템 연구실이 있는 국민대학교를 지원했습니다.

[질문2] 4대역학과 미분방정식, 미분기하학 등 공부를 할 때 어려운 점은 없었나요?

[학생의 답변] 사실 4대 역학을 처음 공부할 때 어려움이 많았습니다. 물리Ⅱ를 배우지 않은 상황이라 혼자서 책을 보면서 공부를 했고, 그래도 어려웠던 미분방정식은 선생님의 도움을 받았습니다. 미분방정식을 풀고 나면 변수 분리법이 어려워 고생을 했습니다. 하지만 하나씩 알아 감에 있어 기쁨을 느낄 수 있었기에 지금 생각하면 좋은 경험이었다고 생각합니다.

[질문3] 고등학교 시절 제일 기억에 남는 활동은 무엇인가요?

[학생의 답변] 저는 기계공학 소모임에서 만든 달걀 낙하 보호 장치가 가장 기억에 남습니다. 1학년 과학탐구실험 교과서에서 배웠지만 우리가 다르게 만들면 어떨까라는 호기심으로 시작했습니다. 처음에는 의견 조율에 어려움을 겪기도 했습니다. 이때 리더의 자리가 쉽지 않구나 하는 것을 느꼈습니다. 장치가 완성이 되고 4층에서 달걀이 깨지지 않는 것을 보고 정말 신기했습니다. 이 활동으로 대학에서 많은 프로젝트를 할 때 꼭 필요한 팀워크를 미리 경험하였습니다.

5. 국민대를 지원하려고 준비하는 후배 학생들에 도움이 되는 이야기를 부탁드립니다.

부족한 내신이라고 해서 지레 겁을 먹고 도전조차 하지 않는 것은 의미가 없다고 생각합니다. 학생부종합의 경우 3등급의 친구들에게는 기회라고 생각할 수도 있습니다. 왜냐면 포기하는 학생들이 많으니까요. 그렇기 때문에 전공심화 활동과 학교생활에 충실히 한다면 가능성이 있다고 생각합니다. 이 말은 제가 알고 있는 선생님께서 하신 말씀입니다.

저도 성적이 잘 나오지 않을 때는 슬럼프에 빠져서 그냥 정시로 갈까 생각도 했습니다. 만약 생활기록부 관리를 하지 않았다면 내가 서 있을 곳이 어디일까 생각했을 때 아찔합니다. 학교생활을 할 때는 학교에서 주어진 활동 중에 자신의 진로와 관련된 활동들은 꼭 참가할 필요가 있습니다. 그리고 자신의 생활기록부에 하나씩 채워나가세요. 국민대 후배들 항상 응원합니다.

전문위원이 바라보는 합격의 비결

1. 대학이 요구하는 인재상에 부합한 자신의 모습 발견과 그에 맞춘 준비.

국민대의 인재상은 '실천하는 교양인'(인성), '소통하는 협력인'(협동성), '앞서가는 미래인'(주도성), '창의적인 전문인'(창의성)으로 세상을 바꾸는 공동체적 실용융합인재를 원하고 있다. 황현성 학생의 경우는 궁금했던 내용들을 바탕으로 탐구과제를 선택하고 계획을 세워 결과물을 만들었다. 혼자서 탐구를 한 경우도 있지만 동아리 활동이나 학급 내 활동들에서는 팀원들과 같이 의견을 주고받고 실험에 실패하더라도 격려하는 경험 또한 생활기록부에 많이 기재되어 있다. 자기소개서를 살펴보면 팀원들의 아이디어로 새로운 달걀낙하 장치를 만들고, 해결하지 못했던 문제들을 끝까지 해결하려는 모습 또한 국민대에서 요구하는 인재상과 맞다고 생각한다. 항상 진로에 대해 생각하고, 학교 활동에서 적극적으로 자신의 역량을 발휘한 하나하나의 모습이 합격을 위한 준비였다고 볼 수 있다.

2. 체계적인 계획을 세워 실천함으로써 다양한 자신의 역량을 보여줌

황현성 학생의 경우에는 학교 활동을 계획을 세워 잘 활용했다. 세 번의 '자기성장 점보학술제'를 통해 교과심화 활동을 할 수 있었다. 처음에는 기계공학의 꽃은 4대 역학을 공부하기 위해 참가하면서 물리Ⅱ를 배우지 않은 과정에서 힘들었던 힘의 합성과 돌림힘을 스스로 공부하는 모습을 보였다. 하지만 미분방정식을 몰라 1차원 자유진동 운동 방정식과 고유진동 공식을 도출하는 과정을 해결하지 못한 채 마무리했다. 그리고 다음 '자기성장 점보학술제'를 이전에 부족했던 부분을 보완하기 위해 참가했다. 이전에 부족한 부분은 채울 수 있었지만 편미분방정식에서의 변수분리법을 잘 이해하지 못해 어려움을 겪었다. '고급수학Ⅱ'이나 '수리물리학'을 공부하면서 깊이 있는 학습을 했다.

그 후 교과과정에서 진로와 관련된 부분이 나오면 심화탐구를 하면서 베르누이 원리, 나비에-스토크스 방정식, 라그랑지언 운동방정식, 해밀토니언 운동방정식을 공부하는 모습에서 황현성 학생의 역량을 볼 수 있었다.

이러한 역량은 생활기록부(창의적 체험 활동, 수학·과학 세부능력 및 특기사항) 곳곳에 묻어나 있음을 엿볼 수 있다.

3. 전공적합성을 충족시키는 지속적인 전공 관련 탐구 학습 및 활동

'자기성장 점보학술제'나 동아리 활동에서도 전공에 대한 탐구학습을 진행했지만 교과 시간에도 진로에 관련된 부분에서는 심화 활동들을 진행했습니다. 특히 생활기록부의 수학과학 교과 세부 능력 및 특기사항을 보면 알 수 있다.

물리학Ⅰ, Ⅱ에서 핵융합 발전에서 ITER와 K-STAR에 대해 탐구하고 NIF나 Mag LIF project 같은 이외의 방식에 대해서도 탐구를 했다. 또한 RFID와 NFC의 차이와 RFID 태그의 종류를 공부했다. 기계공학 소모임에서는 정해진 솔루션이 아닌 낙하산과 구조물을 만들어 창의성을 인정받기도 했다. 심화수학 I, II 에서는 무한소에 대한 학습을 하면서 σ, ε의 개념을 공부하고 원하는 오차가 아무리 작더라도, 그 오차를 만족시킬 수 있는 델타가 언제나 존재함을 증명할 수 있다면 함수의 극한값을 정의 할 수 있다는 심화 과정도 정리를 했다. 또한 미분계수의 정의를 이용해 도함수를 구하는 대수적 방법에서 나아가 기하적 방법으로 도함수를 구하는 탐구도 진행했다. 비유클리드 기하학의 개념부터 미분기하학인 천-가우스-보네 정리까지 새로운 지식을 배우고 가우스 곡률과 전곡률 등의 내용도 탐구 했다.

이외 교과에서도 전공의 베이스가 될 수 있는 수학과 과학의 역량을 많이 볼 수 있었다.

에너지 손실이 적게 나는 효율 높은 기계를 개발하고 싶어 국민대 기계공학과를 지원한 황현성 학생은 자기 주도적이고, 발전가능성이 엿보이는 융합적인 교과 심화활동과 팀워크가 돋보이는 협동 활동, 탐구역량을 잘 드러낸 자기소개서를 준비하여 학교생활우수자전형에 합격할 수 있었고, 더불어, 생활기록부와 자기소개서를 철저히 분석해 면접을 준비하여 국민프런티어전형에서도 합격의 문을 열 수 있었다. 앞으로 도전적이고 촉망받는 기계공학자의 길로 힘차게 걸어갈 황현성 학생의 멋진 앞날을 응원해본다.

결정적 코치 11
대입실전 편

2022년 5월 23일 초판인쇄일
2022년 5월 25일 초판발행일

엮 은 이 한국교육컨설턴트협의회
원고감수 진동섭
펴 낸 곳 한국교육컨설턴트협의회
　　　　　서울시 강남대로44길 7, 214
　　　　　전화 (02)571-2815
　　　　　출판신고 2011년 8월 24일(제2011-000259호)
　　　　　문의 : admin@ceckorea.org, www.ceckorea.org

정 가 19,000원　　　　　　　　　　　　ISBN 979-11-89371-09-8